近現代日本の都市形成と「デモクラシー」

20世紀前期／八王子市から考える

中村 元［著］

Democracy
and
the Rise of Modern Cities in Japan

吉田書店

近現代日本の都市形成と「デモクラシー」

――二〇世紀前期／八王子市から考える

【目次】

目次

序章　日本近現代史研究における都市史研究とデモクラシー研究の交点

――問題の所在と本書の視角

本書は、近現代日本の都市形成と「デモクラシー」をめぐる歴史過程を、二〇世紀前期・東京府八王子市という時空間に即して考察することを課題とする。具体的には、一九二〇年代から四〇年代にかけての都市の変化と、同時期に男子普通選挙制度を基礎に展開した社会と政治の領域における変化が、相互に規定しながら織りなす過程を、特に「無産」という言葉で認知される政治勢力とその周囲の人々に注目し、八王子市という大都市近郊の一つの地方都市に焦点を合わせて考察する。そしてこの考察を通して析出される歴史像を手がかりに、一九二〇年代から四〇年代にかけての日本における社会と政治の変化の歴史的意味を再考すると共に、近年の「デモクラシー」をめぐる方法的な議論との対話の糸口についても探ることを試みたい。

以上の本書の課題設定は、日本近現代史研究における都市史研究とデモクラシー研究という二つの分野の研究史の文脈をふまえてなされたものである。本章ではまず、この二つの分野の研究史を整理し、上述の課題設定が導き出される問題の所在を確認する。そしてこれらの問題の所在をふまえ、本書が考察の対象とする、近現代日本の都市形成と「デモクラシー」をめぐる歴史過程とはいかなる問題領域であるかを示し、その上で、右の課題に取り組むに当たっての本書の視角を設定する。さらにこの視角に基づく本書の具体的方法と構成を明らかにする。

第一節　日本近現代史研究における都市史研究の文脈と問題の所在

1　都市史研究の「自立」と「閉塞」

日本近現代史における都市史研究については、他の分野に比しこれまで多くの研究史整理がなされてきた[1]。以下ではこれらの先行研究に学びつつ、主に二〇世紀前期を扱った都市史研究の展開について、その文脈と問題の所在を確認したい。

日本近現代史研究の中の都市史研究は、一九七〇年代末以降八〇年代を通じて都市固有の問題系を扱う分野として「自立」を果たしたとされる[2]。都市史研究の分野としての「自立」が、農村史に比し遅れた理由については、戦前の日本社会が実体として農村部に多くの人口を有する農村型社会であったこと、一九七〇年代までの日本近現代史研究が近代天皇制国家の性格の解明に関心を集中させ、その基盤とされた農村の支配・統合体制の解明に力を注いできたことなどが指摘されている[3]。この指摘の後段部分に関連するが、日本近現代史研究における都市史研究は、一九七〇年代以降いわゆる近代天皇制国家論の影響力が低下していく中で分野として確立してゆく。この過程は「近代都市史研究はかつての「講座派的」近代像への意識的批判を背景に展開してきた[4]」ともパラフレーズされる通り、日本近現代史を説明する一つの大きな枠組みとしての近代天皇制国家論＝「講座派的」近代像からの離脱の過程でもあった。

以上の過程の特質とも関連し、「自立」初期の都市史研究では、都市史を通して従来とは異なる日本近現代史の全体像を模索する志向が見られた。成田龍一氏は、都市をめぐる人々の構想としての「都市論」を手がかりに、その系譜と民衆との関係に焦点を合わせ、近代日本における「市民」と「公共性」の形成の可能性の検討を試みた[5]。また小路田泰直氏は、都市史研究を通じて一九二〇年代の「デモクラシー」から三〇年代の「ファシズム」への展開過程について独自の見通しを提示した[6]。原田敬一氏や[7]、松下孝昭氏も[8]この小路田氏の議論と接続する形で近代大阪を対象としつつ、「予選体制」から「都市専門官僚制」へ、という新たな視角から都市の政治と社会の変化を展望する研究を進めた。以上の「自立」初期の都市史研究について、その旗手の一人成田龍一氏は、「都市史というのは、むしろ一つの方法的立場であり、都市という多様な媒介を手がかりに、1．あらたな歴史認識を獲得し、2．あらたな歴史理論を見出し、3．あらたな史実を発掘していく」「方法としての都市史[9]」としてその特徴を整理していた。

かくて日本近現代史研究の一分野として「自立」した都市史研究は、一九九〇年代には多くの成果を蓄積した。大都市については、先に見た小路田氏、原田氏や芝村篤樹氏の大阪市に関する研究[10]、東京を中心とした首都圏の都市史を扱った石塚裕道氏の研究等[11]、それまでに蓄積された研究成果がまとまった形で発表されたほか、東京市をフィールドに都市政治構造の変動を扱った源川真希氏の研究[12]や森健一氏の研究[13]、同じく東京市の政治に焦点を合わせつつ社会領域の動向に注目した大岡聡氏[14]や能川泰治氏[15]の研究、神戸市の「下層社会」の動向を扱った布川弘氏の研究[16]などが現れた。また地方都市に関しては、加藤千香子氏[17]や伊藤之雄氏[18]、高岡裕之氏[19]、重松正史氏の研究等[20]がそれぞれ研究動向をふまえつつ都市史研究を進展させた。一方で雨宮昭一氏は、氏が提起した総力戦体制のグライヒシャルトゥンク（強制的同質化）に着目する、いわゆる総力戦体制論の観点から、東京市の町内会の動向や茨城県内の地方都市の変容過程などに関する研究を発表した[21]。他方で成田龍一氏は、一九八〇年代後半以降、都市史研究の課題を「都市空間」分析に設定し、そこにおける均一化の動向とそのもとでの人々の重層的な関係と結合をめぐる諸相を、主として表象に照準を合わせ検討する方向で研究を進めていった。[22]この方向での成田氏の研究は、九〇年代後半の日本の歴史学において大きな影響力を帯びた、近代国民国家の形成をめぐる諸問題を分析する研究と共振したが[23]、このいわゆる国民国家論的な都市史研究に対して、かかる視角では都市諸要素内部の矛盾が析出されない点に疑問を呈した広川禎秀氏らは、都市大阪をフィールドに都市社会の諸階層の動向を分析した。[24]

以上のような九〇年代の研究動向をふまえ、二〇〇〇年には日本史研究会が近現代史部会共同研究報告テーマを「戦間期におけるデモクラシーと地域——近代都市史研究の視点から」と設定した。[25]そこでは、九〇年代以降の都市史研究の現状について、「都市をめぐる議論・分析対象の多様化・個別分散化が進み、課題と方法が暗中模索状況にある」「ある種の「閉塞」状況に陥った」[26]との認識が示され、その克服をめざす方向性が模索された。

しかし皮肉にもというべきか、二〇〇〇年代（以下、ゼロ年代と表記する）には、九〇年代以上に多様な都市史研究の成果が続々と発表された。一書にまとめられた主なものだけを取り上げても、工場立地に対する都市計画の機能に即して日本の都市形成の特質を分析した沼尻晃伸氏の研究[27]、大都市の政治構造を実証的に分析した、東京市に関する櫻井良樹氏[28]、横浜市に関する大西比呂志氏[29]の研究、首都圏形成史研究会の「都市と官僚制」研究会に集った梅田定宏氏や大西氏らによる「大東京」空間という空間設定に基づく研究[30]、農村史研究において練磨された社会経済史—政治史的方法を応用し近代日本の都市全体を類型把握した上で、サンプルとされた複数の地方都市を分析した大石嘉一郎氏・金澤史男氏らの共同研究[31]、都市下層を扱った小林丈広氏らの研究[32]、大都市形成という観点から東京の空間的変容を扱った鈴木勇一郎氏の研究[33]、フランス近代史の中野隆生氏や成田龍一氏による都市空間をキーワードとした日仏の近代都市史に関する共同研究[34]、自治体史編さんの中で析出された論点を基礎に、個別の都市の多様な側面を描き出した橋本哲哉氏らの金沢市に関する共同研究[35]及び伊藤之雄氏らの京都市に関する共同研究[36]、現代までをも射程に収めた源川真希氏の東京に関する広義の政治史的研究[37]、従来の近代都市史に対して、日本近世都市史研究に範を取る視角から厳しい批判を提起しながら大阪をフィールドに精緻な都市社会構造分析を行なった佐賀朝氏の研究[38]、広川禎秀氏ら大阪都市諸階層研究会の共同研究[39]など実に多岐にわたった。以上のごとくゼロ年代には、従来以上に方法的にも対象の面でも多様な都市史研究が展開した。しかしかかる展開の一方で、二〇〇〇年段階に示された、都市をめぐる議論と分析対象の多様化・個別分散化に伴い課題と方法が暗中模索状態に陥る「閉塞」状況は、基本的には持続していた。

その後二〇一〇年代（以下、一〇年代と表記する）には、都市史研究のまとまった成果はゼロ年代に比し明らかに減少を見せている。そうした中でも、都市の維持・再生産に不可欠な存在としての「都市装置」に光を当てた、首都圏形成史研究会の「都市装置」研究会に集った鈴木勇一郎氏・高嶋修一氏・松本洋幸氏らによる研究[40]、また都市近郊の耕地整理組合の分析を通して現代化の過程を見通した高嶋修一氏の研究[41]、京都市の都市社会政策の展開過程を、政策のクライエントとの相互関係に着目し分析した杉本弘幸氏の研究[42]、日比谷焼打ち事件以降の東京における暴動と、その担い手である都市下層男性労働者のあり方とその意味にせまった藤野裕子氏の研究[43]は、各々従来とは異なる、新たな視角から問題を提起している。ただし一〇年代に多くの研究蓄積を得た農業史・農村史の分野が相互に論点を共有し活況を呈している点[44]に鑑みると、都市史をめぐる「閉塞」状況は、依然として持続しているといわざるを得ないであろう。

それではかかる研究状況認識に立った場合、都市史をめぐる「閉塞」を克服するためには、今何をなすべきなのか。この点を考える上では、二〇〇〇年段階で都市史研究の多様化・個別分散化の何が問題とされ、その解決の方途としていかなる方向の研究が模索されたのか、そしてこの研究の方向性がその後いかなる状況にあるのかを改めて検討することが一つの手がかりとなり得よう。次にこの点を検討する。

2　都市史研究の「閉塞」打破の模索とその方向性

先にも触れたごとく、二〇〇〇年の日本史研究会近現代史部会では、九〇年代の都市史の現状が、研究対象と分析視角の多様化・個別化に伴い課題と方法が暗中模索状態に陥った「閉塞」状況と捉えられていた。この状況認識は、「近代都市史研究のそもそもの問題関心は、対象とする都市を近代都市として分析することを通じて、そこから近代日本の如何なる全体像が見えるのかという点を展望しようとするところにあった」[45]という表現に端的に示される通り、先に見た一九八〇年代の「自立」初期の都市史研究における日本近現代史の全体像を模索する志向、特に八〇年代の小路田氏の研究等が都市史を通じて「デモクラシー」から「ファシズム」への展開を見通す射程を有していたことを評価する観点から、その後の研究における同様の構想力の希薄化を問題としたものであった。二〇〇〇年段階の日本史研究会近現代史部会では、かかる問題意識に基づいて、都市史から日本近現代史の全体像を展望する方途として、戦間期を「デモクラシー」から「ファシズム」へ、という枠組みで捉える時代像に対し、一九九〇年代前期の日本近現代史研究において新たに提起された時代像、すなわち当該期を近代＝名望家社会から現代＝大衆社会への「転形」の開始期と捉える時代像[46]を都市史の側からいかに問い直すか、という研究の方向性が設定された。[47]この近代社会から現代社会への「転形」に関する議論（以下、本書では「転形」論と表記）においては、その主要な論者の一人である林宥一氏が、男子普選制下の、「市町村という行政・自治組織」への参加については、農村では農民運動勢力の参加が進行したことに対し、都市では労働運動勢力の参加が微弱であった点に着目し、「地域的公共への無産階級の参加」という点では「都市が農村より進んでいたとはいえない」との斬新な問題提起を行なっていた。[48]二〇〇〇年の日本史研究会近現代史部会では、往々「進んだ農村　遅れた都市」と要約されるこの提起を、いかに都市史の側から問い直し、都市と農村を遅速ではなく異なる構造を持つ社会として把握する視座を確保した上で、都市における政治的大衆化のあり方をいかに解明するかという問題が、都市史の「閉塞」を克服する方向性として設定されていた。

こうした方向性に沿って行なわれた共同研究報告「戦間期におけるデモクラシーと地域――近代都市史研究の視点から」では、加藤千香子氏、大岡聡氏がそれぞれ上述の林氏の提起を再検討し、加藤氏が地方都市川越市、川崎市を対象として、戦間期において必ずしも階級運動勢力に限定されない様々な勢力が「無産」を標榜し市レベルの「行政・自治組織」への参加をはかることを、(49) また大岡聡氏が東京の「下町」を対象に、同様に「無産」を標榜する勢力が市政のみならず区や町内会といった都市地域社会内部の「行政・自治組織」にも参加することなどを明らかにした。(50) かくして「進んだ農村　遅れた都市」という提起における「地域的公共への無産階級の参加」という評価軸に関しては、①都市における「地域的公共」＝「行政・自治組織」を重層的に捉える必要があること、また②都市における必ずしも階級運動勢力に限定されない「無産」を標榜する勢力の①への参加に注目する必要があることが示され、林氏においては階級運動の自治体レベルの「行政・自治組織」への参加の度合いで捉えられていた都市における「デモクラシーと地域」の関係を問う視野は、担い手においても参加の単位においても拡大された。

3　都市史研究の現段階と問題の所在

以上のごとく、二〇〇〇年段階における都市史の「閉塞」状況を、林宥一氏の「遅れた都市　進んだ農村」という提起の都市史の側からの問い直しによって克服しようとした試みは、階級運動に限定されない「無産」勢力の、都市社会における重層的な「行政・自治組織」への参加を明らかにした。この方向性は、翌年度の日本史研究会共同研究報告の能川泰治氏の議論において批判的な継承がはかられたほかは、再検討されることは少なかった。(51)

しかし本書は、二〇〇〇年段階の日本史研究会の共同研究報告に際して示された方向性、すなわち「転形」論に基づいて提起された論点を都市史の側から問い直す、という方向性は、都市と農村を比較する視座を確保しつつ、都市における「デモクラシーと地域」のあり方を再考するという問題設定において、都市史研究から日本近現代史の全体像を展望する試みとして現在でも一定の意義を有すると考える。ただし先にも触れたゼロ年代以降の都市史研究の展開や、次に触れる日本近現代史における関係分野の研究動向をふまえた場合、大きくいって次の二つの点で、二〇〇〇年段階の研究は批判的に乗り越えられるべきであると考える。

一つは、都市の捉え方である。先に見た加藤氏、大岡氏の研究は、分析対象を基本的には川崎市、川越市あるいは東京市の下谷区、深川区という行政単位の領域に限定してその内部の政治的社会的変化を検討した。しかし、その後のゼロ年代の都市史研究は、都市相互の関係性すなわち都市間関係の変化[52]や、都市化の進展に伴う都市内部のインフラ整備に伴う変化[53]などに照準を合わせる中で、変化を規定する要因においても、またその変化の内実においても農村とは異質な空間的変化が生成する場として都市を捉えている。かかる研究動向をふまえた場合、都市内部の政治的社会的変化を扱うにしても、上記のような農村とは異質な空間的変化が生成する場としての都市の特質を意識的に分析の俎上に上げる必要があると考えられる。

もう一つは、都市における「デモクラシー」の捉え方である。先に見たごとく加藤氏、大岡氏は、共同研究報告テーマ「戦間期におけるデモクラシーと地域」を受けて、階級運動に限定されない「無産」勢力の、都市社会における重層的な「行政・自治組織」への参加、という局面を明らかにした。このことは、両氏において「デモクラシー」が、基本的には「行政・自治組織」への参加に焦点を合わせ捉えられていることを示しているが、この両氏の「デモクラシー」の捉え方は、次節で見る日本近現代史研究におけるデモクラシーをめぐる研究動向をふまえた場合、林氏のそれと基本的に同型であることが明らかになる。このことは、二〇〇〇年段階の加藤氏、大岡氏の研究は、その「デモクラシー」認識において林氏の研究を批判的に乗り越えられていないこと、したがって、この「デモクラシー」認識こそが林氏、そして加藤氏、大岡氏の議論を批判的に乗り越えるポイントとなることを示していると考えられる。次節ではこの「デモクラシー」理解をめぐる研究動向を整理する。

第二節　日本近現代史研究におけるデモクラシー研究の文脈と問題の所在

1　一九七〇年代までの諸研究における「デモクラシー」概念

日本近現代史研究において、「デモクラシー」という概念が最も頻繁に用いられてきたのは、大正期を対象とした、大正デモクラシー研究の領域である。この大正デモクラシー研究については、竹永三男氏や有馬学氏、千葉功氏などの優れた先行研究整理[54]が既に存在するので、本項ではこれらの先行研究に学びつつ一九七〇年代までの大正デモクラシー研究を、そこでの「デモクラシー」概念の特徴に留意し整理しておきたい。

「大正デモクラシー」という概念を用いた研究は、周知のように、一九五〇年代の信夫清三郎氏の研究を起点とし[55]、一九六〇～七〇年代に大きく進展した。六〇年代の研究については、「大正デモクラシー」概念で主として大正期における諸階層の「政治的自由獲得運動」を捉えた松尾尊兊氏[56]や金原左門氏らの研究と[57]、「国家的利益に対する非国家的利益の自己主張」を基礎とした「明治国家の解体過程および政党政治の「原蓄」過程」[58]を捉えた三谷太一郎氏らの研究を、それぞれ「民衆運動」と「政党政治」に焦点を合わせた研究として対比する観点がかつては一般的であった[59]。しかし、七〇年代にかけての松尾氏、三谷氏の研究、さらに後述の鹿野政直氏の研究ではいずれも大正デモクラシーと「戦後民主主義」との連続性に言及されている点に注目する必要がある[60]。すなわち当該期の大正デモクラシー研究は、「戦後民主主義」を「デモクラシー」の肯定的なモデルとして捉え、その「原形質」[61]として大正デモクラシーを捉える点では共通していたといえよう。ただし鹿野氏においては、「なぜ大正デモクラシーがかくももろく、昭和のファシズムに席をゆずったか」[62]という問題が強く意識され、「デモクラシー」の可能性の一方で、その「ファシズム」への転換に特に注目がなされた。この鹿野氏の問題構成は、後に見るごとく八〇年代以降に引き継がれてゆく。

なお以上の大正デモクラシー研究に対しては、七〇年代において伊藤隆氏・有馬学氏により批判が提起された。[63]両氏は、右の諸研究では、戦後の占領体制下での「デモクラシー」を前提に、昭和期を「ファシズム」＝悪とする把握に対応して、大正期が「デモクラシー」＝善として把握されているのではないかと指摘し、大正デモクラシー研究における「デモクラシー」概念の価値的性格を批判した。その一方で両氏は、三谷氏が、七〇年代の議論において吉野作造に代表される「大正デモクラシー」の思想を「民主主義」と「自由主義」の二つの要素から構成されるものと捉えていることに言及し、三谷氏の議論では、このうち「自由主義」の要素は昭和戦前期にかけ切り落とされるが、「民主主義（＝国民的政治参加）」の要素は連続していくと捉えられている、とその議論を要約した上で、この点で三谷氏の議論は、大正デモクラシーの全否定の上に「昭和ファシズム」が成立する、という議論とは異なる、との見解を示した。[64]ここで伊藤氏・有馬氏が価値的な「デモクラシー」概念を否定しつつも、「民主主義（＝国民的政治参加）」という概念で、大正期から昭和戦前期を連続的に捉え得るという視角を示していた点は注目する必要がある。[65]

2 「統合論的アプローチ」とデモクラシー研究

さて先に見たごとく、一九七〇年代には鹿野政直らによって「デモクラシー」から「ファシズム」へという問題が問われていたが、この問題は七〇年代から八〇年代にかけての日本近現代史研究において広く共有された。特に大正デモクラシー研究がそれまで「運動」研究において蓄積を有したこととも関連し、七〇年代後半には、大正期から昭和初期に当たる一九二〇年代の労働運動を扱った安田浩氏の研究[66]や同時期の農民運動を扱った林宥一氏の研究[67]、同じく農村社会運動を扱った安田常雄氏の研究[68]など、社会運動史の側からこの問題を扱う研究が進展した。そしてかかる研究の進展は、同時に運動との対応関係にある国家の労働政策や農業政策への関心をよび、七〇年代末から八〇年代初頭にかけて、以上の社会運動と国家の支配政策の関係を考察する視角からの研究が示された。今日、「統合論的アプローチ」[69]とも称される、かかる視角に基づく研究の一つの到達点と考えられるのは、渡辺治氏の研究である。渡辺氏は、現代帝国主義の支配構造として機能する「現代民主主義」体制の起源を第一次大戦後の帝国主義諸国の国家体制の再編成に見出した上で、その一環に一九二〇年代の天皇制国家の再編を位置づけ、労働運動や農民運動などの階級運動やデモクラシーの要求に対応しこれを体制内化する国家の支配政策再編の軸として普通選挙制を位置づけ、二〇年代に成立した日本における帝国主義体制を普選体制と規定した[70]。

以上のごとく、「統合論的アプローチ」の視角は、一九二〇年代に「現代民主主義」体制の起源を求める議論へと展開したが、この議論はさらにその後、安田浩氏や林宥一氏により一九二〇年代から三〇年代を「デモクラシー」から「ファシズム」への転換ではなく、近代社会＝名望家社会から現代社会＝大衆社会への「転形の開始期[71]」と捉える、「転形」論へと展開した。この議論では、先の統合論的アプローチの諸議論をふまえ、この「転形」の重要な契機が、一九二〇年代の労働運動や農民運動など名望家秩序から除外されていた勢力による「階級」運動と、これらの勢力の政治的統合手段としての普選体制に求められつつも、同時にかかる契機が「市町村という地域秩序をどのように変えたのか」という問題設定が行なわれた[72]。そしてこの問題に取り組んだ林氏は、農村と都市双方の「階級」運動と地域社会秩序の変動との相関の分析を通じて、先にも言及した、「地域的公共への無産階級の参加」

という点では「都市が農村より進んでいたとはいえない」との問題提起を行なった。さらに林氏は、以上の提起をふまえ、次のような見通しを示していた。重要な個所なので、引用しておきたい。

無産階級を包摂した「公民」概念の拡大にもかかわらず、それは民衆の主体的政治参加の契機を――特に都市において――必ずしも強めなかった。したがってこの問題は、（準）戦時体制下の課題として、新たな形をとって展開されていく(73)

すなわち林氏は、戦間期には男子普選による「公民」概念の拡大にもかかわらず、「地域的公共への無産階級の参加」が進まなかった点に「民衆の主体的政治参加の契機」の弱さを見出し、この問題は「（準）戦時体制下」に改めて課題になるとの見通しを示していた。この議論が含意するところについて、安田浩氏は大衆参加の政治構造の形成には阻碍的な「政治的アパシー」を考察課題として提起したものと述べている(74)。この点については後に検討したい。

さて以上の「転形」論では、男子普選制が政治的統合手段と捉えられつつも、かかる統合の制度を自治の制度として運用することを可能とする「民衆の主体的政治参加」＝「無産階級の参加」の進展の度合いに焦点が合わせられていた。先に見たごとく、加藤氏、大岡氏は林氏の議論に対して、①都市における「地域的公共」＝「行政・自治組織」を重層的に捉える必要があること、また②都市における必ずしも階級運動勢力に限定されない「無産」を標榜する勢力の①への参加に注目する必要があることを提起していたが、両氏の都市における「デモクラシーと地域」に関する研究は制度面、また担い手の面で対象を拡げつつも、そこでの人々の政治参加の度合いに着目して「デモクラシー」を把握している点は、林氏らの「転形」論と共通しているといえる。

それでは、統合の制度を自治の制度として運用することを可能とする政治参加の度合いに焦点を合わせて「デモクラシー」を捉える林氏らの議論は、「デモクラシー」論としてはいかなる問題があるのだろうか。この点は、林氏、加藤氏、大岡氏の「デモクラシー」と「主体」の捉え方に現れていると考えられる。

林氏は、先にも見たごとく、二〇～三〇年代の「民衆の主体的政治参加の契機」をめぐる問題の、（準）戦時体制下での新たな展開を示唆したが、残念ながら氏の早世によりこの点は十分展開されなかった。ここでの「民衆の主体的政治参加の契機」とは、「地域的公共への無産階級の参加」をパラフレーズしたものであるが、階級運動として現出する政治参加の志向のみが「主体的」なのだろうか。またこの議論は、先に見たごとく「主体的政治参加の契機」の弱さを「政治的アパシー」の問題として提起したものと捉えられるが、「主体的政治参加」と「政治的アパシー」の間にある人々の動向を対象化する必要があるのではなかろうか。

加藤千香子氏は、階級運動の担い手を主体的政治参加の担い手と捉える林氏の議論を批判し、男子普選実施後の川崎市において選挙により市会に参入した、階級運動の担い手に限定されない新中間層や大工場の雇用労働者からなる「無産派」が新しい「自治」の担い手となった一方、「弾圧によって「自治」参入を阻止された左翼無産勢力、「仕事とパン」という切実な要求を抱える都市下層の人々、漁業継続を求める漁民、耕作継続を求める小作人、公民権が付与されない女性など」を「「主体」から排除していた」[75]と述べている。以上の加藤氏の議論は、一九二〇年代の「大衆社会」状況の限界性を問題として指摘したものであり、その点は十分首肯できる。しかしかかる議論では、制度的な政治参加に結実しない人々の動向は、都市政治の「主体」から排除されたものとして扱われるが、彼らの動向は当該期の政治や社会においてそれ以上の意味は持たないのだろうか。一方、大岡氏の議論では、都市における地域住民に関わる「自己決定」の領域拡大とそれへの参加拡大の動きを「デモクラシー」状況の展開と捉える、という把握を前提に、男子普選実施後の「無産」「無産大衆」「下層級」等の言葉が氾濫する中で、階級運動に限らない人々がその代表者を標榜しつつ、都市社会の重層的な「行政・自治組織」に参加してゆく様相が描出される。[76]しかし当然のことながら「行政・自治組織」への参加を志向するあらゆる主体が実際に参加を遂げ得るわけではない。そのことは、当該期の政治や社会においていかなる意味を持つのだろうか。

以上のごとく、統合の制度を自治の制度として運用することを可能とする政治参加の度合いに着目して「デモクラシー」を把握する林氏、加藤氏、大岡氏の議論では、「民衆の主体的政治参加の契機」として把握されない人々の動向や、必ずしも政治参加に結実しない人々の動向が当該期の政治や社会において有した意味を十分に汲み上げることは難しい。この点を批判的に乗り越えるには、「統合論的アプローチ」から「転形」論への展開の中で生成された、あえて言えば予定調和的な「デモクラシー」把握を再検討する必要があると考えられる。

3 「デモクラシー」の矛盾をめぐる諸研究

さて前項に見たごとく、「転形」論においては、男子普通選挙制をはじめとした「政治統合手段」と捉えられる制度を自治の制度として運用することを可能とする政治参加の度合いに着目し「デモクラシー」が捉えられていた。しかし、「デモクラシー」の問題は、統合の制度を自治的に運用することを可能にする予定調和的な政治参加の問題に必ずしも止まらない。一九九〇年代の日本近現代史研究には、この点を問題にした研究が複数現れていた。以下ではこれらの研究を検討する。

日本近現代史研究において、上記の問題を独自の視角から対象化したのは、小路田泰直氏の研究である。(77)小路田氏は、先に言及した都市専門官僚制に関する議論等を収録しまとめた著書において、明治憲法体制下の知識人の言説等に見られる「個人の「自分の利益」のために行なわれる行為を、人々は国家（ないし社会）に対して要求できる」という契機を、「権利＝利益説」として措定した。(78)小路田氏はその上で、この「権利＝利益説」が普選要求と結びつく中で、「普選を行なうことによって噴出してくる多種多様な社会的利害」をいかにして調整し、帝国議会を利益代表議会としていかに機能させるかという点が課題となったが、安定した利益代表システムを作り出す前に普選が実施された結果、「議会は収拾のつかない利益対立の舞台と化し、国民の政党政治への信頼そのものが失墜していった(79)」という歴史像を提示した。先に見た「転形」論的な理解では、政治参加は統合の制度を自治の制度として運用することを可能とする契機（「民衆の主体的政治参加の契機」）として捉えられていた。これに対し小路田氏は、人々の政治参加の志向には、人々の権利要求のみならず利益要求も含まれることに着目し、こうした要求をも含む人々の政治参加の志向と男子普選に基づく議会制の齟齬が政党政治の凋落を招いた、との議論を行なった。「デモクラシー」が原理的には平等化、同質化の志向に基礎づけられている点は、トクヴィルを引き合いにだすまでもなくつとに論じられている(80)。それが政治的平等化の志向を基礎とした政治参加要求のみならず社会的平等化、さらにはそれを根拠とした利益要求にも展開し得ることに着目し、いわば「デモクラシー」の制度的な現れ（普選）と社会的な現れ（社会的利害の噴出）の矛盾局面を俎上にあげた点で、小路田氏の議論は画期的であったといえる。

なお以上の「権利＝利益説」という概念は小路田氏に独自のものだが、「デモクラシー」の制度的な現れと社会的な現れの関係については、重松正史氏が地方都市和歌山の政治状況に即して議論を行なった。重松氏は、一九二〇年代の和歌山市において、侠客などの「顔役」が大衆文化の動員や暴力の利用等、様々な社会的経路を通じて都市下層社会の支持を調達し、同市の政治状況に大きな影響を与える過程を明らかにした(81)。この重松氏の議論は、制度的な政治参加が拡大する中で、これに影響を与える人々の政治参加をめぐる動向には、「主体的政治参加の契機」に限定されない多様性が存在したこと、またそこで影響力を行使する人物は、従来の研究では正面から取り上げられることの少なかった侠客などのいわば非規範的な勢力をも含むことを明らかにしたものであった。

以上の重松氏の研究は、大正期の地方都市に即して「デモクラシー」の制度的な現れと社会的な現れの関係をきわめてリアルに扱ったが、同様の問題領域を、戦前期日本における普選の実施と議会制デモクラシーの解体という大きなテーマに昇化し対象化したのが源川真希氏の研究である。源川氏は、ロバート・ダールのポリアーキー論や先述の小路田氏の研究をふまえつつ、政治参加や国民への権利付与程度と議会制デモクラシーの安定を調和的に捉える観点に疑問を呈し、普選法とそれが機能する場の問題を「法体系と政治社会のズレ」の問題として対象化した。その上で、一九二〇年代から四〇年代にかけてのこのズレの克服をめざす試みが「議会制デモクラシー」の解体を導出したとの結論を提示した。[82] この源川氏の議論は、「デモクラシー」の制度的な現れと社会的な現れの関係を、「法体系と政治社会のズレ」という問題領域として明示的に対象化し、この「ズレ」をめぐる問題を一九二〇年代から四〇年代まで連続して分析することで、当該期の政治史を、「デモクラシー」にはらまれる矛盾をめぐる歴史過程として描き出したものといえよう。

また住友陽文氏は、小路田氏が「権利＝利益説」として捉えたものと同様の「国家を巨大な利益団体とみなして自分はその正統的受益主体であると自覚し、国家からの生活保障を要求していく精神」を「ナショナリズム」と捉えた上で、この「ナショナリズム」に基づく「消費者としての自己形成の欲望」に対応する「消費者民主制」として普選を位置づけ、さらにこの「消費者民主制」を担う自己限定の倫理を内面化した「あるべき国民」創出のために内務官僚らが行なったのが「市民化運動」であったとした。[83] この住友氏の議論は、「利益」や「消費」への「欲望」を「ナショナリズム」と捉えた点が特徴的であるが、それとの関連で要請される普選に適合する形の主体形成としての「市民化運動」に注目する点では、「法体系と政治社会のズレ」克服の試みに着目した源川氏の議論と共通する問題領域を扱っているといえよう。

4 デモクラシー研究の現段階と問題の所在

以上では、日本近現代史研究におけるデモクラシー研究の潮流を整理してきた。初期の「大正デモクラシー」研究において戦後民主主義の「原形質」として価値的な性格を有した「デモクラシー」概念は、その後「デモクラシーからファシズムへ」という問題を導き出し、かかる問題を念頭においた社会運動史研究の進展の中から練り上げられたいわゆる「統合論的アプローチ」では、普選制が国家の支配政策再編との関連で政治的統合手段として捉えられた。またその後「統合論的アプローチ」から展開した近代社会＝名望家社会から現代社会＝大衆社会への「転形」を対象化する議論では、政治的統合手段と捉えられる制度を自治の制度として運用することを可能とする政治参加の度合いに着目し「デモクラシー」が捉えられていた。その一方で、「デモクラシー」をめぐる矛盾に注目した諸研究では、「デモクラシー」の制度的な現れと社会的な現れの関係をめぐる問題領域が対象化された。

本書は、先にも述べたごとく、「転形」論の立場に立つ林宥一氏のいわゆる「進んだ農村　遅れた都市」という提起を、都市史の観点から問い直した加藤千香子氏や大岡聡氏の研究の方向性を批判的に継承することは、今日の研究段階においても一定の意義を持つと考える。その一方で、これも先に触れたごとく、林氏、加藤氏、大岡氏のように、統合の制度を自治の制度として運用することを可能とする政治参加の度合いに焦点を合わせる「デモクラシー」把握に立つ場合、以上のようないわば「健全」な政治参加（「民衆の主体的政治参加の契機」！）に収斂しない動向、すなわち、「デモクラシー」の制度的な現れ（本稿で対象とする時期には男子普選制に基づく政治参加）をめぐって生起する、「デモクラシー」の社会的な現れとして捉え得る、規範的な主体性を想定する観点からは捉えきれない人々の多様な動向が分析の対象になり得ない、という問題が存在する。しかしこの問題領域は、本書全体の議論を通じて具体的に示す通り、一九三〇年代から四〇年代にかけての都市の政治と社会の変化を、「デモクラシー」と関わらせて展望する際には避けては通れないものである。

本書は、この問題領域を対象化するに当たっては、小路田氏、重松氏、源川氏、住友氏などの「デモクラシー」の矛盾に着目する研究成果に学ぶことが有効であると考える。特に源川氏の議論が、「法体系と政治社会のズレ」と問題領域を明確に設定しその克服の試みが「議会制デモクラシー」の解体を導出する過程を跡づけることで、一九二〇年代から四〇年代の政治と社会の動向を、「デモクラシー」の矛盾をめぐる歴史過程として描き出したことは、上記の林氏そして加藤氏、大岡氏らの「デモクラシー」理解に基づく歴史像を乗り越える点で大きな示唆を提供していると考える。ただし、源川氏の「法体系と政治社会のズレ」という議論では、「デモクラシー」の制度的な現れ（法体系）と社会的な現れ（政治社会）の関係という問題の存在が明示されつつも、この「ズレ」の克服に主に照準が合わせられ、選挙粛正運動への社会民主主義勢力や女性の参加による政治腐敗の除去や「生活改善」などの試みに注目がなされる。この点は、「消費者民主制」下の主体形成をはかる「市民化運動」に注目する住友氏の議論も同様の傾向を有しているといえる。しかし、「法体系と政治社会のズレ」として対象化される、「デモクラシー」の制度的な現れと社会的な現れの関係については、その「ズレ」の克服をはかる動向もさることながら、むしろその関係それ自体、すなわちその関係の中で生成される社会領域・政治領域の変化とその意味を分析する必要があるのではなかろうか。たとえば先の加藤氏の研究において、制度的政治参加に成功しないが故に都市政治の「主体」たり得ないと見なされた人々の動向や、逆に多くの人々が「行政・自治組織」へと参加していく過程に光を当てる大岡氏の研究では見えにくい、参加に必ずしも収斂しない人々の動向などは、「デモクラシー」の制度的な現れと社会的な現れの関係の領域において対象化することでこそ、その動態と意味が捉えられるのではないか。すなわち「デモクラシー」の矛盾に注目する諸研究が切り拓いた、「デモクラシー」の制度的な現れと社会的な現れの関係を問う領域については、そこでの「ズレ」克服の動向だけでなく、関係の領域それ自体を分析の対象とすることで、従来の予定調和的な「デモクラシー」理解に基づく諸研究では捉えきれなかった事象を考察する余地は、未だ十分に残されていると考えられる。この点は、日本近現代史研究におけるデモクラシー研究を推し進める一つの足がかりになろう。

第三節　本書の視角と課題

1　本書の研究史上の位置と視角

以上の日本近現代史研究における都市史研究とデモクラシー研究の分野での問題の所在をふまえ、本書の位置と課題を確認し、その上で本書が考察の対象とする、近現代日本の都市形成と「デモクラシー」をめぐる動向とはいかなるものであるかを改めて示し、この対象を扱う視角を設定しよう。

本書では、一九七〇年代から今日に至る都市史研究の展開をふまえた上で、二〇〇〇年段階で示された都市史の「閉塞」克服の方向性を批判的に継承することを試みる。ここでいう二〇〇〇年段階での都市史の「閉塞」克服の方向性とはすなわち、林宥一氏の「地域的公共への無産階級の参加」という点では「都市が農村より進んでいたとはいえない」という問題提起を都市史の側から問い直すことで、都市と農村を比較する視座を確保しつつ、都市における「デモクラシーと地域」のあり方を再考し、もって都市史研究から日本近現代史の全体像を展望するという方向性である。その際、二〇〇〇年段階において、加藤千香子氏、大岡聡氏が上記の林氏の問題提起に対して、①都市における「地域的公共」＝「行政・自治組織」を重層的に捉える必要があること、また②都市における必ずしも階級運動勢力に限定されない「無産」を標榜する勢力の①への参加に注目する必要があることを対置したことを本書の検討の出発点に据える。その上で、林氏、そして加藤氏、大岡氏の議論が、統合の制度を自治の制度として運用することを可能とする政治参加の度合いに焦点を合わせて「デモクラシー」を捉えているのに対し、これと異なる「デモクラシー」の捉え方を採用することで、先に見た加藤・大岡氏の議論の問題点を克服しつつ、一九二〇年代後半から四〇年代にかけての都市における「デモクラシーと地域」のあり方を明らかにすることをめざす。その際、先に見た「デモクラシー」の矛盾に着目した諸研究が示唆する「デモクラシー」理解、すなわち「デモクラシー」とは、原理的には平等化、同質化の志向に基礎づけられ、政治的平等化=政治参加のみならず社会的平等化、さらにはその延長線上においては利益要求にも展開し得るものであり、その政治参加の制度としての現れ方と社会的な現れ方は必ずしも予定調和なものではない、との理解に立ち、この「デモクラシー」の制度的な現れと、「デモクラシー」の社会的な現れの関係を可能な限り具体的に対象化する。すなわち本書が考察の対象とする、近現代日本の都市における「デモクラシー」をめぐる動向とは、以上のような「デモクラシー」理解に基づく、「デモクラシー」の制度的な現れとしての、男子普通選挙制及びそれに基づく政治構造と、それと関わりつつ顕現する「デモクラシー」の社会的な現れとしての、社会における人々の平等化、同質化への志向を基礎とする利益要求も含めた諸動向の関係を意味している。

本書は、以上のような研究史上の位置に立脚し、まずは加藤氏・大岡氏と同様に個別の都市を対象とし、その都市における男子普通選挙制に基づく政治構造と、その制度への参加をはかる、「無産」として認知される政治勢力——本書では「無産」政治勢力と呼称する——に焦点を合わせる。本書が「無産」政治勢力に焦点を合わせる理由は、一つには林氏、そして加藤氏・大岡氏の研究の中で、この対象の政治参加が議論されてきたという経緯による。またもう一つには、この対象が社会において有産/無産という格差を問いその是正をはかる、いわば平等化、同質化を志向する勢力であることに起因する。検討に際しては、「無産」政治勢力の政治参加の度合いにのみ関心を集中するのではなく、「無産」政治勢力及びその周辺の人々の、都市の政治領域—社会領域における様々な形での「デモクラシー」の社会的な現れとしての諸動向を視野に収め検討する。またこの検討に際しては、近年の都市史において注目されている都市固有の物理的空間的変化にも留意し、都市の物理的空間的変化と政治領域及び社会領域の変化の関係を重視する。その上で、「デモクラシー」の制度的な現れとしての男子普選制が都市で実施される中で、「無産」政治勢力とその周辺の人々は、社会領域―政治領域でいかなる動向を示したのか、そして彼らの動向は、「デモクラシー」の制度的な現れとしての男子普選制及びそれに基づく政治構造にいかなる影響を及ぼしたのか、また彼らの制度的な政治参加は、都市の社会領域及び政治領域でいかなる意味を持ったのか、さらに日中戦争に端を発するいわゆる総力戦は、以上の諸過程にいかなる影響を与え、その影響下で人々はいかなる動向を示したのか、といった一連の過程を、そこで考察の対象となる人々の内的論理にも踏み込みつつ検討する。

以上を要するに、都市における「デモクラシー」の制度的な現れとしての男子普選制と、その都市の政治領域及び社会領域における「無産」政治勢力及びその周辺の人々の、様々な形での「デモクラシー」の社会的な現れとしての諸動向の相互関係を、都市という場に固有の物理的空間的変化の問題を組み込みつつ動態的に捉えること、そしてそれを通して、近現代日本において男子普選が実施されていた時期の「デモクラシー」をめぐる政治と社会のあり方の特質を展望すること、これが本書の基本的な視角である。

2　本書の対象と課題

本書は、以上のごとく設定した視角に基づいて、大都市東京市の近郊都市東京府八王子市を対象に検討を行なう。フィールドとなる八王子市の特質については、第一章の分析地概況に譲るが、この都市では、後に見る通り、近郊の大都市東京市及びその影響の圏内で急速に発展する近隣の都市立川町などとの関係に強く規定された物理的空間的変化が見られた。またこの都市における「無産」政治勢力及びその周辺の人々の動向には、上記の物理的空間的変化が少なからず影響を及ぼしている。以上の点で八王子市は、本書の考察にふさわしいフィールドであると考えられる。

なお本書が扱う一九二〇年代から四〇年代の八王子市の政治と社会の歴史に関する先行研究は、筆者が研究を開始した二〇〇〇年代初頭においては、一九八〇年代末から九〇年代初頭にかけて刊行された『八王子市議会史』(84)と、中野理氏(85)、梅田定宏氏(86)の個別のテーマに関する研究等が主なものであった。しかし筆者が本書の基礎となる最初の論文を発表した年に当たる二〇〇七年度から、全くの偶然であるが、八王子市で新たな市史編さん事業が開始された。筆者も二〇〇八年一〇月以降、今日まで幾つかの異なる立場でこの市史編さん事業に関わってきた。こうした中で、二〇一三年度から二〇一六年度にかけ、『新八王子市史』資料編近現代1・2と、同じく通史編近現代(上)(下)の四冊が刊行され、研究状況は劇的に進展した。(87)この通史編の一部については、筆者も執筆を分担している。本書は、この刊行された市史の成果を先行研究として参照するが、本書は先に見た通り日本近現代史の研究史から抽出した独自の視角から対象にアプローチするものとなるため、当然のことながらその歴史像は異なったものとなる。また編さん事業の中で筆者が接した現在未公開の史料等は使用していない点は明記しておきたい。八王子市をフィールドとした研究のさらなる進展のためにも、この事業で収集された多くの歴史資料が適切に保存され、広く市民に公開されることに期待したい。

なお八王子市と「デモクラシー」については、「大正デモクラシー文化」を八王子市及びその周辺に即し広く検討した研究として椚国男氏の研究(88)がある。また近年では、この椚氏の「大正デモクラシー文化」論を前提としつつ、その同時代における担い手の一人で戦後も積極的な文化運動を行なった橋本義夫の軌跡を辿った小倉英敬氏の『八王子デモクラシーの精神史』が発表されている。(89)ただこの両氏の「デモクラシー」理解は、基本的には先に見た一九六〇年代から七〇年代にかけての「大正デモクラシー」研究に見られた、戦後民主主義の「原形質」としての「デモクラシー」という理解に立っている。しかし、同じ「八王子」の「デモクラシー」の歴史を対象とすることを掲げつつも、本書は先述の視角を取るため、従来の「八王子デモクラシー」の歴史像とは大きく異なる歴史像を描くものとなる。

さて以上では地域史の文脈に即して、本書が「デモクラシー」をめぐる問題領域に着目することで、八王子市の一九二〇年代後半から四〇年代にかけての政治と社会の変化について、従来とは大きく異なる歴史像を提示するものとなることを説明した。それではこの点を敷衍し、一九二〇年代後半から四〇年代にかけての日本における政治と社会の変化について従来の日本近現代史研究が提示した歴史像と本書の関係、という問題を立てた場合、ここまでに都市史研究や「デモクラシー」研究の文脈で見た諸研究のほかに、本書が向き合うべき先行研究にはいかなるものがあるだろうか。

日本近現代史研究において、一九二〇年代後半から四〇年代にかけての日本における政治と社会の変化を説明する枠組みとして、一九七〇年代まで優位にあったのは、「天皇制ファシズム」論である。この議論では、明治維新によって成立した絶対主義天皇制が、資本主義の発展とその独占資本主義への移行に連動してその主導勢力を寄生地主から独占ブルジョワジーへと変容させ、一九二〇年代半ばには「ブルジョワ・地主天皇制」となる、との理解を前提に、この体制がその後しだいにファッショ化し、一九三七年ころに「独占資本と軍部自身のための、軍部の暴力独裁」としての「軍部ファシズムまたは天皇制ファシズム」となる、との枠組みで、当該期の政治と社会の変化が捉えられた[90]。そこでは当該期における支配層が一体としてファッショ化と対外侵略戦争を推進したと把握された[91]。また日本が近代化の端緒において抱え込んだ絶対主義の要素、すなわち前近代的な要素の政治と社会への規定性が重視されていた。

この「天皇制ファシズム」論に対し、以上の議論の枠組みでは一九四〇年の新体制をめぐる政治的対立などの当該期の政治過程が説明できないこと等を理由に、厳しい批判を加えたのが伊藤隆氏の議論である[92]。伊藤氏は以上の批判に基づいてファシズム概念を否定すると共に、一九一〇年代以降二〇年代にかけて台頭する既存の政治社会秩序の改造をはかる勢力を「革新」派として把握し、現状に対する「革新」と「現状維持」という軸と、「復古」と「進歩」という軸の中での「革新」派と対立勢力の動向の変化によって一九二〇年代から四〇年代の政治史を説明する、いわゆる「革新」派論を提起した。(93) この伊藤氏の議論は、ファシズム概念の当否をめぐるいわゆるファシズム論争を惹起したが、この論争を経る中でファシズム概念の有効性を主張する側でも、当該期の支配層内部の対立を分析対象に据える必要性が改めて認識され、(94) また「天皇制ファシズム」論の蓄積をふまえつつもその議論が当該期の国家と社会の分析に際し絶対主義的な要素＝前近代性を重視する点を否定し、欧米におけるファシズム論等をふまえ当該期における「近代」的な要素、すなわちファシズムがすすめる国家総力戦体制の構築の過程が「近代化」「平準化」「平等化」を推進する側面の規定性を重視する「日本ファシズム」論が練磨された。(95)

以上のごとく、ファシズム論争を経た段階において、一九二〇年代から四〇年代の政治と社会を考える際の課題としては、①当該期の支配層内部の政治的対立を分析すること、②従来「天皇制ファシズム」概念で捉えられていた当該期の政治と社会の問題を、前近代的要素によりかからず「近代」的要素の規定性を議論に組み込むこと、という二つが存在したといえる。しかし「革新」派論は、①に見通しを提起しつつ、②のような問題関心は希薄であり、「日本ファシズム」論は、②の問題を対象化しつつも、この問題と①の課題を接合することには必ずしも成功していなかったといえる。

かかる研究状況に対し、独自の視角から二つの問題の接合を試みた研究として、雨宮昭一氏の研究が挙げられる。雨宮氏は、「革新」派論をふまえつつ、そこでの政治勢力の分類を状況における力学的規定であると批判し、政治社会秩序を構成する理念に即して当該期の政治勢力を〝国防国家派〟、〝権威主義的民主主義派〟、〝自由主義派〟の三つの潮流（のちに〝反動派〟が加わり四つの潮流とされる）に区分し、それらの対抗関係の展開で当該期の政治史を捉えることを提起した。(96) また雨宮氏は、「日本ファシズム」論が対象化しつつあったファシズムがすすめる国家総力戦体制の構築に伴う「近代」化作用＝社会の「近代化」「平準化」「平等化」の作用と四潮流の関係を念頭に、一九二〇年代以降の政治と社会の変化を分析し、第一次大戦以降、〝自由主義派〟が政治秩序を掌握する中で、一九二〇年代から浮上しつつも三〇年代に至っても実現困難であった「社会の平等化・民主化・近代化」の課題が、〝国防国家派〟が主導し〝権威主義的民主主義派〟がコミットする総力戦体制構築と連動したグライヒシャルトゥンクにより一定程度果たされる、という見通しを提起した[97]。雨宮氏はこの自身の議論について、「日本ファシズム」論の到達点を示す木坂順一郎氏の研究の中の「権力機構＝国家機構の再編成による支配階級内部の矛盾[98]」という表現を引用しつつ、これを「社会の次元」から分析し具体的内容をつけ加えた、と述べている[99]。この言及からもうかがえる通り、雨宮氏の研究には、先に見たファシズム概念論争以後における①と②の課題を接合する含意があった点は、注目する必要がある[100]。

その後一九九〇年代には、二〇世紀前期の大規模戦争、すなわち総力戦に伴う社会の変化を指摘した総力戦体制論が先に見た雨宮氏も含め複数の論者により展開され、一九二〇年代から四〇年代の日本社会の変化もこの枠組みで説明がなされた[101]。なおこれらの総力戦体制論においては、総力戦に伴う社会の平準化がその後の時代にも規定性を及ぼしたことが主張されたが、日本近現代史研究においては以上のような主張が戦前と戦後の連続性を強調するものと捉えられ、実体としての格差の残存や戦争に伴う新たな格差の発生などを論拠とした批判がなされた[102]。かかる批判が定着する中で、総力戦体制論は近年では「退潮に向いつつある[103]」との評価もなされている。その一方でこうした研究状況の中で、当該期に関する歴史像については「古典的な構図」の「再生産」に陥る可能性も指摘されている[104]。

以上のごとく、一九二〇年代後半から四〇年代にかけての日本における政治と社会の変化については、これまで複数の枠組みが提起されてきたが、近年では総力戦体制論が下火になる中で、従来の研究蓄積をふまえた上で当該期の研究を進展させ得る論点は見えにくくなっていると考えられる。本書はかかる研究状況に対して、総力戦体制論と一括されがちな諸研究の中で、先に見た雨宮氏の研究がそれ以前からの一九二〇~四〇年代研究の課題の接合を試みていたことに改めて注目したい。先にも少し触れた通り、ファシズム論争を経た後の段階では、①当該期の支配層内部の政治的対立を分析すること、②従来「天皇制ファシズム」概念で捉えられていた当該期の政治と社会の問題を「近代」の問題として説明することが課題となっていた。「日本ファシズム」論においても以上の課題は認識されつつも、一九八〇年代の日本近現代史研究が戦争責任論に重点を移していく中で、この課題の検討が十分に継承されなかったことは、高岡裕之氏がつとに指摘している。[105]この点に鑑みると、当該期の政治的対立を、ファシズムの「近代」化作用と捉えられた「社会の平等化・民主化・近代化」の問題とリンクさせて考察した雨宮氏の研究は、こうした課題を継承していた研究として改めて認識される必要があろう。ただし雨宮氏の議論では、一九二〇年代に浮上した「社会の平等化・民主化・近代化」の課題を自立的に解決する社会改革は、一九三七年の日中戦争で困難になり、その解決は総力戦の中で求められることが強調される。[106]この点について源川真希氏は、当該期における社会の変化を総力戦の衝撃に一元化して論じていると批判を加え、一九三七年七月以前の地域政治を含めたトータルな政治状況が、一九四〇年代の政治と社会をいかに準備したかという視点の必要性を提起している。[107]また高岡裕之氏は、総力戦体制論で強調される戦時下の社会改革について、その構想が複数であり相互の間に矛盾と葛藤が存在したことを指摘している。[108]また独自の政治史の視角から、日中戦争開始直前の一九三六、三七年に「民主化の頂点」[109]をみる坂野潤治氏は、雨宮氏の議論に対して、当該期の各種選挙における社会大衆党の躍進と、この政治的動向を支持する知識人の言説をふまえ、「社会的な「格差の是正」のためにわざわざ日中戦争を起こし、そのための「総力戦体制」を受け容れる必要はなかった」[110]と主張している。

以上のような先行研究の成果と課題をふまえ、本書で検討する事例から一九二〇年代後半から四〇年代にかけての日本における政治と社会の変化を展望するに際しては、当該期における「社会の平等化・民主化・近代化」の課題の相互の関係、これら課題と政治との関係、その総力戦開始以前と以後の状況と変化、等に留意し考察を行なう。

3　本書の射程

さて本書は、都市における「デモクラシー」の制度的な現れとしての男子普選制及びそれに基づく政治構造と、「デモクラシー」の社会的な現れとしての社会における人々の平等化、同質化の志向に基づく諸動向の関係の領域を検討対象とするが、かかる領域を扱う本書は、近年議論が盛んなデモクラシー理論の研究動向とは、いかなる関係を有するであろうか。

先にも述べたごとく、従来の日本近現代史研究におけるデモクラシー研究は、多くの場合、いわば「健全」な政治参加（「民衆の主体的政治参加の契機」）に注目してきた。換言すれば、「デモクラシー」の制度に人々が参加する中で、その政治的・社会的な主張や利害が、調整され合意形成がなされる局面に注目してきたといえよう。また、「デモクラシー」の制度的な現れと社会的な現れのズレに注目した研究においても、そのズレ自体よりも、それを克服するための主体形成の動向に注目がなされてきた。

これに対し本書は、先に述べた通りこのズレそのもの、すなわち「デモクラシー」の制度的な現れと社会的な現れの関係に注目する。換言すれば、デモクラシーの合意形成的契機ではなく対立的契機に注目し、「デモクラシー」の制度というアリーナを前提としつつ、それをめぐり人々の様々な要求が提起され、対立する局面に注目するものとなる。こうした本書の視角は、近年のデモクラシー論の中では、討議デモクラシー論を批判し、闘技的多元主義を主張するシャンタル・ムフらのアゴニズムのデモクラシー論に親和性を持つといえる(11)。さらに本書にとって重要な議論は、ポストコロニアルの視角からのインド研究を通じて、「デモクラシー」を、「統治される人々の政治」と捉える、パルタ・チャタジーの議論である。チャタジーは、「ポストコロニアル世界において民主主義の台頭とともに浮上した問題は、西洋民主主義の歴史的実践を模倣しようとするだけでは解決できないことは明らかである」との観点から、非西洋世界における民主政治をめぐる問題を、西洋民主主義の実践の中に普遍的な規範を見出し「未熟なもの」や「原型のお粗末な模倣物」と捉えるのではないアプローチを模索する中で、「政治社会」という概念を提起している。(112) この概念でチャタジーは、憲法や法律によって規定されている国家の正式な構造において社会の全員が平等の権利を有する市民であり、それゆえに全員が構成員であるはずとされる市民社会に対して、実際の国家とその領土的管轄内の人口との関係はこれと必ずしも一致しないことに注目し、にもかかわらず両者の間に結ばれる一定の政治的関係を対象化する。(113) その際特に、フーコーの議論を参照しつつ、二〇世紀の西洋先進工業国における大衆民主主義の中で形成された「国家の統治機関化」の特徴、すなわち体制の正当性が、国家に関わることに市民が参加することによってではなく福利厚生を人口に提供すると主張することによって確保される傾向に着目し、それ故にこそ生じる統治するもの／統治される人々という関係の中で、後者の人々が、自分たちが選挙権を持っているという事実を利用しつつ、統治機関に対し様々な要求や主張を行なう「政治社会」のあり方を捉え、そこで展開する「統治される人々の政治」に「デモクラシー」の今日におけるあり方を見出している。(114) 以上の議論でチャタジーが「政治社会」という概念を用いて対象化する「統治される人々の政治」としての「デモクラシー」のあり方は、本書が対象化する、「デモクラシー」の制度的な現れと社会的な現れの関係の領域と大きく重なる。この点に鑑みれば、本書の議論は、以上のチャタジーの議論に引きつけていえば、二〇世紀前期の日本における「統治される人々の政治」としての「デモクラシー」に光を当てるものであり、日本近現代史の文脈のみならず、非西洋世界における「デモクラシー」研究とも対話の可能性を有する議論としての性格を帯びる。

第四節　本書の方法と構成

最後に本書の具体的な方法と構成を述べておきたい。

本書は、先にも触れたごとく八王子市における「デモクラシー」の制度的な現れとしての男子普選制及びそれに基づく政治構造と、そこでの政治領域―社会領域における「無産」政治勢力及びその周辺の人々の、様々な形での「デモクラシー」の社会的な現れとしての諸動向の相互関係を、都市という場に固有の物理的空間的変化の問題を組み込みつつ動態的に捉える、という視角を基礎とする。かかる視角の検討に際しては、「無産」政治勢力の動向を具体的にうかがい知ることのできる史料が不可欠であるが、この点に関し当事者たちが残した史料は、法政大学大原社会問題研究所等に若干残されているものの、現在では基本的に多くはない。また「無産」政治勢力の史料のみならず、彼ら以外の勢力も含めた八王子市の男子普選期の政治に関する史料で今日まで残存していることが確認し得る当事者の史料もきわめて少ない。この点は、アジア太平洋戦争下の一九四五年八月二日の空襲で八王子市の市街地の約八〇％が焼失したことが大きな理由となっている[115]。以上の事情をふまえ、本書では、新聞史料を多く用いて対象とする問題領域の動向を検討する、という方法をとる。なお都市史研究に際しては、あくまで「一次史料」にこだわるべきとの立場[116]もあるが、その一方で従来新聞や雑誌はバイアスのかかった史料として軽視されてきたが、バイアスに注意して処理活用する必要があるのは書簡や日記など従来「一級史料」と見なされがちであった史料に関しても共通であって、「要はどのような方法で使用するかが問題なのであり」、新聞や雑誌などの「見捨てられてきた史料を発掘し、それを読み直すことにより新しい都市史が生まれるのである」との立場[117]も存在する。本書ではこうした議論をふまえ、史料のバイアスに注意した上で、新聞史料及びその他の未刊行史料、刊行史料を駆使して男子普選実施期の八王子市における社会領域及び政治領域の変化、それと密接な関係を有する都市の空間的な変化を、「無産」政治勢力及びその周辺の人々の動向に注目しつつ可能な限り具体的に描き出す方法をとる。

なお本書における『東京日日新聞　府下版』、『読売新聞　埼玉版府下だより』、『読売新聞　府下版』（一九三二年からは『三多摩読売』）、『社会運動通信』からの引用は、それぞれ『東日』、『読・埼』、『読売』、『社会』と略記し、西暦年号（すべて一九〇〇年代）の下二桁と月日を付して本文中に挿入して出典を示す。また引用史料中には差別的な用語も含まれているが、当時の認識を示すものとしてそのまま引用する。

最後に本書の構成について述べておきたい。

第一章「男子普通選挙制導入期の大都市近郊都市──東京府八王子市の状況」では、本書の以下の各章での議論の前提として、男子普通選挙制が導入される一九二五年に至る時期の東京府八王子市の社会と政治の状況を概観し、その上で、男子普通選挙制の導入がこの地の社会と政治にいかなる影響をもたらしたのかを検討する。

第二章「昭和恐慌期における都市計画事業の展開と「無産」政治勢力」では、「無産」政治勢力及びその周辺の人々における、男子普選による政治参加を直接に志向するわけではないが、都市自治体に影響を及ぼすような、人々の平等化、同質化の志向に基づく諸動向──いわば人々が制度外的に「主体」化する局面──に着目し、「デモクラシー」の制度的な現れと、その社会的な現れと捉え得る社会領域における人々の動向の関係を、大都市近郊都市における都市計画事業の展開が地域にもたらした変化との関連に留意しつつ、昭和恐慌期の八王子市の場合に即して検討する

第三章「「土木稼業人」の労働史──二〇世紀前期における仲木屋鉱一の軌跡」では、第二章で扱った、昭和恐慌期の八王子市において展開した自由労働者をめぐる動向を、そのリーダーである仲木屋鉱一という主体に即して捉え返す。この点で第二章と第三章は表裏の関係をなすといえる。そして仲木屋鉱一個人の経歴に即して、昭和恐

慌期の八王子市におけるその活動の意味を分析する中から「デモクラシー」の社会的な現れと捉えられる志向に基づいて活動する主体の内的論理に接近する。

第四章「一九三〇年代大都市近郊における都市地域社会と「無産」政治勢力——屠場市営化・移転問題の展開を手がかりに」では、一九三〇年代中期において大都市＝東京市に端を発する多面的な変化が近郊都市＝八王子市を一つの結節点に交錯する中でその一環として屠場市営化移転問題が浮上する過程と、この問題に反対運動を展開した八王子市子安町という都市地域社会のあり方、そして第二章で見たような過程を経て都市自治体への政治参加を果たした「無産」政治勢力のこの問題への向き合い方を検討する。

第五章「一九三〇・四〇年代大都市近郊都市論の前提——二〇世紀前期日本の「田園都市」・「地方計画」・「衛星都市」」では、第六章以下で行なう議論の前提として、二〇世紀前期における大都市への人口集中への対処に関する議論の系譜と、そこでの大都市近郊都市の位置づけをめぐる議論を検討する。

第六章「一九三〇・四〇年代大都市近郊都市の変容と新体制をめぐる対抗」では、一九三〇年代後期から四〇年代にかけての大都市近郊都市八王子市の変容と、この都市の空間的変化と関わる政治的変化、特に一九四〇年の新体制運動をめぐる政治的対抗とその帰結を検討する。この検討の中で析出される新体制をめぐる「旧勢力」の結集と「革新分子」の体制からの排除、という現象は、以下の第七章、第八章の基礎となる。

第七章「翼賛選挙期大都市近郊都市における地域政治構造の変容」では、第六章に見た政治的変化の中で形成された「旧勢力」の結集に基づく地域政治構造が、戦時下、特に一九四二年の翼賛選挙以降の時期にいかなる変化を見せるのか検討すると共に、総力戦体制論をめぐる近年の議論に論点の提起を試みる。

第八章「戦前日本における「デモクラシー」の基底——新体制運動期における「革新分子」神谷卓・小島鉄広に即して」では、第六章の議論の文脈では新体制をめぐる対抗にいわば敗北し、体制から排除されたと捉えられる

「革新分子」の内的な論理と行動を、神谷卓と小島鉄広の二人に即して具体的に検討する。

終章「近現代日本の都市形成と「デモクラシー」――本書のまとめ」では、以上の各章の検討から得られた知見を改めて整理した上で、序章で見た研究史上の文脈におけるその意味と今後の課題を確認する。

◆註

（1）都市史の研究については、以下の註（2）書、註（3）書、註（7）書、註（10）芝村書、註（38）書における整理のほか、横井敏郎「日本近代都市史研究の展開」（『ヒストリア』一三〇号、一九九一年）、原田敬一「地域史のなかの近代都市史研究――その方法と課題」（『部落問題研究』一九三号、二〇一〇年）、源川真希「東京の変貌からみた歴史学――都市史は生き残れるか」（『人民の歴史学』二一二号、二〇一七年）等がある。

（2）一九七〇年代後半以降、日本近現代史研究の一分野として都市史が認知されていく過程を「都市史の自立」と捉える観点については、成田龍一「近代日本都市史研究について――赤木須留喜『東京都制の研究』、石塚裕道『東京の社会経済史』を読む」（『歴史学研究』四六四号、一九七九年）、同「近代日本都市史研究のセカンドステージ」（『歴史評論』五〇〇号、一九九一年。のち同『近代都市空間の文化経験』岩波書店、二〇〇三年に収録）などを参照。

（3）大石嘉一郎・金澤史男編著『近代日本都市史研究――地方都市からの再構成』（日本経済評論社、二〇〇三年）、三～四頁。

（4）高岡裕之「町総代制度論――近代町内会研究の再検討」（『年報都市史研究　3』山川出版社、一九九五年）、一一七頁。

（5）成田龍一「田川大吉郎の都市論――その形成過程」（『歴史評論』三三〇号、一九七七年）、同「近代日本都市史ノート」（『新しい歴史学のために』一五三号、一九七八年）、同「「帝都」復興をめぐる都市論の興起と変質」（東京歴史科学研究会編『転換期の歴史学』合同出版、一九七九年）。

（6）小路田泰直「「政党政治」の基礎構造」（『日本史研究』二三五号、一九八二年。のち「都市と地租委譲問題」と改題し、同『日本近代都市史研究序説』柏書房、一九九一年に収録）。この論文において小路田氏は、一九二〇年代の大阪市市政に焦点を合わせ、関一市長に代表される都市の官僚層が米騒動以後の労農運動・デモクラシー運動の高揚とその結果としての都市名望家支配の崩壊に対し、市会から相対的に自立した専門官僚支配（テクノクラシー）を確立することで一面普選を容認しつつ市会全体の力を制限し、他方で積極的に都市改良事業や社会政策に取り組むことで「上からの社会政策的統合」をはかったことを明らかにした。その上で、この都市専門官僚の都市改良・社会政策の継続的展開が積極財政を要請し、この点を媒介に政友会と結合するものであったこと、かくして形成される政友会＝専門官僚ブロックの論理が対外的「危機感」に媒介され軍部ファシズムと結合し緊縮財政―国際協調の民政党内閣を打破したことで、都市から生み出された専門官僚制の論理が「大日本帝国」の領土全体を覆う論理へと拡大した、との主張を展開し、一九二〇年代の「デモクラシー」から三〇年代の「ファシズム」への展開過程を展望した。

（7）原田敬一「都市支配の構造――地域秩序の担い手たち」（『歴史評論』三九三号、一九八三年。のち同『日本近代都市史研究』思文閣出版、一九九七年に収録）。

（8）松下孝昭「大阪市学区廃止問題の展開――近代都市史研究の一視角として」（『日本史研究』二九一号、一九八六年）、同「一九二〇年代の借家争議調停と都市地域社会――大阪市の事例を中心に」（『日本史研究』二九九号、一九八七年）など。

（9）成田龍一・増谷英樹「方法としての都市史」（『歴史学研究』六一二号、一九九〇年）。

（10）前掲註（6）書、前掲註（7）書、芝村篤樹『日本近代都市の成立――一九二〇・三〇年代の大阪』（松籟社、一九九八年）。

（11）石塚裕道『日本近代都市論――東京：一八六八～一九二三』（東京大学出版会、一九九一年）。

（12）源川真希「一九三〇・四〇年代都市政治構造に関するノート――東京・世田谷区の衆議院議員選挙結果と地域住民組織を媒介に」（『歴史学研究』六五三号、一九九三年。のち同『近現代日本の地域政治構造』日本経済評論社、二〇〇一年に収録）。

（13）森健一「一九三八年の自治擁護連盟と反英市民運動の展開」（『歴史評論』五四五号、一九九五年）。

（14）大岡聡「「普選節」の時代　倉持忠助伝」①～⑪（東京自治問題研究所『月刊東京』一九九四年一〇月～一九九五年一一月）、同「昭和恐慌前後の都市下層をめぐって――露店商の動きを中心に」（『一橋論叢』一一八巻二号、一九九七年）。

（15）能川泰治「日露戦時期の都市社会」（『歴史評論』五六三号、一九九七年）。

（16）布川弘『神戸における都市「下層社会」の形成と構造』（兵庫部落問題研究所、一九九三年）。

（17）加藤千香子「地方都市における「大正デモクラシー」――埼玉県川越「公友会」の活動をめぐって」（『歴史学研究』六〇四号、一九九〇年）、同「一九二〇年代の地方都市と新中間層――川崎市の地方ジャーナリストの軌跡を中心に」（『横浜国立大学教育人

間科学部紀要Ⅲ（社会科学）』一集、一九九八年）。

(18) 伊藤之雄「都市と政党――一八九三年～一九〇三年の和歌山市」（『ヒストリア』一二九号、一九九〇年。のち同『立憲国家の確立と伊藤博文――内政と外交一八八九～一八九八年』吉川弘文館、一九九九年に収録）。

(19) 高岡裕之「第一次世界大戦後における地方都市政治の基礎構造――和歌山市を事例に」（『ヒストリア』一三三号、一九九一年）。

(20) 重松正史「都市下層社会をめぐる政治状況」（『日本史研究』三八〇号、一九九四年。のち同『大正デモクラシーの研究』清文堂、二〇〇二年に収録）。

(21) 雨宮昭一「総力戦体制と国民再組織」（坂野潤治ほか編『シリーズ日本近現代史3　現代社会への転形』岩波書店、一九九三年）、同「戦争と都市――強制的画一化と都市形成」（成田龍一編著『近代日本の軌跡9　都市と民衆』吉川弘文館、一九九三年）。両論文とものち雨宮昭一『戦時戦後体制論』岩波書店、一九九七年に収録。

(22) 成田龍一「近代都市と民衆」（前掲註（21）成田編著書所収。のち「近代都市空間と〈民衆〉の都市経験」と改題し、前掲註（2）成田書に収録）、同「関東大震災のメタヒストリーのために――報道・哀話・美談」（『思想』八六六号、一九九六年。のち前掲註（2）成田書に収録）、同『「故郷」という物語――都市空間の歴史学』（吉川弘文館、一九九八年）など。

(23) この成田氏の研究の位置づけについては、大門正克「いま、「国民」をどのように問うべきか――一九九〇年代の日本近代史研究をめぐって」（『人文学報』二九六号、歴史学編第二七号、一九九九年）など参照。

(24) 広川禎秀編『近代大阪の行政・社会・経済』（青木書店、一九九八年）。

(25) 「〔第四分科会〕テーマ「戦間期におけるデモクラシーと地域――近代都市史研究の視点から」趣旨説明」（文責　能川泰治）（『日本史研究』四六四号、二〇〇一年）。

(26) 同右、一五六頁。

(27) 沼尻晃伸『工場立地と都市計画――日本都市形成の特質　一九〇五―一九五四』（東京大学出版会、二〇〇二年）。

(28) 櫻井良樹『帝都東京の近代政治史――市政運営と地域政治』（日本経済評論社、二〇〇三年）。

(29) 大西比呂志『横浜市政史の研究――近代都市における政党と官僚』（有隣堂、二〇〇四年）。

(30) 大西比呂志・梅田定宏編著『「大東京」空間の政治史――一九二〇～三〇年代』（日本経済評論社、二〇〇二年）。

(31) 前掲註（3）書。

(32) 小林丈広編著『都市下層の社会史』(解放出版社、二〇〇三年)。
(33) 鈴木勇一郎『近代日本の大都市形成』(岩田書院、二〇〇四年)。
(34) 中野隆生編著『都市空間の社会史　日本とフランス』(山川出版社、二〇〇四年)、同編著『都市空間と民衆　日本とフランス』(山川出版社、二〇〇六年)。
(35) 橋本哲哉編著『近代日本の地方都市――金沢/城下町から近代都市へ』(日本経済評論社　二〇〇六年)。なお本書については、拙稿「書評　橋本哲哉編著『近代日本の地方都市――金沢/城下町から近代都市へ』」(『北陸史学』五六号、二〇〇七年)を参照。
(36) 伊藤之雄編著『近代京都の改造――都市経営の起源　一八五〇~一九一八年』(ミネルヴァ書房、二〇〇六年)。
(37) 源川真希『東京市政――首都の近現代史』(日本経済評論社、二〇〇七年)。
(38) 佐賀朝『近代大阪の都市社会構造』(日本経済評論社、二〇〇七年)。なお本書に関する筆者の理解と批判については、拙稿「書評　佐賀朝『近代大阪の都市社会構造』」(『民衆史研究』七七号、二〇〇九年)を参照。
(39) 広川禎秀編『近代大阪の地域と社会変動』(部落問題研究所、二〇〇九年)。
(40) 鈴木勇一郎・高嶋修一・松本洋幸編『近代都市の統治と装置』(日本経済評論社、二〇一二年)。
(41) 高嶋修一『都市近郊の耕地整理と地域社会――東京・世田谷の郊外開発』(日本経済評論社、二〇一二年)。
(42) 杉本弘幸『近代日本の都市社会政策とマイノリティ――歴史都市の社会史』(思文閣出版、二〇一五年)。
(43) 藤野裕子『都市と暴動の民衆史――東京・一九〇五―一九二三年』(有志舎、二〇一五年)。
(44) かかる農業史・農村史の研究状況については、小島庸平「近年における近現代日本農業史の「再興」をめぐって」(『同時代史研究』第八号、二〇一五年)などを参照。
(45) 前掲註(25)趣旨説明、一五七頁。
(46) 安田浩「総論」(坂野潤治ほか編『シリーズ日本近現代史3　現代社会への転形』岩波書店、一九九三年)。
(47) 前掲註(25)趣旨説明。
(48) 林宥一「階級の成立と地域社会――労働・農民運動組織化とその影響」(前掲註(46)書所収。のち同『「無産階級」の時代』青木書店、二〇〇〇年に収録)。
(49) 加藤千香子「都市化と「大正デモクラシー」」(『日本史研究』四六四号、二〇〇一年)。

(50) 大岡聡「戦間期都市の地域と政治――東京「下町」を事例にして」(『日本史研究』四六四号、二〇〇一年)。
(51) 能川泰治「戦間期における「帝都」東京のデモクラシーと文化」(『日本史研究』四七四号、二〇〇二年)。同「添田啞蟬坊論――都市下層社会と大正デモクラシーに関する研究として」(『歴史学研究』九五五号、二〇一七年)は、この批判的継承を「民衆的知識人」という存在の分析を通して深化させる研究として注目される。また畔上直樹「「大東京」形成期近郊農村の変貌と町名改称問題――「明治神宮以後」補遺」(『國學院大學研究開発推進センター研究紀要』第六号、二〇一二年)は、加藤氏・大岡氏の研究に含まれる論点を都市化と地域社会の変容の問題として深める視角を示した研究として示唆に富む。
(52) 前掲註(30)書など。
(53) 前掲註(35)書、註(36)書、註(40)書など。
(54) 竹永三男『近代日本の地域社会と部落問題』(部落問題研究所、一九九八年)、有馬学「「大正デモクラシー論」の現在」(『日本歴史』七〇〇号、二〇〇六年)、千葉功「研究史整理と問題提起」(『歴史評論』七六六号、二〇一四年)。
(55) 信夫清三郎『大正政治史』第一巻～第四巻(河出書房、一九五一～五二年)、同『現代日本政治史』第一巻(大正デモクラシー史Ⅰ～Ⅲ)』(日本評論新社、一九五四～五九年)。
(56) 松尾尊兊「大正デモクラシー期の政治過程――普通選挙問題を中心に」(『日本史研究』五三号、一九六一年)、同「政党政治の発展」(『岩波講座　日本歴史　現代2』岩波書店、一九六三年)、同『大正デモクラシーの研究』(青木書店、一九六六年)。なお松尾氏の「大正デモクラシー」研究については、竹永三男「二一世紀の松尾史学――松尾尊兊氏の大正デモクラシー論と現代の民主主義」、能川泰治「松尾尊兊『大正デモクラシー』を読み直す――その批判的継承のために」(『日本史研究』六四八号、二〇一六年)も参照。
(57) 金原左門『大正デモクラシーの社会的形成』(青木書店、一九六七年)。
(58) 三谷太一郎『日本政党政治の形成――原敬の政治指導の展開』(東京大学出版会、一九六七年)。
(59) たとえば、一九六〇年代末段階の優れた研究史整理である江口圭一「大正デモクラシーとは何か」(シンポジウム日本歴史二〇『大正デモクラシー』学生社、一九六九年)などを参照。
(60) 松尾尊兊『大正デモクラシー』(岩波書店、一九七四年)「はしがき」、三谷太一郎『大正デモクラシー論』(中央公論社、一九七四年)「あとがき」、鹿野政直『大正デモクラシー』(小学館、一九七六年)。

(61) 前掲註(60)三谷書、二九一頁。
(62) 前掲註(60)鹿野書、二〇頁。
(63) 有馬学・伊藤隆「書評 松尾尊兊著『大正デモクラシー』 鹿野政直著『大正デモクラシーの底流』 金原左門著『大正期の政党と国民』 三谷太一郎著『大正デモクラシー論』」(『史学雑誌』八四-四号、一九七五年。のち安田浩・源川真希編『展望日本歴史一九 明治憲法体制』東京堂出版、二〇〇二年に収録)。
(64) 同右。
(65) 伊藤氏は、大正期以降に出現する、政治参加の推進などを含めた現状の社会秩序の変革をはかる勢力を「革新」派として捉え、この観点から大正期から昭和戦前期を連続的に捉える議論を行なった。このような伊藤氏の議論については、伊藤隆『昭和初期政治史研究』(東京大学出版会、一九六九年)、同『大正期「革新」派の成立』(塙書房、一九七八年)、伊藤隆『昭和期の政治』(山川出版社、一九八三年)、同『近衛新体制』(中央公論社、一九八三年)など参照。有馬氏は、この「民主主義(=国民的政治参加)」に含まれるデモクラシーとナショナリズムの関係について、当該期の「社会化」の問題と関連づけつつ議論を行なっている。有馬氏の議論については、『日本の歴史第23巻 帝国の昭和』(講談社、二〇〇二年)、前掲註(54)有馬論文、同「大正デモクラシーの再検討と新たな射程」(『岩波講座 東アジア近現代史4 社会主義とナショナリズム』(岩波書店、二〇一一年)、同「蠟山政道における「危機」のデモクラシー――立憲的独裁とは何か」(『日本史研究』六四八号、二〇一六年)など参照。また同様の問題を「インペリアル・デモクラシー」という概念でつとに扱った研究として、アンドリュー・ゴードン「日本近代史におけるインペリアル・デモクラシー」(『年報日本現代史』第二号、一九九六年)も参照。
(66) 安田浩「政党政治体制下の労働政策――原内閣期における労働組合公認問題」(『歴史学研究』四二〇号、一九七五年。のち同『大正デモクラシー史論』校倉書房、一九九四年に収録)。
(67) 林宥一「農民運動史研究の課題と方法――地主制、大正デモクラシー、日本ファシズムとの関連」(『歴史評論』三〇〇号、一九七五年)、同「初期小作争議の展開と大正期農村政治状況の一考察」(『歴史学研究』四四二号、一九七七年)。のち両論文とも同『近代農民運動史論』(日本経済評論社、二〇〇〇年)に収録。
(68) 安田常雄『日本ファシズムと民衆運動――長野県農村における歴史的実態を通して』(れんが書房新社、一九七九年)。
(69) 「統合論的アプローチ」については、大門正克「解説・民衆世界への問いかけ」(『展望日本歴史二一 民衆世界への問いかけ』

東京堂出版、二〇〇二年）参照。
（70）渡辺治「日本帝国主義の支配構造」（『歴史学研究別冊特集』一九八二年）。
（71）前掲註（46）書、三頁。
（72）前掲註（48）書、二〇一頁。
（73）同右書、二〇二頁。
（74）前掲註（46）書、一二頁。
（75）前掲註（49）論文、一八〇～一八三頁。
（76）前掲註（50）論文、二〇六頁。
（77）前掲註（6）書「第五章　大正デモクラシーと都市改良主義」。
（78）同右書、二一三頁。
（79）同右書、二二五～二二六頁。
（80）トクヴィル『アメリカのデモクラシー』第一巻（上）（松本礼二訳、岩波書店、二〇〇五年）。またこのトクヴィルの議論の含意については、宇野重規『デモクラシーを生きる――トクヴィルにおける政治の再発見』（創文社、一九九八年）、同『トクヴィル平等と不平等の理論家』（講談社、二〇〇七年）なども参照。また「民主主義」の本質が同質性にある点については、カール・シュミット『現代議会主義の精神史的位置』（稲葉素行訳、みすず書房、二〇〇〇年）「第二版へのまえがき――議会主義と民主主義の対立について」なども参照。なおシュミットがこの「第二版へのまえがき」において「あらゆる現実の民主主義は、平等のものが平等に取扱われるというだけでなく、その避くべからざる帰結として、平等でないものは平等に取扱われないということに立脚している」と述べた上で「民主主義の本質をなすもの」として、「第一に同質性ということであり、第二に――必要な場合には――異質的なものの排除ないし絶滅ということである」と指摘していることはよく知られている（同書、一四頁）。この指摘の通り、ある集団の「同質性」を強調することは「異質なもの」を排除することと表裏の関係にある。本書では、「デモクラシー」を「同質性」により基礎づけることが持つ「異質なものの排除」の問題性に留意しつつ、さしあたり当該期の「同質性」（そこでは「帝国臣民タル男子」という属性に基づく集団が所与とされているであろう）に基礎づけられた「デモクラシー」の政治的社会的機能を分析の対象とする。なおこうした問題性を註（65）で触れたゴードン氏や有馬氏の議論をふまえつつ、国民国家という枠組みを前提としたデモクラシーの問題として扱った研究として、加藤千香子「「大正デモクラシー」と国民国家――第一次大戦期の『横浜貿易新報』社説から」（『歴史評論』七六六号、二〇一四年）も参照。

(81) 前掲註(20)書参照。

(82) 源川真希「普選体制確立期における政治と社会」（『日本史研究』三九二号、一九九五年。のち同『近現代日本の地域政治構造』日本経済評論社、二〇〇一年に収録）。

(83) 住友陽文「大衆ナショナリズムとデモクラシー」（歴史学研究会・日本史研究会編『日本史講座第九巻　近代の転換』東京大学出版会、二〇〇五年）。同『皇国日本のデモクラシー――個人創造の思想史』（有志舎、二〇一一年）も参照。

(84) 『八王子市議会史』記述編Ⅰ（八王子市議会、一九九〇年）。

(85) 中野理「地方利益と政党」（『多摩のあゆみ』四一号、一九八五年）。

(86) 梅田定宏「八王子・立川の発展と戦前の都市計画」（多摩の交通と都市形成史研究会編『多摩　鉄道とまちづくりのあゆみⅠ』古今書院、一九九五年）。

(87) 『新八王子市史』資料編5　近現代1（八王子市、二〇一三年）、『新八王子市史』資料編6　近現代2（八王子市、二〇一四年）、『新八王子市史』通史編5　近現代（上）（八王子市、二〇一六年）、『新八王子市史』通史編6　近現代（下）（八王子市、二〇一七年）。

(88) 椚国男「八王子における大正デモクラシー文化」（『多摩のあゆみ』四一号、一九八五年）。

(89) 小倉英敬『八王子デモクラシーの精神史』（日本経済評論社、二〇〇二年）。

(90) 「天皇制ファシズム」論の要点については、木坂順一郎「日本ファシズム」（吉田晶ほか編『日本史を学ぶ5　現代』有斐閣、一九七五年）などを参照。

(91) 「天皇制ファシズム」論のかかる特徴については、江口圭一「満州事変期研究の再検討」（『歴史評論』三七七号、一九八一年）参照。

(92) 伊藤隆「昭和政治史研究への一視角」（『思想』六二四号、一九七六年）。

(93) 伊藤氏の「革新」派論については、前掲註(65)の各書など参照。またこの伊藤氏の観点からの地域社会レベルの歴史像については、伊藤隆・森田美比「大正中期～昭和三〇年代の反既成政党勢力――茨城県の場合」（『社会科学研究』第二九巻二号、一九七七年）を参照。
(94)前掲註（91）江口論文など参照。
(95)木坂順一郎「日本ファシズム国家論」（同編『体系日本現代史』三　日本評論社、一九七九年）。またかかる研究動向と共振し、日本のファシズム研究に大きな影響を与えた研究として、山口定『ファシズム』（有斐閣、一九七九年）も参照。
(96)雨宮昭一「大政翼賛会形成過程における諸政治潮流」（『茨城大学教養部　紀要』第一五号、一九八三年。のち加筆の上、同『近代日本の戦争指導』吉川弘文館、一九九七年に収録）。
(97)雨宮昭一「一九四〇年代の社会と政治体制」（『日本史研究』三〇八号、一九八八年。のち改稿の上、「総力戦体制の進行と反東條連合の形成」と改題し前掲註（21）雨宮書に収録）。
(98)前掲註（95）木坂論文、三九～四〇頁。
(99)前掲註（21）雨宮書、一六～一七頁。
(100)雨宮氏のいわゆる四潮流論の含意については、源川真希『日本近代の歴史6　総力戦のなかの日本政治』（吉川弘文館、二〇一七年）九五～九七頁も参照。また酒井哲哉氏は、一九八〇年代末段階の日本政治史研究の動向をふまえ、「今日の近代日本政治史研究の最大の課題」として、「政治過程論的研究の制度化と共に狭隘化した政治史の領域に、再び政治経済学＝社会史及び政治哲学＝思想史の領域を回復すること」を指摘していた（酒井哲哉「一九三〇年代の日本政治――方法論的考察」『近代日本研究の検討と課題』山川出版社、一九八八年）。本論文の方法的提起は現在でも示唆に富むものと考えられる。
(101)岡崎哲二・奥野正寛編『現代日本経済システムの源流』（日本経済新聞社、一九九三年）、山之内靖・ヴィクター・コシュマン・成田龍一編『総力戦と現代化』（柏書房、一九九五年）、前掲註（21）雨宮書など。
(102)赤澤史朗・高岡裕之・大門正克・森武麿「総力戦体制論をどうとらえるか」（『年報日本現代史』第三号、一九九七年）、森武麿「総力戦・ファシズム・戦後改革」（倉沢愛子ほか編『岩波講座　アジア・太平洋戦争1』岩波書店、二〇〇五年）。また以上の総力戦体制論批判を土台とした研究として、佐々木啓「総力戦遂行と日本社会の変容」（『岩波講座　日本歴史　第一八巻　近現代四』岩波書店、二〇一四年）も参照。
(103)吉田裕「近現代史への招待」（『岩波講座　日本歴史　第一五巻　近現代一』岩波書店、二〇一四年）一〇～一一頁。
(104)米山忠寛「戦時体制再考」（『年報日本現代史』第二〇号、二〇一五年）一〇～一一頁。

(105) 前掲註（102）「総力戦体制論をどうとらえるか」高岡氏執筆部分の二二～二三頁。高岡裕之「ファシズム・総力戦・近代化」（『歴史評論』六四五号、二〇〇四年）も参照。

(106) 前掲註（21）雨宮書、第一章など参照。

(107) 前掲註（82）書、九頁。なお註（100）書は、かかる視点から当該期の政治と社会の全体像を描いている。

(108) 高岡裕之『総力戦体制と「福祉国家」――戦時期日本の「社会改革」構想』（岩波書店、二〇一一年）。

(109) 坂野潤治『昭和史の決定的瞬間』（ちくま新書、二〇〇四年）二一六頁。

(110) 坂野潤治『〈階級〉の日本近代史――政治的平等と社会的平等』（講談社選書メチエ、二〇一四年）。なお同書は明治維新以降日中戦争に至る時期の日本政治史を「政治的平等」と「社会的平等」の観点から分析しており示唆に富むが、両者の関係をより具体的に、かつ戦時期にも踏み込んで検討する本書とは視角を異にする。

(111) シャンタル・ムフ『民主主義の逆説』（葛西弘敬訳、以文社、二〇〇六年）、同『政治的なものについて』（酒井隆史監訳、明石書店、二〇〇八年）。なおムフのデモクラシー論については、「対抗者」というカテゴリーの導入によってそこでの敵対性は現存する象徴体系内での闘技的政治にとどまってしまい、この点に鑑みれば、ムフが厳しく批判する熟議デモクラシーに回収されている、との批判が山本圭氏から提起されている（山本圭『不審者のデモクラシー』岩波書店、二〇一六年）。本書はこの山本氏の批判を妥当と考えつつも、社会における格差や、これに基づく対立への関心を薄め、地域運営における中間層の力量やその主導下の合意形成などの意義を強調しがちな近年の日本史研究の状況に鑑みれば、ムフの議論でさえも依然意味を有すると考えている。なお一見、上述の研究状況に共振する地域における富者の慈善や救済活動を扱いつつも、その動向を規定した「貧民」や地方新聞、そして富者自身の名望の獲得や再生産の志向など、予定調和的でない地域社会の関係性を析出し、動態的に分析する大川啓氏の「近代日本における「慈善」と「不穏」――一八九〇年の秋田市における米価騰貴への対応を中心に」（『歴史学研究』八〇四号、二〇〇五年）、同「近代日本における名望と地域福祉の社会史――二〇世紀初頭の秋田市における資産家の福祉活動を中心に」（『歴史学研究』九二九号、二〇一五年）、同「近代日本の地域福祉と米価騰貴――秋田市の事例を中心に」（『歴史評論』八〇六号、二〇一七年）などの一連の研究とその方法は示唆に富む。

(112) パルタ・チャタジー『統治される人びとのデモクラシー――サバルタンによる民衆政治についての省察』（田辺明生・新部亨子訳、世界思想社、二〇一五年）。Partha Chatterjee, *Lineages of Political Society: Studies in Postcolonial Democracy*, Columbia

University Press, 2011.

(113) 同右『統治される人びとのデモクラシー』七三〜七四頁。

(114) 同右第二章、三章。

(115)『八王子空襲と戦災の記録』総説編(八王子市教育委員会、一九八五年)。

(116) 佐賀朝「近代巨大都市の社会構造——明治期大阪の都市内地域」(佐藤信・吉田伸之編『新体系日本史六　都市社会史』(山川出版社、二〇〇一年)。

(117) 前掲註(7)書、一五頁。

第一章　男子普通選挙制導入期の大都市近郊都市——東京府八王子市の状況

はじめに

本章では、以下の各章での議論の前提として、まず男子普通選挙制が導入される一九二五年に至る時期の東京府八王子市の社会と政治の状況について、先行研究の成果に学びつつ概観する。その際特に、序章において確認した近年の研究における都市分析の視角、すなわち都市間関係の中での都市の物理的空間的変化に留意し、状況を把握する。その上で、男子普通選挙制の導入がこの地の社会と政治にいかなる影響をもたらしたのかという点について、「無産」政治勢力の動向に可能な限り目をこらし具体的に検討する。

第一節　男子普通選挙制導入期の東京府八王子市――分析地概況

1　社会状況

以下ではまず男子普通選挙制が導入される一九二五年に至る時期の八王子市の地理的特徴、人口規模、産業構造と、八王子市を取り巻く都市間関係などについて概観する。

本書の考察のフィールドとなる東京府八王子市は、東京駅から約四〇キロ西部、西に関東山地の一端を控え、南北を丘陵地に挟まれた八王子盆地の中央部に所在する面積約七・三平方キロ程の都市である（【図1－1】）。一八八九年に南多摩郡八王子町として町制が施行されたのち、一九一七年の市制施行に伴い南多摩郡の管下から外れ、八王子市となった。南多摩郡、北多摩郡、西多摩郡からなるいわゆる三多摩地域は、明治前期には神奈川県に属したが、一八九三年東京府に移管された。この東京府移管は、実際には当時の三多摩、特に南多摩郡で強勢を誇っていた民党である自由党の勢力を神奈川県から切り離す目的があったとされるが[1]、公式には東京市に用水を供給する多摩川の上流地域に当たる三多摩を水源地として管理する必要があるため、とされていた[2]。このことは、八王子を含む三多摩地域が東京府に属す、という行政地理区分自体が、近隣の大都市東京市と密接な関わりを持つことを示していよう。

東京府において八王子市は、特別市制が施行されていた東京市以外では最初に市制が施行された都市であった。とはいえ男子普選制が導入される一九二五年の時点で東京市の人口が一九九万五五五六七人であったのに対し、八王子市の人口は四万五二八八人でその規模は大きく異なった[3]。この八王子市の人口は、一九二五年に存在した全国一

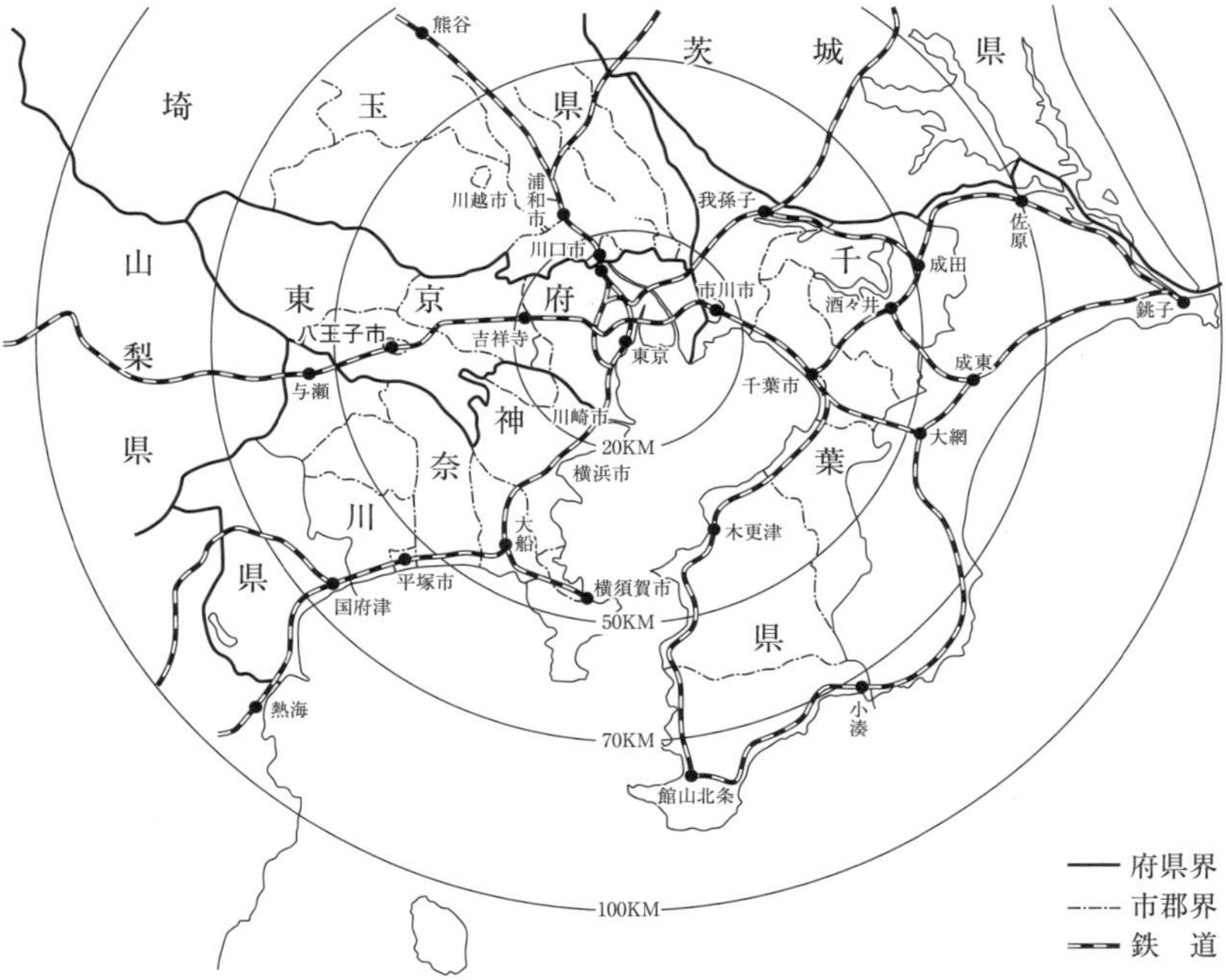

出典：「東京緑地計画区域図」（都市計画東京地方委員会編『東京緑地計画協議会決定事項集録』都市計画東京地方委員会、1935年所収）をもとに作成。

【図1－1】　東京府八王子市の位置

一〇の市の中では六二番目であり、六一番目の群馬県の高崎市（四万五六九八人）、六三番目の三重県の宇治山田市（四万四八〇三人）などがほぼ同程度の人口を擁していた。(4)

次に産業構造を検討しよう。まず職業別有業者人口であるが、これは一九二五年の国勢調査では調査項目となっていないので、五年前の一九二〇年の国勢調査の数値を参照すると、【表1－1】のごとく有業者は一万八一一〇人で、うち一万八八五人（有業者数の六〇・一％）が工業に、三九〇七人（二一・六％）が商業に従事していた。さらに工業の内訳を見てみると、【表1－2】のごとく工業従事者のうち八二六二人（七五・九％）が紡織工業に従事していた。同じく【表1－1】【表1－2】に示した一九三〇年の数値を見ると、有業別人口に占める

【表１−1】　八王子市の職業別有業者数（1920 年・1930 年）

	1920 年		1930 年	
	実人員	割合　(%)	実人員	割合　(%)
総計	18,110	100.0	23,310	100.0
農業水産業	734	4.1	642	2.8
鉱業	12	0.1	4	0.0
工業	10,885	60.1	11,506	49.4
商業	3,907	21.6	6,576	28.2
交通通信業	783	4.3	1,014	4.4
公務自由業	992	5.5	1,675	7.2
その他	188	1.0	380	1.6
家事使用人	12	0.1	1,315	5.6
無職	597	3.3	198	0.8

出典：『大正九年国勢調査報告・東京府』、『昭和五年国勢調査報告・東京府』をもとに作成。

【表１−2】　八王子市の工業業種別有業者数（1920 年・1930 年）

	1920 年		1930 年	
	実人員	割合　(%)	実人員	割合　(%)
総計	10,885	100.0	11,506	100.0
紡織工業	8,262	75.9	7,827	68.0
土木建築業	623	5.7	1,088	9.5
金属・機械製造	398	3.7	548	4.8
木竹製品製造業	403	3.7	532	4.6
被服身装具製造	472	4.3	499	4.3
飲食嗜好品製造	489	4.5	485	4.2
紙工業・印刷業	87	0.8	172	1.5
瓦斯電気水道業	59	0.5	153	1.3
化学工業	27	0.2	41	0.4
窯業土石加工業	22	0.2	4	0.0
その他の工業	43	0.4	157	1.4

出典：『大正九年国勢調査報告・東京府』、『昭和五年国勢調査報告・東京府』をもとに作成。

工業、工業の中に占める紡織工業の比率は低下しているが、それでも他産業に比し優位な状況にあることは変わらない。八王子地域は、近世以来近隣の農村で生産された生糸・絹織物の集積地であったが、しだいに市街地での織物生産も行なわれるようになり、織物業のみならず撚糸業、染色業等の関係工業が展開した。また大正期以降、電動力機が普及していく中で、電力供給が容易な市街地周辺に近隣の織物業者が移転してくる状況が見られた[5]。八王子市で多くの人々が従事していた「紡織工業」とは、主にこれらの絹織物関係工業が中心であったと考えられる。

商業については、上述の織物業と関わって、近世以来、縞買商＝織物仲買商が有力な商業者であった。八王子では、一八九九年に織物関係業商工業者の同業団体として八王子織物同業組合が結成されたが、これは前年の一八九八年に、織物の取引先であった京都呉服商栄組合から織物の規格不統一について警告を受けたことを契機に仲買商が主導したものであった[6]。しかしこの組合による規格化をめぐっては、それを進めたい仲買商と回避したい織物業者の間に対立が見られた[7]。この関係は、のちに見るごとく八王子の政治状況にも大きな関わりを有していた。

以上では八王子市の地理的特徴、人口規模、産業構造を概観したが、次に当該期の八王子市を取り巻く都市間関係を検討しよう。なおこの点については、梅田定宏氏の先行研究[8]があるので、以下まず梅田氏の研究を参照しつつ、状況を整理しておきたい。

一九二〇年代の東京市では、大正期に進行した大都市の人口増加傾向に伴う市域の人口飽和、さらに隣接五郡（東京市に隣接する荏原郡、豊多摩郡、北豊島郡、南足立郡、南葛飾郡）の急激な人口増加を前提に、東京市と東京府の二重行政や国や府の二重監督の矛盾の深まりが問題となった。こうした中で東京市は、一九二三年三月に政友会の鳩山一郎ら東京市選出の代議士に依頼し衆議院に「帝都制案」（以下「都制案」と表記）を提出し、市と府の二重行政を解消する方策として、「東京府ノ中東京市及荏原郡、豊多摩郡、北豊島郡、南足立郡竝南葛飾郡ニ属スル町村ノ全部ヲ廃シ其ノ区域ヲ以テ東京都ヲ置ク[9]」との構想を提示した。東京市と隣接五郡のみで「東京都」を構成する

註：「武蔵県」構想は、東京市以外の各郡と八王子市で一県をなす構想。
「多摩県」構想は、北多摩郡、西多摩郡、南多摩郡、八王子市で一県をなす構想。

【図1−2】 1923年立川町成立時の東京府（島嶼部を除く）

この「都制案」に対して、先に見たごとく一八九三年に主に東京市の事情を理由に東京府に移管された三多摩からは、この再度の境域変更に強い反発が見られた(10)。しかしその一方で「東京都」から除外された場合の受け皿として「武蔵県」あるいは「多摩県」の設置が浮上すると(11)、次のような事柄も報じられた。

　それから多摩県知事は東京都長官をして兼任させることになつてゐるまづ八王子か或ひは三多摩の中心たる立川町辺に県庁かまたは前述の合ひの子の行政庁かおかれ都長官の命をうけて事務官又は理事官数名と判任官若干をおき事務をとらせる（『東日』二四・四・二）

すなわち新たな県が設置された場合、県庁所在地あるいは行政庁がおかれる場所として八王子市のほかに北多摩郡立川町等が検討されていると報じられていた（【図1－2】）。ここで八王子市と共に候補に挙げられた立川町については、同時期に次のような報道もなされていた。

　この飛行隊の新設こそ立川町発展にわすれてはならぬしろ物である　試みに田中立川駅長に開隊前後の駅の変化を聞いてみると「開隊前の大正十二年の乗降客は五万六千六百二名で開隊後の十三年三月の乗降客は六万千三百六十といふ膨張ぶ

りを示してゐる　もつとも開隊前といつても工事がはじまつてゐたので千人近い職工が出入りしてゐたのだからこの時既に飛行隊のために乗降客は増加してゐたのだ」といわれる　飛行隊開隊と聞くや食傷する程に食い物屋も出来れば飲み屋も出来この人口増加から乾魚屋の店先にもまぐろの真新しいのがころげてゐるといふ有様（『東日』二四・四・一二）

以上の報道にある「飛行隊の新設」とは、一九二二年に北多摩郡立川村に陸軍航空第五大隊が設置されたことを指す。立川村は、翌二三年に町制を施行し、立川町となっていた。【表1-3】は、一九二〇年から一九四〇年にかけての東京府市郡別人口を示した表である。立川町は航空第五大隊が設置された一九二〇年代以降、急激な人口増加を示していた。すなわち「東京都」から除外された場合の受け皿として「武蔵県」あるいは「多摩県」が設置される場合の県庁所在候補地として、八王子市の他に名前が挙がった立川町は、当該期に軍事施設を置いたことによって急激に都市的な発展をとげつつあった。

一九二〇年代の八王子市は、近郊の大都市東京市の隣接五郡における人口急増に伴う「都制案」の影響を受ける一方、その影響圏内で「武蔵県」あるいは「多摩県」の設置の場合の県庁所在地をめぐって、急激に発展する立川町との対抗関係の中に位置していたのである。

2　政治状況

以上で検討した社会状況をふまえ、次に男子普通選挙制が導入される一九二五年に至る時期の八王子市の政治状況を確認する。

八王子を含む三多摩地域は、明治前期には自由民権運動がさかんな地であり、帝国議会開設期には自由党系の所謂「三多摩壮士」(12)の拠点となりその領袖である森久保作蔵や村野常右衛門が自由党、憲政党を経て立憲政友会に参

【表1－3】東京府八王子市の主な近隣市の人口

	1920年	1925年	1930年	1935年	1940年
東京市（旧市域）	2,173,201	1,995,567	2,070,913	2,247,309	2,233,601
	100	92	95	103	103
隣接五郡※	1,177,429	2,104,263	2,899,926	3,628,079	4,545,203
	100	179	246	308	386
北多摩郡	109,399	129,826	163,668	201,693	230,354
	100	119	150	184	211
西多摩郡	88,156	93,922	99,132	100,600	106,617
	100	107	112	114	121
南多摩郡	79,593	83,278	88,035	92,912	103,740
	100	105	111	117	130
北多摩郡武蔵野町	4,931	10,366	17,229	25,221	41,767
	100	210	349	511	847
北多摩郡三鷹町	5,725	6,459	8,218	11,810	24,247
	100	113	144	206	423
北多摩郡小金井町	3,866	4,296	6,129	8,416	12,650
	100	111	159	218	327
北多摩郡調布町	4,652	5,743	6,818	8,356	11,105
	100	123	147	180	239
北多摩郡府中町	5,852	7,830	8,903	13,613	16,436
	100	134	152	232	281
北多摩郡立川町	4,633	8,325	13,511	20,388	33,849
	100	180	292	440	731
北多摩郡昭和村	4,303	5,020	5,505	5,763	11,277
	100	117	128	134	262
南多摩郡町田町	4,890	5,637	6,935	7,847	10,675
	100	115	142	160	218
南多摩郡日野町	5,033	5,367	5,521	6,036	8,212
	100	107	110	120	163
南多摩郡七生村	3,117	3,371	3,654	3,854	4,264
	100	108	117	124	137
南多摩郡小宮村	6,336	7,398	8,705	11,453	12,907
	100	117	137	180	204
八王子市	38,955	45,288	51,888	59,495	62,279
	100	116	133	153	160

横浜市	422,938	403,888	620,306	704,290	968,091
	100	95	147	167	229
川崎市	37,293	54,634	104,351	154,748	300,777
	100	146	280	415	807
横須賀市	89,879	96,351	110,301	182,871	193,358
	100	107	123	205	215
平塚市	20,344	31,777	33,498	38,348	43,148
	100	156	165	188	212
川口市	26,183	33,945	41,324	53,716	97,115
	100	130	158	205	371
浦和市	19,051	26,959	36,846	44,328	59,671
	100	142	193	233	313
川越市	26,695	31,905	34,205	35,192	38,407
	100	120	128	132	144
市川市	17,921	29,528	37,789	46,711	58,060
	100	165	211	261	324
千葉市	33,179	41,806	49,088	57,446	92,061
	100	126	148	173	277

註 1：上段は人数。
註 2：下段は 1920 年を 100 とした場合の増減比。
註 3：市町村名は 1940 年 11 月のもの。
※隣接五郡は 1932 年に東京市に編入された荏原郡・豊多摩郡・北豊島郡・南足立郡・南葛飾郡。1935 年には新市域。
出典：『東京府市町村勢要覧』（東京府知事官房調査課、1934 年版、1942 年版）より作成。

【参考】1940 年以降の東京府八王子市の人口（上段は人口。下段は 1920 年を 100 とした場合の指数）

	1941 年	1942 年	1943 年	1944 年	1945 年
八王子市	6,4933	8,0512	8,3404	8,2519	6,6392
	167	207	214	212	170
小宮町（1941 年 10 月 1 日八王子市に編入合併）	1,3518				
	213				

出典：『八王子市議会史』資料編Ⅱ（八王子市議会、1990 年）、『昭和二十四年版　八王子市勢要覧』（八王子市、1949 年）より作成。

加していく中で、政友会の「金城湯地」となったと理解されがちであった。しかし近年の研究の中では、この地の政治状況はもう少し複雑であったことが解明されている。すなわち明治前期の南多摩郡の村々の有力者（その多くは豪農）の多くに自由党が強い影響力を持っていたのに対して、八王子町の有力者（その多くは近世以来の宿場町である市街地中心部の地主・商人・質屋等の資産家）の中では反自由党系勢力が一定の支持を得ていたこと、他方でこうした旧来の有力者（「門閥派」とも称される）に対し、明治中期以降に台頭した商人や織物関係業者からの批判が強まり、両勢力の政治的対立が生じたこと、他方で中央政界において一九〇〇年立憲政友会が結成され、一九〇四年以降政友会の村野・森久保が南多摩郡選出の代議士として三多摩の政界で影響力を強める中、一九〇五年に村野と森久保の勧告を契機に旧来の有力者グループと新興勢力のグループが合同し結成された組織が中和会であったこと等が明らかになっている[13]。中和会については、政友会の影響力を媒介する組織となり、政界のみならず商業会議所、織物同業組合などの産業界にも根を張ったことが知られている[14]。

かくして八王子町は、以上の政治的変化に伴って政友会系勢力の影響力の強い地となったが、第一次大戦前後の時期からこの状況に再び変化が見られた。この変化については、主要産業である織物業界内部の構造変化に連動していることが指摘されている[15]。すなわち八王子の織物業界では、一九〇八年に営業を開始した東京電燈八王子支所による電力供給の開始を契機とした電動力織機の普及や、日露戦後恐慌に端を発する不況下での業界内利害対立の先鋭化の中で、資本力の大きい大機業家と中小機業家の利害の分化が生じた。またかかる状況の下で、一九一六年に織物を取引する市場が廃止され、製品取引が仲買商の店舗で行なわれるようになると、有力業者を除く一般の中小機業家への仲買商の影響力が高まった[16]。こうした中で、中和会系の大機業家に対して、仲買商と中小機業家が提携して対抗する構図が生まれ、一九一五年には後者が結集し非中和会＝非政友会系の政治団体公明会が結成された[17]。この非政友会系勢力は、翌一九一六年の八王子町会議員選挙では三〇議席中八議席を、さらに市制施行直後の一九一七年の最初の八王子市会議員選挙では三〇議席中一三議席を獲得し、八王子市政界に一定の地歩を築いた[18]。その後公明会は一九一八年に解散・改組されるが、のちの一九二〇年の衆議院議員総選挙では、小選挙区の八王子市から立候補した政友会の村野常右衛門を憲政会の新人八並武治が破るなど[19]、八王子市において非政友会系の勢力がその力を確たるものとすると共に、憲政会への接近を強めた。さらに翌二一年の市会選挙では、政友会系の一二議席に対し、非政友会系（憲政会系）が一三議席を獲得し[20]、八王子市政界では二大政党化の傾向が顕著となってゆく。

さて以上では市制施行前後の八王子政界における政治勢力の分布の変化について見てきたが、政治参加という観点から上記の変化を捉えなおした場合には、どのような状況が見て取れるであろうか。一九一七年の選挙は、「帝国臣民ニシテ独立ノ生計ヲ営ム年齢二十五年以上ノ男子二年以来市ノ住民ト為リ其ノ市ノ負担ヲ分任シ且其ノ市内ニ於テ地租ヲ納メ若ハ直接国税年額二円以上ヲ納ムル」ことを有権者たる「公民」の条件とする市制のもとで行なわれた選挙で、市内居住人口四万二〇四三人のうち八四五人（市内居住人口の二％）、男子人口に限ってみても男子人口二万〇一八一人のうち八四五人（市内居住人口の四・二％）が参加していたのみであった[21]。一九二一年には同年の市制・町村制の改正により、地租か直接国税二円以上の納入を定めていた納税資格が、「市税を負担する者」に改正された。その結果、同年に行なわれた市会選挙における八王子市の有効投票数は、前回の投票数八三〇票に対し、ほぼ四倍の三四九二票に増加した。この有権者数の拡大した選挙では、先に見たごとく、非政友会系（憲政会系）が従来優位にあった政友会系の勢力と拮抗する状況が見られた。八王子市における政治参加の拡大は、つとに指摘されているごとく[22]、非政友会系勢力の拡大につながっていた。なおこの有権者数の増大に伴う非政友会系（憲政会系）の躍進は、同時に市会議員における織物関係業者、特に機業家の影響力の拡大の過程でもあった[23]。先に見た八王子市の産業別有業者数を考えれば、政治参加の拡大が織物関係業者—機業家の拡大につながるのは、理解し得る帰結であるといえよう。

第二節　男子普通選挙制導入と八王子市

前節での検討をふまえ、本節では以上で見た八王子市の社会・政治の状況に、男子普通選挙制の導入がいかなるインパクトを与えたか、また本論文の主な考察対象となる「無産」政治勢力は、その社会・政治状況の中でいかなる形で登場してくるのかを検討する。

1　男子普通選挙制と社会・政治状況

まず前提として、近代日本において男子普通選挙が導入・実施されるに至る法制度的な過程について確認しておこう。男子普通選挙制度は、一九二五年五月五日に従来の衆議院選挙法を改正する形で公布された衆議院議員選挙法によって成立した。この法律は、従来の法律が直接国税三円以上の納入を有権者資格の要件としたのに対し、「帝国臣民タル男子ニシテ年齢二十五年以上ノ者」への公民権付与を規定していた。[24]この衆議院議員選挙制度の改正を受け、翌二六年には市制・町村制・府県制・北海道会法が改正され、府県会や市町村会にも男子普通選挙制が導入された。かくして導入された男子普通選挙制による選挙は、一九二六年中に全国一五の町村で実施されたほか、市制レベルでは一九二六年九月三日に静岡県浜松市で最初の男子普選による市会選挙が行なわれた。[25]

本書の考察のフィールドである八王子市で実施された最初の男子普通選挙は、一九二八年二月の衆議院議員選挙であった。この選挙以前は、衆議院議員選挙は小選挙区制を採用しており、八王子市は一つの選挙区として一名の議員を選出していたが、この二八年の選挙からは八王子市、南多摩郡、西多摩郡、北多摩郡の所謂三多摩が一つの選挙区として東京府第七区という一つの選挙区となり、三名の議員を選出することとなった。この衆議院議員選挙における八王子市の有権者数は八六一〇名、有効投票数は七三二四票で、直接国税三円以上の納入を資格要件としていた前回一九二四年の有効投票数一八六三票に比べ五倍近く増加した[26]。またこの有効投票数は、二八年の八王子市の人口の四万八六一七名の一五・一％（男性人口二万三七二六名の三〇・九％）を示しており、二四年の人口四万二八七五名の四・三％（男性人口二万二二〇八名の八・八％）と比較した場合、格段な政治参加の進展を示していた[27]。

それではこの最初の男子普選実施は、当該期の社会・政治状況にいかなるインパクトを与えたのだろうか。まず注目されるのは、一九二八年の最初の男子普選による衆院選に際しての報道である[28]。選挙実施決定直後の一九二八年一月二二日の報道では、選挙実施の特報の前には人だかりができ、「われ〳〵も選挙権を与へられたのだ」と喜びの声をあげたほか、「通りかゝつた按摩さん」も「私も清い一票の持主になつたのです」と述べていることが報じられている（『東日』二八・一・二二）。ここでは男子普選により新たに有権者となったとおぼしき人々の声のほか、その男子普通選挙制を規定した一九二五年五月公布の改正衆議院議員選挙法によって投票の際に点字を使用することが可能になったために、新たに投票に参加し得ることとなった視覚障害者の様子が報じられている。この視覚障害をもつ人々については、その後も投票に備え、八王子社会事業協会が講演会と点字投票の練習を行なったこと等も報じられていた（『東日』二八・二・一）。また男子普選により新たに有権者となった在日朝鮮人労働者を多く含むと主張する融和団体の朝鮮労働一新会も、カタカナの講習会を行なっていることなどが報じられていた（『東日』二八・二・三）。

以上のごとく男子普選導入後最初の衆院選に際しては、新たに政治参加の権利を得た人々が、その権利を活用しようと社会領域で活動する様子が報じられていた。この報道の様子からは、序章で述べた本書の視角との関係でいえば、「デモクラシー」の制度的な現れとしての男子普選の導入は、「デモクラシー」の社会的な現れとしての社会における人々の平等化、同質化の志向に基づく諸動向を活性化させる契機として捉えられていたことを示していよう。

それでは社会に以上のようなインパクトを与えた男子普選制は、政治領域にはいかなる影響を与えたのだろうか。八王子市における初めての男子普選である一九二八年二月の衆議院議員選挙の約一ヶ月前には、地域の政友会系、そして憲政会の後身である民政党系に共通する傾向として、男子普選に次のような方針で臨むことが検討されていると報じられていた。

第一に政策として掲げられるのは従来のようなばくたるものばかりでなく民衆に判り易い日常の生活と交渉を持つものを選び無産大衆に受け相な題目を選ぶ、第二に人選は新人を擁立する（『東日』二八・一・六）

では以上のような方針が報じられていた地域の政友会系、民政党系の勢力は、この初めての男子普通選挙に際し具体的にはいかなる動向を示していただろうか。

政友会系では、三多摩全域を選挙区とする東京府第七区のうち、八王子市及び南多摩郡、西多摩郡、北多摩郡の三つの地域で、地域の幹部がそれぞれ銓衡を行ない候補者を選定する方式が採られ、様々な混乱を経つつも各地域で新人の候補である坂本一角（八王子市及び南多摩郡）、津雲国利（西多摩郡）、中村亭（北多摩郡）が擁立され、票を分け合う形で当選を果たした。

他方、民政党系では、前回の選挙で八王子市から当選した前職の八並武治と、立川町を中心とする北多摩郡西部と西多摩郡の民政党系勢力の支持を得た新人の荒井惣太郎が公認候補として擁立された（『東日』二八・一・三一）。両候補は当初八並が八王子市と南多摩郡、荒井が北多摩郡と西多摩郡を中心に活動を行なっていたが、選挙戦中盤で八並が選挙事務所を北多摩郡国分寺に移し北多摩郡・西多摩郡での運動を開始したことにより両候補がそれぞれ相手の基盤に入り込み「同士討ちの甚だしきを見る」（『東日』二八・二・二〇）に至り、両候補とも落選した。

以上の八王子市を含む三多摩地域が経験した最初の男子普通選挙の結果をふまえ、政友会系では次のような動きが見られた。

勝つて兜の緒を締ろで同派では一市三多摩に完全な政友の網を張り組織を整えること丶なつた（『東日』二八・三・四）

すなわち政友会系では、最初の男子普選の経験をふまえ、地域の系列組織の整備をいっそう進める動きが見られた。同様の傾向は民政党系でも見られ、選挙区全体をカバーする政党の組織強化の観点から、「従来民政党として何等組織的なものなくたゞ反政友として闘つて来たに過ぎぬ南多摩に南多摩民政クラブを組織する」こと等が報じられていた（『東日』二八・三・一七）。

最初の男子普選は、八王子市を含む三多摩地域の政友会系、民政党系の勢力に、地域の系列組織の有効性を認識させ、政党による地域の組織化の動きをいっそう促進したといえよう。

2　男子普選と「無産」政治勢力

さて以上では男子普選導入に際しての政友会、民政党の既成政党系の動向を見てきたが、この選挙に際しては、本書を通しての考察対象である「無産」政治勢力も候補を立てることとなる。次に「無産」政治勢力の動向を検討しよう。

八王子市の「無産」政治勢力の起点は、一九二六年一一月一一日の独立労働協会八王子支部結成[29]に遡る。同支部はその後中央での同協会の社会民衆党（以下、社民党と略記）への移行に伴い社民党八王子支部に再編される。二七年九月には、一二月に行なわれる市会補欠選挙に関連して、次のような報道が見られた。

無産党の社会民衆党支部では組織の上からいつて未だ多少欠けてゐる処はあるが幹部処の森田喜一郎（西洋洗濯業）増田徳三（書籍商）清水三郎（洋服業）橋本米吉（帯しん商）大神田久太郎（古物商）の諸氏は必然的に

出るものといはれている（『東日』二七・九・二九）

ここでは、八王子の社民党支部の「幹部処」たちの名前が示されているが、二七年一二月の八王子市会二級補欠選挙（補欠選挙のため男子普選以前の制度による制限選挙）には大神田が立候補当選し、初の社民党の八王子市会議員となった。

この市会補欠選挙からおよそ一ヶ月後の衆議院解散を受けて初の男子普通選挙に臨んだ社民党八王子支部は、八王子市を含む東京府第七区の候補者として下田金助を擁立した。選挙運動について森田喜一郎は、「言論が主だから、二三班の演説隊を組織して連日八子《ママ》三多摩の野に獅子吼します、文書の方は本部からポスター等が来るし余り力を入れません」（『東日』二八・一・二三）と、演説会を中心に運動を展開する方針を述べていた。そして「選挙事務長は候補者がかね運動員の主なものは市議大神田同弟仁三郎、清水三郎、森田喜一郎外三氏」（『東日』二八・一・二六）という体制のもとで、一月二七日の立川と八王子での演説会を皮切りに、選挙区内各地で演説会が行なわれた。しかしこの選挙戦の結果としての下田の得票は、当選ラインの一〇分の一程度の一四八一票という惨敗に終わった。この結果につき、開票翌日の二八年二月二三日の『東日』は次のように述べていた。

> 下田氏の演説会の如きは各候補中では最高の成績を示したもので聴衆も各階級を網羅してゐたが投票について見ると殆ど全部は無産知識階級者で労働、農民階級の投票は殆ど無かった、未だ三多摩の無産階級は黎明の光を見ず、既成政党に動かされてをり且つ氏には地盤（労働組合の如きもの）がなかつたのが惨敗の原因である

社民党八王子支部は、初の男子普選の総選挙に際し多くの有権者の関心をひいたものの、「労働、農民階級」を「地盤」とすることはできなかった。その理由としては、一つには右の報道も指摘する既成政党の存在がある。八王子市では、先にも述べたごとく二〇年代以降の政治参加の拡大の中で非政友会勢力が基盤を拡大していた。もう一つには、八王子市の社会経済的状況がある。先に【表1－1】、【表1－2】に見たように、一九三〇年の段階で

は、同市の職業別有業者数は農業水産業が全体の二・八％と少ない一方、工業が四九・四％、商業が二八・二％であり、そのうち工業従事者の業種別有業者数では、紡織工業従事者が全体の七割近くを占めた。絹織物業を主要産業とした八王子市では、一次大戦後期以降電動力機を導入した織物工場が増加したが、(30)二九年の調査では工場当たり所有織機台数は一一台弱、従業員平均は七・八人と、工場の大部分は小規模零細であり、(31)この点は同時代的にも「其の組織及び経営法等に於ては他の工業都市と比較するとき至つて小規模で近代工業の大工場で製造せられるものがない」とされていた。(32)農業従事者が少なく、工業従事者の多くが小規模零細な工場の労働者である右の状況は、「無産」政治勢力が「労働、農民階級」を組織化し「地盤」を築くには不利な条件であったといえよう。

同様に男子普選が「無産」政治勢力の躍進につながらない状況は続く東京府会議員選挙でも見られた。この府議選では、当初は「民衆党でも幹事清水三郎氏を擁立しやうとしている」（『東日』二八・二・二八）との報道も見られたが、「清水三郎氏の固辞」（『東日』二八・五・一八）を受け最終的に森田喜一郎が立候補し、八王子市での総得票数六六二七票のうち一六九票（二・六％）を得るにとどまり落選した。(33)

以上に見た衆院選、府会議員選での敗北の後、社民党八王子支部は大きな変動に見舞われた。支部長下田への反発に端を発する軋轢から清水三郎らが脱党し、二九年八月九日、当時社民党と並ぶ無産政党であった日本大衆党（以下、日大党と略記）の本部に宛て入党の申し入れを行なったのである。この申し入れの書簡(34)には、以下のような記述が見られる。

当市に於ける唯一の無産党（社会民衆党支部）が醜陋なる事とのみ《ママ》をなし居るにあきたらず我々同志協議の結果、貴党へ入党なす事に決定仕り候　就ては同志中の代表者上京致すに相成申し候が幹部の方並に東京府支部長殿（加藤勘十氏カ）御面会を得度し然して今後の運動方針の御指示又来る十一月二日の当市会総改選の対策等御教示に預り度く依て貴党にてよろしき日取り御一報くたされ度く御報知次第当方代表者上京致すべく先ず

取敢ず書面以て御願ひ迄

この書簡からは、清水らの動きが、一一月の「市会総改選」を見据えたものであることがうかがえる。またこの約半月後八月二二日には、清水が日大党本部に次のような書簡(35)を送っていた。

拝啓早速党則御送りくだされ有難く奉謝候　陳者其の節角田藤三郎氏に種々御依頼申上候が其後浅沼氏並加藤氏御帰京に相成申候哉　御帰京後本部へ御出で有之ば定めし角田氏より過日の件につき御話しの事と思意仕候が今以て何等の御報に接し不申

以上の内容からは、清水が党本部の角田藤三郎に依頼を行ない、その事案は浅沼稲次郎、加藤勘十の帰京をまって返答することになっていたが、その答えが未だない状況がうかがえる。これに対して清水は同じ書簡の中でさらに次のように述べている。

当方も帰郷以来極力入党の勧誘を専ら勉め居り候　若し当市に支部設置不可能等の次第は小生等の面目相たち不申《ママ》ず　何卒其辺充分御推察くだされ度し

右の文面からは、清水の焦りに似た思いがうかがえよう。なお清水がこの書簡を書いた同じ二二日の新聞には、以下のような報道が見られた。

前社民派の一市三多摩支部の前理事であつた清水三郎氏などによりかねて極秘裡に画策中であつた無産党組織がいよいよ熟し麻生久氏などの日本大衆党が八王子支部をここで急速に組織することになり今廿二日清水方で最後の同志協議会を開き総ての具体化を決定することとなつた。（『東日』二九・八・二二）

八月二二日の時点では、先の清水の書簡で述べられていたごとく、未だ「支部設置不可能」の可能性も残っていた。一方で、八王子市側では一一月の市会選挙に向け、支部設置の準備がすすみ、新聞報道もされていた。清水の「焦り」は、以上のような状況を基礎としていたと考えられる。

とはいえその後清水らは八月二五日に日大党本部に直接出向き、この日の同党東京府聯合会で八王子支部設置と府聯合会加盟の承認を受け（『東日』二九・八・二七）、八月三〇日に日大党八王子支部を発足させる。支部発足に当たり日大党八王子支部では、「親愛なる無産市民諸君」との呼びかけで始まる「声明書」を発表している。「声明書」では、まず「今迄吾八王子市には社会民衆党と云ふわけのわからぬ頗る影のうすい無産党があった。そして今なほ存在してゐる」とした上で、次のように述べていた。

彼等は少しでも諸君の為になる仕事をしてくれたか、してはくれなかった。やれ幹部の会合だ、やれ市会糾弾演説会だ、やれ選挙だ、といひながら諸君を経済的にも精神的にもごまかして来た、彼等は口だけで実際には階級的な何もなし得なかったのである、無産党の仮面を被った醜悪な既成政党だったのだ。

先に見た八月九日付の日大党本部宛書簡では、社民党支部に「あきたらず」日大党に入党を希望する旨が述べられていたが、ここでは社民党支部が「無産党の仮面を被った醜悪な既成政党」と厳しく批判されている。「声明書」はさらに続けて述べる。

吾々同志の一部は社民をいち早く脱退して来た者である。だから吾々日本大衆党は立ったのだ、あらゆる苦しい条件の下に生活してゐる諸君の痛切な要求を飽くまでも頑張って貫徹すべく立ったのだ

市議選も目前に迫った。吾々も我等の代表を市会に送るべき準備はすでに備ってゐる。

ここで日大党支部は、先に見たような社民党支部への批判を前提に、「無産大衆」の要求を実際に政治に反映するために結成されたと強調されている。すなわち清水らの日大党支部結成の動きは、社民党支部への強い批判意識と対抗意識を基礎としていたといえよう。かくして社民党支部と日大党支部に分裂した八王子の「無産」政治勢力は、その後一一月初頭の男子普選による市会選挙に向けて相次いで組織を整備していった。【表1－4】は両勢力の役員の人的構成であるが、これに関しては一九二九年に日大党支部に参加した三浦八郎の証言が注目される。

【表1－4】1929年八王子市「無産」政治勢力の人的構成

①社民党三多摩支部聯合会（社民党八王子支部と西北支部からなる組織）

役職	氏名	年齢	職業	所属支部
書記局長	森田喜一郎	35	クリーニング業	八王子
常任書記	海崎治三郎	31	コンロ商	八王子
	松本悦造	?	?	?
政治部長	大神田久太郎	37	市議、西洋料理店	八王子
教育部長	佐藤吉熊	31	弁護士	西北
出版宣伝部長	大神田仁三郎	?	?	八王子
組織部長	山口加藤太	33	会社員	八王子
財務部長	稲葉茂	46	?	西北
法律部長	下田金助	38	弁護士	西北
青年部長	佐藤吉熊（前出）			
婦人部長	荻原清	?	?	八王子

②日大党八王子支部

役職	氏名	年齢	職業
支部長	清水三郎	41	洋服商
副支部長	須木山修一	?	鉄工
書記長	上原仙太郎	31	機械商
常任書記	兼井正成	25	織物
	相原幸太郎	?	?
会計	上原仙太郎（前出）		
常任執行委員	小島鉄広	24	薬草
	後藤平次郎	31	製本
	木下弥五郎	23	電工
	柳沢清	?	車屋
	浅川忠一郎	?	?
執行委員	伊倉正平	31	書籍商
	加藤軍三	?	?
	児松三郎	?	?
	田中稔	29	外交員
	平本善八郎	29	小間物
府聯出席代表員	小島鉄広（前出）		
	柳沢清（前出）		
教育部長	森英一	?	?
政治調査部長	清水三郎（前出）		
組織宣伝部長	小島鉄広（前出）		

出典：社民党三多摩支部聯合会、日大党八王子支部の役職・氏名は、『東京日日新聞　府下版』1929年9月4日、同1929年11月12日より。日大党八王子支部員の職業は、「党員名」名簿（法政大学大原社会問題研究所所蔵）より。その他年齢・職業・所属支部は、『東京日日新聞　府下版』1929年10月29日、同1930年1月11日、2月20日、同1934年3月7日、同1937年12月23日及び『八王子市議会史』資料編より抽出して作成。

勤めている者は、運動は続けられない、いっぺん弾圧をくったら、もうそれでおしまいになるんでね。皆、そういうささやかな自営業をやりながら、運動もやっていた。清水三郎は、洋服屋でした。八幡様のとこの角で店を開いていました。森田喜一郎は、弟が洗濯屋で、そこの手伝いのようなものだった。自分が相続するのを弟にやらして、自分は運動していた。自営業でなければねえ。[37]

三浦によれば、八王子市の「無産」政治勢力に集った人々は、雇用労働者でなく「ささやかな自営業」だからこそ活動できた、というのである。特に後発の日大党支部については、正に「ささやかな自営業」と見られる比較的若年の人々が要職に就いていること、さらに翌三〇年一月には八王子商工会議所の議員の一人が「八王子の大衆党はごろつきの集団である」と発言したとの情報を耳にした清水以下十名余の党員が激昂、議員宅に押しかけ、議員が警察に保護を願い出る、という事件が起きている（『東日』三〇・一・一一）ことが注目される。八王子市の「無産」政治勢力は、「地盤」形成が困難な社会経済的状況において社民党と日大党に分裂し競合する過程で、既存の政治社会秩序の側からは「ごろつき」と見なされるような人々をも組み込んで組織を構築していったのである。なお一九三〇年七月には、日大党が全国大衆党（以下、全大党と略記）に改組されるが、この時期のものと考えられる全大党八王子支部の党員・役員の名簿も残されている。[38]【表1－5】は、この名簿を表にしたものであるが、この表からも全大党支部の構成員の多くが「ささやかな自営業」であることがうかがえよう。またこの名簿中、職業欄に「薬草」と記された小島鉄広、川口由三の名が見えることに留意しておきたい。小島については【表1－4】に見られるように、日大党支部結成の時期から役員としての活動が確認される。小島と川口は、八章の【表8－1】に見られるように、一九三〇年代の八王子市において露店商としての社会的活動が確認できる人物である。

さてこの社民党支部と日大党支部の二つの「無産」政治勢力は、一九二九年一一月の市会選挙が近づく中で対立を緩め、各々支持拡大をめざして活動を展開した。なおこの選挙活動に関連して、清水陣営が作成したと考えられ

【表1－5】全国大衆党八王子支部党員・役員名簿

居住地		職業	氏名	役職
八王子市	元横山町	洋服商	清水三郎	支部長
八王子市	天神町	機械商	上原仙太郎	書記長
八王子市	元横山町	書籍商	伊倉正平	常任書記 執行委員
八王子市	横山町	織物	兼井正成	執行委員
八王子市	元横山町	薬草	小島鉄広	執行委員
八王子市	元横山町	織物	熊木泰造	会計
八王子市	南新町	鉄工	杉山修一	
八王子市	上野町	小間物	平本善八郎	執行委員
八王子市	寺町	記者	時田虎雄	執行委員
八王子市	上野町	家具屋	三浦八郎	執行委員
八王子市	本町	印刷屋	古川秀一	執行委員
八王子市	子安町	外交員	田中稔	
八王子市	大横町	電工	板谷忠一郎	執行委員
八王子市	元横山町	電工	木下八五郎	執行委員
八王子市	元横山町	弁士	稲村孝七	
八王子市	上野町	製本	後藤平次郎	
八王子市	南新町	車屋	柳沢清	
八王子市	上野町	印刷工	川崎孝次郎	
八王子市	明神町	土木	藤崎房吉	
八王子市	明神町	塗工	津島清八	
八王子市	元横山町	酒商	荻野全六	
八王子市	元横山町	菓子屋	原梅蔵	
八王子市	八日町	八百屋	上原清七	
八王子市	元横山町	食料品	土方五郎	執行委員
八王子市	横山町	酒屋	青木秀雄	
八王子市	中町	技手	横倉和平	
八王子市	元横山町	織物	新井清	
八王子市	明神町	職工	早川貞之助	
八王子市	明神町	職工	遠藤千代吉	
八王子市	元横山町	職工	黒川平太郎	
八王子市	天神町	職工	南亀吉	
八王子市	大横町	職工	振屋伊一	
八王子市	子安町	職工	青山直次郎	
八王子市	南新町	職工	平松寅造	
小宮村	大和田	職工	原田秀次郎	
小宮村	大和田	職工	大久保甚五郎	
小宮村	大和田	職工	井上金太	
小宮村	大和田	職工	小林六造	
小宮村	大和田	職工	小林幸平	
小宮村	大和田	職工	横溝末吉	
小宮村	大和田	職工	山口岩雄	
小宮村	大和田	職工	小林政信	
由比村 （ママ）	打越	職工	新井由五郎	
七尾村	高畑	職工	峰岸順造	
北豊島郡 長崎町	新井	職工	松嵜伝太郎	
八王子市	子安町	駅員	水越照寿	
八王子市	子安町	駅員	原勇吉	
八王子市	小門町	薬草	川口由三	
八王子市	元横山町	職工	西野甚助	
八王子市	平岡町	建具屋	成田高治	

出典:「党員名」名簿・「支部役員名」名簿（法政大学大原社会問題研究所所蔵。請求記号政党 17 － 29）より作成。

る「清水三郎宣言　立候補に際して　八王子大衆に訴ふ」と題するパンフレットが残されている。[39]「小生、今回多数の同志並に、当市無産市民諸君より「八王子市会弾劾候補として立ち市政改革の為に闘争せ」よとの命を蒙り、茲に断乎として、階級戦に乗出す決意し立候補致しました」という一文から始まるこの「宣言」で、清水は「市議選の特異性と小生立候補の動機」について次のように述べていた。

第一に、今回の選挙は最初の普選市議選であります。長らく制限選挙の蔭にかくれて市政を専有し市会を全く利権の殿堂たらしめ、以つて、無産者（労働者、小売商人、小工業者、俸給生活者）等の利益を踏みにじつて来たのであります。既成政党の醜悪なる金力政治と闘争し、此の最初の普選市議選を機として、無産市民の政治的進出を獲得すべく小生は、其の闘争の前衛任務を果したいと思ふのであります。

第二に、今回の選挙は無産市民の政治的自由を獲得する機会であります。八王子市政の腐敗堕落は、既成市会議員及び既成政党の勢力争ひに其の源を発し、今は当市繁栄促進の美名の下に無産者の血税を絞り取つているのであります。数多の不正が曝露する毎に市政浄化が叫ばれた。しかも其の浄化の絶叫者は次回に於ける不正事件の張本人なのであります。

すなわち清水は、この選挙が「最初の普選市議選」であることを重視し、制限選挙下では政治に関わり得なかった「無産市民」の「政治的進出」をこの機会に実現すべき、と主張していた。そこでは、清水が「デモクラシー」の制度的な現れとしての男子普選による市議選を、新たに参政権を得た「無産市民」の政治参加の機会とすることで、制限選挙下で「既成政党」に市政を「専有」され、疎外されてきた「無産者」の利害を主張する契機、すなわち「デモクラシー」の社会的な現れとしての平等化、同質化の志向に基づく主張を市政に反映させる契機と捉えていたことが示されていよう。この点は、清水がこの選挙を「無産市民の政治的自由を獲得する機会」と明確に位置づけていることからもうかがえる。またここで清水が「無産者」という言葉に、「労働者」のみならず「小売商人、小工業者、俸給生活者」を含めている点は興味深い。この点は、清水が自党への支持を訴える「無産者」を、いわゆる労働者階級のみに限定せず、かなり広く想定していたことを明確に示していよう。先に見たごとく、この市会選挙以前の一九二八年の衆議院議員選挙、東京府会議員選挙で、労働組合等の「地盤」のないこの地域の「無産」政治勢力は苦戦を強いられていた。その上この市議選では、この勢力がさらに社民党と日大党に分かれて競合する状況となっていた。清水が「無産者」という言葉に広がりを与えている意味は、この辺りとも関連すると考えられる。なお清水は、「小生が無産市民諸君の前に誓約する政策は即ち日本大衆党自治体の一般政策であります」と、その自治体政策自体はオリジナルなものでないことを率直に述べていた。

さてそれではこの選挙戦の状況は、どのようなものであったのだろうか。この点については、選挙終盤の一〇月二九日の清水事務所発浅沼稲次郎宛書簡を見てみよう。(40)

非常に人気はよいです。然し毎日同じ顔ぶれで閉口です。明日は是非来て下さい。一日には、七、八ヶ所演説会を開きますから委員長は勿論、会長、浅沼、高原、その他同志を総出員して貰ひ度いです。

社民は毎日幹部出演、一日は亀井、鈴木文治、安倍、小池、馬場、安江その他の幹部が来るのです　もう一馬力で当選は絶対に可能なんだから是非是非一日には頼みます。

この書簡からは、「非常に人気はよい」こと、ただ演説会が「毎日同じ顔ぶれ」であること、社民党支部も東京から党幹部が来援し活動を展開しており、清水側でもこの点を強く意識していることなどがうかがえる。

以上のような選挙戦の結果、市会選挙では、民政党系一五名、政友会系一〇名、中立三名のほか社民党の森田が三〇名中第六位、日大党の清水が第二四位で当選を果たした。(41)落選した社民党大神田久太郎の得票を合わせると、八王子市の「無産」政治勢力は総得票数の七・五%を獲得したが、市会レベルでも男子普選は必ずしも「無産」の躍進にはつながらなかった。(42)

ところでその後八王子市にはもう一つ「無産」として認知される政治勢力が現れる。

無産演説会　日本国民党八王子支部では十日午後六時から千人ガレージで時局批判演説会を開き、社民党同支部では十二日午後六時から関谷座に議会報告演説会を開く（『読・埼』三〇・七・一〇）

ここで社民党支部と共に「無産」として認知されている日本国民党八王子支部は、一九二九年一一月の寺田稲次郎、西田税らの日本国民党[43]結成を受け、同年一二月二二日に野口幹を支部執行委員長として結成された団体であった（『読・埼』二九・一二・二四）。同日に本部から西田らを迎え行なわれた発会式では「一、自転車附加税五割減を期す　一、盲人実費診療所設置　一、東京都制案に反対」等が決議されていた（『東日』二九・一二・二四）。しかし「最も迷惑した事は吾々を暴力団にも等しい右傾団体のごとくに誤解された事であつた」（『東日』三〇・一・二〇）と野口自身が憤慨する状況の中で、彼らが市内で一定の支持を得てその勢力を拡大することは、後に二章で検討する時期まで見られなかった。

以上、男子普選導入期の八王子市では、市会に各々代表を送り込むなど一定の地歩を築きつつも、「地盤」形成が困難な条件の下で男子普選でも必ずしも躍進し得ず、支持基盤の拡大を課題としていた左翼の日大党、社民党両支部と、未だ政治的地歩を有さない右翼の日本国民党支部の三つの「無産」政治勢力が、分立する形勢が見られたのである。

おわりに

本章では、以下の各章での議論の前提として、男子普通選挙制が導入される一九二五年に至る時期の東京府八王子市の社会と政治の状況を概観すると共に、男子普通選挙制の導入がこの地の社会と政治にいかなる影響をもたらしたのかを検討してきた。この検討からは、「デモクラシー」の制度的な現れとしての男子普選導入は、「デモクラシー」の社会的な現れとしての社会領域及び政治領域における、人々の平等化、同質化の志向に基づく諸動向を活性化させる契機として捉えられていたことが看て取れた。また政友会系、民政党系等の既成の政治勢力が、この新たな制度への適応を模索する中で、地域の政党の系列組織の有効性を認識し、その組織化をはかってゆく状況も垣間見えた。また以上のような状況の中で、いわば「後発」の政治勢力として出発した「無産」政治勢力は、「地盤」形成が困難な条件の下で、左翼の日大党、社民党両支部と、右翼の日本国民党支部の三つの勢力が分立し、既成の政治社会秩序の側からは「ごろつき」、あるいは「暴力団にも等しい」などと見なされるような人々をも組み込みながら、各々競合しつつ政治的地歩の確立をはかっていたことが明らかになった。この検討から明らかになった諸動向、特に「無産」政治勢力の動向に即して、「デモクラシー」の制度的な現れと社会的な現れの関係を問うこと、次章以降ではこの点に焦点を合わせ具体的に検討してゆく。

◆註

（1）『新八王子市史』通史編5近現代（上）（八王子市、二〇一六年）二九六頁。
（2）東京府「神奈川県下西北南多摩ノ三郡ヲ東京府管轄ニ更替スルノ要領」（『神奈川県史　資料編一一　近代・現代（一）』神奈川県、一九七四年）三九四頁。
（3）『東京府市町村勢要覧』（東京府知事官房調査課、一九三四年）二〇〜二一頁。
（4）『日本都市年鑑　昭和六年版』（東京市政調査会、一九三一年）六〇〜六一頁。
（5）関満博「大正時代の多摩機業地」（『多摩のあゆみ』四一号、一九八五年）。

(6) 八王子織物工業組合編『八王子織物工業組合百年史』(ふこく出版、二〇〇〇年) 七〇～八五頁。
(7) 同右書、八九～九〇頁。
(8) 梅田定宏「都制案と三多摩」(『多摩のあゆみ』五四号、一九八九年)、同「【解題】都制案をめぐる三多摩の地域振興策――多摩独立県構想と東京緑地計画」(佐藤孝太郎『東京と三多摩　都制運動参加の記』(東京市町村自治調査会、一九九二年)、同「八王子・立川の発展と戦前の都市計画」(多摩の交通と都市形成史研究会編『多摩　鉄道とまちづくりのあゆみI』古今書院、一九九五年)、同「大正時代の八王子――市制施行から「大八王子」建設へ」(『八王子市史研究』二号、二〇一二年) のほか、前掲註(1) 書、六四七～六五五頁 (同氏執筆部分) を参照。
(9) 「帝都制案」(抄)(大正一二年)(前掲註(8) 佐藤書、一八五頁)。
(10) 前掲註(8) 佐藤書。同書には、この帝都制案提出以降、三多摩で展開した、三多摩を除外する都制案への反対運動について、この運動に実際参加した佐藤孝太郎の観点からの証言も記されている。
(11) この「多摩県」、「武蔵県」構想については、前掲註(8) の梅田氏の諸研究を参照。
(12) 「三多摩壮士」はその後村野常右衛門、森久保作蔵らに率いられ、新自由党を経て政友会の院外団と化してゆく。この「三多摩壮士」の動向については、自身も「三多摩壮士」の末流に位置する佐藤孝太郎『三多摩の壮士』(武蔵書房、一九七三年)、青木保三『七十年を顧りみて』(私家版、一九七〇年) を参照。
(13) 前掲註(1) 書、第二章第二節一 (梅田定宏氏執筆部分) 参照。
(14) 中野理「地方利益と政党」(『多摩のあゆみ』四一号、一九八五年) 八三頁。
(15) 同右論文、八六頁。
(16) 同右論文、八五～八六頁。
(17) 公明会については、同右論文のほか、『八王子市議会史』記述編I (八王子市議会、一九九〇年) 二〇七～二二一頁も参照。また以上の先行研究をふまえた上での位置づけとしては、前掲註(1) 書、第三章第三節一 (中村元執筆部分) 参照。
(18) 前掲註(1) 書、第三章第三節二 (井上直子氏執筆部分)。
(19) 前掲註(17)『八王子市議会史』記述編I、二六八～二七〇頁。
(20) 同右書、二六七頁。

(21) 一九一七年の人口については、『八王子市議会史』資料編Ⅱ(八王子市議会、一九八八年)二五六頁、投票者数については、前掲註(17)『八王子市議会史』記述編Ⅰ、二六五頁を参照。

(22) 前掲註(17)『八王子市議会史』記述編Ⅰ、二六七〜二六八頁。

(23) 同右書、三七八頁。

(24) JACAR(アジア歴史資料センター)Ref.A03021545299 御署名原本・大正一四年・法律第四七号・衆議院議員選挙法改正(国立公文書館)。

(25) 金原左門『昭和の歴史 第一巻 昭和への胎動』(小学館、一九八三年)二四六〜二五三頁。

(26) 一九二八年の総選挙に際しての八王子市の有権者数と有効投票数については、『東日』二八・二・二〇、二二を参照。一九二四年の有効投票数については、前掲註(21)『八王子市議会史』資料編Ⅱ、二二二頁の大正一三年総選挙の各候補得票数より算出した。

(27) 各年の人口については、前掲註(21)『八王子市議会史』資料編Ⅱ、二五六頁参照。なお本来は有権者数で比較すべきであるが、一九二四年の有権者数が確定しにくいため、有効投票数で比較した。

(28) 男子普選導入期の八王子市の様子に関する報道については、前掲註(1)書、第四章第六節一(井上直子氏執筆部分)参照。

(29) 「民衆新聞」第二二号、一九二六年一一月一五日。なお三多摩の無産政党については、中村高一『三多摩社会運動史』(都政研究会、一九六六年)、大串夏身編『三多摩社会運動史料集』(三一書房、一九八一年)を参照。

(30) 前掲註(17)『八王子市議会史』記述編Ⅰ、三〇一頁。

(31) 『八王子市史』上巻(八王子市役所、一九六三年)五七〇頁。

(32) 『八王子』(八王子市役所、一九三二年)五〇頁。

(33) 前掲註(21)『八王子市議会史』資料編Ⅱ、二一一頁。

(34) 八月九日付同志一同発日大党本部宛書簡(法政大学大原社会問題研究所所蔵。請求記号政党11—38)。

(35) 八月二二日付清水三郎発日大党本部宛書簡(法政大学大原社会問題研究所所蔵。請求記号政党11—38)。

(36) 一九二九年八月二三日付日大党八王子支部常任委員会「声明書」(法政大学大原社会問題研究所所蔵。請求記号政党11—38)。

(37) 東京自治研究センター編『多摩民衆運動に生きて——証言・三浦八郎』(三一書房、一九八四年)一二六頁。

(38)「党員名」名簿（法政大学大原社会問題研究所所蔵）。

(39)一九二九年一〇月「清水三郎宣言　立候補に際して　八王子大衆に訴ふ」（法政大学大原社会問題研究所所蔵。請求記号政党11—42）。

(40)一〇月二九日付清水事務所発浅沼稲次郎宛書簡（法政大学大原社会問題研究所所蔵。請求記号政党11—42）。

(41)前掲註（21）『八王子市議会史』資料編Ⅱ、三六八～三七二頁。

(42)前掲註（17）『八王子市議会史』記述編Ⅰ、三一五～三一六頁における執筆者田崎宣義氏の指摘を参照。なお田崎氏が同書三七四頁において、本書第二章で分析する自由労働者の活動の一部につとに言及し、こうした活動が生じる市の状況について、「デモクラシーの風潮が社会の底辺まで浸透し、底辺からデモクラシーが支えられるようになったのである」と指摘していたことは注目される。

(43)日本国民党については、斎藤三郎『右翼思想犯罪事件の綜合的研究』（司法省刑事局、一九三六年）八九～一〇二頁参照。

第二章　昭和恐慌期における都市計画事業の展開と「無産」政治勢力

はじめに

本章は、都市社会において、「無産」政治勢力と、彼らと時に提携し時に離反した人々の活動を、大都市近郊都市における都市計画事業の展開が地域にもたらした変化との関連に留意しつつ、昭和恐慌期の東京府八王子市の場合に即して検討することを課題とする。

前章で見たように、男子普選導入期の八王子市では、複数の「無産」政治勢力が分立する形で活動を始めていた。これら「無産」政治勢力については、序章で見たごとく、加藤千香子氏が川崎市に即して、大岡聡氏が東京市の下谷区深川区に即して、無産政党のみならずそれ以外の勢力もが「無産」として都市の「行政・自治組織」への参加をはかる姿を対象化していた(1)。しかしこれも序章で見た通り、本書では、この加藤氏、大岡氏の「デモクラシー」理解、すなわち統合の制度を自治の制度として運用することを可能とする政治参加の度合いに着目して「デモクラシー」を把握する視角では対象化されない事象こそ、「デモクラシーと地域」の具体的なあり方を考える上では重要であるとの観点に立つ。そしてかかる観点から、「デモクラシー」の制度的な現れとしての男子普選と、「デモクラシー」の社会的な現れとしての社会領域における人々の平等化、同質化の志向に基づく諸動向の関係を分析領域とする視角を設定している。

本章では、かかる視角を基礎に、「無産」政治勢力及びその周辺の人々における、男子普選による政治参加を直接に志向するわけではないが、都市自治体に影響を及ぼすような、人々の動向――いわば人々が制度外的に「主体」化する局面――に着目する。そして「デモクラシー」の制度的な現れと、その社会的な現れと捉え得る社会領域における人々の動向の関係を検討する。なおその場合、加藤・大岡両氏が扱った「無産」政治勢力については、彼らとその周辺の人々との関係に一層踏み込んで検討を行なうことが必要となろう。[2] 本章では、以上のような認識に基づき、「無産」政治勢力及び彼らと接点を有した人々が、いかに提携、離反しながら活動し、その活動が地域の「行政・自治組織」としての都市自治体といかに関わっていたのか、また彼らの社会領域での動向が制度的な政治参加の経路を通じた都市自治体運営への参加のあり方ともいかに関わっていたのか、という問題を検討する。そしてこの検討を通して、「地域的公共」への参加――実際には地域の「行政・自治組織」への制度的参加――の度合いに関心を集中させてきた諸研究とは異なる観点から、都市における「デモクラシーと地域」の問題に接近を試みたい。

本章が対象とするのは昭和恐慌期の東京府八王子市である。第一章で見たごとく、一九二〇年代の八王子市は、大都市東京市の隣接五郡における人口急増に伴い浮上した「都制案」の影響を受ける一方、その影響圏内で「武蔵県」あるいは「多摩県」の設置の場合の県庁所在地をめぐって、急激に発展する立川町との対抗関係の中に位置していた。立川は、一九二二年の飛行場の設置などをも契機に【表1-3】に見られるように急速に発展し、一九二三年には町制が施行された。東京府下において前章に掲げた【図1－2】のような位置関係にある立川町と八王子市は、三多摩を除外する「都制案」への反対では一致していたが、その実現の場合の三多摩の受け皿として構想された「武蔵県」あるいは「多摩県」の県庁所在地候補としては対抗関係にあった。この関係性の中で八王子市では、当初消極的でさえあった都市計画法適用を求める動きが生じ、一九二四年には「都市計画法適用指定方ノ意見書」が市会で採択され、内務省に適用申請がなされた。(3) その結果八王子市では、一九二七年に都市計画法適用を受け、都市計画東京地方委員会により二九年に都市計画区域が、三〇年に街路計画と風致地区が決定された。(4) かくして当該期の八王子市では、「大東京」形成へと向かう動きの影響、その圏内で急速に台頭する立川町との関係の中で都市としての自己確立をはかるため都市計画事業の速やかな実施が課題となった。このことが、八王子市の「無産」政治勢力の展開に独自の色彩をもたらしてゆく。本章は、この八王子市の都市計画事業の特質をふまえて分析を行なうことで、都市間関係、さらにそれに規定された都市の自己確立の動向との関わりの中で、「無産」政治勢力をめぐる動向を捉えることを試みるものとなる。

なお本章での新聞史料の引用方法は、本書序章の「第四節　本書の方法と構成」に記した通りである。

第一節　恐慌下の都市計画事業と「無産」政治勢力

1　恐慌下八王子市における都市計画事業と失業救済事業

「はじめに」で見たように、八王子市では一九二九年から三〇年にかけての都市計画区域、街路計画の決定を受け、これらに基づく都市計画事業の実施が課題となっていた。この課題に市当局は、東京府とも協議し①市街中心を通る国道八号線八王子大通り舗装工事、②「財源のない時にあたつて実施するには最もい丶と思はれる」区画整理、③花街移転などを検討していた[5]（『東日』三〇・四・二〇）。このうちまず実施の目途がついたのは、①の工事であった。当時の民政党浜口内閣の社会政策の重点施策としての失業救済事業拡大の方針[6]を受け、東京府は三〇年六月の臨時府会で当年度失業救済事業調節補足のため、昭和八年度以降施行予定の道路事業一部繰り上げと国道及び主要府県道十五ヶ所の路面舗装を決定した。[7]この決定を受け国道八号線八王子大通り舗装工事は、東京府の事業となった（『東日』三〇・七・一）。八王子市の都市計画事業であった八王子大通り舗装工事は、社会政策としての失業救済事業と結びつくことで動き始めたのである。[8]続いて②の区画整理にも動きが見られた。当初八王子市に隣接しその都市計画区域内に含まれる小宮村大和田[9]の耕地に計画された区画整理が、同村側の反対により頓挫（『東日』三〇・七・二〇）すると、市内の耕地を対象とする区画整理計画が浮上したのである。

八王子の都市計画幹線道路網が制定されたので市では台町、千人町、元本郷、子安、明神町方面の田畑地を幹線道路網に従つて小区画整理をなし耕地を宅地に改め市の発展に備へるため八王子署建築係と協力して地主に交渉をはじめた。（『東日』三〇・一〇・五）

ここで区画整理が計画された各町は、市内でも相対的に農業従事者が多い[10]と同時に【図2－1】のように人口増加率が高い地域、すなわち耕地の宅地化が始まりつつある市街地周縁地域であった。市当局は、この動向をふまえて地主に区画整理を推奨し、この〝安上り公共施設整備手段[11]〟による市の計画的発展を企図していた。そしてこの計画も「市の近郊十余万坪にわたる大区画整理をそれまでに著工の手筈を進め同工事によつて引続き失業者の救済をしたいと」（『東日』三一・二一・二五）いう報道に見られるように、先に見た八王子大通り舗装工事同様、のちに失業救済事業と結びつけて考えられた。

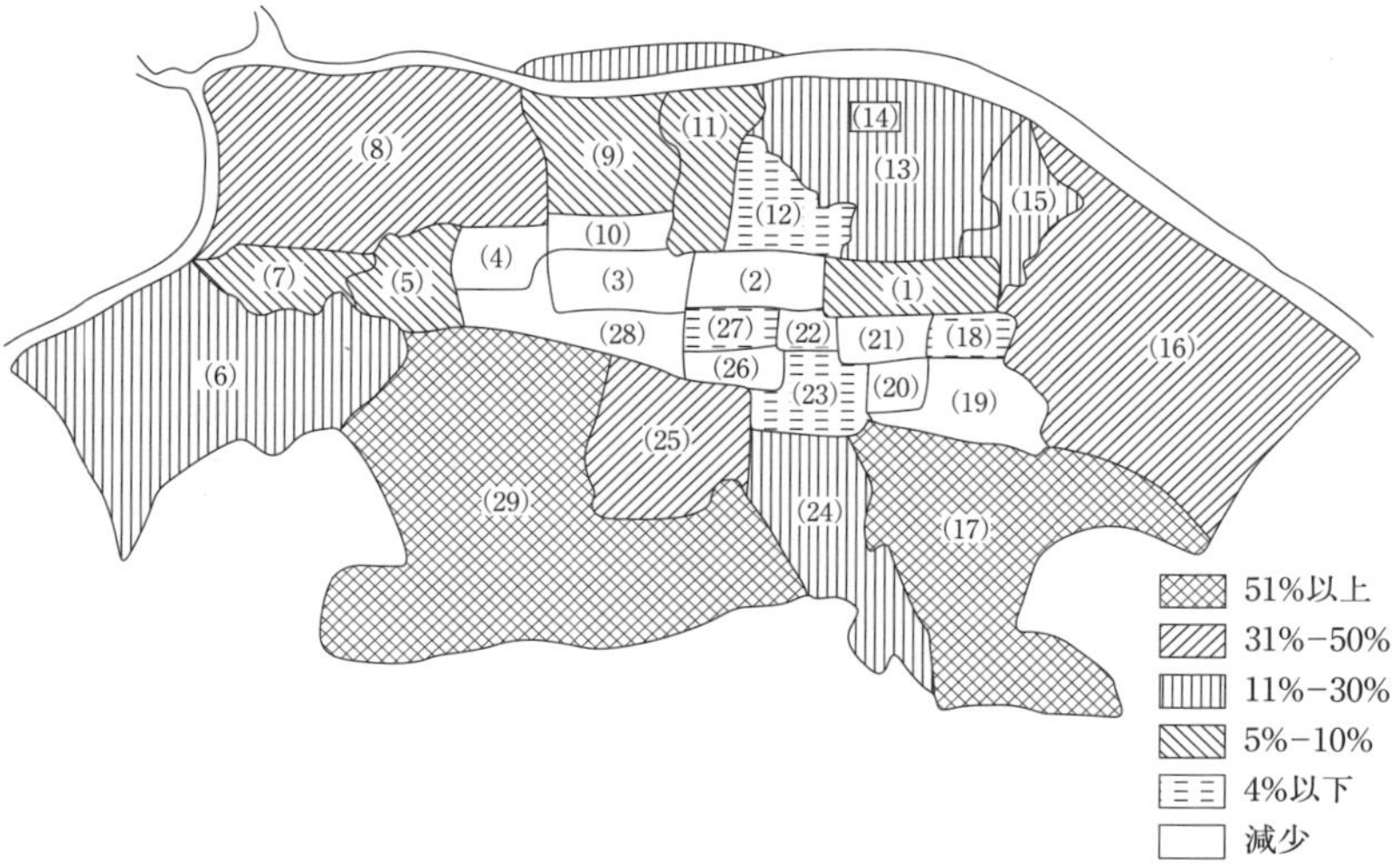

(1) 横山町　(2) 八日町　(3) 八幡町　(4) 八木町　(5) 追分町　(6) 千人町　(7) 日吉町　(8) 元本郷町　(9) 平岡町　(10) 本郷町　(11) 大横町　(12) 本町　(13) 元横山町　(14) 田町　(15) 新町　(16) 明神町　(17) 子安町　(18) 東町　(19) 旭町　(20) 三崎町　(21) 中町　(22) 南町　(23) 寺町　(24) 萬町　(25) 上野町　(26) 天神町　(27) 南新町　(28) 小門町　(29) 台町

出典：『八王子』（八王子市役所、1932 年）23 頁をもとに作成。

【図 2−1】　1925 年 10 月から 1930 年 10 月までの八王子市内人口増加率

以上のように恐慌下八王子市で具体化しつつあった都市計画事業は、いずれも失業救済事業と結びついたが、失業救済が主目的の事業もまた都市計画＝都市整備と関連づけられた。市当局は、補助事業[12]方式による市の失業救済事業として下水道改修工事を計画したが、この事業も「市民衛生施設の完備と失業救済の一挙両得として期待されてゐる」（『読・埼』三〇・五・一七）ものであった。またこの事業の財源に関し、起債の利子分を捻出するための家屋税附加税増率の是非をめぐり市会内で対立が見られた。ただし前年の初の男子普選で選出された市議からなる市会では、反対側も「家屋税増率の反対はいゝがそれがため失業救済の反対となるのは自分達の人気の上に面白くない影響を来たす」（『東日』三〇・八・二七）という認識を有し、「失業救済は是とするも起債利子を家屋税増徴に求むるは非」（『読・埼』三〇・一〇・一九）という反対はあったものの、失業救済事業実施自体は承認していた。かくて一九三〇年の八王子市では、男子普選の政治状況とも関連しながら、都市計画事業と失業救済事業が結びつき起動しつつあったのである。

2　恐慌下八王子市における自由労働者の活性化と「無産」政治勢力

さて以上のような八王子市における都市計画事業と失業救済事業の結合による起動という状況は、これらの事業工事への就業をめぐる人々の様々な動きを呼びおこした。

まず最初に見られたのは、「舗装工事が愈々始まるといふので廿四日朝鮮人代表が八王子職業紹介所に失業人夫四、五百名ゐるから使てもらひたいと申込んだ」（『東日』三〇・六・二五）という在日朝鮮人労働者の動きであった。[13]三多摩の在日朝鮮人は、府の統計では【表2－1】のごとくであったが、主に多摩川の砂利採取に従事する北多摩の在日朝鮮人を中心に組織された労働団体「労働一心会」によれば、一九二七年の時点で北多摩郡に二一〇〇名、南多摩郡に六〇〇名、西多摩郡に七一二名、八王子市に二五〇名の会員が分布しているとされた。[14]ここでどちらの数値がより実態に近いか判断する材料はないが、右の陳情を行なったのは、主に八王子市に隣接する南多摩郡由井村・横山村で京王御陵線建設工事に従事していた在日朝鮮人労働者であり、彼らは工事竣工時期の接近に危機感を強める中で、この陳情の約二週間前には在日朝鮮人労働者二五〇名余りが過重労働と賃金差別に抗議するストライキを行なう（『東日』三〇・六・一〇）など活性化しつつあった。彼らはその後八月にも市役所を訪れ、「八王子大通り舗装工事に対し今八王子に百五十人」の在日朝鮮人失業者がいるので「是非使役してもらひたい」（『東日』三〇・八・二〇）と就業を陳情した。そしてこうした就業陳情は、「八王子市南多摩郡土木関係自由労働者二百余名は十七日連署で城所市長に土木事業を起工し失業者の救済方を陳情した」（『読・埼』三〇・九・一八）という事例にも見られるように、在日朝鮮人労働者以外へも拡大していった。

【表 2−1】東京府内の在日朝鮮人人口の推移

	1930年	1931年	1932年	1933年	1934年
東京市	10,554	10,841	12,509	13,857	17,471
隣接五郡	17,713	18,872	21,753	23,345	33,306
北多摩郡	904	1,000	1,594	1,538	1,712
西多摩郡	226	60	43	60	162
南多摩郡	216	21	35	47	126
八王子市	56	208	241	280	544

註：表のうち東京市は旧市域。隣接五郡とは、1932年に東京市に編入された荏原郡・豊多摩郡・北豊島郡・南足立郡・南葛飾郡。
出典：『東京府統計書』昭和5〜9年版より作成。

こうした状況の中で市職業紹介所は三〇年一〇月二五日、八王子大通り舗装工事に就労する失業者の登録⑮を行なった。しかし市内失業者が日本人、朝鮮人合わせて六五〇名（『読・埼』三〇・一〇・二二、『東日』同一〇・二二）と算定される一方で、右工事の就労予定人員は一日三〇〜四〇名（『東日』三〇・一〇・二三、『読・埼』同日）に過ぎなかった。このため市職業紹介所は一二月一五日、「登録した五百余名中八王子署に貧困程度の調査を依頼しその結果にもとづいて銓衡した使用者百名に対し労働手帳を交付する」こととしたが、労働手帳を交付されなかった失業者達が銓衡を「不公平」として「この朝紹介所へ押し寄せ大騒ぎ」（『東日』三〇・一二・一六）となった。こうした事態は、「国道舗装工事と失業者の登録採用が不公平であると連日の如く職業紹介所に押しかけ係員を悩ましてゐる」（『読売』三一・一・二九）というようにその後も頻発した。先に見た就業陳情に対応した八王子市の失業者登録は、就業機会の提供をめぐり新たな不満を生み、この不満は登録業務を行なう市職業紹介所に対する抗議行動という形でしばしば表出されたのである。恐慌下で深まる都市社会の亀裂に対応をはかる社会政策としての失業救済事業は、就労の現場で生じた失業者の新たな不満を現場の事業主体としての都市自治体に収斂させ、かえって失業者と都市自治体の対立関係を先鋭化させる側面も有していたといえよう。

さて右のように市職業紹介所への抗議が頻発する中、新聞報道は、八王子市の失業救済下水工事及び府の舗装工事に従事する在日朝鮮人労働者「約二百名は前日来の雪であぶれてゐるので仕事をさせろと騒ぎ」、現場に急行した八王子警察署員により「主謀者」とされた「鄭光朝」「朴崔録」が拘留される（『東日』三一・二・一二）といった在日朝鮮人労働者たちのみの抗議行動の存在を伝えている。こうした報道には、失業救済事業への就労を目的として八王子にやってきた在日朝鮮人が「八百名に達してをりこのため空家神社等に頻々おこる怪火や賽銭泥棒をはじめ市内各所に盗難が激増、度々市役所に押しよせる有様」（『東日』同右）といった、地域の秩序を脅かす他者、という差別的な認識が往々にして伴った。そしてこうした認識が「現状のまま何ら教養《ママ》するなく工事終了の明年度末まで推移するに於ては結局問題を惹き起すべき形勢にある」との問題視へと接続する中で、一九三〇年七月の日大党の全大党への改組を受けて同党八王子支部長となった市議「清水三郎氏は八王子市は勿論邦人の風俗習慣等を教ゆる鮮人土工教養所を設置する事」（『読売』三一・三・一〇）を計画、「清水三郎氏が発起市及職業紹介所の後援で労働夜学会を設置」した（『読売』三一・三・二四）。この清水の夜学会設置は、右の文脈で見れば在日朝鮮人労働者の「教養」による抑制を目的とするように見えるが、次の報道からはこれとは大きく異なる夜学会の姿が浮かび上がる。

> 廿一日朝市役所内労働紹介所内でその日の仕事に出かけるため集まつた内鮮人土工約二百人に対し鄭光朝、崔光斐等が　われ〳〵は毎日牛馬の如くに人にこき使はれ人間らしい生活は出来ない、路傍で冷たい弁当に満足しなければならない、何処の国にこんな制度があるか結束して権利を取戻せなければならぬ　といふ意味の朝鮮文字の謄写版のビラを夜学会の案内状と共にまいた（『東日』三一・三・二四。傍線は中村）

この報道からは、在日朝鮮人労働者の人格承認要求のための結束を呼びかけたビラと共に「夜学会の案内状」が散布されたこと、その担い手が先に見た二月の抗議行動の「主謀者」の一人とされた鄭光朝らであったことが読み取れる。また右の件につき市職業紹介所主任は、「廿一日朝のビラは穏やかでないので、八王子署長宛早速通知して置いた」とした上で、在日朝鮮人労働者の「教育」事業に対して、「趣旨はまことに結構であるがその辺を大に考慮されたいものである」（『東日』同右）と述べていた。以上の状況からは、全大党支部の夜学会が、在日朝鮮人労働者たちの抑制どころか彼らの結束した行動を推進する動きと親和的であったことがうかがえる。また翌四月の一九日には、「大衆党八王子支部員朝鮮人その他約三十名が赤旗をふり労働歌を高唱して花吹雪の中を示威運動」（『東日』三一・四・二二）を行なった。八王子市の「無産」政治勢力の一つ全大党支部は、寧ろ夜学会設置等を契機に、活性化する在日朝鮮人労働者に接近し、彼らを自らの勢力に取り込むことをはかっていたといえよう。なおこの「示威運動」は日本人全大党員、在日朝鮮人労働者双方に検束者を出したが、前者の拘留処分「一週間乃至廿日間」に対し、後者の処分は「廿五日間」であった（『東日』同右）。また警視庁八王子署ではこの運動を契機に、最近市内の在日朝鮮人労働者に「不穏の行動が多いので徹底的に取締を開始することとなつた」（『東日』同右）と報じられていたが、実際この後市内で在日朝鮮人労働者のみの集団行動は見られなくなった。彼らの取り込みをはかった日本人「無産」政治勢力がこうした帰結をいかに認識したかは一つの問題として残ると思われる。

3　失業救済事業就労者の総罷業の成立と自由労働者の組織化をめぐる諸勢力の動向

さてその後八王子市の都市計画事業—失業救済事業をめぐる労働者たちの行動は、新たな段階を迎える。一九三一年五月一八日、市内の失業救済事業就労者の総罷業が行なわれたのである。そのきっかけは、府の失業救済事業としての道路舗装第二期工事を請け負った市内土木業者青木孝太郎（政友会系市議）が、従来の一〇銭安の日当一円一〇銭で就労者募集を強行したことにあった。これに対し「日鮮百数十名の労働者は大挙市役所に押しかけ十銭安では断然就業せずと当日は盟休を断行」（『読売』三一・五・一九）、これを受け「今回青木組の国道舗装関係が値下げになれば青木氏が市会議員の関係上市の下水工事も同様に市会で引き下げられるだらうといふ点」（『東日』同日）を憂慮し「市下水道工事人夫も団結十八日を盟休」（『読売』同日）し、総罷業が成立したのである。これに対し青木側は強硬姿勢を保ったが、この事例が「目下一円二十銭を支払つてゐる府下全三十万の失業事業賃金に及ぼす」影響を懸念した府南多摩郡土木出張所では、全大党清水市議や市職業紹介所主任、警察官等の立会いの下に青木を呼び調停を行なった（『読売』同右）。その結果、最終的には労働者側の要求通り賃金引き下げが撤回された。

さてこの総罷業を受け全大党支部は、その成功の経験を次のように方向づけた。

我等三多摩労働者ハ賃銀《ママ》値下問題労働時間延長問題ノ為ニ大挙五月十八日土木健築《ママ》資本バツ《ママ》青木組及東京府土木出張所ニ大デモヲカン行シ完全ニ要求ヲ戦取リタルヲ機会トシコ、ニ三多摩一般労働組合ヲ結成シ同時ニ発会式ヲ挙行スル事ニ決定セリ(16)

そして三一年六月一〇日、「印半纏、脚絆ばきの中木屋鉱一君」を議長とする大会において「八王子市を中心として東京府下三多摩の自由労働者小商人失業者など未組織大衆を組織づけた」三多摩一般労働組合が結成された(17)。先にも見たように「地盤」形成が困難な社会経済的状況において社民党支部と競合しつつ勢力拡大をはかっていた全大党八王子支部は、失業救済事業を契機に在日朝鮮人・日本人自由労働者が活性化している状況を好機として夜学校や総罷業などを通じて彼らに接近し、その要求を媒介することを通して彼らを組織化し自派の影響下に取り込むことに成功したといえよう。

この全大党支部の動向に対し、社民党支部の自由労働者への対応は、当初やや鈍いものであった。社民党支部は、三〇年六月の在日朝鮮人労働者のストの支援（『東日』三〇・六・一〇）等は行なっていたが、その後は同じ頃市周辺で発生し始めた織物工場等の労働争議に関与し、総同盟紡織労働組合八王子支部結成など工場労働者の組織化に力を注いだ（『社会』三〇・八・一六）。しかし三一年に入り支部長森田喜一郎が社民、労農、全大の三党合同をめぐり党本部と対立し全国労農大衆党（以下、労大党と略記）参加へ向かうと、森田らと総同盟系の労働組合の間に軋轢が生じていた（『読売』三一・七・一二）。こうした中で社民党支部も、全大党支部・三多摩一般労働者組合が行なう自由労働者の運動への関与に乗り出してゆく。三一年七月一〇日、三多摩一般労働者組合が市失業救済事業たる下水道改修工事終了後の新事業を陳情する際には、「八王子無産党市議森田、清水両氏を先頭に市役所に繰り込み城所市長、西原助役に面会」が行なわれた（『東日』三一・七・一一）。また七月一四日には、同月六日以来の長雨で就労機会を失っていた自由労働者が「三多摩一般自由労働組合幹部及大衆社民支部員応援の下に大挙市役所に殺到」、一時市会の議場を占拠し、「降雨休業中の賃銀《ママ》支払、今日の生活救護、今後は小雨と雖も工事を為すか又は生活費を支給するか」を要求した（『読売』三一・七・一五）。

このような社民党、全大党ら左翼「無産」政治勢力の自由労働者への接近は、市会に議席を有する左翼「無産」政治勢力を介して市理事者と直接交渉する回路を切り拓くなどの点で、自由労働者たちにとって一定の意義を有したといえる。ただし一方で三一年七月一五日付の『東日』が次のごとき状況を報じていることは注目される。

十四日雨に食を奪はれた八王子市内の労働者が大挙市役所へ押し寄せた際計らずも合同問題を注目されてゐる大衆派と社民派の角つき合が演ぜられ、真剣な労働者から大衆党も社民党も労働者を喰ひ物にするなら一切何事も頼まないから帰つてしまへと怒鳴られた

押し寄せた労働者の組織する八王子市、三多摩一般労働組合が大衆党系であるが助役と労働者の交渉中社民派の佐藤秋月君の口のきゝ様が悪かつたと労働者代表がくつてかゝつたをきつかけに居合せた大衆党員と社民党員の間に喧嘩が始まり、第二回目の要求提出に当つて大衆党側は代表を選挙せよと主張するに対し社民党側は選挙すべからずと衝突し、遂に大衆党も社民党も鮮人に怒鳴られたもので社民党側は佐藤秋月君一人を残して山口加藤太君その他全部交渉半にして大衆党の態度に憤慨し退場引揚げた（傍線は中村）

すなわち全大党と社民党が関与した運動の現場では、両派が運動の主導権をめぐり争う場面が見られたのである。

こうした両派の姿勢に対し自由労働者の中からあがった反発が、「大衆党も社民党も労働者を喰ひ物にするなら一切何事も頼まないから帰つてしまへ」と表現されたことは、二つの左翼「無産」政治勢力の自由労働者への接近の動機が八王子市において競合する両派各々の勢力拡張にあるという認識を自由労働者の側が有していること、また三多摩一般労働組合が全大党系であっても労働者の側に一定の自立性が存在したことを示していよう。ただし全大党支部は、「労働者大衆は我々同志の勇敢なる抗《ママ》争に対し絶大な信頼こそすれ記事に該当するが如き言動を一人たりと雖もなさゞる事は当日参加大衆の立証する処なり」として右の報道を真っ向から否定し、同党東京府連に東京日日新聞への抗議を依頼していた[18]。

4　八王子市当局の対応と都市計画事業

それでは先に見た七月一四日の自由労働者の運動に際し、市側はいかに対応したのだろうか。市当局は長時間にわたる交渉の上、市会の社会事業関係の委員会、社会事業協会と緊急の連合協議会を行ない、最終的に白米「四合の外に労働者全部に対し一人当り一升、一人以上の家族あるものには一升五合の白米を社会事業協会の金で給与し、なほ雨のつゞいた場合に限り十五日から向ふ三日間登録者全部を土木工事に使用し救済することを確定」(『東日』三一・七・一五)した。この一四日の出来事につき「市長不在にて助役其の他吏員共をふるへ上らせ要求を斗ひ取り夕《ママ》り[19]」との報告を受けた全大党本部では、その後、右の結果を闘争成果として機関紙にそのまま掲載していた[20]。市当局は、活性化した自由労働者らに対し、その要求を一定程度みたす対応を余儀なくされていたといえよう。

ところで右の自由労働者の運動は、市当局にとり異なる意味も有していた。城所市長ら八王子市理事者は右の騒動の約一〇日後の七月二五日に東京府庁を訪れ、知事らに対し市内自由労働者が「時々市役所へ殺到しては騒動を演ずるのでこのまま仕事を打ち切つた場合の問題惹起を憂慮」していることを理由に、「府営の救済工事をなるべく多く起してもらふ」よう陳情した（『東日』三一・七・二五）。陳情に当たり市側は、国道八号線の舗装工事継続や市内各府道の簡易舗装、子安町道路新設などの失業救済事業化を要望したが、これらの事業は「大八王子建設のため」（『東日』同右）、「救済と交通網完備の意味で」（『読売』三一・七・二五）選定されていた。八王子市当局は、活性化する自由労働者への対処を理由に府営の失業救済事業実施を陳情したが、それは同時に自由労働者の運動をいわば「口実」として、市の都市計画関連事業を市の財政負担を抑え実施することで都市自治体としての八王子市の利益をはかるものであったといえよう。

こうした市当局の企図は、区画整理事業に関連しても看取された。市当局は、事業実施に向け関係地主に働きかける一方、区画整理事業を「内務省の認可を得て失業救済事業としたい意向（『東日』三一・三・二五）を示し、「市都計課では内務大蔵両省に申達して市の失業救済事業の認定を乞ひ工事費中七割を占むる労力費に対し国庫補助の下付を受くるために市直轄事業とし受益者負担法を制定、補助金を控除し実費を公平に地主から徴収する便法を考究」（『読売』三一・四・二八）していた。当該期の区画整理事業の多くは、事業による地価上昇を見込む地主を中心とした民間の区画整理組合の負担で行なわれた。(21) これを市営事業とし失業救済事業の認定を得て労力費補助を受け、残りの経費を「受益者負担法」により地主から徴収するという「便法」を取る場合、地主は労力費補助分の負担を軽減されて、区画整理の成果（地価上昇）を得ることができよう。市当局は、ここでも失業救済事業を利用し地主の負担を軽減して彼らの協力を得やすくすることで、「八王子都市計画の代行事業」（『読売』同右）たる区画整理事業実施を促進しようとしていたのである。

5　左翼「無産」政治勢力の再編と三多摩自由労働組合

ところで本節3では、全大党支部と社民党支部による自由労働者の運動の現場での主導権争いや、この二つの左翼「無産」政治勢力の動向に対する自由労働者の批判が見られた。それではこの三者の関係は、その後いかに展開していったのだろうか。

まず左翼「無産」政治勢力間の関係について。先にも触れたように社民党支部の森田喜一郎らが社民、労農、全大の三党合同を支持し労大党参加へ向かう中、八王子市でも社民党のみならず全大党支部にも両支部の合同を求める動きが見られた。しかし社民党支部長森田と全大党支部長清水三郎の不和や[22]、また全大党側が満州事変を「絶対に帝国主義の範疇に入るべきものではないと認む」（『読売』三一・一一・一八）との決議を行なう中で、合同は難航した。その後一二月一四日には労大党東京府支部連合会山花秀雄書記長らが八王子に出張し両支部合同を実現したが、全大党支部長清水はこの協議に欠席し、旧全大党支部は分裂した[23]。そして反対派の清水らは支部を脱退していった。この左翼「無産」政治勢力再編は、次のような形で自由労働者にも影響を及ぼした。

> 八王子市内の失業救済事業労働者を中心に旧社民八南支部の後援で三多摩自由労働組合を結成すべく同組合設立準備会代表中木谷《ママ》組合長ら五氏は十五日城所八王子市長を訪問諒解を求めた（『東日』三一・一二・一六。傍線は中村）
>
> 八王子における旧大衆系の三多摩一般労働組合では副組合長中木屋鉱一君が今回設立された旧社民系三多摩自由労働組合に走るや十八日夜市内元横山町旧大衆党事務所で執行委員会を開き中木屋君を除名するとともに自由労働組合と徹底的に闘争することに決定（『東日』三一・一二・二〇）

すなわち全大党系の三多摩一般労働組合に属していた仲木屋鉱一が社民党系に鞍替えし、新たに三多摩自由労働組合を結成したのである。この変動は、右に見た左翼「無産」政治勢力再編の文脈で見れば、再編をリードした社民党系が、仲木屋及び彼と行動を共にする自由労働者を全大党系列下から自陣営に取り込むことに成功したものといえよう。それは換言すれば、先に本節3で見たように全大党の系列下にありつつも一定の自立性を有していた自由労働者たちが、左翼「無産」政治勢力再編の過程で分裂し弱体化しつつある全大党支部に見切りをつけ、新たに社民党支部との提携を選んだ結果ということができよう。

かくて成立した三多摩自由労働組合とこれと結んだ旧社民党系主導の労大党支部は、その後市内で活発に活動を行なった。仲木屋組合長と労大党森田市議は、しばしば自由労働者を率いて市役所や東京府の土木出張所への集団陳情を行ない、失業救済事業の促進や就労方式の改善、また自由労働者の生活援助などを要求した（『東日』三二・一・七、『読売』同日、『東日』三二・三・二九、『読売』同日、『東日』三二・四・一〇、『読売』同日）。彼らの要求は、市当局が生活費貸与は拒否しつつも就労方式の改善に関して一部要望を受け入れ府も善処を約束する事例や（『東日』三二・一・七、『読売』同日）、市による生活救済は拒否されたものの「市長個人で白米三俵を寄付して一時を救済する」という結果を得、「同日殺到した者の中生活窮迫の百三十八名に対し各一升」が配給された（『東日』三二・四・一〇）事例に見られるように、一定の成果を引き出していた。

さて一九三二年七月二四日には中央でかねて合同協議を進めていた労大党と社民党が合同し、社会大衆党（以下、社大党と略記）が成立した。これを受け八王子市でも労大党支部が社民党系労働組合・農民組合と合同を進めた（『東日』三二・七・三〇、『読売』三二・八・二五）。九月七日には社大党八王子三多摩支部結成大会が行なわれ、森田喜一郎が支部長に、仲木屋鉱一が宣伝部長・常任執行委員に就任した（『東日』三二・九・八）。かくして八王子市の左翼「無産」政治勢力は社大党八王子三多摩支部へと結集が進み、その中で仲木屋率いる三多摩自由労働組合は重要な位置を占めるに至ったのである。

第二節　都市計画失業事業の進展と「無産」政治勢力をめぐる変動

1　八王子市における失業応急事業・都市計画事業の進展

一九三二年には、先に見た市の財政負担を抑えつつ都市計画事業を進めようとする八王子市当局の方針を後押しする情勢が現れた。同年八月の第六三議会で高橋財政下の追加予算として失業応急事業費国庫補助四〇〇〇万円の支出が認められ、各地都市の失業応急事業助成が可能となると、八王子市にも労力費の二分の一額にあたる三万一〇〇〇円の国庫補助が割り当てられたのである。(25)これを受け市では、右の補助を前提に残りの労力費と工事費を起債し、①都市計画路線新設道路工事、②道路側溝工事、③市内第一尋常小学校鉄筋コンクリート三階建て校舎建築工事の三種類、総額一六万八一五〇円、延使用人数三万九九二五人の失業応急事業を計画した。この計画はその後市会を通過し内務省に申請されたが、「救済事業の目的が主として道路河川改修工事により失業労働者を救済せんとするものであるに対し八市は第一小学校改築七万三千円を加へて申請した結果、学校改築は企業の目的に添はぬ」(『読売』三二・一一・二〇)との社会局の認識に突き当たり認可が遅れた。しかし市長以下市吏員が連日にわたり府と内務省を訪問し窮状を訴えた結果、最終的に当初の事業計画通りに認可がなされた。市当局は、失業応急事業の実施が急務とされる市の社会状況を利用し、小学校改築等の異質な事業をも抱き合わせて市の負担を抑える形での都市計画事業―失業応急事業を実施することに成功したといえよう。

またこの失業応急事業が決定をみた三二年後半には、区画整理事業についても進展がみられた。すなわち同年七月市内千人町、台町の区画整理組合が相次いで府の設立認可を受け、秋からの着工に向け準備を開始した（『読売』

三二・七・九、一七、三〇）。また先の失業応急事業のうち①の道路工事が主にこの区画整理区域内の道路新設工事として計画された結果、この区域内の都市計画道路工事は、失業応急事業費と区画整理組合の負担で実施されることとなった[26]。三二年後半の八王子市では、失業応急事業と区画整理事業が連動し、市の負担を抑えた都市計画事業を推し進めたのである。

2　八王子市の都市計画事業の進展とその矛盾

ところで1で見た失業応急事業・区画整理事業との連動による八王子市の都市計画事業の進展は、たしかに同市の都市自治体としての利益に資するものであった。しかしこの都市計画事業推進の方式は、市内部に新たな問題を惹起した。

第一の問題は、千人町、台町の区画整理事業着工に伴い生起した小作人の反対による失業応急事業・都市計画事業の停滞である。事業が着工された両町は先に見たごとく、市内市街地周縁部の耕地の宅地化が始まりつつある地域であった。三二年一〇月末、この両町の区画整理事業が着工を迎えると、町内で農業を営む小作人たちが代地や補償料を要求して反対の声をあげた（『読売』三二・一〇・二七）。彼らはさらに社大党支部系農民組合である「全農八王子支部の支援の下」に市当局や区画整理組合と補償交渉を行ない、その間事業は停滞した（『東日』三二・一一・五、同三三・四・二五）。耕地の宅地化をはかる区画整理事業が小作人の反対により停滞する事態は一九二〇年代以来各地で見られたが[27]、八王子市の場合、先に見た通りこの区域の区画整理事業と失業応急事業が連動していたために、区画整理事業の停滞が失業応急事業の停滞に直結する点が特徴的であった。こうした状況の中で、「万一工事が遅れる場合には失業救済事業としての認可を取消される心配があると市土木課では気を病んでゐる」（『社会』三三・四・一九）とされた。すなわち市の財政負担軽減のために区画整理事業と結びつけたことが、却って

「八王子市の失業救済都市計画路線工事の悩み」（『社会』三三・五・五）を生んだのである。

第二の問題は、各種失業応急事業との結合による都市計画事業推進の帰結としての自由労働者堆積の問題である。八王子市周辺では三二年には内務省直轄国道舗装工事、東京府府道改修工事のほか、年末には市の失業応急事業も着工し、「本年冬期から明春は失業者皆無の見込みである」（『読売』三二・一二・二七）とされた。しかしこの各種事業の実施は、かえって「八王子紹介所登録者の如きは繰越工事完成と同時に又復応急救済の起業あるを予定し永年の居住を夢み」（『読売』三三・四・二七）という自由労働者の定住志向を生み、また市職業紹介所主任が「失業者は農村からドン〳〵市に流れ込んで来、増加の一方です」（『東日』三三・五・一七）と述べる就労希望者の流入を招いた。そして三二年着工事業が三三年夏にかけ竣工が近づく中で、「市の失業救済事業が八月完了する頃は五百廿余名の労働者はどこへ行くか」（『東日』同右）が問題化しつつあった。すなわち各種失業応急事業との結合による都市計画事業の推進は、市内への就労希望者の堆積という逆説的な状況を招き、事業が漸次竣工に向かう中で彼らの存在が問題化するという事態を生んだのである。

第三の問題は、第一、第二の問題から生じる矛盾としての小作人と自由労働者の利害対立である。先に見たように三三年には各種事業が漸次竣工を迎えたが、「この歓喜さるべき完成は八市失救事業諸工事の終了と共にその裏面に幾多の失業者が再び街頭に放り出されるといふ悲哀と重大問題が残され」（『東日』三三・五・一七）るものであり、「八市職業紹介所登録の失業救済事業執《ママ》労者は諸工事竣工による工事個所の漸減から前途に不安を感じ」ていた（『読売』三三・七・五）。こうした状況の中では、自由労働者にとり市内で継続中の失業応急事業の重要性は相対的に高まるが、その一つ千人町・台町の区画整理区域内の都市計画道路工事は、先に見た通り小作人の反対に遭い停滞していた。そして小作人・全農八王子支部と地主・区画整理組合の交渉は、「このまゝ長びく時は都市計画上にも大支障をきたすので市土木課と組合側では万一の場合は土地収用法によつて解決するに肚をきめた」（『東日』三三・五・一八）と報じられる程縺れていた。こうした状況は、「万一決裂の場合は工事上大なる齟齬を来し勤労人夫四五十名の失業を見ることになる」（『読売』三三・七・九）というように、直接に自由労働者の「失業」と結びついた。すなわち八王子市の左翼「無産」政治勢力に属する小作人・農民組合と自由労働者の利害は、八王子市の都市計画事業との関わりの中で、直接に対立するものとなったのである。

失業応急事業・区画整理事業との連動による八王子市の都市計画事業の進展は、都市社会に新たな問題や矛盾を惹起し、従来の都市自治体と「無産」政治勢力の対立ばかりでなく、「無産」政治勢力に属する人々の間の対立をも先鋭化させたのである。

3　八王子市「無産」政治勢力をめぐる変動

以上のように八王子市においてその都市計画事業の進め方に伴う諸問題が浮上する中で、一九三三年には同市の「無産」政治勢力のあり方に大きな変動が生じた。

その兆しは、同年五月一日に社大党系の左翼「無産」政治勢力が行なったメーデー記念演説会において現れた。一つは、左翼「無産」政治勢力に対抗する右翼「無産」政治勢力の活性化である。演説会は「野口幹一派の右傾愛国青年同盟員の示威運動に妨害され遂に同九時半解散の已むなきに至つた」（『読売』三三・五・三）が、妨害を主導した野口幹は、第一章で見た通り一九二九年に右翼「無産」政治勢力日本国民党三多摩支部を結成した人物であった。野口はその後同支部を解体し新たに「大日本生産党一市三多摩支部を設け」（『東日』三二・一・二三）、満州事変に関する所謂リットン報告書に対して、「国際聯盟を脱退しろリツトン報告書を紙屑籠に捨てろのスローガン数万枚を配布」（『読売』三二・一〇・七）する等の活動を行なっていた。さらに野口は三二年一二月一日には国家主義団体愛国青年同盟を結成し、①「神武建国ノ精神ニ恢《ママ》弘シ」「国利民福ヲ図リ東洋民族ノ指導ヲ期ス」、②「中央及地方ニ浸潤セル政党ノ党弊ヲ打破シ」「国家国民ヲ本位トスル政治ノ実現ヲ期ス」、③「国家主義ニ基キ産業ノ発達統制ヲ図リ新産業主義ヲ樹立シ国力ノ海外発展ヲ期ス」、という三点を綱領としていた[28]。以上の野口らの活動や愛国青年同盟の綱領に鑑みれば、彼らの「愛国」の主張とは、「国利民福」追求を標榜する立場からの内外における〝阻害要因〟（国内的には既成政党・対外的には国際連盟的世界秩序）打破の主張であり、それによって「国家主義」に基づく「新産業主義」による「国力ノ海外発展」といった、国家を単位とする全体利益の拡大を企図するものであったといえよう。この愛国青年同盟は、翌三三年二月には市内で「建国祭大演説会」を開き、「国際聯盟を脱退し亜細亜聯盟を樹立せよ」等を主張することを計画した（『東日』三三・二・九）。また社大党が国際連盟脱退反対の声明を発表すると、「愛国青年同盟八王子支部では右声明に対して極度に憤慨一市三多摩社大党支部に本部は兎に角支部は右脱退に如何なる意向を有するやの回答を求める」（『読売』三三・二・二五）等社大党への反発を強めていた。野口らは、その「愛国」の主張を社会に向けて訴える契機を、満州事変後の国際社会＝国際連盟の日本に対する取扱いの「不当性」問題に見出し活動を活発化すると共に、この問題への対応をめぐり左翼「無産」政治勢力社大党八王子支部への対決姿勢を強めていたのである。

もう一つは、左翼「無産」政治勢力内部の混乱である。先に見たメーデー記念演説会については、「八市無産派の主体たる社大党森田支部長の病気臥床に端を発し幹部の勢力争ひに次ぎ仲木屋鉱一一派の自由労働同盟の分裂等混乱状態」が露呈し、「全無産派の分裂延いては解散の危機に直面するに至つた」とも報じられていた（『読売』三三・五・三）。このうち三多摩自由労働組合では「組合長中木屋鉱一氏以下の最高幹部五六名」が組合員をだしぬき、市内で実施されている失業応急事業工事の「顔付」となって、「一般組合員が三日に一日の割でなくては就労出来ぬのを毎日出て働いてゐること」が労働者たちの不満を買い、「全く会内の統一を失ひ解散同様の悲運に陥つて」いると報じられていた（『社会』三三・五・三）。先に見たように当該期の八王子市の自由労働者をめぐる状況が困難を増す中で、三多摩自由労働組合の内部にも亀裂が生じつつあったのである。

かかる状況を前提に三三年八月、八王子の「無産」政治勢力全体に関わる大きな変動が生起する。同月一日三多摩自由労働組合長仲木屋鉱一が声明書を発表し、組合員多数と共に社大党八王子支部を脱退、「今後は大日本主義的立場から労働者の生活擁護に邁進したい」(『社会』三三・八・七)として、同八日新たに愛国勤労組合を結成したのである。この仲木屋らの動きは、「国際関係と五・一五事件の刺激」(『社会』三三・八・四)、「五・一五事件の刺激により組合員三百余名を引具し右翼に転向」(『読売』三三・八・三)というように、五・一五事件等に触発された「転向」と報じられた。たしかに彼らは声明書で「党利党略にのみ狂奔する既成政党」や「国民大衆の膏血をしぼつて寄生する財閥、特権階級」が「政治をろう断」する中での労働大衆の生活苦に対し、「無産陣営は如何に、その無力は国民大衆の前に暴露されて来たではないか」と指摘し、その理由を「日本の民族の伝統と独自性とを無視した戦略のづさん《ママ》」、「観念主義、公式主義」の所産であるとして、「さんとして輝く建国二千年の歴史、世界に冠たる一君万民の栄誉、吾人はこの優秀なる民族性の上に立ちて敢然として愛国運動を決行せねばならぬ、昭和維新の実現を期して右声明す」(『社会』三三・八・七)と述べており、その論理や表現を見る限り「転向」報道は首肯し得る。その中でも彼らが既成政党や財閥、特権階級によって強いられた「労働大衆の生活苦」打開の方策として「愛国運動」に乗り出すに際して、その基礎となる「優秀なる民族性」の属性として「一君万民の栄誉」を挙げている点は注目される。このことと、彼らが「反資本主義闘争は依然断乎として継続する」(『社会』三三・八・四)という方針を掲げていることを合わせ考えると、彼らが「愛国」という観念に、先に見た野口らの国家を単位とする全体利益の拡大――「新産業主義」による「国力の海外発展」――とは異なる、いわば「一君万民」的理念に基づく国民個々の利益実現の意味を見出していることがうかがえよう。とはいえこの「無産陣営」の「無力」認識に基づく「愛国運動」への「転向」を、本章で見てきた八王子市の具体的状況の文脈に即して考えた場合、そこには

「五・一五事件の刺激」等の大状況のみに還元されない意味もあるように思われる。

まず「無産陣営」の「無力」認識について。仲木屋らは社大党支部脱退に際し、その理由として、同支部が「労働者の生活改善並に擁護に対して積極的闘争を放棄してゐる」、「かかる政治結社に対して真の労働者生活擁護国利増進を期待することは出来ぬ」とした上で、「国粋主義的立場から労働者の利益擁護につとめる」と所信を述べていた（『社会』三三・八・四）。これに対し社大党支部側では、「愛国勤労組合が策動してゐると見られる請負制度は労働者を請負業者の酷使にさらすもので真に労働者の利益を代表するもの、なすべき行為でないと絶対反対」（『東日』三三・八・三〇）として、愛国勤労組合を自由労働者の利益を損なう団体と位置づけていた。しかし愛国勤労組合は実際には、「転向最初の陳情」と報じられた九月五日の市長との会見で「労働者教育のための夜学校設置」等と共に「区画整理工事市直営のこと」を要求しており（『東日』三三・九・六）、その後も「請負は業者に中間搾取をさせることであるから「直営とする様懇願」（『東日』三三・一〇・一）する等直営工事を求めていた。同組合はまた、「失業労働者の素質向上と相互扶助」を目的に市内千人町の一角に自由労働者家族を集め「この中に託児所を設け昼間夫は就労に、妻は靴下ほぐし等の共同内職に、夜は一堂に集まつて労働教育をする、物を買ふにもまた購買組合式にやろうといふあくまで部落主義の理想の楽園」を作る計画を表明していた（『東日』三三・九・二八）。以上の社大党脱退時の所信や愛国勤労組合の活動をふまえた場合、仲木屋らのいう「無産陣営」の「無力」とは、自由労働者の具体的な生活擁護、生活改善の観点に基づく、社大党支部への評価と考えられよう。

この点は「愛国運動」への「転向」の意味とも関連する。八月八日には愛国勤労組合の結成式が挙行されたが、「午後三時半友党愛国青年党主野口幹氏に迎へられて軍部の高山中将副官を従へ来着すれば式は君が代合唱にはじまり新組合長中木屋鉱一君転向経過報告をなし」（『東日』三三・八・九。傍線は中村）との報道に見られるように、仲木屋らは愛国勤労組合結成に当たり、左翼「無産」政治勢力に対抗し台頭した野口幹ら右翼「無産」政治勢力と結びついた。

では仲木屋らは何故野口らと結びついたのか。その理由の一端は、次に見る出来事から垣間見える。同じ八月、八王子市都市計画道路の重要箇所の工事が一名の地主の反対で停滞した。区画整理組合や市当局の交渉要請に対し、八王子市に隣接する由井村在住の地主は、「そのまゝにしておくことは由井村当局の村内全道路の改修促進になることだ」と交渉に応じず工事は停滞、その結果「仕事を取上げられた就労人夫がいきり立ち」、仲木屋が談判に乗り出すという事態が見られた（『東日』三三・八・一九）。先に見たように八王子市の自由労働者たちは、就労希望者堆積の一方で失業応急事業が漸次竣工する中で、前途に不安を覚えていた。特に三三年八月という時期は、八王子市の失業応急事業完了が見込まれていた時期であった（『東日』三三・五・一七）。就労者たちの苛立ちの背景には、当時の八王子市の自由労働者をめぐるこうした具体的な問題状況があったと考えられる。しかしこの地主の反対は程なく「解決」し工事は再開される。あくまで交渉を拒否した地主に対し、「愛国青年同盟では市民大会開催まで画する」に至る中で、地主は「遂に八王子署に保護願ひを提出したので井熊署長が調停に乗り出し」、八月二九日に交渉が成立、「一日三十名延べ二千人からの失業者が救はれる」ことになった（『東日』三三・八・三〇）。自由労働者たちが苛立った工事停滞は、この問題に野口率いる愛国青年同盟が介入し、地主が警察に保護を願い出る程に身の危険を感じる中で「解決」したのである。当時社大党支部で活動していた三浦八郎は、「区画整理事業にともなう所有権の移転で、いろいろなトラブルが起きるんです。トラブルが起きると、必ず野口幹が出てきた」とした上で、剣術指南をしていた野口は「抜刀して来るんだよ。こっちは対抗上、木刀持って行くんだ」と証言している[29]。そして野口らのこうした行動は、「強欲地主共の集団、区画整理組合は、都市計画と失業救済事業の美名の下に公益の利刀を振りかざして、生産党、神武会、愛国青年同盟のゴロツキ共をお先棒に耕地取上げの鋭鋒を向けて来た[30]」との記述に見られるように、区画整理組合との提携の中で行なわれていた。野口らは、第一章で見たように当初「暴力団にも等しい右傾団体」と見なされ、市内で支持を広げ得なかった。しかし彼らは依然「暴力団にも等しい」とされても不思議のない行動様式を示しつつも、今や市内有力者からなる区画整理組合と提携し、「公益」をも標榜し得る立場を得ていた。この間の八王子市では、前節で見たごとく都市計画事業の進展に伴い社会内部に様々な問題が生起し、その結果事業実施が遅れ、失業救済事業の認可取消などが懸念されていた。その「愛国」の主張において、国家を単位とする全体利益の追求をはかる立場から内外における〝阻害要因〟打破を掲げていた野口らは、自治体レベルにおいても八王子市の全体利益追求（都市計画事業の推進）の立場から市内外の〝阻害要因〟（市内小作人の反対・市外地主の反対等）の打破をはかり、端的な問題「解決」を提示することで、市内有力者層からも一定の認知を得、「公益」をも標榜するに至ったといえよう[31]。これに対し、先にも見た通り社大党系の農民組合は区画整理に反対する小作人を支援していた。満州事変以降の国際問題を契機に「愛国」の主張を押し出し、同時に社大党への対決姿勢を強めていた野口らにとって、こうした社大党勢力の姿勢は、国家レベルのみならず自治体レベルにおいても全体利益追求の〝阻害要因〟として捉えられ、彼らと対決しつつ都市社会内部の問題「解決」をはかることは、「愛国」の実践の一環としての意味をも帯びたと考えられる。

以上の八王子市の区画整理・都市計画事業をめぐる左右の「無産」政治勢力の対立構図を、前節に見た小作人と自由労働者の利害対立に重ね合わせれば、いかなる「解決」であれ事業を推進する右翼「無産」政治勢力と、それを停滞させる左翼「無産」政治勢力の、いずれが自由労働者が直面する失業の不安という問題の解決に寄与するかは明白である。仲木屋ら自由労働者の「愛国運動」への「転向」の理由は、当該期八王子市の区画整理事業などの具体的な局面において、彼らが直面する生活上の問題の解決に寄与するのが、社大党八王子支部よりも「愛国」を掲げる野口ら愛国青年同盟であると判断した結果と考えられる。ただしその一方で、「三多摩自由労働組合を再建し勤労組合に徹底的対抗の方針を取るに決し」た社大党支部が、その争点として「勤労組合幹部のみで占めてゐる形の顔付」を問題としたこと（『社会』三三・九・七）も見落とせない。自由労働者の組合内部にかかる矛盾が存すればこそ、仲木屋ら指導層にとり組合員が従事し得る事業の推進・拡大は一層不可欠であったといえる。すなわち「無産陣営」の「無力」認識に基づく仲木屋らの「愛国運動」への「転向」は、当該期の八王子市において自由労働者の生活擁護、生活改善を、矛盾を含みこみつつ追求した帰結として捉え得るのである。

その際彼らにとって「愛国」とは、「一君万民」的理念に基づく国民個々の利益実現の意味を有する観念であり、より具体的には一九三三年夏の八王子市において彼ら自由労働者の利益を実現する、自治体の全体利益追求の立場から市内外の〝阻害要因〟打破をはかり、その一環として社大党＝左翼「無産」政治勢力とも対決しつつ問題を「解決」し、都市計画事業を推進する方向性の謂であったといえよう。かかるものとして選択された「愛国」であったが故に、後に市内外に打破の対象となる〝阻害要因〟が見当たらなくなり、こうした方法では問題が「解決」し得ず、「日雇ひ業者は隔日又は三四日おきの就業」となり自由労働者の生活擁護すなわち個々への利益還元が叶わなくなると、「再び日雇側は愛国勤労組合を脱し左翼派指導下に走らんとするもの続出」（『読売』三四・一・一一）し、最終的に仲木屋らも野口らと「同盟関係の一切を清算、近く独立する事となつた」（『読売』三四・六・一四）のである。

それでは以上に見た仲木屋らの「転向」は、社大党支部、愛国青年同盟双方にとりいかなる意味を持ったのか。当時の社大党支部は、「党員は約六百名主な支持団体としては武相織維労働組合（六十名）労働総同盟加工分会（八十名）全国農民組合（四十五名）借家人同盟（四十名）に今回脱退に決した三多摩自由労働組合（二百）等」であり、三多摩自由労働組合は「同党支部の最大支持団体」と報じられていた（『社会』三三・八・四）。したがって社大党支部にとり仲木屋らの離反は、最大支持団体の喪失を意味し、大きな打撃であった。この点に関連しては、次のような報道がなされていた。

政民両派は早くも転向した自由労働組合員三百余名の獲得運動を開始し日を逐ふて争奪激烈化すべく見られ両派互角の勢力を以て対峙改選に臨む関係上右三百余名の向背は或る程度まで勝敗の鍵を握るに至るべく(『読売』三三・八・三)

すなわち社大党支部を離反した自由労働者集団に対しては、政友、民政両派が「獲得運動」を開始しており、その理由はこの年一一月に予定されていた市会「改選」へのこの集団の向背を見据えたものであった。とはいえ先に見たように、この自由労働者たちはその後愛国勤労組合を結成し、愛国青年同盟と結びつく。その結果、「愛国勤労組合では十七日夜子安町中木屋で選挙対策委員会を開いた結果候補者として野口幹氏を擁立することに決定」(『社会』三三・一〇・二〇)した。そして実際野口は市会選挙に中立候補として立候補し、票田となるべき地元の「千人町の有志が小市民的根性で野口氏を暗に排斥してゐる」と陣営の選挙事務長が憤慨する(『読売』三三・一〇・三〇)中でも、二七〇票を獲得し、三六人中一一位の上位当選を果たした。またこの選挙には、社大党支部からは森田喜一郎と三浦八郎が立候補し、それぞれ二二四票、一七八票を獲得、三六人中一四位、三一位で当選した。社大党八王子支部は、得票率では四・七%と前回一九二九年の市会選挙における当時の社民党支部の得票率五・三%を下回ったが、両候補に得票を分散して議席を一つ増やしたのである。[32] この結果については、「社大党は森田喜一郎・三浦八郎の両氏愛国派は野口幹氏で無産派としては全部当選したわけで大成功と見られている」(『社会』三三・一一・八)と報じられていた。かくて一九三三年夏の八王子市の「無産」政治勢力の変動は、同年市会選挙での左右両「無産」政治勢力の市会進出に帰着したのである。

おわりに

以上、本章では昭和恐慌期の東京府八王子市における「無産」政治勢力とその周辺の人々の活動について、同市の都市計画事業の展開が地域にもたらした変化との関連に留意し考察を行なった。最後に本章の議論から抽出される論点を整理しむすびにかえたい。

本章ではまず、「大東京」形成へと向かう動きの影響、その圏内で台頭する立川町との関係の中で、自己確立をはかる八王子市が都市計画を企図し、都市計画事業を社会政策としての失業救済事業と結びつけ起動させる中で、その実施の現場で事業主体である都市自治体との対立を先鋭化させた自由労働者が活性化し、彼らが「無産」政治勢力と結び失業救済事業や生活援助を要求する活動を展開することで、市当局から一定の対応を引き出す状況を明らかにした。本章ではこの状況を、八王子市という都市自治体における自由労働者の制度外的な「主体」化の局面と理解するが、この状況は、男子普選制の存在を背景に、自治体の失業救済事業を「自分達の人気」に関わるものとして認める市会、また「労働、農民階級」の「地盤」化が困難な八王子市で支持基盤の拡大をめざして自由労働者の要求を媒介した左翼「無産」政治勢力の動向等によって可能となっていた。

本章では続いて、右の過程で都市自治体は受動的であったばかりではなく、それ自身が人々の動向をいわば「口実」として上位の公共団体に陳情を行ない自治体の利益を追求していたことを明らかにした。またかかる自治体の動向により推進された失業救済（応急）事業・都市計画事業は、都市社会に新たな問題や矛盾を惹起し、社会内部の対立を先鋭化させ、この過程で「愛国」を掲げる右翼「無産」政治勢力が八王子市の全体利益追求の立場から市内外の〝阻害要因〟打破をはかり、問題の端的な「解決」を提示しつつ台頭すると、自由労働者の「愛国運動」への「転向」が生じ、それが「無産」政治勢力の都市自治体への制度的参加のあり方にも影響したことを明らかにした。人々の制度外的な「主体」化は、都市に一方的に働きかけるのみでなく、それを受けとめる都市自治体自身の動向を加味して推進される都市社会内部の対立の先鋭化などの変化によって逆に影響を受け、またその結果が都市自治体への制度的参加のあり方にも影響していたといえよう。一九三三年夏の八王子市の自由労働者にとっての「愛国」とは、そこに見出される「一君万民」的理念に基づく国民個々の利益実現の意味を、都市社会内部の対立の先鋭化の中で、自治体の全体利益追求の立場から左翼「無産」政治勢力と対決しつつ問題「解決」をはかることによって満たす方向性として支持されたものであり、それ故この「解決」が行き詰まり、自由労働者の生活擁護――個々の利益実現が叶わなくなると、そこからの離反＝「再転向」を生むものであった。

本章では、「無産」政治勢力の都市自治体レベルでの参加の度合いに専ら焦点を合わせ都市における「デモクラシーと地域」を捉えた従来の研究に対し、「デモクラシー」の制度的な現れとしての男子普選による政治参加に収斂する前段階の社会過程の重要性を示した。すなわち本章では、都市間関係に規定され変化する都市の社会領域において、男子普選制を背景に、人々が自らの生活上あるいは政治上の利益を追求する――人々が社会領域において「デモクラシー」の社会的な現れとしての平等化、同質化の志向に基づき活動する――中で、従来の政治社会秩序からは疎外されがちな人々もが制度外的に「主体」化する一方で、彼らの動向を受けた都市自治体により推進される都市の変化が、社会における人々の関係にも変動をもたらし、その帰結として左右の「無産」政治勢力の都市自治体への制度的参加がなされるという、動態的な社会過程及び政治過程こそ、都市における「デモクラシーと地域」のありようの一側面であると考える。次章では、この動態的な社会過程及び政治過程を、その渦中の主体の側から捉え返してみたい。

◆註

（1）加藤千香子「都市化と「大正デモクラシー」」、大岡聡「戦間期都市の地域と政治――東京「下町」を事例にして」。また両報告に対するコメント外村大「戦間期都市の政治状況をいかに見るべきか」（以上、『日本史研究』四六四号、二〇〇一年）も参照。

（2）加藤氏は、前掲註（1）論文発表後、川崎市の政治状況に関する分析をさらに深めた「一九一〇～三〇年代川崎における政治状況の変容過程」（大石嘉一郎・金澤史男編『近代日本都市史研究』日本経済評論社、二〇〇三年所収）を発表している。そこでは前掲註（1）論文に比し「無産」政治勢力及び下層労働者や在日朝鮮人の動向が詳しく取り扱われているが、彼らが取り結ぶ関係をそれぞれの論理に即して内在的に考察することは必ずしも行なわれていない。

（3）「都市計画法適用指定方ノ意見書」（『八王子市議会史』資料編Ⅰ　八王子市議会、一九八八年）七七五～七七六頁。なお八王子市が都市計画法適用申請を行なうに至るまでの経緯については、『新八王子市史』通史編5近現代（上）（八王子市、二〇一六年）第四章一（梅田定宏氏執筆部分）を参照。

（4）『八王子市議会史』年表編（八王子市議会、一九八八年）一七五頁。

（5）梅田定宏「八王子・立川の発展と戦前の都市計画」（多摩の交通と都市形成史研究会編『多摩　鉄道とまちづくりのあゆみⅠ』古今書院、一九九五年）五一頁。

（6）浜口内閣期の失業救済事業拡大の政策的意味については、金澤史男「預金部地方資金と地方財政（二）」（『社会科学研究』三七巻六号、一九八六年）八四～九二頁参照。またこの失業救済事業の制度、事業規模と構成、就労実態などの具体的内容については、加瀬和俊『戦前日本の失業対策――救済型公共土木事業の史的分析』（日本経済評論社、一九九八年）参照。

（7）『東京府史』行政篇　第四巻（東京府、一九三六年）一三六頁。

（8）都市の開発・整備事業と失業救済事業の結びつきの意義については、持田信樹『都市財政の研究』（東京大学出版会、一九九三年）一五四～一五七頁の指摘を参照。

（9）当該期の小宮村の状態については、前掲註（5）論文、五五～六〇頁。

（10）八王子市内各町の総戸数に占める平均農業戸数三・五％に対して、台町は一四・五％、千人町は一九・六％、元本郷町は一一・五％、子安町は五・八％、明神町は三・二％であった。各数値は、『八王子』（八王子市役所、一九三三年）一八～二〇頁より算出した。

(11) 岩見良太郎『土地区画整理の研究』(自治体研究社、一九七八年)二二頁参照。

(12) 補助事業とは、一九二九年一〇月三日内務、大蔵両次官名の各地方長官宛通牒「失業防止並救済ノ為ノ事業調節ニ関スル件」により可能となったもので、地方公共団体が失業救済の為に新規事業を起工する場合、政府が事業に必要な起債を許可しこれに低利資金を融通するのみならず、労力費と労働手帳作成費用の二分の一を補助する事業方式である(『昭和十一年度失業応急事業概要』厚生省職業部、一九三八年、四〜五頁)。

(13) 当該期の在日朝鮮人に関する基礎的な事実については、外村大『在日朝鮮人社会の歴史学的研究』(緑蔭書房、二〇〇四年)を参照。

(14) 「資料　朴尚僖『東京朝鮮人諸団体歴訪記』」一一二〜一一六頁(『在日朝鮮人史研究』第五号、一九七九年所収)。

(15) 前掲註(12)の通牒以降、失業救済事業に就労するためには、その地域の職業紹介所に登録申請を行ない、職業紹介所の審査を経て困窮者と認定され、労働手帳を交付されることが必要となっていた。この点については前掲註(6)加瀬書、第八章参照。

(16) 「急告」三多摩一般労働組合全国大衆党支部内(法政大学大原社会問題研究所所蔵。請求記号政党16-34)。

(17) 『全国大衆新聞』第三二号、一九三一年六月二〇日。なお仲木屋鉱一は一九〇九年生まれ。一九三〇年に八王子市職業紹介所の失業登録者となった(中木屋健三氏所蔵「経歴書」)。名字の表記は、戸籍上は「中木屋」だが、鉱一自身は「仲木屋」と表記していたので、本章もこれにならった。

(18) 七月二七日付八王子支部発府連宛書簡及び別紙「抗議文要旨」(法政大学大原社会問題研究所所蔵。請求記号政党17-29)。

(19) 七月一五日付全国大衆党八王子支部発組織部長浅沼稲次郎宛報告(法政大学大原社会問題研究所所蔵。請求記号政党17-29)。

(20) 『全国労農大衆新聞』第三三号、一九三二年八月三日。

(21) 当該期の区画整理事業に関しては、前掲註(8)書、四章、沼尻晃伸『工場立地と都市計画』(東京大学出版会、二〇〇二年)第二章など参照。

(22) 東京自治研究センター編『多摩民衆運動に生きて――証言・三浦八郎』(三一書房、一九八四年)七一〜七三頁。

(23) 中村高一『三多摩社会運動史』(都政研究会、一九六六年)四六頁。

(24) 前掲註(12)『昭和十一年度失業応急事業概要』一一〜一二頁。また一九三二年に失業「救済」事業が失業「応急」事業と名称を変更した経緯については、同書八〜九頁。

(25)「第六回八王子市会々議録」昭和七年一〇月一三日（八王子市議会所蔵）。以下の事業内訳も同じ出典。

(26) 同右及び「第八回八王子市会々議録」昭和七年一二月八日（八王子市議会所蔵）。

(27) 前掲註（11）書、一一五～一二七頁、前掲註（21）沼尻書、五〇～六一頁など参照。

(28)『国家主義乃至国家社会主義団体輯覧　増補改訂版（上）』（復刻版。東洋文化社、一九七四年）一五～一六頁。

(29) 前掲註（22）書、八八～八九頁。

(30)『土地と自由』第一一四号、一九三三年八月一〇日。

(31) その「愛国」の主張において国家を単位とする全体利益の追求をはかる立場から内外における〝阻害要因〟打破を志向し、自治体レベルでもその全体利益追求の立場から市内外の〝阻害要因〟打破をはかる愛国青年同盟の動向は、かつて小関素明氏が明らかにした京都市における国家主義的反既成政党勢力明倫会の事例（小関素明「一九三〇年代における「反既成政党勢力」の消長に関する一考察――京都市における明倫会と社会大衆党を事例に」『日本史研究』三〇四号、一九八七年）を想起させる。しかし明倫会が地方自治体内部に下降しつつあった官僚行政の影響力拡大を前提にそれを積極的に推進することで「都市の利益」をはかり、既成政党に敵対し勢力拡大をはかったのに対して、愛国青年同盟の場合には、自治体に下降してきた行政施策（具体的には失業応急事業等）が新たに惹起する社会内部の対立を前提に、自治体の全体利益追求の立場からこうした対立の「解決」を担うことで、綱領には既成政党打破を掲げつつも実際には同市の既成政党勢力の担い手である市内有力者層と提携し政治的浮上を果たしている点が異なっている。住友陽文氏は、三〇年代初頭の農村において開発の進展を正当性として挙村一致的に地域紛争を回避しようとする勢力が現れたことをつとに指摘している（住友陽文「昭和恐慌期の農村統合と地域秩序の変化」『ヒストリア』一二九号、一九九〇年）。むしろ野口ら愛国青年同盟は手法はより過激であるが、都市において同様の志向を有した勢力であるといえよう。

(32)『八王子市議会史』資料編Ⅱ（八王子市議会、一九八八年）一八一～一八三頁より算出。

第三章　「土木稼業人」の労働史――二〇世紀前期における仲木屋鉱一の軌跡

はじめに

本章は、一九三〇年代初頭の東京府八王子市において、失業救済事業に従事する自由労働者の運動のリーダーとして活躍した仲木屋鉱一（中木屋鉱一）[1]の半生を辿り、一四歳からの土木労働の経験、そして八王子市での社会運動の過程における様々な「無産」政治勢力との提携と離反を経て、一九三〇年代中期に彼が「土木稼業人」として自らを規定してゆくことの意味に、多少なりとも内在的にせまることを課題とする。

戦間期日本の労働運動に関しては、これまで多くの研究が蓄積されている。[2]これらの先行研究をふまえた場合、本章が考察の対象とする仲木屋鉱一ら土木建設業に従事した自由労働者の運動は、第一次大戦後における国家の労働政策転換とそれに契機づけられ独占的大経営、中小零細経営の労働者などが階層的に分化する中で、その底辺部分として分化した「不熟練労働者」の運動として位置づけられよう。[3]かかる「不熟練労働者」の運動は、一九二〇年代を通して独占的大経営の労働運動が企業別組合を組織し改良主義的な傾向を示してゆくのに対して、二〇年代後半以降異なる展開を示すことが知られている[4]。しかし、「一九二〇年代後半の労働運動は独占的大経営を迂回し、その外縁的周辺に位置する中小零細経営や在日朝鮮人などからなる単純不熟練労働者を中心として展開されていった。つまり、一九二〇年代後半は、一面で労働運動の外縁的ひろがりがみられたが、基幹部門では労働者の企業「社会」への吸収が進み、労働運動が周辺化を余儀なくされていった時代であった[5]」との総括に端的に示されるように、こうした労働者の動向は往々にして「労働運動の周辺化」の事例として処理されがちであり、それ自体考察の対象とはなり難かった[6]。しかし近年では、かかる土木建設業等の「不熟練労働」に従事した労働者に関する研究は急速に進展を見せており、その分析対象はこうした労働者たちの心性にまで及んでいる[7]。

さて筆者は本書第二章において、都市史研究の観点から昭和恐慌期の東京府八王子市の「無産」政治勢力と彼らと接点を有した人々の活動を検討する中で、当該期の八王子市における自由労働者の運動に注目し、彼らが複数の「無産」政治勢力と提携し離反する過程を、当該期の都市計画事業の展開との関連で検討した[8]。第二章では都市の政治と社会のいわば構造的な把握に力点を置き自由労働者の運動を扱ったが、この事例を労働者に即して、いわば主体の側から捉え返した場合には、従来の労働運動史や労働史では十分に考察されていない「不熟練労働者」の一端をなす自由労働者の具体的な意識に光を当てることができるように思われる[9]。それは序章で設定した本論文の視角との関連でいえば、当該期の八王子市の社会領域及び政治領域において、「デモクラシー」の社会的な現れとしての人々の平等化、同質化の志向に基づく活動を展開した一人の人物の内的論理を辿る意義をも有すると考える。

本章では以上の認識に基づいて、昭和恐慌期の八王子市において自由労働者の運動をリードした仲木屋鉱一という人物に焦点を合わせ考察を行なう。仲木屋については従来多摩の社会運動史の文脈でその存在は知られており、その「右傾化」、「転向」が批判的に語られていた[10]。しかし仲木屋及び彼をリーダーとした自由労働者たちを対象とした分析は、管見の限り従来必ずしも行なわれてこなかった[11]。これに対し筆者は前章の準備過程で、仲木屋鉱一の子息である中木屋健三氏から、仲木屋鉱一自筆の「経歴書」を拝見する機会を得た[12]。この「経歴書」により一九〇九年の誕生から一九四一年までの彼の半生の軌跡を知ることが可能となった。また同じ時期に、仲木屋が残した二つの著作、小説集『失業登録者の手記』(一九三二年刊行。以下、本章では『手記』と略記)と、前半が論文集、後半が小説集である『土木勤労読本　附土木小説集』(日本土木研究所、一九三六年刊行。以下、本章では『読本』と略記)を読む機会を得た。仲木屋が「文学青年」であったことについては従来も言及があるが[13]、その著作が分析の対象となったことは皆無であった。しかしこれらの著作の冒頭に付された序文や自序からは、仲木屋個人に関する様々な情報を引き出し得る。また著作の小説部分は、同時代の土木労働の社会の一端を鮮明に描くと同時に、前述の「経歴書」等からうかがえる仲木屋の経歴と照らし合わせると、土木労働の社会における仲木屋のその時々の状況認識を示す史料として読むことが可能である。また『読本』所載の論文は、一九三〇年代中期において「土木稼業人」としての自覚を強める仲木屋の同時代の土木事業及びそれに従事する労働者や土木事業を取り巻く状況に関する認識を率直に示す内容となっている。

本章では以上の仲木屋に関する従来未使用の史料の特質に鑑みて、特に彼の土木労働に関する認識と同時代の土木労働を取り巻く状況の関係の時間的変化に注目する。その際、先に触れた「経歴書」や、それ以外の複数の史料を用いて、仲木屋自身が誕生した一九〇〇年代頃からの土木労働を取り巻く状況や、その中での仲木屋鉱一の位置なども検討し、そこでの知見を前提として、彼の一九二〇～三〇年代の労働現場での経験の意味を考察する。仲木屋個人の土木労働に関する認識がうかがえるのが主に二〇～三〇年代であるにもかかわらず、本章が副題に「二〇世紀前期」という表現を用いるのは、以上のような視角に基づき一九〇〇年代から三〇年代までの時期を扱うという理由による。かかる視角から分析を行なうことで、近代日本の建設を文字通り基底において担った土木労働者の一人である仲木屋が労働運動に参加するに至る過程、また運動の中で直面した問題を、仲木屋鉱一個人の経験の文脈に即して、できる限り内在的に跡づけることを試みる。そしてこの作業を通じて、従来の研究ではあまり扱われることのなかった土木建設業に従事する労働者の観点から、当該期の労働と社会をめぐる問題を考える素材を提供したい。

なお本章での新聞史料の引用方法は、本書序章の「第四節　本書の方法と構成」に記した通りである。

第一節　「土工の子」として

仲木屋鉱一は、その著『土木勤労読本』の序文を次のような書き出しで始めている。

私は土工の子である。十四の春から土工になつた。土工を嫌つて十幾回かの家出の記録をもつてゐる（『読本』一八頁）

ここで仲木屋は自らの存在を第一義的に「土工の子」と規定している。それでは仲木屋が生まれ育った時代において、「土工」とはいかなる存在であったのか。以下ではまず仲木屋の経歴と当該期の社会における位置に即して、この点から考察を始めたい。

1　出生時の環境について

仲木屋鉱一は、一九〇九年（明治四二年）六月二四日、「山梨県東八代郡鈴倉金山」で生まれた（仲木屋鉱一「経歴書」。以下、「経歴書」と略記）。管見の限り「経歴書」に記された「山梨県東八代郡鈴倉金山」は確認し得なかったが、東八代郡に隣接する東山梨郡の玉宮村、松里村にまたがる地には金、銀、鉛などを産出する鈴庫鉱山《すずくらこうざん》が存在した[14]。農商務省の調査によればこの鉱山は一九〇八年より操業を始めた後は、「山元ニテ精錬スルコトナク鉱石ノ儘之レヲ販売」するようになり、翌〇九年一月までに精鉱三万三六五〇貫を得ていた[15]。すなわち仲木屋が生誕した地が「東八代郡」ではなく「東山梨郡」の〝すずくら〟鉱山であれば、当該期はまさにその鉱山の採掘期に該当する。

では仲木屋が自らの出生地を右のように記したことにはどのような意味があるのだろうか。仲木屋は先に見たごとく自らを「土工の子」と記していたが、その父について、次のようにも述べている。

> 請負師の親爺は、喧嘩が土佐犬みたいに強く、仕事の腕が上達してゐて、それでゐて正直一途ときてゐたから、手におえなかつた。
>
> 人道主義的正義感が、そこへ一枚加わつたから、上役とは衝突し、金儲の入口には、何度も立ちながら貧乏しなければならなかつた。（『読本』一八頁）

ここで仲木屋は父の職業を「請負師」と記している。自らも「請負師」の子であった大衆小説家長谷川伸（一八八八〜一九六三）は、戦後の回想記で次のように述べている。

> 土建屋と近ごろはいうそうですが、新コはそういう言葉を嫌って使いたがらない。新コが、かつていたことのあるその世界では、請負師と一ト口にいいはするものの、土木請負業と建築請負業とはちがいがあった[16]。

さらに長谷川は次のようにも述べている

> 鉄道敷設だトンネルだといった土木仕事では勿論、建築の仕事でも鳶職のやる地行ではすまない根切りの工事となると、親分子分の土工の手にかからないと出来ッこなかったから、新時代的なものが旧時代的なものを容れていたのが、後代よりもぐッとその時分は深かったようです[17]。

長谷川によれば、「請負師」とは、戦後の言葉で言えば「土建屋」と称されるような土木建設業の担い手であり、「親分子分」の人的関係に基づいて困難な土木事業を担う存在であるという。仲木屋鉱一の子息である中木屋健三氏は、鉱一の父について「トンネルを掘る職人」と聞いていたという。[18] 以上の事柄を総じて考えると、仲木屋鉱一の父は、「土工」といっても一般の労働者というよりは、一定の技術を有し労働者を率いて土木事業を担う「請負師」であり、仲木屋が自らの出生地を「鈴倉金山」と記したことは、彼の父がそのような存在として山梨県の鉱山で土木事業に従事している時期に鉱一の誕生をみたことを意味していると考えられよう。

2　明治末年の土木業の社会

それでは仲木屋が生まれた明治末において、土木業に従事する「土工」あるいは「請負師」とはいかなる存在だったのか、もう一歩踏み込んで検討しておこう。この点についてはまず、一九〇六年に『通俗土木文庫　土方稼業』という著書を刊行した、「土方稼業」に「三十年間の経歴」を有する松崎傳（朴骨）の証言を参照したい。

今吾輩が土方稼業者と申すは、泥まびれの半纏を着て、土を掘る者は皆稼業者とは言はぬであります、順次章を逐て説明しますれば判然とわかるが、苟も土方と称へ得るものは、大きな招牌をかけて、子分を養ひ相当の交際の出来るもので、所謂一定の経歴のあるものでなければならぬのであります。[19]

ここでは「土方稼業者」あるいは「土方」とは、土木事業に従事する労働者一般ではなく、「子分を養ひ相当の交際の出来るもの」で「一定の経歴のあるものでなければならぬ」との基準が示されている。さらに松崎は次のように述べる。

偖て土方稼業者となるものは、暫時土方人夫となりて或は親方是れを甲と名けませう、此の親分の元に寄食し、日々労力に従ひ、土方一通の技術と習慣を見習ひ、其の親分の徳に帰依して愈々土方稼業者として渡世をなさうと云時は、子分の盃を貰ふ。[20]

すなわち松崎によれば、「親分」の下で労働する「人夫」から出発し、労働に従事しながら「土方」としての技術と習慣を身につけ、「親分」から「子分の盃」を受け「渡世」を行なうものが「土方稼業者」であるという。それでは「土方」としての「渡世」とは、いかなるものなのだろうか。松崎は、この点について次のように述べている。

一匹前の土方となりて渡世の出来ると云ふは、容易に出来るものでない、若き時は武蔵業《ママ》となりて、諸方を遍歴し、数多の仕事に経験を積み、種々喧嘩場に出入をして、能く事情に通じ、物に分別の心を鍛へてからでなければ親分とはなれない、先旅先に出ては同業者に挨拶と云ふ事が、かんじんである、是れが出来ねば旅は出来ない、先初対面の時は、両方の手を各々の膝の上に付けて腰をかゞめ、次の通りに言ふのである。

是れは親分様に御座いますか、私無重宝ものは何国何郡何村の何某と言ふものでありまして当時何所に居る何某と言ふもの丶身内に御座いますか今後御見知りおかれて御引き立てを願います。

斯くすれば、一方よりも相当の挨拶をする、工場中なれば家へ行きて、休んで居れと云ふ、不在なれば家内より上に昇りて待て、草鞋を解け、と云ふが、充分遠慮して親分の留守などへ上がりこむではならぬ、相当の親分を持つものは、酒肴で饗応になることもある、足を止めて仕事も出来る、仕事がなければ、草鞋銭とて多少の小遣を貰へるのであります[21]

長谷川伸も、知り合いの「犀次」という「土工の親分」を紹介する文脈の中で、「請負師」の父と共に自らも関わりを持った「土工」の社会について同様の証言を残している。長い引用となるが、当該期の「土工」のあり方に関する貴重な証言として押さえておきたい。

犀次は伊勢の者で土工の親分です、若い時から菅笠一蓋をいただき、仕事着の手筒半纏に、引ッ張りの印半纏と腹掛け手甲脚絆に草履穿き、小風呂敷包一ツもたず、日本の半分ぐらいは渡り歩いた末に親分になったのだそうです。[22]

帳場が見付かると、仕事中は遠慮して控えて待ち、昼飯か小食のとき、適当にだれかを見つけ仁義をつけます――仁義といつの頃からいって通用しているが、訛らない限り、ジンギではなくジギで、字を当てると辞儀で、自己紹介のはいった挨拶なのだから、仁義ではどうしたッて意味がなく、明らかに辞儀だが、『曽我物語』のような古い昔の本にも、辞儀と当然あるべきところに仁義と宛ているから、誤り用いたのは古く、幕末や明治ではない、そうしてこれは博徒専用の言葉などではなかった――と、先方は辞儀を受ける、受けたものが紹介者になって親分に執り成しする、人手が過剰だったり、親分が厭な奴だと思い、そして時刻が、夕方までに二里なり三里なり歩いてゆけるときだったら、草履銭をやって発たせ、時刻が泊り時刻だったら、好き不好き人手の多い少ないを棚に上げて、一宿一飯のつきあいをやる[23]

この長谷川の証言には興味深い点が多く含まれているが[24]、ここではさしあたり「土工」のキャリア形成にとって各地を遍歴し経験を蓄積することが重要な点、遍歴の際に適切な「挨拶」――長谷川は仁義（ジギ）と表現している――が不可欠な点などが、松崎の証言とも一致し注目される。以上の長谷川や松崎の証言に基づけば、仲木屋が生まれた明治末における「土工」・「請負師」とは、土木労働の従事者一般ではなく、一定の経験と「親分子分」関係や「挨拶」などの独特の習慣を有する土木事業の担い手といえよう。

ところでこうした「親分子分」関係については、それを絶えざる参入の脅威にさらされる「不熟練」労働者集団の内的規制として形成されたものとして捉える東條由紀彦氏の見解がある。東條氏は、明治二〇～三〇年代日本における資本による「労働力」の「商品」としての処理・再生産の機構と論理を包括的に把握する試みにおいて、重工業労働力のあり方の検討から、「労働力」処理・再生産が、「親方」及びそれと人格的に結合した職工からなる

「同職集団」によって制約されることを論じた。[25] さらに東條氏は、「鉄道工夫」の事例を引きつつそこに見られる「親分子分の盃」に象徴される「本来の「職人」以上とも言える「同職集団」としての強い自己意識、規制、人格的結合力」を、「職人」のように「同職集団」の一員としての資格を「熟練」など形で明確に「分与」し得ないが故に、「強力な外見上は非合理ですらある内的規制」によって「絶えざる参入の脅威に抗しつつ、自己をひとつの「同職集団」として定立させ得たものと考える」との見解を示している。[26] なお東條氏は、「不熟練」型の「同職集団」の中でも「炭鉱夫や一般の道路人足」では「同職集団」としての内的規制力も解体しつつありまた「棟梁」層と一般人足との人格的結合関係も相互に外面化しつつあるとも指摘している。

さてそれでは以上の東條説をふまえた上で、松崎傳、長谷川伸の証言から析出した明治末年の「土工」・「請負師」のあり方をさらに歴史的に捉えると、そこにはいかなる特徴が見出されるであろうか。この点についても松崎は興味深い証言を残している。

近来、請負制度が改正となりました、仕事を小さく区分して、請負資格を平易にし、誰にも得らるゝ様になし、多数のものに競争をさせると云ふ、方針であります、故に近年は土木請負者と云ふものが、雨後の筍の様に沢山出来ました、そこで一切を競争入札に付して請負をさせて見ると、昔十円に請負した物が今日諸物価の二倍も三倍も、騰貴したる時世に、以前の半分にも付かぬ四円か三円で出来ると云ふ、現象が産まれました、起業者から見ると斯様な甘ひ政略はないと思ふか知らないが、真正の土木業と云ふ事から見ると、悲しむべき悪弊に陥入りたのであります。[27]

すなわち松崎によれば、「近来」請負制度が改正になり、「請負資格を平易にし、誰にも得らるゝ様になし」た結果、「土木請負者と云ふものが、雨後の筍の様に沢山出来」、競争入札に際して過当競争が起こるようになった、というのである。この請負制度の改正とは具体的には何か言及されていないが、先行研究は一八八九年の会計法により一般競争入札が導入された結果、新規参入の業者が多く現れ過当競争が生じたことを指摘している[28]。またこの一般競争入札の導入が、それ以前の土木業者の慣習に従わない業者の台頭の契機となったことも指摘されている[29]。以上の諸点に鑑みれば、仲木屋が生まれた明治末期においては、長谷川や松崎が証言する独得の習慣を有する「土工」・「請負師」の「同職集団」がなお存在する一方で、こうした「土工」・「請負師」を取り巻く社会環境は、近代化に伴う法整備などにより変容しつつあり、「請負師」のレベルでは大幅な新規参入をみているといえよう。つまり実態としては少なくとも労働者と使用者の中間的性格を持つ「請負師」のレベルでは、この時点で「同職集団」の内的規制は十分には機能していないと考えられる。

3　小学校認識

さて以上のごとき特徴を有する当該期の「土工の子」として生まれた仲木屋は、学歴としては「尋常六学年ヲ卒業」している（「経歴書」）。彼にとって尋常小学校とはいかなるものであったのか。この点を直接に記した史料はないが、後年の論文において彼は小学校について次のような認識を示している。

今日の教育なるものは、土木界から一切の自信、自己尊重、おちつき等々の土木思想を奪い去る為めに行はれてゐると云ふべきである。言葉を換へていへば土木界を滅するために教育が行はれてゐる。土木界は自らを滅すための教育に、税金と長い時間の負担をかけてゐる。一般労働者にとつて小学校は、堪ゆべからざるものになつてゐる。労働者はその可愛子供が如何に優秀な成績でも、上の学校に上げる時は破産しなければならない。そしてその結果はどうか、土木人の子弟が土木業をいやしみ、才能と機会あるものは親を捨て、稼業を捨てて他の職業を求めて大都市へ去つて行く。（「土木教育確立の提言」『読本』四五頁）

すなわち仲木屋によれば、小学校とは「土木界」的な価値とは相容れない価値が提示される場であるとされている。先にも見たごとく、仲木屋が生まれ育った時期の土木労働に携わる者の社会は、独得の習慣を有する一つの「同職集団」的なあり方をしていた。公教育はこうした「同職集団」内部の価値を相対化する契機であったといえよう。松崎は、当該期の社会一般における土木労働者に対する認識を次のように表現している。

又世には窃盗とか、強盗とか、強姦とか、言ふ犯罪は土方に多き様に心得て居るものが多ひ様であるが、一見服装の悪しきものを土方と言ひ、新聞紙の三面記事などに窃盗強盗強姦の欄あらば、此の犯人の風采を書すに直様土方様と云ふ、筆法を用ゆるを見る事あり、土方を誤解せしむる罪、あさくないと考へます。(30)

様々な生業を営む人々の子弟が集まる小学校は、こうした世間の偏見に直面する場でもあったと考えられる。こうした小学校経験を経て、仲木屋鉱一は社会に漕ぎ出してゆく。

第二節　「少年土工」から「失業登録者」へ

前節の冒頭に見たごとく、仲木屋は『土木勤労読本』序文において、「十四の春から土工になつた」と述べている。この点は、経歴書にも一九二二年（大正一一年）の項に「（十四歳）長野県南安曇郡水力発電所工事ニ少年土工トナル」（「経歴書」）との記載がある。また一九三〇年（昭和五年）の項には「八王子市営職業紹介所ニ失業登録者トナル」との記載がある（「経歴書」）。一九二二年に「少年土工」として出発し、一九三〇年に八王子市で「失業登録者」になるまでの間に、仲木屋はいかなる軌跡を辿り、そこでいかなる認識を得たのか。本節ではこうした点を考察していきたい。

1　「少年土工」として

仲木屋は、その土木労働のキャリアを、先に見たごとく長野県南安曇郡の水力発電所工事から始めている。仲木屋が土木労働に従事し始めた時期は、ちょうど長野県内各地で水力発電所建設工事が展開していた時期であった[31]。仲木水力発電所建設工事は、一九一〇年代以降一応完成に近づいた国営鉄道の鉄道網の工事に代わり「土木請負業者の重要な工事レパートリー」となり、多くの業者が地歩を固める契機となったという[32]。では仲木屋は、この契機にいかに向き合ったのか。仲木屋は、経歴書の一九二三年（大正一二年）の項に「長野県松本市水道工事ニ少年土工トシテ従事ス」と記している（「経歴書」）。松本市では、一九二一年に上水道工事が起工され、一九二四年五月の時点でもなお一部の工事を残していた[33]。すなわち仲木屋は、土木請負業者の跳躍台ともなり得る水力発電所工事を土木労働者の末端に位置する一人の「少年土工」として迎え、その後も近隣の土木工事にやはり一「少年土工」として従事せざるを得なかったのである。

さて仲木屋は、「経歴書」の一九二四年（大正一三年）の項に、「東京都《ママ》南多摩郡浅川町高尾採石会社ノ帳場兼坑夫トシテ従事ス」と記している（「経歴書」）。先に見たごとく、前年の二三年に松本市で水道工事に従事していたことに鑑みれば、仲木屋はこの一年の間に長野県から東京府へと移動したことになる。では何故彼は上京したのだろうか。

この点を直接に示す史料はないが、仲木屋はその経緯の一端をうかがわせる小説を残している。「家出」と題された「一九二七、四、三」の日付を持つこの小説では、長年の流転生活の中での労働の無理によって病身となった父と、母、弟妹からなる家族の生計を担う「長吉」という主人公が、上京のため家を出る際の家族とのやりとりが描かれている。ここで長吉の父親は五六歳として設定されているが、仲木屋の父は一九二七年三月二二日に五九歳で他界しており、[34]仲木屋が上京した一九二四年には五六歳で年齢的に合致する。また長吉が病身の父親に代わり弟妹を含めた家族の生計を担っている設定は、貧困の中で「小さい弟妹六人をどうしても養はなければならなかつた」（「自序」『読本』一八頁）という境遇とも合致する。またこの小説には上京に反対する母親に対して、ひそかに餞別を渡す父の姿が描かれているが、先にも触れた通りこの小説に付された「一九二七、四、三」という日付は、同年三月二二日の仲木屋の父の他界直後であった。以上の諸点に鑑みると、この小説には、一九二三年から二四年頃の上京に際しての仲木屋自身の父親をはじめとした家族とのやりとりが何程か投影されていると考えられる。

この小説では、「家なんどどうなつても、てめいなんぞ構ねいんだらう!」との母の言葉に、「あ、親なんか、どうなつたつて構ねよ。……俺あ自分自身に持あつかつてるんだ!」と応酬しつつも、長吉は「俺だつて何にも好きこのんで、他に出たがるんじやあないんだ。此処に居りあ朝の暗から馬車馬のやうにこき使はれるし、賃金は全でなつちあゐねいし……」（「家出」『読本』六四〜六五頁）と自らの上京の理由を述べている。この労働環境については、さらに次のようにも記されている。


此土地の親方に使はれるとすれば、どんな無茶な悪い条件でも、黙々として服従しなければならなかつた。

現在のやうな、十三時間でも、十四時間でも、それに賃金が七十銭であらうと、…体が毎日は続かなかつた。

第一今日《けふび》そんな賃金で、どうして喰つて行けるんだ!。

それで、仕事ときたら、馬車馬のやうだ、長い夏の日だつて、暗から暗まで、汗のかき通うしだ!。

「おい、仕事が嫌だつたら帰へつたらいゝじアねえか?人間なんだア幾らでもあらア」

親方は、何か云ふへば、直ぐ斯ふ怒鳴つた。

実際、人間は仕事が無く、喰ふや喰わずに蒼くなつてごろ〳〵してゐた。

七十銭の賃金どころか、六貫でも七貫でも、仕事場に労働者は殺到して来た。

親方は、それをい〻事にして酷使した。

百円の工事は、五十円、拾万円の鉄道工事は五六万円で楽々に出来た。（「家出」『読本』六六頁）

以上では、仕事が少なく就労を希望する労働者が多数存在する中で、低賃金長時間労働を余儀なくされる絶望的な労働環境が描写されている。先にも見たごとくこの小説が一九二三年から四年頃の状況を描いているとすれば、ここで描かれている労働環境は、一般的には第一次世界大戦後の戦後恐慌に引き続く不況下の状況といえる。また仲木屋は後年の論文で次のような側面も指摘している。


明治初年より、大正十五年頃までの五六十年間は、資本主義の発展的道程であつた。鉄道敷設工事は、全国津々浦々まで急速に伸びた。電力発電所は、全国の需要に応じきれるだけの完成を見た。

此の二大工事の基礎的完成は、土木労働者の物質的、精神的長年の生活習慣を根本から破壊する結果となつて現はれた。旅人土方は、山峡の奥の工事場から、次の新規な工事場に向つて出立する道を失つてしまひ、街道を賑した一宿一飯の金筋半纏の姿は、何処かへ消へ失せてしまつた。（「土木常道論」『読本』二九頁）

ここで仲木屋が指摘する大正末期における「鉄道・発電所工事の基礎的完成」という点については、当該期の土木事業の概況などからは確認できないので、今後一層踏み込んだ検証が必要である。ともあれこの「家出」という小説で描かれている労働環境、すなわち労働現場で労働者が飽和することにより低賃金長時間労働を余儀なくされるいわば「労働ダンピング」の状況の中で、一人の労働者である仲木屋は、「体が毎日は続かなかつた。第一今日《けふび》そんな賃金で、どうして喰つて行けるんだ！」という切実な認識を抱いたと思われる。これを労働市場の問題として捉え返せば、端的に労働力が商品化される土木労働の世界で、仲木屋は、商品としての労働力の生産の前提となる個人の自己生産あるいは自己維持の困難に直面したといえよう。先に見たごとく東條由紀彦氏は、明治二〇〜三〇年代の労働力処理・再生産の過程における「同職集団」の規制力を論じる中で、「不熟練」型「同職集団」における親分子分的結合の規制力に言及しつつ、「道路人足」などではそうした内的規制力が解体しつつあり「棟梁」層と一般人足の人格的結合関係も外面化しつつあるとの見通しを示していた。この仲木屋の描写にあらわれる「親方」の言動や労働者の流入状況を見る限り、この時点での土木労働現場においては労働者の「同職集団」は、まさに労働力商品化の趨勢に対し何ら規制力を有しておらず、「親方」の存在は寧ろ狭義の労働力商品の再生産すら困難にするものであったといえよう。こうした環境から脱却すべく、仲木屋は東京府へと移動していったと考えられる。

2 「失業登録者」へ

さて仲木屋は、一九二四年に東京府南多摩郡浅川町（現東京都八王子市）の採石工場で労働に従事した後、翌一九二五年（大正一四年）には「高尾山索道工事ニ土工トシテ従事ス」としている（「経歴書」）。「経歴書」には翌二六年については記載がないが、一九二七年（昭和二年）の項には大きな変化が見られる。そこには、「多摩御陵工事ニ労務供給業者トシテ日々六七拾名ノ人夫ヲ供給ス」と記されている（「経歴書」）。すなわち仲木屋は実年齢で一七歳のこの年に、「労務供給業者」として「多摩御陵」建設工事に労働者を供給していたというのである。[35] 一九二七年（昭和二年）一月三日、大正天皇の陵墓が東京府南多摩郡の横山村大字長房に決定された。この決定から同年二月八日の斂葬までに大林組が元請となり陵墓造営工事が行なわれた。[36]「経歴書」の記述が事実とすれば仲木屋はこの工事に「人夫」を供給していたことになる。ちなみに先にも触れたが同年三月二二日には「請負師」であった父が死去している。この父の容体もあるいは仲木屋の「労務供給業」と関連しているのかもしれない。

また仲木屋は翌一九二八年（昭和三年）には「高崎鉄道線工事ニ日々人夫百余名ヲ供給」している（「経歴書」）。たしかにこの一九二八年には八王子と高崎を結ぶ八高線のうち、八王子と飯能間の工事が着工していた。しかし、この年の「労務供給業」に関しても、「経歴書」の記述以上の情報が得られない。仲木屋の土木労働の社会での経験を知る上で、この青年期の「労務供給業者」としての活動の実態が明らかにならないのはきわめて残念であるが、その先行きは順調なものではなかったようである。八高線の工事に労働者を供給した二年後の一九三〇年（昭和五年）の項には、「八王子市営職業紹介所ニ失業登録者トナル」との記述がある（「経歴書」）。八王子市では、昭和恐慌期の失業者増加を受けて、一九三〇年一〇月二五日に初の失業救済事業に従事する失業者の登録[37]を行なっていた（『東日』三〇・一〇・二六）。一九二二年に長野県で「少年土工」として出発した仲木屋鉱一は、その後八年間に幾つかの土木労働の現場と、自らが「労務供給業」を営む経験を経て、一九三〇年には東京府八王子市で「失業登録者」となったのである。

第三節　「失業登録者」――「自由労働者」として

一九三〇年に八王子市で「失業登録者」となった仲木屋鉱一は、後に詳しく見るように翌三一年以降、同市の失業救済事業に従事する「自由労働者」のリーダーとして活発な活動を展開してゆく。本節では、前節までに見たような経歴を辿った仲木屋に即してみた時、この時期の八王子市の状況はいかなる意味を有するものだったのか、またそこでの彼の活動は、それまでの彼の経験といかなる内的連関を持つものであったのかを考察する。

1　八王子市の「失業登録者」をめぐる状況の中で

一九三〇年一〇月に八王子市で失業者登録が実施されるまでの経緯については第二章等に譲り[38]、以下では仲木屋が登録したと思われる八王子市の失業救済事業の状況とこの事業をめぐる失業者の動向から見ていこう。八王子市の都市計画事業でありつつ東京府の失業救済事業となった八王子大通り舗装工事の就労者を募る三〇年一〇月二五日の失業者登録は、市内失業者が日本人、朝鮮人合わせて六五〇名（『読・埼』三〇・一〇・二二、『東日』三〇・一〇・二二）と算定される中、一日三〇〜四〇名（『東日』三〇・一〇・二二、『読・埼』同）が就労し得る規模に過ぎなかった。このため市職業紹介所は一二月一五日、「八王子署に貧困程度の調査を依頼しその結果にもとづいて銓衡した使用者百名に対し労働手帳を交付する」こととしたが、労働手帳を交付されなかった人々が銓衡を「不公平」として「紹介所へ押し寄せ大騒ぎ」（『東日』三〇・一二・六）となった。こうした事態は、「国道舗装工事と失業者の登録採用が不公平であると連日の如く職業紹介所に押しかけ係員を悩ましてゐる」（『読売』三一・一・二九）というようにその後も頻発した。

八王子市では以上のごとく、失業救済事業に従事する人々が就労上の不満からしばしば大勢で抗議を行なったが、こうした人々の行動が新たな段階を迎える画期となったのが、一九三一年五月一八日の市内失業救済事業就労者の総罷業であった。そのきっかけは、東京府の失業救済事業としての道路舗装工事を請け負った市内土木請負業者青木孝太郎（政友会系市議）が、従来の一〇銭安の日当一円一〇銭で就労者募集を強行したことにあった。これに対し「日鮮百数十名の労働者は大挙市役所に押しかけ十銭安では断然就業せずと当日は盟休を断行」（『読売』三一・五・一九）、これを受け「今回青木組の国道舗装関係が値下げになれば青木氏が市会議員の関係上市の下水工事も同様に市会で引き下げられるだらうといふ点」（『東日』同日）を憂慮し「市下水道工事人夫も団結十八日を盟休」（『読売』同日）し総罷業が成立した。これに対し青木側は強硬姿勢を保ったが、この事例が「目下一円二十銭を支払つてゐる府下全三十万の失業事業賃金に及ぼす」影響を懸念した東京府南多摩郡土木出張所では、全国大衆党（以下、全大党と略記）八王子支部の清水三郎市議や市職業紹介所主任、警察官等の立会いの下に青木を呼び調停を行なった（『読売』同右）。その結果、労働者側の要求通り賃金引き下げが撤回された。

以上のごとく三一年五月には、失業救済事業に従事する労働者たちの就労上の不満を表明する抗議行動が、総罷業という形態へと展開した。そしてその成功をふまえて、総罷業の調停にも関わった全大党支部は、この経験を次のように方向づけた[39]。

我等三多摩労働者ハ賃銀《ママ》値下問題労働時間延長問題ノ為ニ大挙五月十八日土木健築《ママ》資本バツ《ママ》青木組及東京府土木出張所ニ大デモヲカン行シ完全ニ要求ヲ戦取リタルヲ機会トシコヽニ三多摩一般労働組合ヲ結成シ同時ニ発会式ヲ挙行スル事ニ決定セリ

またこの三多摩一般労働組合結成に当たってのスローガンとしては、一、最低賃銀《ママ》制の確立、二、八時間労働制の獲得、三、自主的労働組合法の制定、四、労働手帖取上絶体《ママ》反対、五、失業手当法の制定、六、悪法の撤廃の六点が掲げられた。

かくて一九三一年六月一〇日、全大党八王子支部の肝煎りで、三多摩一般労働組合の発会式が行なわれた。この式では「印半纏、脚絆ばきの中木屋鉱一君議長席につき綱領規約制定、役員選出、大会決議を終へ」たと報じられた[40]。すなわち前年の一九三〇年に八王子市で「失業登録者」となったと考えられる仲木屋鉱一は、翌三一年には失業救済事業に従事する労働者たちの組合運動の代表格として史料に登場するのである。

では仲木屋はいかなる形でこうした社会運動に参加するに至ったのか。この点を明確に示す史料はないが、同時期の八王子市で全大党支部と競合関係にあった社民党八王子支部の中心人物で、後に見るように仲木屋が社民党系に鞍替えして以降しばらく提携関係にあった市会議員森田喜一郎は、『読本』に寄せた序文で次のように述べている。

仲木屋君と僕との友交関係は十年程前からで、君が本書に書いてゐる如く、十四才の時から土工生活の群に入

り、その傍ら文学に親むでゐた、所謂文学青年仲木屋鉱一のときからである。(『読本』一五～一六頁)

『読本』の刊行年が一九三六年で、森田以外の人々の序文に付された日付の多くが一九三五年であることに鑑みれば、森田のいう「十年程前」とは一九二五～二六年頃、仲木屋が八王子市に隣接する浅川町の高尾山付近で土木労働に従事している頃と考えられる。それではこの一九二五～二六年頃仲木屋はどのような「文学に親むでゐた」のだろうか。この点について、一九七〇年代に生前の仲木屋にも取材した朝日新聞の記者は、仲木屋が「プロレタリア文学雑誌『文芸戦線』の葉山嘉樹にひかれていた」こと、「その文学とのきずなから森田喜一郎から目をかけられるようになる」に至った、と述べている。[41] 葉山嘉樹は、一九二五年に「淫売婦」という作品を『文芸戦線』に発表し注目され、翌二六年には同じく『文芸戦線』に「セメント樽の中の手紙」や書き下ろしの「海に生くる人々」などの後に代表作となる作品を次々に発表していた。[42] 先に見たごとく、東京府に来る以前において、仲木屋は自らが従事する土木労働現場の労働環境に問題を感じていたと推測される。こうした問題意識を基礎に、葉山嘉樹の作品等のプロレタリア文学と出会う中で、社会運動関係者と接点を持ち、自らも運動に参加したと考えられる。

2 左翼「無産」政治勢力との提携の中で

さて三多摩一般労働組合の結成に関わった仲木屋は、その後どのような活動を行なっていたのか。組合結成一ヶ月後の三一年七月一〇日午後八時に行なわれた全大党八王子支部の拡大委員会の出席者名簿には、「中木屋」の名前が記されている。[43] また同じ日の午前には「三多摩一般労働組合代表増田重一、中木屋鉱一」らと全大党の清水市議が市役所を訪れ城所国三郎市長、西原貫一助役に面会し、当時施工中であった失業救済事業終了後の新規事業の実施を要求した(『東日』三一・七・一一)。この陳情には、同時期から三多摩一般労働組合の運動に関与し始めた社民党の森田喜一郎市議も参加していた。また七月一四日には、同月六日以来の長雨で就労機会を失っていた百余名の労働者が「三多摩一般自由労働組合幹部及大衆社民支部員応援の下に大挙市役所に殺到」、一時市役所の会議室を占拠し、「降雨休業中の賃銀《ママ》支払、今日の生活救護、今後は小雨と雖も工事を為すか又は生活費を支給するか」を要求した（『読売』三一・七・一五）。

以上のごとく仲木屋は、全大党の会議などに参加する一方、三多摩一般労働組合の幹部として市当局への要求活動などの運動を担っていた。三多摩一般労働組合の運動には、上にも見たごとく社民党八王子支部の人々も関与していた。一九三一年の八王子市では、社民党支部長の森田喜一郎が社民、全大、労農党の三党合同に消極的な党本部と対立し、支部独自に労大党参加の準備を進める中で（『読売』三一・七・一二）、三多摩一般労働組合の活動に接近していた。その一方で全大党支部では、社民党支部との合同を経て労大党に参加することを求める動きがある傍ら、合同反対の意見も見られた。その後同年一二月一四日には労大党東京府支部連合会山花秀雄書記長らが八王子に出張し両支部合同を実現したが、全大党支部長清水三郎はこの協議に欠席し、旧全大党支部は分裂した。[44] そして反対派の清水らは支部を脱退していった。

それでは以上のごとき左翼「無産」政治勢力の再編の中で、仲木屋はどのような行動をとったのだろうか。この点については、次のような新聞報道が参考になる。

八王子市内の失業救済事業労働者を中心に旧社民八南支部の後援で三多摩自由労働者の組合を結成すべく同組合設立準備会代表中木谷《ママ》組合長から五氏は十五日城所八王子市長を訪問諒解を求めた上同夜八時より上野町本隆《ママ》寺前西村村方で協議の結果左記決議案とスローガンの下にちかく成立発会式を挙げることになつた

一、新組合は労働者の利益擁護伸張のために戦ふ
一、本組合は資本的社会制度を抜本的に改革し労働階級の解放を期す
一、本組合は無産階級解放戦線の統一を期す

なほスローガンは

△労働者解放は労働者自身でせよ△一切のダラ幹を戦線から駆逐しろ△請負制度絶対反対△労働者に仕事とパンを与へろ（『東日』三一・一二・一六）

八王子における旧大衆系の三多摩一般労働組合では副組合長中木屋鉱一君が今回設立された旧社民系三多摩自由労働組合に走るや十八日夜市内元横山町旧大衆党事務所で執行委員会を開き中木屋君を除名するとともに自由労働組合と徹底的に闘争することに決定（『東日』三一・一二・二〇）

すなわち仲木屋は、旧全大党系の三多摩一般労働組合を離れ、新たに旧社民党系と提携し三多摩自由労働組合を結成したのである。先に見た三多摩一般労働組合の結成時のスローガンと比較すると、三多摩自由労働組合のスローガンは、労働者自身による労働者解放、「ダラ幹」の排除、「請負制度絶対反対」すなわち失業救済事業を請負業者に委託することへの反対、「仕事とパン」の要求など、運動の現場に位置する労働者の要求をより強く反映するものであった。この点に鑑みれば、一九三一年の八王子市における左翼「無産」政治勢力再編の動向の中での仲木屋の選択は、労働者の要求の実現に一層有効なのは、左翼「無産」政治勢力再編の動向の過程で分裂し弱体化する旧全大党系との提携よりも、再編をリードした旧社民党系との提携であるとの判断によるものと考えられる。

かくて成立した三多摩自由労働組合とこれと結んだ旧社民系主導の労大党支部は、その後市内で活発に活動を行なった。組合長の仲木屋鉱一は、労大党森田市議と共にしばしば自由労働者を率いて市役所や東京府の土木出張所への集団陳情を行ない、失業救済事業の促進や就労方式の改善、また自由労働者の生活援助などを要求した（『東日』三二・一・七、『読売』同日、『東日』三二・三・二九、『読売』同日、『東日』三二・四・一〇、『読売』同日）。彼らの要求は、市当局が生活費貸与は拒否しつつも就労方式の改善に関して一部要望を受け入れ、府も善処を約束する事例や（『東日』三二・一・七、『読売』同日）、市による生活救済は拒否されたものの「市長個人で白米三俵を寄付して一時を救済する」という結果を得、「同日殺到した者の中生活窮迫の百三十八名に対し各一升」が配給された（『東日』三二・四・一〇）事例に見られるように、一定の成果を引き出した。

3 自由労働者の統一行動を可能にするもの——仲木屋の認識

ところでこの三多摩自由労働組合とその活動については、一九七〇年代に生前の仲木屋にも取材した朝日新聞の記者の言及がある。それによればこの組合は、党勢拡張をはかる森田が仲木屋らに作らせたものであり、組合といっても結成大会を開いたわけではなく、先頭に立つ数人で組合としての形式を整えたものであり、後は執行部の決める方針に沿って行動したもので「二、三百人がすぐに集まった」とされている。(45) しかし「二、三百人」という多数の労働者がすぐに集まり統一行動することはそれほど容易なことではない。ではいかにしてそれは可能となっていたのか。以下ではこの点を一九三二年に刊行された仲木屋の『失業登録者の手記』（以下、引用の際は『手記』と略記）という小説集からうかがえる状況認識に依拠しつつ検討してみたい。

まず自由労働者の統一行動の前提として、当該期の失業救済事業に従事する労働者相互の関係がどのようなものだったか、という点から検討したい。この点について仲木屋は、『手記』の中の「労働市場」という小説で示唆的な認識を示している。この小説は、失業救済事業に就労するために八王子市内各地から早朝の市職業紹介所に集まってくる労働者たちを題材としたもので、暖をとるための焚火の周囲に次々に労働者が群がり押し合いや小競り合いが生じた末に、暖をとる輪から弾き出された労働者が焚火を蹴り上げ元も子もなくなってしまう顚末を描いている。ここで仲木屋は、労働者が焚火の周囲に群がることにより小競り合いが起こる状況を次のように表現している。

需要と供給の調子が、とれきれずに、失業者が洪水の如く続出する今日の不合理な社会制度の組立のやうに、そこには忽ちに、騒然たる混乱が捲起る。（「労働市場」『手記』一〇頁）

仲木屋は、ここで描いている焚火に群がってくる労働者の姿を、需要と供給のバランスを欠いた社会制度の問題性の縮図として捉えている。そして、供給過剰の労働者が過度な競争的関係に陥ること（焚火の周りの押し合い）によって、最終的に全員の不利益をきたすこと（焚火の消滅）を寓話的に示しているといえよう。

それではこのような過競争的関係に立つ労働者たちの中で、統一行動の前提となるような共同性はいかにして成立するのだろうか。この点についての仲木屋の認識は、「請負師といふものは」という小説からうかがい知ることができる。この小説は、失業登録者を一定数使用することを条件に公共工事を請け負った「請負師」が、従来の労働者使役の方法を適用しようとすることに対して、市職業紹介所から派遣された失業登録労働者たちがこれに対抗する様が描かれている。ここでは共同性成立の端緒がまず次のように描かれる。

「一組小間割が終つたど…」

弓の折れたステツキを、振り現場見廻りをしてきた組長の婿は、—弱い奴等だ—皮肉な口調だつた。向ふを見ると西中野の堤防下の一組が、泥だらけのモツコを、流の水で、ジヤブ〳〵洗つてゐた。

「うふ、糞でも喰へッ、今日はそんな手に乗るかい…」

彼は皆んなに、目配りしてニヤッと苦笑した。

二十幾組かの小間割組の中に、故意に坪数の少ない、割当をするのを彼は見逃さなかつた。他の組は、それとは知らずに、やつきとなつて追付かうと働く。

それが土木請負師の常套手段だ。（「請負師といふものは」『手記』一九〜二〇頁）

ここでは長年の土木労働の経験をふまえて、労働者に競争を強いる使用者側—「土木請負師」の手法を見抜き、その手法について認識を共有すること（皆んなに、目配りしてニヤッと苦笑）が、労働者に共同性が生じる端緒となる様が描かれる。

その上で、こうした使用者側の態度に対して、次のような対抗手段が講じられる。

―四時―

紹介所廻の三組は、割付量の半分も出来てゐなかつた。

「さア、終わりだ…」

彼は、担いでいた小棒を、投げ出すと、他の二組に、合図して走つた。

十二人は、一斉に事務所の会計口に。（「請負師といふものは」『手記』二〇頁）

職業紹介所から派遣された労働者たちは、彼らを競争的関係に駆り立てようとする「請負師」の手法について認識を共有した上で、失業救済事業の論理に依拠し、公的な就労条件通りの時間労働を実行することによって、使用者側に対抗するのである。

なお以上に見たような行為が可能になるような状況を、仲木屋は自らが長年その中で生きてきた「土木界」の歴史的な文脈に照らして以下のように捉えていた。

始業七時、終業四時半、昼休三十分午前午後十五分づゝ、

労働賃銀《ママ》一円、賃銀《ママ》は終業と同時に見張所の横で、現金で日払ひを完全に実行したことは、従来の俺達土木界の、前代未聞の出来事と云つても、決して過言ではなかつた。―規定労働時間と、労働した賃銀《ママ》を、その通りに実行するのは、何の変哲もない当然！！でせう…然し其当然が、当然で無かつた処に、俺達自由労働者のこれまでの悲惨な生活が孕まれてゐた。

旅から旅を股にかけて、荒んだ狂暴な流浪生活を、読《ママ》けてゐた土工親方の毒牙にかゝつて、どの位大多数の捨方（土工）が泣かされて死んで行つたことか！！（「失業登録者の天国」『手記』二六～二八頁）

先に見たごとく、明治末期の「土工」とは、ある「親分」の「子分」となり各地を遍歴して労働に従事し、経験

を身につける中で自らも「親分」となることを志向する存在として語られていた。そのキャリア形成過程は同時に労働者を使役する際の統制手段を身につけてゆく過程と考えられるが、仲木屋はこうした過程を生き抜いた「土工親方」によって労働者が搾取されることが常態化していた「土木界」の歴史に照らして、失業救済事業によって規定労働時間と賃金の日払いが可能となった状況を画期的なものと捉えているのである。

さて以上で小説に即して見てきたごとく、仲木屋は、土木労働の経験の中で体得した使用者と労働者双方についての洞察をもとに、使用者の労働者酷使の手法について労働者が認識を共有し、その上で失業救済事業の論理に依拠し使用者側に対抗することで労働者の間に共同性を起動し得るとの認識を示していた。また土木業界の歴史に照らして、このような使用者の酷使に対抗し得る失業救済事業を画期的なものと捉えていた。

以上の失業救済事業は、効率的な失業救済の実施という趣旨から直営方式を採り、後に請負方式が容認された後でも直営に準じた規制を行なうことで、結果として「親方」とも呼ばれる「請負師」が労働者を競争的関係に駆り立て、能う限り中間利潤を吸い上げるという旧来の土木労働社会のあり方を規制する意味を持っていた。旧来のあり方の下では、第二節で見た小説「家出」で仲木屋が描いたように、土木事業に従事する労働者は、商品としての労働力生産の前提としての自己再生産さえ困難な状況に置かれることもあった。これに対し仲木屋の認識によれば、以上で見た三〇年代初頭の失業救済事業制度の下で就労する労働者たちは、規定労働時間と賃金支払いが履行されることで、少なくとも上記のような労働環境からは脱し得ていた。以上の仲木屋の認識を前提にして本節なりにまとめるならば、当該期の土木労働に従事する労働者にとって、失業救済事業とは、従来ややもすれば持続的な労働力商品の交換がなし得なかった土木労働市場に、国家が商品購入者として立ち現れることで、持続可能な商品交換の場を設定する——持続可能な商品交換の場としての「市場」の論理を導入する——意味を有したといえよう。

第四節　「土木稼業人」へ

仲木屋鉱一は当初は全大党系、のちには旧社民党系の左翼「無産」政治勢力と提携しながら八王子市の失業救済事業をめぐって活動を展開していた。一九三二年九月七日にこれらの勢力の過半の部分が社大党八王子三多摩支部を結成すると、仲木屋は支部長森田喜一郎の下で支部宣伝部長・常任執行委員に就任した（『東日』三二・九・八）。しかし翌三三年の八月、仲木屋は組合員多数と共に三多摩自由労働組合及び社大党八王子支部から脱退し、新たに愛国勤労組合を結成する（『社会』三三・八・一二）。そしてその後著作において土木労働社会における「稼業道徳」を強調し、「土木稼業人」としての自覚を強めた言説を紡ぐに至る。本章ではここまでの議論をふまえて、仲木屋が「土木稼業人」という自己意識を強める意味を考察する。

1　三多摩自由労働組合内部の対立

先に見たごとく仲木屋は、三多摩自由労働組合結成以降、失業救済事業の促進や自由労働者の生活援助などを求める活動を展開していた。三多摩自由労働組合はその他にも一九三二年六月一九日には映画大会を開催し資金を集め、その資金を元に事業部を設立し失業者を雑役人夫として派遣するなどの事業を行なった(46)。しかしこの事業部をめぐっては、賃金の一部を組合の資金として提供することの是非をめぐり対立が見られたという(47)。また三多摩自由労働組合内部の対立の種は、これだけにとどまらなかった。三三年の五月には、三多摩自由労働組合で「組合長中木屋鉱一氏以下の最高幹部五六名」が「顔付」となって「一般組合員が三日に一日の割でなくては就労出来ぬのを毎日出て働いてゐること」が労働者たちの不満を買い、「全く会内の統一を失ひ解散同様の悲運に陥つて」いるとの報道がなされた(『社会』三三・五・三)。この時期の八王子市では、一九三二年に数多く行なわれた失業救済事業が竣工を迎える一方、新たな失業救済事業―都市計画事業となる区画整理事業に伴う道路工事が、小作人とそれを支援する社大党系の全農八王子支部の抵抗により停滞し、自由労働者の不安が高まっていた(48)。三多摩自由労働組合の就労状況をめぐる内紛は、こうした状況を背景にしてのものと考えられる。

さて以上で見た三多摩自由労働組合の内紛では、仲木屋らが一般の組合員と異なり多くの就労機会を得ていることが問題とされていた。前節で見たごとく、それまでの失業救済事業をめぐっては、仲木屋はややもすれば競争的関係に駆り立てられる自由労働者の間に共同性を成り立たせるに際して、土木労働の社会での経験をふまえて使用者=請負業者の手法を労働者の間に広く知らせ、さらに失業救済事業の論理に依拠してこの使用者=請負業者の手法に対抗する、という方法を示していた。この方法は、労働者たちが使用者=請負業者という「共通の敵」に対峙している間は有効であった。しかし、先に見たごとく三三年の八王子市の自由労働者たちは、失業救済事業の竣工=新規事業の停滞の中で、就労機会の減少という問題に直面していた。そこでは「限られた就労機会を誰が得るか」という労働者間の問題が改めて浮上していたのである。

2 「失業登録者」の中の仲木屋鉱一

仲木屋が自由労働者の統一行動を成り立たせるに際しては、彼の「土工の子」としての、また少年期からの土木労働者としての、また一時的とはいえ「労務供給業者」としての経験が生かされていた。換言すれば仲木屋は、土木労働という往々にして「不熟練労働」とされる職種の中で、一定の経験を蓄積してきた人間であり、その経験を生かして「請負師」の手法を見抜き、また公的な失業救済事業の労働条件を活用して、自由労働者の組織化に成功していたのである。その一方で、この時期の失業救済事業に従事する労働者は、「失業救済事業」である以上当然のことではあるが、必ずしも元来土木労働に従事していたものではなかった。たとえば一九三二年三月に行なわれた東京府荏原郡目黒町の失業救済事業の登録労働者に関する調査によれば、登録労働者二五四名の前職は、土木建築業が一三一名（五一・六％）が半数程度で、その他農林業六五名（二五・五六％）、工業及鉱業一七名（六・七％）、通信運輸一四名（五・五％）、商業九名（三・五％）、雑業九名（三・五％）、無職九名（三・五％）が占めていた。[49]このような多様な前職の自由労働者たちと、「十四の春」から「土工」としての経験を「蓄積」してきた仲木屋は、失業救済事業の現場では同じ「労働者」として就労を行なっていた。しかし就労機会が減少してゆく中で、使用者側が土木労働への「習熟」度で就労機会に差をつけ始めると、労働者の間に亀裂が生じたのである。

本章では先に当該期の土木労働に従事する労働者にとって、失業救済事業とは、従来ややもすれば持続的な労働力商品の交換がなし得なかった土木労働市場に、国家が商品購入者として立ち現れることで、持続可能な商品交換の場を設定する――持続可能な商品交換の場としての「市場」の論理を導入する――意味を有したと把握した。この把握を前提にしていえば、以上で見た「限られた就労機会を誰が得るか」という労働者間の問題とは、まがりなりにも成立した持続可能な「市場」において、労働力の売り手の中に生じた、労働力を人間の労働力として一律に扱うことと、個人差のある習熟度―付加価値に応じて扱うことと、いずれが「公正」かという認識をめぐる問題であったと捉えられる。

3　就労機会をめぐる労働者間対立と仲木屋の認識

それでは仲木屋自身はこの問題にいかなる認識を示したのだろうか。仲木屋は、上に見た報道の約二ヶ月後にして後の社大党支部等からの脱退の約一ヶ月前の「一九三三・七・八」という日付を持つ「昭和土木指導論」という論文を著している。ここで仲木屋は、次のような見解を示している。

労働が一個の生きた商品であるならば、直接には商売相手の客（親方）と激しく相対立することは、その労働者をして直に生活不能に陥入らせることになる。それも只質を良くしての賃金値上げではなく、恐く何処の労働組合も『時間は八時間にしろ』『賃金は値上げしろ！』の一点ばりである。（「昭和土木指導論」『読本』五四頁）

ここで仲木屋自身が「労働」を「商品」に見立て、「質を良くしての賃金値上げ」をはかるのではない労働組合などの姿勢を批判している。このことは裏返していえば、商品は「質」に応じて扱われるべきであるとの認識を示すものといえよう。また仲木屋は、このすぐ後の段落で、次のように述べる。

規定賃金が欠けても、時間が少しは延長されても是非にもと売込でくる労働者の一群がある。農閑期の百姓、他の職場から没落してきたルンペン等がそれである。此等は仲間の稼業道徳を無視した憎い裏切者ともいえるが、従来の労働組合がとつてきた公式からいくと、同じプロレタリアであるとの観念から、それに対して何等積極的な阻止運動はなされない。この結果、必然的に泥沼の如き稼業道徳の堕落となつて現れる。所謂、最も悪質な労働力のソシアルダンピングとなる。（「昭和土木指導論」『読本』五五頁）

ここでは土木労働の世界に参入してくる農民や労働者に憎悪のまなざしが向けられ、彼らを「同じプロレタリア」として一律に扱う「従来の労働組合の公式」が批判的に捉えられる。そしてこの「同じプロレタリア」との「公式」に基づいて容認される労働者の参入が「労働力のソシアルダンピング」につながるとされる。ここでの仲木屋の議論は、土木労働の世界に流入してくる人々を一律に扱う捉え方への批判となっている。先に見たように三多摩自由労働組合の内紛の中で「限られた就労機会を誰が得るか」＝「公正」な労働力取引とは何か、という労働者間の問題を突きつけられた仲木屋は、この問題に「質」に応じた商品評価、すなわち土木労働の世界に新規参入する農民や労働者と「同じプロレタリア」として一律に扱われることの拒否、という答えを示したといえよう。かくて仲木屋の批判の矛先は、次のような方向に向かう。

元来、吾が土木労働者の低労働条件に在る条件は、至極出鱈目に流込でくる此の似而非労働者に何等の対策も講ぢてゐないことから起つてくる。（「昭和土木指導論」『読本』五五頁）

資本家、親方にとつて、競争請負入札の時その基礎的決定条件は、土木事業の大半を占める労働賃金である。労働賃金が不統制なる低額、いわゆる切捨御免的に使へる場合は、入札額をどん〳〵切下げなければ競争入札による請負業が成立たない。不当低額賃金による労働者の使役が全く困難である見透しが厳然としておれば、誰が好んで入札予算を引き下げよう。（「昭和土木指導論」『読本』五七頁）

すなわちここに仲木屋は、土木労働者の低賃金の元凶はその労働市場に参入してくる「似而非労働者」にあるとの立場を明確にする。そして彼らが低賃金で就労することこそが、請負業者の不当な低額での競争入札を可能にする、と主張するに至るのである。先に見たごとく、かつて仲木屋は土木労働者の低賃金は請負業者の搾取によるものとの見解を示していた。しかし請負業者の搾取がまがりなりにも規制される失業救済事業において「限られた就労機会を誰が得るか」＝「公正」な労働力取引とは何か、という労働者間の問題に直面する中で、問題は労働者自身のあり方に存するとの見解を有するに至ったといえよう。なおこの見解は、次のような構造的な認識と連動していたことも見逃せない。

此の立場から見ると、吾が労働条件を悪化さしてきたものは、似而非労働者による無統制な人口過剰と、技術低下によるところが大いにある。ところで右の結果を生んだところの最根本原因は、人口の大部分を占める農民大衆の低劣きわまる生活状態だ。それが労働条件の向上に、直接間接に圧迫してきてゐるのである。（「昭和土木指導論」『読本』五八頁）

とはいえ仲木屋の議論は、農村からの人口流出を引き起こす日本の経済構造の問題をいっそう掘り下げる方向には向かわなかった。それに代わって、「土木免状といつたものによる、一定限度の保護の方法の必要」（「昭和土木指導論」『読本』五六頁)、「素人のみだりに飛込んで来れない稼業道徳と、技術の用意に努むべきである」(「昭和土木指導論」『読本』五七頁)、という土木労働の就労機会を一定水準の習熟度で規制する＝労働者に一定の習熟を要求する、という方向に向かったのである。

以上のごとく仲木屋は、一九三三年七月の段階で従来とは大きく異なる土木労働の社会についての議論を行なっていた。しかしその議論はそれ以前の彼の立ち位置と何らの連続性も持たずに変化しているわけではなく、八王子市の失業救済事業の展開の中で直面した問題をいわば梃子として変化したものであった。こうした変化を前提に、仲木屋鉱一は一九三三年八月一日、三多摩自由労働組合及び社大党支部を脱退し、その後新たに愛国勤労組合を結成し八王子市の右翼「無産」政治勢力と提携する。この選択の政治的意味については第二章等に譲るが[50]、仲木屋の認識に即せば、この選択は、自分を含めた土木労働に従事してきた労働者と、一時的に参入する労働者や失業者を「同じプロレタリア」として一律に扱う左翼「無産」政治勢力との決別を意味しよう。またこの決別を受けて仲木屋は「愛国」を標榜するに至るが、先に見たごとく失業救済事業が国家による土木労働者の酷使の抑制という性格を有していたことに鑑みれば、このことも理解できよう。

かくて土木労働に流入する農民や失業者との一律の扱いを拒み、左翼「無産」政治勢力と決別して「愛国勤労組合」を結成した仲木屋は、その後も市当局に対し「区画整理工事市直営のこと」(『東日』三三・九・六)、「請負業者に中間搾取をさせること」であるから「直営とする様懇願」(『東日』三三・一〇・一)など従来同様直営工事を求めた。またかかる従来同様の要求に加えて「労働者教育のための夜学校設置」(『東日』三三・九・六)や、「失業労働者の素質向上と相互扶助」を目的に市内の一角に自由労働者家族を集め「この中に託児所を設け昼間夫は就労に、妻は靴下ほぐし等の共同内職に、夜は一堂に集まつて労働教育をする、物を買ふにもまた購買組合式にやろうといふあくまで部落主義の理想の楽園」を作る計画を表明した(『東日』三三・九・二八)。このことは、土木労働の就労機会を習熟度で規制する＝労働者に一定の習熟を要求する、という先に見た仲木屋の志向を実現するための計画であるといえよう。だが管見の限りその後これらの計画が実現した形跡はない。またその後就労可能な事業増加が見込めなくなると、「日雇ひ業者は隔日又は三四日おきの就業顔付小頭は連日就業しつゝ、ある状態から両者の反目を来たし再び日雇側は愛国勤労組合を脱し左翼派指導下に走らんとするもの続出し抗争拡大の形勢」（『読売』三四・一・一二）をきたし、愛国勤労組合の活動も沈滞していった。

4 「土木稼業人」へ

こうした中で仲木屋は、「二五九五・八・一五」と執筆年を皇紀で記した「直轄、請負工事の再評価と国策土木勤労論」という論文を著す。この論文で仲木屋は、かつては厳しく批判していた請負業を再評価する立場を示し、その理由を次のように述べる。

官庁は今日の請負業界に比べると、技術的には正しく専門家であるが、請負業界は何んといつても土木労働者を全面的に収容し、常に工事開始に対する有形無形の用意をしてゐなければならない立場にある。かうした時官庁は、労働者とは物質的に、精神的にも全然切離された存在たり得るのだ。それを昔日の請負業界は不十分とはいえ、失業した場合にも労働者を色々な形で面倒みてやる稼業道徳があつた。従つてそれだけでも官庁工事のやうに、工事日限が終われば後は見ぬ振の出来ない義務を履行しなければならない力を（予算）必要とするのだ。平常においてこの稼業道徳の維持があればこそ、一朝工事に着工した時は、渋滞なく土木工事の進捗が期待し得られた。（「直轄、請負工事の再評価と国策土木勤労論」『読本』三七〜三八頁）

すなわち仲木屋は、「官庁」の工事が工事期間のみ労働者と関係を有することに対し、請負業の場合にはいつでも工事開始に対応できるよう「不十分とはいえ」労働者を「面倒みてやる」「稼業道徳」を有し、それに対応する

「力」(右の記述で(予算)と表現されているのは資金のことであると考えられる)を蓄える志向を有していたとして、請負業を再評価するのである。先に見たように、仲木屋は失業救済事業の増減に連動して失業の不安に駆られた労働者が揺れ動く様に直面していた。こうした中で仲木屋は、請負業者の下で労働者がまがりなりにも次の仕事まで待機し得た状況を再評価するに至ったと考えられる。

その上で仲木屋は次のように主張する。

以上の意味からすれば、国家の興隆は、社会的要素の欠如している官庁工事よりも、社会的要素の多分に含まれてゐる土木請負業界の健全なる修整、改良こそ最も必要とするところであらう。(「直轄、請負工事の再評価と国策土木勤労論」『読本』三八頁)

そして仲木屋は、以上の課題を前に、次のような決意を示す。

それにしても旧土木請負工事の不信、直轄工事のバツコは土木稼業人(労資)にとつて一大試練である。土木稼業人は帝国の労働者としての愛国勤労の血汐と、沈滞しきつた稼業道徳の振興からしても、新時代に適合する家族主義の威力を発揮して、土木勤労常道再建の為に死中に活を求むる大決心と、即時断行に移るべきである。(「直轄、請負工事の再評価と国策土木勤労論」『読本』四一〜四二頁)

かくて仲木屋鉱一は、「稼業道徳」を知悉した「土木稼業人」として、「土木請負業界」の「修正」「改良」を自らの課題にすえる。そして一九三六年(昭和一一年)には「土木請負業岩瀬組代表」として、自ら土木請負業を開始するのである。

おわりに

明治末期、独特の習慣を有する「土工」や「請負師」の「同職集団」が未だ存在しつつも、その社会が大きく変わりつつある中に生まれた仲木屋鉱一は、その変化の中でのいわば「労働ダンピング」により商品としての労働力の生産の前提となる個人の自己生産あるいは自己維持の困難に直面した。

その後東京府へと移動してきた仲木屋は、失業救済事業に従事する「失業登録者」となり、プロレタリア小説などを介した社会運動との接点を契機に、失業救済事業に従事する労働者のリーダーとして活発な活動を行なった。仲木屋は、ややもすれば請負業者によって「ダンピング」に駆り立てられる労働者たちに、長年の土木労働の経験に基づいて請負業者の手法を知らせ、失業救済事業という国家の制度を利用することで請負業者の酷使を規制することを志向した。しかし失業救済事業により労働力の「ダンピング」を余儀なくされる状況は改善されつつも、事業の推移の中で就労機会が減少局面を迎えると、「限られた就労機会を誰が得るか」という問題が労働者の間に浮上した。それは換言すれば、国家による労働力購入により形成されたまがりなりにも持続的な「市場」において「公正」な労働力取引とは何か、という問題が浮上したものであった。

こうした問題に直面した仲木屋は、「質」に応じた労働力評価こそ「公正」という観点から、土木労働の就労機会を一定水準の習熟度で規制する＝労働者に一定の習熟を要求する、という方向に向かう。さらにかかる観点から、土木界との持続的な関係の維持によって習熟が可能な請負業を再評価し、土木界の道徳を熟知した「土木稼業人」として、自らがかつて否定した請負業の道へと進んで行ったのである。

以上に見た仲木屋鉱一の軌跡は、二〇世紀前期の日本を文字通り基底において担った人間の、まさに労働力以外売るべき商品を持たず、労働力を現実化するための一切を持ち合わせていない労働者としての社会との関わり方の軌跡であるといえる。そこで仲木屋が直面した問題と、彼の認識、そしてその試行の末の帰結は、本章が対象とした時期以降、主に二〇世紀中期を通じて形成された雇用形態が劇的に変化しつつある今日、一定の切実さを帯びて見えるように思われる。またこの仲木屋の軌跡の中で一つの画期となった失業救済事業について、本章では仲木屋の認識に依拠して、それが従来ややもすれば持続的な労働力商品の交換がなし得なかった土木労働市場に、国家が商品購入者として立ち現れることで、持続可能な商品交換の場を設定する――持続可能な商品交換の場としての「市場」の論理を導入する――意味を有した、との見解を提示した。この見解は未だ十分に煮詰められたものではないが、当該期の社会政策やそれに包摂される人々の中でこうした「市場」の論理がいかなる意味を持つのか、そしてそれが一九三〇年代以降の時代の変化にいかに影響するのかという問題の検討は、今後の大きな課題としたい。

◆註

（1）名字の表記は、戸籍上は「中木屋」だが、鉱一自身は「仲木屋」と表記していたので、本章もこれにならった。この点については鉱一の子息である中木屋健三氏にご教示頂いた。中木屋氏にはその他にも貴重なお話をうかがうと共に、「経歴書」などの史料も提供して頂いた。ここに改めて厚く御礼申し上げたい。

（2）三輪泰史『日本ファシズムと労働運動』（校倉書房、一九八八年）、西成田豊『近代日本労資関係史の研究』（東京大学出版会、一九八八年）、安田浩『大正デモクラシー史論』（校倉書房、一九九四年）など参照。

（3）安田浩「日本帝国主義確立期の労働問題」一三四～一三七頁（『歴史学研究別冊　世界史における地域と民衆（続）』一九八〇年。のち前掲註（2）安田書に収録）。

（4）同右論文。

（5）林宥一「階級の成立と地域社会」（坂野潤治ほか編『シリーズ日本近現代史3　現代社会への転形』岩波書店、一九九三年）五六頁。

（6）日本人労働者の運動については研究対象となり難かったが、在日朝鮮人労働者の運動については、一定の研究蓄積がある。岩村登志夫『在日朝鮮人と日本労働者階級』（校倉書房、一九七二年）、松永洋一「関東自由労働者組合と在日朝鮮人労働者」（『在日朝鮮人史研究』二号、一九七八年）、角木征一「東京・深川における朝鮮人運動」（『在日朝鮮人史研究』六号、一九八〇年）、同「全協・失業者同盟下の朝鮮人運動」（『在日朝鮮人史研究』九号、一九八一年）、外村大「在日本朝鮮労働総同盟に関する一考察」（『在日朝鮮人史研究』一八号、一九八八年）参照。また以上の労働者の動向を含む在日朝鮮人の社会に関するまとまった研究としては、外村大『在日朝鮮人社会の歴史学的研究』（緑蔭書房、二〇〇四年）がある。また必ずしも労働運動に限定されない観点から「不熟練労働者」の動向を扱った先行研究としては、「親分＝乾分の結合」研究の観点から土建、港湾、炭鉱等の労働者の動向を扱った岩井弘融『病理集団の構造』（誠信書房、一九六三年）、都市史の観点から神戸の港湾荷役労働者を扱った布川弘『神戸における都市「下層社会」の形成と構造』（兵庫部落問題研究所、一九九三年）、労働史の観点から北海道の道路建設労働者を扱った東條由紀彦「道路建設労働者集団と地域社会――北海道の場合」（高村直助編著『明治の産業発展と社会資本』ミネルヴァ書房、一九九七年）、都市社会構造史の観点から大阪の港湾労働者を扱った島田克彦「一九二〇―三〇年代の都市における労務供給請負業者」（『ヒストリア』一七五号、二〇〇一年）、同「戦前期大阪築港における港湾運送業と労働者」（『ヒストリア』一七八号、二〇〇二年）、戦前日本の「底辺・下層」への関心から日雇労働者を扱った松沢哲成『天皇帝国の軌跡』（れんが書房新社、二〇〇六年）がある。また宮崎学『近代ヤクザ肯定論』（筑摩書房、二〇〇七年）、同『ヤクザと日本』（筑摩書房、二〇〇八年）は、炭鉱、港湾、土建などの労働者の歴史的な存在形態との関係で、「近代ヤクザ」の成立を論じている。

（7）本章の基となった拙稿「「土木稼業人」の労働史――二〇世紀前期における仲木屋鉱一の軌跡」（『人文学報』第四一五号、二〇〇九年）以降の関連する研究成果としては、藤野裕子「戦前日雇い男性の対抗文化――遊蕩的生活実践をめぐって」（『歴史評論』七三七号、二〇一一年。のち改稿の上、同『都市と暴動の民衆史――東京・一九〇五―一九二三年』有志舎、二〇一五年に収録）、杉本弘幸「一九二〇―三〇年代の失業救済事業の地域的展開と「登録労働者」――京都市失業救済事業を事例に」（『年報近現代史研究』四号、二〇一二年。のち改稿の上、同『近代日本の都市社会政策とマイノリティ――歴史都市の社会史』思文閣出版、二〇一五年に収録）がある。

（8）本書第二章参照。

（9）足尾銅山で働いていた鉱山労働者については、争議分析を通じてその意識に迫った二村一夫氏の先駆的な研究がある（二村一夫『足尾暴動の史的分析』東京大学出版会、一九八八年）。また三輪泰史氏は、亀戸という地域に即して東洋モスリン争議を分析し、労働者の意識の解明をはかっている（三輪泰史「東洋モスリン争議「市街戦」の社会心理――大恐慌期における労働者の怒りとその背景」『日本史研究』四八五号、二〇〇三年。のち同『日本労働運動史序説――紡績労働者の人間関係と社会意識』校倉書房、二〇〇九年に収録）。

（10）東京自治研究センター編『多摩民衆運動に生きて――証言・三浦八郎』（三一書房、一九八四年）八六～八八頁など。

（11）例外的に生前の仲木屋への取材等もふまえて当時の彼と自由労働者の動向を取り上げたものとして、朝日新聞東京社会部『多摩の百年　下　絹の道』（朝日新聞社、一九七六年）がある。

（12）この「経歴書」は、罫紙六頁にわたって手書きで記されている。作成日時は記されていないが、経歴の最後が一九四一年の「南多摩郡浅川町高尾山本殿裏岩石切取工事ヲ請負ヒ労務供給事業ヲ営ミ今ニ至ル」との記述で終わっている点、現住所の欄に「東京都」と記されている点（都制施行は一九四三年七月）を考慮すれば、一九四三年七月以降のいずれかの時点で書かれたものと推測される。

（13）前掲註（11）書、八六頁。

（14）『東山梨郡誌』（山梨教育会東山梨支会、一九一六年）八五頁。

（15）『明治四十一年本邦鉱業ノ趨勢』（農商務省鉱山局、一九〇九年）一六四～一六五頁。

（16）長谷川伸『ある市井の徒・新コ半代記』（旺文社、一九七八年）一二一～一二三頁。なお同書の解説によれば、「ある市井の徒」の初出は、一九五一年であるという。

（17）同右書。

（18）二〇〇六年三月一二日、中木屋健三氏談。

（19）松崎傳『通俗土木文庫　土方稼業』（精美館、一九〇六年）二一六頁。

（20）同右書、四二～四三頁。

（21）同右書、五五～五七頁。

(22) 前掲註(16)書、一一〇頁。
(23) 同右書、一一一〜一一二頁。
(24) たとえば佐藤忠男氏は、ここで長谷川伸が、「仁義」の習慣とは「博徒専用」のものではなく渡り職人に広く見られる習慣であったと述べていることに注目している(佐藤忠男『長谷川伸論』岩波現代文庫、二〇〇四年)。
(25) 東條由紀彦「明治二〇〜三〇年代の「労働力」の性格に関する試論」(『史学雑誌』八九編九号、一九八〇年。のち同『製糸同盟の女工登録制度——日本近代の変容と女工の〈人格〉』(東京大学出版会、一九九〇年)に補注を加え収録)。
(26) 同右書、四二八頁。
(27) 前掲註(19)書、一二一〜一二二頁。
(28) 前掲註(6)岩井書、四三四頁。
(29) 飯田直樹「日露戦後の土木建築請負業者と大林芳五郎」(広川禎秀編『近代大阪の行政・社会・経済』青木書店、一九九八年)一三二〜一三三頁。
(30) 前掲註(19)書、一五頁。
(31) 『長野県史』通史編第八巻近代二(長野県、一九八九年)一九五〜二〇〇頁。
(32) 土木工業協会・電力建設業協会『日本土木建設業史』(技報堂、一九七一年)八六〜八七頁。
(33) 「大正十三年五月　市上水道布設事業梗概」『松本市史』第四巻旧市町村編Ⅰ、一九九五年。
(34) 中木屋家墓誌(八王子市西浅川町所在)。
(35) 当該期の「労務供給業」については、前掲註(6)島田論文を参照。
(36) 大林組『多摩陵御造営工事記念写真帖』一九二八年。
(37) 一九二九年一〇月三日の内務、大蔵両次官名の各地方長官宛通牒「失業防止並救済ノ為ノ事業調節ニ関スル件」以降、失業救済事業に就労するためには、その地域の職業紹介所に登録申請を行ない、職業紹介所の審査を経て困窮者と認定され、労働手帳を交付されることが必要となっていた。この点については加瀬和俊『戦前日本の失業対策』(日本経済評論社、一九九八年)第八章参照。
(38) 本書第二章参照。

(39)「急告」三多摩一般労働組合全国大衆党支部内（法政大学大原社会問題研究所所蔵。請求記号政党16―34）。
(40)『全国大衆新聞』第三二号、一九三一年六月二〇日。
(41)前掲註（11）書、一九三頁。
(42)「葉山嘉樹年譜」（『現代日本文学全集38　葉山嘉樹／小林多喜二／中野重治集』筑摩書房、一九五四年）。
(43)「旧全国大衆党八王子支部拡大委員会　昭和六年七月十日」（法政大学大原社会問題研究所所蔵。請求記号政党17―29）。
(44)中村高一『三多摩社会運動史』（都政研究会、一九六六年）四六頁。
(45)前掲註（11）書、一九三～一九四頁。
(46)前掲註（44）書、一〇〇～一〇一頁。
(47)前掲註（11）書、一九四頁。
(48)本書第二章参照。
(49)『登録労働者の生活状況』（一九三二年五月、目黒町職業紹介所）七頁。
(50)本書第二章参照。

第四章　一九三〇年代大都市近郊における都市地域社会と「無産」政治勢力
——屠場市営化・移転問題の展開を手がかりに

はじめに

本章は、一九三〇年代中期の東京府八王子市における屠場市営化・移転問題の展開過程を辿り、そこでの市理事者及び市会、市内部の「町」、そして「無産」政治勢力の動向の検討を通じて、当該期大都市近郊における都市地域社会のあり方と、男子普選下で市政への参加を果たした「無産」政治勢力の関係を考察することを課題とする。

序章で見たごとく、二〇〇〇年段階における近代都市史の「閉塞」の克服をはかる試みでは、「地域的公共への無産階級の参加という点」に着目した場合「都市が農村より進んでいたとはいえない」[1]という、林宥一氏の提起した論点の問い直し[2]が行なわれ、加藤千香子氏・大岡聡氏が、林氏の論じる政治参加の主体が階級運動の担い手に限定される点を批判し、都市において「無産」という言葉で認知される、階級運動に限定されぬ多様な主体に光を当てた[3]。大岡氏はまた、林氏が「地域的公共」を専ら市レベルに限定した点を批判し、「地域的公共性」を重層的に捉えるべきことを指摘した[4]。この点に関しては、沼尻晃伸氏も市レベルだけでなく「都市の社会関係に立脚した地域社会に密接な関係を持つ制度や団体」に「公共関係」を見出す必要を指摘している[5]。

林氏の提起した論点に関する以上の二つの指摘は、都市における政治参加の問題、「地域的公共」の問題を考察する上で重要な指摘である。だがこの二つの指摘の交差する点、すなわち重層的な「地域的公共」からなる都市社会において、階級運動に限定されぬ「無産」政治勢力の市レベルの「地域的公共」への参加はいかなる意味を持つのか、という問題は、加藤氏、大岡氏の議論でも、その後の都市史研究の中でも、必ずしも十分考察されていない[6]。しかし、林氏が同時期の農村に関する研究では、行政村と大字＝部落双方を視野に、階級運動の展開とそれに伴う行政村と部落関係の変動を対象化していた[7]ことを想起すれば、都市史研究においてもさしあたり市と、その内部の地域的単位としての「町」[8]の関係に焦点を合わせ、そこでの「無産」政治勢力の動向を考察することは、都市と農村を比較しつつも異なる構造を持つ社会として捉える観点[9]を深めるために重要であると考えられる。なお本章ではこの考察を、「デモクラシー」の制度的な現れと、その社会的な現れと捉え得る人々の諸動向の中での、政治領域及び社会領域における「無産」政治勢力の動きに注目した前章の議論の延長上に位置づける[10]。かかる観点から市政参加を果たした「無産」政治勢力と都市社会の関係を考察することは、その後の部落会・町内会法制化等の国家による地域の組織化を、都市の「デモクラシー」をめぐる政治と社会の状況の展開との関係で再考する際の前提ともなると考える。

本章では、以上の問題認識に基づき、一九三〇年代中期の東京府八王子市における屠場市営化・移転問題の展開を扱う。この八王子市の屠場については、尾崎いくみ氏が中小都市の公益企業公営化の問題としてその市営化過程を扱った[11]。本章は尾崎氏の研究に学びつつも、市営化過程に限らずその前後の市営化・移転をめぐる社会・政治領域の動向を広く視野に入れ分析する。その際、特に屠場の立地となった地域の住民の反対運動に注目する。所謂

「公共施設」建設に際し、地域の住民が異議を唱え運動を行なう事例は往々見られる。[12] かかる事例が、専ら国家や市町村に所与のごとく「公共性」を見る通念に疑義を呈する契機となることは、つとに指摘されている。[13] 本章もかかる契機に着目し、社会に輻輳する「公共」的性格を帯びる単位間の関係を検討する。またこの問題をめぐっては、後述の通り八王子市の「無産」政治勢力が積極的に発言していた。つまりこの問題は、市とその内部の「町」のあり方と、市政に参加した「無産」政治勢力の関係の考察にも適する。本章が八王子市の屠場市営化・移転問題を扱う理由は、以上の点に存する。

さて本章がフィールドとする東京府八王子市は、第一章や第二章で見たごとく、様々な局面で大都市東京市の影響を受けていた。この大都市東京市の近郊都市としての八王子市という場の特質は、のちに見るように、本章が考察の対象とする屠場市営化・移転問題の浮上過程に大きく関係する。また八王子市自体の都市化の進展も、この問題の展開に密接に関係する。本章では、こうした都市間の関係性、それと密接に関わる都市の空間的な変化の問題を組み込みつつ、そこでの重層的な「地域的公共」のあり方と「無産」政治勢力の政治参加の関係を捉えるという分析視角を提示する。そしてそれを通して、都市固有の空間的な変化の問題を組み込みつつ、そこでの政治と社会の変化を動態的に捉える都市史の方法を模索したい。

なお本章での新聞史料の引用方法は、本書序章の「第四節　本書の方法と構成」に記した通りである。

第一節　屠場市営化・移転問題の浮上

1　市営化・移転検討以前の八王子の屠場をめぐる状況

まず本章が考察の対象とする八王子の屠場について、その設置から市営化・移転が検討されるまでの状況を、同時期の屠場一般の動向と関連させせつつ整理しておきたい。

本章で扱う屠場は、一九〇九年九月、八王子町子安（市制施行後は八王子市子安町）に設立が許可された。[14]八王子屠獣場株式会社により中心市街地から一キロ弱の子安に消費地屠場として設立されたこの屠場は、一九〇六年制定の屠場法にいう私設屠場であり、市町村が新たに屠場を設立する際には地方長官（東京府は警視総監）が廃止を命じ得た（屠場法第六条）。また同年の屠場法施行規則では、屠場の設立を「私人ニ許可スルトキハ一定ノ期限ヲ附スルコトヲ要ス」（屠場法施行規則第一条）とされていた。以上のごとく私設屠場として出発した八王子の屠場は、一九二二年に合資会社化した後も許可更新を受け続けた。[16]屠場法は私設屠場に厳しい内容を有したが、法制定後の全国の屠場数と経営形態（【表4－1】）に見られるように、私設屠場は二〇年代でも珍しくはなかった。特に東京府では全国傾向に比し私設屠場の割合が高く、その中には【表4－2】のように、都市に食肉を供給する屠場の中でも大規模な屠場が複数含まれた。

以上のように東京府では私設屠場が営業を継続していたが、二〇年代後半には転機が訪れる。二七年一一月、東京府の屠場を管轄する警視庁が、東京市近郊の大規模私設屠場の三ノ輪（北豊島郡）、寺島（南葛飾郡）、千住（南足立郡）の三屠場に対し二年以内の市街地建築物法の制限区域外移転を、大崎（荏原郡）の屠場に対しては二年以内に市街地建築物法適用区域外に移転せねば以後許可を行なわない旨を命じた。[17]後年の史料によれば、この移転命令は、対象となった私設屠場が「狭隘にして衛生的施設不完全なるを以て」発せられたという。[18]この屠場「狭隘」の理由としては、【表4－3】のような二〇年代中葉にかけての屠畜数の増加が挙げられる。またこの「狭隘」と関わり「衛生的施設不完全」が問題とされる理由としては、東京市の都市計画との関連が指摘し得る。同市の都市計画では、都市計画区域[19]のうち市域部の整備が震災復興事業により竣工に近づく中、市周辺部の整備が課題となり二七年八月には東京都市計画区域全域の街路網が決定され、二八年以降には市街地建築法に基づき郊外でも建築線が指定された。[20]この東京市の都市計画の市周辺での展開に伴い、都市整備の一環として市周辺屠場の「衛生的施設不完全」が問題とされ、私設屠場への対処方針が厳しくされたと考えられる。

以上に見た二〇年代後半における警視庁の私設屠場への対処方針の厳格化は、東京市周辺部の屠場のみならず八王子市の屠場にも適用された。すなわち二九年には八王子市子安町所在の屠場について、「本年期限満了と共に警視庁では継続営業を許可しないことに決定してゐる」（『東日』二九・一・二四）と報じられた。この屠場では、先の【表4－3】のように東京府の他の屠場と同様に屠畜数が増加していた。また第二章で見たごとく、八王子市は一九二七年の都市計画法適用を受け、二九年には都市計画区域が決定されるなど都市計画が進みつつあった。以上のように東京市周辺部の屠場の場合と同様に屠畜数増加と都市計画の進展が交差する中で、警視庁は、八王子市の屠場に対しても厳格な方針で臨む姿勢を示したのである。かくて屠場の存続が危ぶまれる中、八王子市では屠場の市営化・移転が検討され始める。

2　八王子市政における屠場市営化・移転の検討過程とその背景

本項では、前項で見た警視庁の私設屠場への対処方針の厳格化を受けた八王子市の屠場市営化・移転の検討過程

【表4－1】　全国・東京府の屠場数と経営形態

年度		市営・町村営	組合営	私営	合計
1910年度	全国	205（43.2%）	0	270（57.8%）	475（100%）
	東京府	2（16.7%）	0	10（83.3%）	12（100%）
1911年度	全国	219（44.2%）	0	276（55.8%）	495（100%）
	東京府	2（16.7%）	0	10（83.3%）	12（100%）
1912年度	全国	224（44.6%）	0	278（55.4%）	502（100%）
	東京府	1（9.1%）	0	10（90.9%）	11（100%）
1913年度	全国	246（48.4%）	0	262（51.6%）	508（100%）
	東京府	1（8.3%）	0	11（91.7%）	12（100%）
1914年度	全国	254（50.8%）	0	252（49.8%）	506（100%）
	東京府	1（7.7%）	0	12（92.3%）	13（100%）
1915年度	全国	263（50.7%）	0	256（49.3%）	519（100%）
	東京府	1（7.7%）	0	12（92.3%）	13（100%）
1916年度	全国	272（52.4%）	0	247（47.6%）	519（100%）
	東京府	2（14.3%）	0	12（85.7%）	14（100%）
1917年度	全国	281（54.4%）	0	236（45.6%）	517（100%）
	東京府	2（14.3%）	0	12（85.7%）	14（100%）
1918年度	全国	286（54.6%）	0	238（45.4%）	524（100%）
	東京府	2（14.3%）	0	12（85.7%）	14（100%）
1919年度	全国	298（56.7%）	0	228（43.3%）	526（100%）
	東京府	2（14.3%）	0	12（85.7%）	14（100%）
1920年度	全国	310（58.7%）	0	218（41.3%）	528（100%）
	東京府	2（14.3%）	0	12（85.7%）	14（100%）
1921年度	全国	312（57.9%）	0	227（42.1%）	539（100%）
	東京府	2（13.3%）	0	13（86.7%）	15（100%）
1922年度	全国	313（60.4%）	0	205（39.6%）	518（100%）
	東京府				15（100%）
1923年度	全国	326（58.5%）	3（0.5%）	228（40.9%）	557（100%）
	東京府	3（16.7%）	0	15（83.3%）	18（100%）

註1：全国の中に植民地屠場は含まれていない。（　）は百分率。組合営とは、産組合または産業組合営。
註2：1922年の東京府の経営形態の内訳は記載なし。
出典：『衛生局年報』明治42年版～昭和13年版より作成。

年度		市営・町村営	組合営	私営	合計
1924年度	全国	340（60.1%）	4（0.7%）	222（39.2%）	566（100%）
	東京府	4（21.1%）	0	15（78.9%）	19（100%）
1925年度	全国	351（60.6%）	8（1.4%）	220（38.0%）	579（100%）
	東京府	4（21.1%）	0	15（78.9%）	19（100%）
1926年度	全国	368（61.7%）	8（1.3%）	220（36.9%）	596（100%）
	東京府	6（30.0%）	0	14（70.0%）	20（100%）
1927年度	全国	378（62.3%）	7（1.2%）	222（36.5%）	607（100%）
	東京府	4（23.5%）	0	13（76.5%）	17（100%）
1928年度	全国	386（62.8%）	20（3.3%）	209（33.9%）	615（100%）
	東京府	5（26.3%）	0	14（73.7%）	19（100%）
1929年度	全国	397（64.0%）	26（4.2%）	197（31.8%）	620（100%）
	東京府	5（26.3%）	0	14（73.7%）	19（100%）
1930年度	全国	406（65.3%）	25（4.0%）	191（30.7%）	622（100%）
	東京府	5（25.0%）	0	15（75.0%）	20（100%）
1931年度	全国	412（65.5%）	29（4.6%）	188（29.9%）	629（100%）
	東京府	4（21.1%）	0	15（78.9%）	19（100%）
1932年度	全国	419（64.9%）	33（5.1%）	194（30.0%）	646（100%）
	東京府	4（21.1%）	0	15（78.9%）	19（100%）
1933年度	全国	428（63.2%）	38（5.6%）	211（31.2%）	677（100%）
	東京府	6（28.6%）	0	15（71.4%）	21（100%）
1934年度	全国	443（63.8%）	45（6.5%）	206（29.7%）	694（100%）
	東京府	6（27.3%）	0	16（72.7%）	22（100%）
1935年度	全国	457（65.0%）	43（6.1%）	203（28.9%）	703（100%）
	東京府	6（27.3%）	0	16（72.7%）	22（100%）
1936年度	全国	471（66.3%）	38（5.4%）	201（28.3%）	710（100%）
	東京府	10（43.5%）	0	13（56.5%）	23（100%）

総頭数	牛	豚	羊	馬
109,170	23,599	79,953	0	5,618
53,898	17,294	36,040	301	263
50,485	6,779	41,604	210	1,892
46,820	826	42,126	0	3,868
32,720	0	32,720	0	0
30,735	596	30,106	0	33
25,474	5,417	19,831	23	203
24,539	6,747	15,901	1	1,890
21,002	13,818	6,598	0	586
20,177	16,762	3,146	0	269
19,733	12,760	6,610	0	363
15,986	14,393	1,499	2	92
12,626	1,042	11,497	2	85
10,930	1,591	7,726	1,606	7
8,251	3,097	4,831	15	308
7,961	224	2,729	0	12
7,361	1,167	5,948	19	227
7,327	2,016	4,130	18	1,163
6,029	570	5,209	8	242
5,422	524	4,731	2	165
5,375	1,202	1,241	30	2,902
5,369	518	4,846	1	4
4,937	425	4,484	3	25
4,731	1,766	2,711	6	248
4,729	463	4,228	0	38
4,528	4,264	212	0	52
4,141	569	3,519	0	53
4,140	627	2,184	0	1,329
4,126	3,697	425	0	4

【表 4−2】 全国都市の屠場（1928 年）

都市	屠場名	経営者	事業開始年月
東京市	箕《マ》輪《マ》屠場	日本畜産工業株式会社	1909 年 7 月
東京市	帝国中央屠場	中央屠場株式合資会社	1907 年 12 月
横浜市	横浜屠場株式会社	株式会社	1910 年 4 月
東京市	寺島屠場	日本畜産工業株式会社	1908 年 11 月
東京市	野方屠場	豊多摩郡野方町	1927 年 12 月
東京市	千住屠場	日本畜産工業株式会社	1915 年 5 月
神戸市	市立神戸屠場	神戸市	1920 年 1 月
名古屋市	名古屋市立屠場	名古屋市	1909 年 5 月
大阪市	市立今宮屠場	大阪市	1910 年 7 月
京都市	京都市立屠場	京都市	1909 年 7 月
大阪市	市立木津川屠場	大阪市	1910 年 7 月
広島市	広島市屠場	広島市	1909 年 7 月
那覇市	那覇市屠場	那覇市	1909 年 10 月
長崎市	長崎市営屠場	長崎市	1911 年 1 月
札幌市	札幌市立屠場	札幌市	1909 年 6 月
千葉市	千葉市屠場	千葉市	1910 年 6 月
仙台市	仙台市立屠場	仙台市	1909 年 3 月
旭川市	旭川屠場	旭川市	1907 年 11 月
前橋市	前橋市営屠場	前橋市	1909 年 6 月
宇都宮市	宇都宮市屠場	宇都宮市	1909 年 9 月
熊本市	飽託屠場	合名会社	1908 年 11 月
横須賀市	市立横須賀屠獣場	横須賀市	1912 年 1 月
水戸市	常盤村公設屠殺場	常盤村	1909 年 11 月
函館市	函館畜産組合屠場	畜産組合	1909 年 7 月
八王子市	合資会社八王子屠場	合資会社	1909 年 9 月
姫路市	姫路屠場	姫路市	1909 年 7 月
沼津市	沼津屠場	沼津市	1909 年 12 月
都城市	都城市屠場	都城市	1927 年 8 月
呉市	呉市屠場	呉市	1908 年 2 月

註：屠畜数順。上位 30 ヶ所。
出典：『日本都市年鑑』昭和 6、8 年度版より作成。

【表4－3】 東京府の主な屠場の屠畜総数の変遷

	三ノ輪屠場	大崎屠場	寺島屠場	千住屠場	八王子屠場
1915年	61,542 （牛 18,432・豚 39,088）	23,344 （牛 16,072・豚 7,272）	41,270 （牛 785・豚 35,294）	4,248 （牛 35・豚 4,212）	1,098 （牛 646・豚 415）
1916年	63,754 （牛 22,043・豚 37,330）	26,037 （牛 17,910・豚 8,122）	37,672 （牛 944・豚 29,017）	9,946 （牛 662・豚 9,282）	1,099 （牛 760・豚 276）
1917年	58,275 （牛 16,645・豚 36,140）	22,148 （牛 16,745・豚 5,381）	31,432 （牛 792・豚 23,083）	5,117 （牛 971・豚 4,130）	949 （牛 635・豚 227）
1918年	66,982 （牛 11,319・豚 51,109）	22,874 （牛 14,374・豚 8,452）	35,708 （牛 784・豚 28,291）	2,625 （牛 1,078・豚 1,544）	1,189 （牛 581・豚 490）
1919年	74,261 （牛 14,238・豚 56,932）	21,016 （牛 10,189・豚 10,716）	33,197 （牛 740・豚 28,311）	2,009 （牛 746・豚 1,261）	1,754 （牛 493・豚 1,181）
1920年	82,572 （牛 15,433・豚 64,435）	22,749 （牛 9,380・豚 13,329）	38,191 （牛 1,107・豚 34,063）	2,919 （牛 817・豚 2,102）	1,552 （牛 515・豚 995）
1921年	118,121 （牛 17,792・豚 97,314）	34,888 （牛 14,469・豚 20,141）	50,326 （牛 1,414・豚 45,673）	8,066 （牛 854・豚 7,211）	2,477 （牛 628・豚 1,806）
1922年	104,810 （牛 19,606・豚 81,808）	32,011 （牛 16,965・豚 14,664）	40,024 （牛 1,607・豚 34,285）	6,613 （牛 633・豚 5,978）	2,081 （牛 584・豚 1,447）
1923年	87,936 （牛 15,972・豚 68,584）	28,996 （牛 16,519・豚 12,153）	30,939 （牛 1,569・豚 25,101）	6,665 （牛 442・豚 6,222）	2,336 （牛 586・豚 1,712）
1924年	121,846 （牛 22,385・豚 96,083）	39,891 （牛 17,187・豚 22,078）	44,700 （牛 735・豚 39,752）	12,180 （牛 22・豚 12,153）	2,728 （牛 520・豚 2,168）
1925年	131,180 （牛 21,647・豚 106,187）	46,463 （牛 17,032・豚 28,668）	57,339 （牛 632・豚 51,937）	21,368 （牛 21・豚 21,156）	4,227 （牛 412・豚 3,780）
1926年	93,720 （牛 19,368・豚 70,332）	38,534 （牛 15,383・豚 22,565）	47,607 （牛 577・豚 42,308）	20,511 （牛 862・豚 19,608）	3,030 （牛 420・豚 2,577）

註：屠畜総数は牛、豚、馬、羊の屠畜総数。（　）内はその内の牛、豚の屠畜頭数。
出典：『警視庁統計書』大正4～15年度版より作成。

とその背景を明らかにする。

八王子市では一九二七年、市会第三部委員会が子安町の屠場市営化につき秘密裡の調査を決めていたが、[21]正式に市営化の検討が始まったのは二九年一月の委員会からであった。委員会では、警視庁の営業許可の問題に加え屠場が「現在子安町民から移転を迫られ」ていることをふまえ、市営化と移転が検討された（『東日』二九・一・二四）。しかしこの年は予算の目途が立たず、警視庁に認可延長が陳情された。[22]翌年以降も「政府の緊縮方針によつて借金の方法がつかないので結局将来必ず市営として改築移転するにつき財源がもとめられるまで延期してもらひたいと警視庁へ今年も請願する筈」（『東日』三〇・四・二四）、「八王子市子安町屠殺場は営業期限切れとなり度々市会の決議を経て延期方を陳情今日に至つてゐる」（『読売』三一・六・二）等、許可延期陳情により私設屠場として営業が続けられた。しかしかかる方法による営業は、一九三四年には「昭和四年規則改正以来市営延期願ひを続けて来たもので来年度はいよいよこの許可も危ぶまれ」（『東日』三四・五・五）る状況を迎える。市当局は、「市経営として優秀な財源であるので絶対存置を必要とする屠殺場も八方攻めの行悩みにあつて抛棄も止むを得ない形勢」（『東日』同上）に直面していた。かくて財源維持のための屠場市営化着手か、営業期限切れによる「抛棄」かを迫られた市当局は、三四年七月一一日の八王子市会第一部委員会の屠場市営化・新設予算案可決を受け（『東日』三四・七・一二）、八月一四日の市会に昭和九年度追加予算案として屠場市営化費用二万円を提案する。[23]

では何故市当局は屠場市営化を選択したのか。それは当該期の市政における財政問題の意味に関わっていた。屠場市営化予算が市会に提案された一九三四年の前年の一九三三年一一月の市会選挙では、政友会系一七名、民政党系一四名、社会大衆党二名、中立三名が当選し、政友会系が中立一名の支持を得て市会過半数を確保し八王子織物同業組合元組合長杢代龍喜を市長に選出した。[24]この選挙以前は、民政党系が市会与党であり、八王子商工会議所前会頭城所国三郎を市長に擁していた。城所市長は、選挙一〇ヶ月前の三三年二月、特別税戸数割条例を成立させていた。[25] 一一月の市会選挙では主にこの戸数割導入の是非が争点となり、その撤廃を主張した政友会系が勝利した。つまり三四年の杢代市長体制は、戸数割撤廃という政策をいわば公約にして成立していたといえよう。

ではこの杢代市長体制における財政問題と屠場市営化はいかに関わるか。この点は、城所市長体制下での戸数割導入、杢代市長体制下でのその否定と家屋税附加税還元の意味と関連する。八王子市は、【表4-4】のように歳入の大部分を市税、特に府税たる家屋税に附加する家屋税附加税に依っていた。経済状況が不安定であった三〇年代初頭、市は税収維持のため、【表4-5】のようにしばしば家屋税附加税の賦課率を変更した。この頻繁な賦課率変更は市会で批判されたが、特に三二年度後半の賦課率の変更は、市会内外に大きな議論を巻き起こした。この変更につき城所市長は次のように述べていた。

昭和六年度ニオイテハ（本税ハ一銭五厘一毛）本税一円ニ付三円七十銭トナリ昭和七年度ニオイテハ本税一円ニ付四円十五銭ノ処昭和七年十月ヨリ東京府ノ三部制撤廃ノ結果本税ニ非常ナ減額ヲ来シ（一銭五厘一毛ヵ六厘四毛六糸トナル）マシタタメ後半期ニオイテ市税附加税ヲ本税一円ニ付九円六十四銭八厘ニ引上クルノ已ムナキニ至リマシタ[26]（傍線は中村）

すなわちこの変更は、一九三二年一〇月の東京市の隣接五郡への市域拡張、所謂「大東京」成立に伴う東京府の三部経済制廃止の影響によるものであった。[27] 東京府では三部経済制廃止により従来異なった市部と郡部の府税賦課率が統一され、郡部経済に属した八王子市では府税賦課率が軽減された。[28] しかしその一環で府税たる家屋税本税の賦課率も軽減されたことは、市財政に思わぬ影響をもたらした。すなわち税収の大きな部分を家屋税附加税に依る八王子市では、家屋税本税の賦課率軽減の下で従来の税収を確保するためには、附加税賦課率を先の城所市長の言のごとく大幅に増率せねばならなかったのである。こうした中で城所市長体制下では、家屋税附加税偏重の税収構造を改めるため、特別税戸数割の導入がはかられていた。なおこの新税導入にはもう一つの思惑も存在した。永見

【表4−4】 1930年代前期の八王子市の歳入構造

年度	1930年度	1931年度	1932年度	1933年度	1934年度	1935年度
歳入合計	508.7 (100)	563.8 (100)	709.9 (100)	729.7 (100)	932.0 (100)	676.7 (100)
市税	303.6 (59.7)	286.1 (50.7)	299.4 (42.2)	312.8 (42.9)	304.5 (32.7)	331.8 (49.0)
うち〈府〉家屋税附加税	151.8 (29.8)	146.7 (26.0)	165.6 (23.3)	74.5 (10.2)	154.0 (16.5)	159.3 (23.5)
うち〈府〉雑種税附加税	55.7 (10.9)	53.0 (9.4)	50.1 (7.1)	49.6 (6.8)	47.2 (5.1)	48.3 (7.1)
うち〈国〉営業収益税附加税	42.6 (8.4)	36.4 (6.5)	30.9 (4.4)	40.0 (5.5)	40.5 (4.3)	53.9 (8.0)
うち特別税戸数割	—	—	—	101.8 (14.0)	—	—
使用料手数料	30.2 (5.9)	27.5 (4.9)	40.1 (5.6)	45.9 (6.3)	46.0 (4.9)	54.0 (8.0)
水道費収入	—	—	114.6 (16.1)	110.2 (15.1)	79.6 (8.5)	73.2 (10.8)
交付金	10.1 (2.0)	8.6 (1.5)	8.8 (1.2)	8.8 (1.2)	8.4 (0.9)	10.1 (1.5)
国庫下渡金	40.0 (7.9)	40.0 (7.1)	41.8 (5.9)	41.5 (5.7)	44.6 (4.8)	33.8 (5.0)
国庫補助金	2.0 (0.4)	0.7 (0.1)	2.2 (0.3)	3.5 (0.5)	3.6 (0.4)	3.6 (0.5)
府補助金	8.2 (1.6)	7.2 (1.3)	8.0 (1.1)	10.0 (1.4)	8.4 (0.9)	12.5 (1.8)
寄附金	14.4 (2.8)	10.3 (1.8)	4.3 (0.6)	4.0 (0.5)	17.6 (1.9)	11.3 (1.7)
繰越金	19.6 (3.9)	22.5 (4.0)	18.1 (2.5)	95.0 (13.0)	1.4 (0.2)	80.8 (11.9)
市債	44.0 (8.6)	93.0 (16.5)	136.4 (19.2)	14.0 (1.9)	363.7 (39.0)	25.0 (3.7)
その他の歳入	36.6 (7.2)	67.9 (12.0)	36.2 (5.1)	84.0 (11.5)	54.2 (5.8)	40.6 (6.0)

註1：〈府〉は府税附加税、〈国〉は国税附加税。単位は千円。
註2：(　) はすべて歳入合計を100%とした場合の構成比。
出典：『八王子市議会史』資料編Ⅱ（八王子市議会、1988年）より作成。

【表4−5】 1930年代前期八王子市における家屋税附加税賦課率の変動

実施年度	賦課率（本税1円につき）	税額（円）	備考
1930年度前半期	2円77銭	77,607円18銭	
1930年度後半期	3円90銭	74,215円53銭	1930年度通年の税額は151,822円71銭。
1931年度	3円70銭	146,689円16銭	
1932年度前半期	4円15銭	83,468円18銭	
1932年度後半期	9円64銭8厘	82,152円46銭	1932年度通年の税額は165,620円64銭。
1933年度	4円15銭9厘	74,461円17銭	
1934年度	8円50銭	154,129円60銭	
1935年度	8円50銭	159,332円69銭	

出典:『八王子市議会史』記述編Ⅰ（八王子市議会、1990年）386頁所載の表2−5−9より作成。

房吉市助役は特別税戸数割導入と隣接町村との関係について、導入予定の戸数割の一戸当たり平均額は、隣接町村の平均額より低いとした上で、次のように述べていた。

大八王子建設ニ際シテ隣接町村ニ逃ケルトカ或ハ転入ヲ阻止スル様ナコトハ少イト存シマス　寧ロ本市ノ戸数割カ隣接町村ニ較ヘテ低イ関係上負担ノ軽減ヲ図ルタメニ隣接町村カラ這入ツテクルコトニナリハセヌカト思ツテ居リマス(29)

この思惑につき永見助役は、城所市長と共に辞任する際に一層率直に次のように述べた。

戸数割実施の奥には実は懸案小宮村との合併策があつたのです家屋税が高額ではどうしても実現困難で、そのため市民にはいひたくもこと対外交渉問題で市の足元を見られるやうな弱腰は市として見せられなかつた（『東日』三四・一・一七）

戸数割導入には、周辺町村との合併を容易にする思惑も伏在したのである。これを要するに城所市長体制下の戸数割導入とは、府税に左右される税収構造をより自立的に改め、かつ周辺町村との合併促進を狙ったものであった。梅田定宏氏は、同時代の多摩地域において、「大東京」は意識しつつも「大東京」から相対的に自立した都市建設をはかろうという志向」が存在したことを指摘しているが(30)、城所市長体制下の八王子市の戸数割導入は、まさにかかる志向に基づく施策であったといえよう。だがかかる志向はあったにせよこの戸数割に対しては、社大党八王子支部が「資産家擁護の税制」と批判し、政友会系勢力も「不均衡な悪税」と批判を展開した（『東日』三三・一〇・一二）。この批判は、戸数割は悪税との見方が浸透する中[31]で効力を発揮し、選挙の結果政友会系が市会多数派の地位を得、また社大党も議席を一つ増やした。かくて成立した政友会系＝杢代龍喜市長体制では、戸数割廃止と家屋税附加税還元が実施された。その際の家屋税附加税の賦課率は、政友会系が城所市長体制下の高賦課率を批判していた関係上、当時の賦課率以下に設定された（【表4－5】）。城所市長と共に辞任した永見助役は、「戸数割といふ根本問題を政争の具に供されたことは心外でならない」（『東日』三四・一・一七）と述べていたが、政友会系＝杢代市長体制は、財政問題を「政争の具」に勝利したが故に、税収構造の設定では自らの手を縛られていたのである。かかる税収構造による杢代市長体制では、家屋税附加税以外の財源が従来以上に重要となる。三四年の屠場の市営化か「拋棄」かの選択は、以上の市政と財政問題の関係の中に生じた問題であり、それ故「市経営として優秀な財源」と見込まれる屠場は、「絶対存置を必要とする」（『東日』三四・五・五）ものであった。

屠場法下の私設屠場として出発した八王子の屠場は、一九二〇年代の東京市近隣の屠場における屠畜数増加と都市計画の展開を背景とした警視庁の私設屠場への対処方針の厳格化の中で、二九年の期限終了と共に継続営業を許可せぬ方針を示された。この状況を受け八王子市では屠場市営化が検討され、三四年に本格的な着手をみるが、この市営化着手には、「大東京」形成に伴う三部経済制廃止により惹起された八王子市政における財政問題が関わっていた。以上のごとく一九二〇年代以降の八王子市を取り巻く広域的な動向、特に東京市との関係を主とした都市間関係の動向に関わる複数の文脈が交錯する中で、八王子市の屠場市営化・移転問題は、同市の社会、政治領域において浮上してゆく。

第二節　屠場市営化・移転問題の展開（1）――子安町住民の屠場設置反対運動を中心に

それでは前節のごとき過程をへて浮上した八王子市における屠場市営化・移転問題は、同市の社会、政治領域においていかに展開したのだろうか。またそこから当該期のいかなる都市地域社会のあり方がうかがえるであろうか。本章では以上の点を、屠場設置の予定地となった子安町住民の屠場設置反対運動を手がかりにさぐっていきたい。

1　屠場のある地域の状況――昭和初期の八王子市子安町

まず屠場市営化・移転問題の舞台となる一九三〇年前後の八王子市子安町の状況を見よう。子安町は、当該期の八王子市の中心部であった甲州街道沿いの横山町、八日町、八幡町などから一キロ弱南部に所在し（【図4-1】）、元来「桑畑多ク山林モ処々ニ点在」する市街周縁地域であったが、この時期「市ノ膨張ニ伴ヒ漸次北部ヨリ住宅地トシテ発展シツツアリ」と評されていた[32]。実際一九二五年から三〇年までの八王子市全体の人口増加率一三・九％に対し、子安町は八四・八％という高率を示していた[33]。三〇年の子安町の総戸数は八一四戸、職業別構成比は農業が総戸数の五・八％、工業二〇・九％、商業一七・二％、交通業三七・五％、公務自由業九・〇％で、全市の職業別構成比の農業三・九％、工業三七・〇％、商業三三・八％、交通業七・七％、公務自由業七・九％に比し交通業の比率が著しく高かった[34]。この交通業は、「町内には、鉄道に勤める人が多かったように思いますね」との戦前の地域に関する住民の回顧談[35]や、三〇年二月に子安町に転入した作家瀧井孝作[36]が、三一年の随筆で隣人の職業につき「此の界隈に多い矢張り鉄道の方の職業[37]」と述べていること等から、多くは同町に接する八王子駅の鉄道関係者と推察される。なお当該期の八王子駅は、線路を挟んで反対側の北側にのみ乗降口があったため、鉄道利用客は駅南

出典：『八王子市議会史』記述編Ⅰ（八王子市議会、1990 年）194 頁所収の大字改正図をもとに作成。

【図 4－1】 八王子市内各町と子安町の位置関係

側に直接往来することはできなかったが、子安町は「将来南ノ乗車口開設サル、場合ニハ僅カ二丁余ニシテ地区ニ到達スルコトヲ得ル至便ノ土地ナリ(38)」と見なされていた。こうした中で子安町では、一九二九年一二月には住民が市議会に八王子駅南口の開設を求める陳情を行ない、市側でも翌三〇年一月に市長が鉄道大臣に駅南口開設を請願するなどの動きが見られていた(39)。以上のごとく、駅南口が開設されれば一層便利な地になると目されていた当該期の子安町について、前出の瀧井孝作は、「あたらしい住宅地のここらは、形の似た三室位の小家が肩をならべてゐて四目垣や小板塀の間からみられるけれど、こんな貸家もあいてはゐず、偶々よさ相な建ちかけの普請が見られるとそれは貸すのではなかつた。一寸よい宅はいづれも自分で建て入つてゐるのだ(40)」と描写している。以上の描写からも、駅に近く今後発展が見込まれる子安町が、新興住宅地として需要を集めている状況が看取されよう。

かかる状況の中、市当局は子安町を含めた市街地周縁部で「小区画整理をなし耕地を宅地に改め市の発展に備へる」（『東日』三〇・一〇・五）計画を打ち出す。八王子は、東京市と隣接五郡のみの都制施行の可能性が浮上する中、その場合の三多摩の拠点都市化を視野に都市計画法適用を求め(41)、一九二七年に同法適用をみ

【表 4−6】　八王子市子安町の区画整理関係者

氏名	住所	備考
濱村重吉	八王子市子安町	農業。国勢調査員。町世話人。
西山庄太郎	八王子市子安町	
西村咲五郎	八王子市子安町	
西村松五郎	八王子市子安町	
長谷川惣助	八王子市子安町	農業。1929 年市議当選。市農会評議員。
小山寛一	南多摩郡由井村	畜産業。由井村村会議員。
関谷源兵衛	八王子市八幡町	地主。所得税 1,573 円。
宮崎慶太郎	八王子市大横町	
新井伊兵衛	八王子市日吉町	生糸商。所得税 176 円。営業収益税 75 円。
田代森造	八王子市横山町	菓子商。1917 〜 1921 年市会議員（一級選挙）。

註：1930 年 11 月 22 日付区画整理測量補助設計書に連名している発起人。
出典：濱村の経歴については『日本国勢調査記念録』第三巻・東京府（日本国勢調査記念出版協会、1922 年）、長谷川の経歴については『東京日日新聞　府下版』1933 年 10 月 27 日、小山の経歴については『多摩の人々』（八王子市三多摩郡人士写真帳編纂会、1928 年）、関谷、新井の経歴については『日本紳士録』第 37 版（交詢社、1933 年）、田代については『八王子市議会史』資料編Ⅰを各参照。

ていた。しかし折からの恐慌下でいかに都市計画事業を行なうかが課題となっていた。そうした中で区画整理事業は、「財源のない時にあたつて実施するには最もいいと思はれる」（『東日』三〇・四・二）方法とされた。子安町を含めた市街地周辺部の区画整理計画は、八王子市の都市計画事業をめぐる文脈の中で「安価な都市整備手段」[42]として浮上していたのである。

この八王子市の区画整理計画について「地主側では住宅地になれば従来一反歩年十二円位の貸地料が八十円位の収入増加となるので賛成者多く」（『東日』三〇・一〇・五）と報じられる中、子安町でも三〇年一一月に【表４−６】の一〇名の地主が発起人となり東京府に対し区画整理測量設計補助申請を行ない認可を得た[43]。三二年二月に府から交付された設計書では、区画整理前の貸地畑地の坪当たり収益が年一銭七厘に対し、一五年後の区画整理完成時の宅地坪当たり収益は七二銭と、大幅な増収が見込まれていた[44]。子安町の地主が都市計画事業の一環たる区画整理計画に積極的に応じた背景には、かかる利益の想定があった。また三三年二月には子安町区画整理組合創立総会が行なわれ、組合長に町外在住の地主豊泉茂兵衛が、副組合長に町内地主長谷川惣助と町外地主小川森太郎が就任し、区画整理により子安町を「模範住宅地として面目を一新する」（『東日』三三・三・二五）とした。また同年三月二四日の八王子市都市計画区域内の地域指定で子安町は大部分が住居地域（一部は工業地域）に指定され、住宅地としての性格が一層確たるものとされた。子安町では、二〇年代半ば以降進んでいた耕地の宅地化が、市当局による都市計画事業の一環としての区画整理の推奨や、これに応じた地主層の動向によって、急速に推進されつつあったのである。

2　屠場設置反対運動の勃興とその展開

つづいて子安町の屠場設置反対運動の勃興とその展開過程を辿ってゆこう。

一九三四年七月一一日、市会第一部委員会で屠場市営化・新設予算案が可決され、市会全員協議会に送られた。その過程で屠場予定地が従来同様子安町であると報じられると、同町では「発展途上にある小《ママ》安町に設置されることは発展を阻害するものであると猛烈な反対」（『東日』三四・八・八）が生じ、事態は次のような展開をみた。

> 新敷地に予定されてゐる子安町では十二日突如全町内に檄を飛ばし同夜午後八時廿分から福伝寺に町民大会を開き約百名集合、座長栗原亀吉氏ほか六名こも〴〵屠場設置絶対反対の気勢をあげ左の如き決議文を満場一致で可決、町会長内田金吾氏ほか十四名の実行委員をあげけふ午後三時から市役所で開かれる市会に殺到、市長ならびに正副議長に決議文を突きつける手筈をきめ同九時半解散した（『東日』三四・八・一四）

この町民大会での決定を受け八月一四日の市会に提出された決議文では、「当町所在屠殺場」は、「当所ノ発展ヲ阻害スル事甚大ナルノミナラス教育、風教、衛生上我等ノ忍フ能ハサル処ナリ」として、「我等ハ移転延期及ヒ再ヒ町内何レノ場所ニ設置スルコトニ絶対ニ反対ス[45]」と、屠場移転延期と町内再設置に反対の意志が表明された。

かくて始動した屠場設置反対運動は、同年一一月には「各町会聯合して屠場設置反対期成同盟会なるものを組織」（『東日』三四・一一・一六。傍線は中村）し、「声明書を町民に配布これが共鳴を求め先づ町民の結束を図つた（『読売』三四・一一・一六）。以下やや長くなるが、町民に配布されたという「声明書」を引用しておきたい。

子安町会聯合会は多年に亙る町民の要望に立脚し合資会社屠獣場の町外追放に尽力して来た、同場は本市都市計画による地区の決定及び区画整理施行等の関係上既に廃棄の運命に到達せるものなり、以来市当局の副申に依つて年一年と延期を重ねたれども愈よ本年九月をもつて事業終結の機運となり吾等町民の努力漸く報いらるかと思はれたり、然るにこれより先市会は該事業の市営を議決し理事者は会社と協調し昭和十年三月末日まで延命の手続きを取り我等の要望を阻止したり、それのみならず選任されたる委員等談合し再び当町内に敷地を物色し設置するの暴挙を建てたり、ここに於いて我町会聯合会は町民大会を開き移転の即時断行と設置の絶対反対を決議し猛運動を開始せり、我等は尚反対期成同盟会を結成し協力一致認識を誤れる当局の策謀を粉砕し初期の目的を達成せん事を期す（『読売』同右。傍線は中村）

この声明書からは多くの情報が得られるが、ここでは特に八月の町民大会から屠場設置反対期成同盟会結成に至る過程を主導したのが子安町会聯合会であるとされている点に注目したい。一九四〇年以前の子安町は、「東から三分割する形で一丁目、二丁目、三丁目」に分かれ、各丁目に町会が存在した[46]。この丁目ごとの町会の「町」単位の連合体である子安町会聯合会が反対運動を主導していたのである。

その後同年一二月三日には市会の委員が「子安町栗原亀吉氏方で代表者と会見折衝」したが合意が得られぬ中、市長はあくまで新設に反対なら現屠場を改造する、との姿勢を示した（『東日』三四・一二・五）。こうした市当局に対し、反対運動側では「若し市が現場改造案で進む場合には納税組合を解散犠牲を払つても最後まで戦ふといふ険悪な空気」（『東日』三四・一二・七。傍線は中村）の中、一二月七日、屠場設置反対期成同盟会の発会式が行なわれた。発会式は「参加者約四十余名、まづ小池政蔵氏開会の辞を述べ、栗原亀吉氏座長席につき内田金吾氏から今までの経過報告、九ヶ条の規約を可決の後」、「委員長栗原亀吉氏、副委員長内田金吾氏、同池田寛一郎氏、常務委員小池政蔵氏外五名委員長谷川利一郎氏外六名」の役員を決定、決議文を可決した（『東日』三四・一二・八。傍線は中村）。その際、可決された「決議文」は、次のようなものであった。

八王子子安町屠殺場は町の発展を阻害すること甚大なるのみならず教育風教衛生上またはすでに着工せる区画整理事業遂行上支障を来たす等の見地より今や一日も存在するを許さゞる実情にあり、今回はこれが移転の促進断行を期し、なほ再び同町内いづれの場所に設置するとも同上の理由に基づき絶対反対なり。（『東日』同右）

ここでは八月の決議文に見られた町の「発展」や「教育風教衛生」上の支障等に加え、「区画整理事業遂行上」の支障から、屠場移転促進、町内設置反対が主張されていた。

3　屠場設置反対運動に見る都市地域社会のあり方

本項では以上に見た子安町の屠場設置反対運動の特徴を手がかりに、当該期の八王子市における子安町のあり方とそこでの反対運動の意味を確認したい。

第一に注目すべきは、反対運動を主導したのが子安町の三町会の連合体である子安町会聯合会であり、そこで中心と目されたのが、栗原亀吉、内田金吾らであった点である。反対運動のその他の指導層、殊に屠場設置反対期成同盟会の委員長・副委員長以外の人的構成が管見の限り新聞史料以上に知り得ないのは遺憾だが、少なくともその中に子安町の区画整理に関わる町内在住の地主の名は見られない。これに対し栗原は、一九一八年に隣接する由井村長沼から子安町に転入し精麦所を経営していた[47]。町会長の一人であった内田は、町内で飼料店を経営し、二八年には子安町の青年団の会長を務めていた[48]。一九二〇年代以降の町内会の担い手層の変化、特に新たに都市化が進展した地域において「地主名望家といった本来の旧中間層」とは異なる「新しく台頭した都市の自営業層」が地域秩序を担うことは既に指摘があるが[49]、栗原や内田の経歴は、子安町における同様の傾向を示唆しよう。また東京市の町内会を扱った研究によれば、大正中期から昭和一〇年頃までの時期には、行政的、政治的、社会的要因に規定され町内会組織化が進み、特に後期には地方行政との関連が深まるとされる[50]。当該期の八王子の町会の実態をうかがい得る史料が管見の限り見出せないのも残念だが、子安町でも町会が行政との関連を有することは、反対運動が納税組合解散を仄めかす点からもうかがえる。また政治的要因に関しては、男子普選制の導入に伴い政党が大衆組織化の基盤として町内会設立を促したこと等が指摘されるが[51]、三三年の市会選挙に際し立候補はしなかったものの、栗原は政友会系の、内田は民政党系の市議候補と目されていた（『東日』三三・一〇・一二）。さらに地方行政との関連の深化についてはその一つとして方面委員制度が挙げられるが、栗原、内田は三五年の時点で八王子市社会事業協会の方面委員を務めていた[52]。町会主導の反対運動の中心たる栗原や内田の以上の経歴からは、当該期の子安町における町会が、八王子市の既成政党系勢力が構成する市政治構造の、そして市行政による都市地域支配の基礎単位[53]でもあることがうかがえよう。

第二に注目すべきは、屠場設置反対運動への参加人数である。反対運動の参加者は三四年八月一二日の最初の町民大会で約一〇〇名、各町会が連合して町民に声明書を配布し共鳴をよびかけた一二月七日の屠場設置反対期成同盟会発会式で約四〇余名であった。三四年一〇月の調査によれば、子安町には九九六世帯、四四九七人が居住していた[54]。反対運動が子安町会聯合会主導であったことに鑑みれば、反対運動の参加人数と子安町の住民数の差は、当該期子安町における町会と住民の関係を示していよう。この点に関しては、三三年市会選挙時の報道も参考になる。この選挙では、七〇一人の有権者を擁す子安町（『東日』三三・一一・一）について、「八王子駅機関庫には四百余の有権者があり大部分は子安、万町寺町方面居住であるので各候補は殆ど全部が浮動票と見て廿八日来一斉同方面に出動、火華を散らす激戦が演ぜられて」いる（『読売』三三・一〇・二九）と報道された。一九三〇年の職業別戸数調査では、交通業の戸数は子安町三〇五戸、寺町五八戸、万町四一戸[55]で、右の報道で「浮動票」とされる鉄道関係者の大半は子安町居住と考えられる。こうした中で子安町では三つの丁目から選出された銓衡委員により一名の市議候補を推すことが決定され、町内地主の長谷川惣助が「町会一致の推薦」（『東日』三三・一〇・一七）を得て立候補し二四四票で当選した。以上の三三年市会選挙時の報道からは、宅地化の進展の中で増加する鉄道関係者などの新住民を町会が十分掌握し得ていない状況、その中で丁目ごとの町会の担い手層が「町」単位で結集し地域を組織的に機能させている状況が看取される。反対運動の参加人数や、運動を主導したのが単独の町会でなく三つの丁目ごとの町会が結集した町会聯合会であることも、かかる状況の反映といえよう。

第三に注目すべきは、反対運動が掲げる屠場設置反対の理由である。反対運動では、町の「発展ヲ阻害スル事」と「教育風教衛生上」の問題、そして後には「区画整理事業遂行上」の支障を、屠場設置反対の理由に挙げていた。以上の理由のうち、地域の「発展」や「区画整理事業遂行上」の支障に特に利害関係を有するのは、宅地化を推進する地主層であろう。この点は、町外地主である池田寛一郎が反対期成同盟会の副委員長の一人であることからもうかがえる[56]。他方、「教育風教衛生上」の問題は、地主層に限定されない、住民一般に関わる問題として捉え得る。しかし先に見た反対運動の参加人数に鑑みれば、この反対理由に多くの住民が積極的に反応しているとは言い難い。

以上の反対運動の特徴からうかがえる当該期の子安町のあり方を整理しよう。子安町では、二〇年代半ば以降の宅地化の進行に伴い鉄道関係者などの新住民が増加する中で、栗原や内田ら新興自営業層が、市レベルの政治構造・行政支配の基礎単位としての地域の組織化の課題と関わりながら町会を担っていた。しかし町会が新住民層を十分掌握し得ない中で、丁目ごとに結成された町会の担い手たちは、「町」単位で結集し地域を組織的に機能させていた。以上のごとく地域の組織化の課題を担いつつもそれが必ずしも十分実現しない状況に直面する栗原や内田ら町会の担い手にとって、屠場問題は、地域の組織化の基礎である「地主名望家といった本来の旧中間層」の利益に抵触する点で、敏感に対応する必要があったと考えられる。そこで彼らは「町」単位で結集し屠場設置反対運動に乗り出すが、この問題は、第一節で見た通り市の財源確保という、いわば市レベルの「公共」的事由に基づいていた。かかる性格を持つ屠場問題に相対した町会の担い手たちは、屠場設置は「町」の「発展」のみならず、「教育風教衛生」面でも問題であると主張した。この点については、子安町選出の市議長谷川惣助が市会で次のごとく述べている点が注目される。

町民ノ精神的受《ママ》クル打撃、夫レハ実際アノ現場ヲ見サレハワカラナイコトト存シマス　議員諸君モ一度見テ戴キタイ、鋸ヲ以テ切ルアノ有様ヲ見ルトキアノ断末魔ノ姿ヲ見タトキ、コノ世ナカラノ生地獄テアル　其ノ後方ニ溜池アリ其血ヲ桑原ニ散乱シ鼻ヲ覆ワサレハ通行シ能ハサルノ現状テアリマス　何レノ町内ニ於テモ屠場ヲオクコトカ反対テアルト云フナラ子安町ニ於テ反対スルコトハ当然テアルト思フノテアリマス(57)

ここでの長谷川の屠場の施設環境に関する議論は、移転以前の屠場の近傍の住民が後年の回想の中で「その周囲は豚や牛の血が流し放しになっていました」(58)と語る内容とも符合する。長谷川の表現自体は大幅に割り引いて捉えるにしても、移転前の屠場の施設環境に、市当局や市内他町に対しても示し得る課題があったことは察せられる。反対運動は、この屠場の施設環境の問題を、「町」の住民一般の「教育風教衛生」に関わる問題として市当局及び市内他町に提示し、市レベルの「公共」的事由に基づく屠場設置に抗する「町」レベルの「公共」的事由として対置したといえよう(59)。

これを要するに、以上に見た子安町の屠場設置反対運動からは、宅地化の進行に伴い新住民が増加する中で、地域の組織化の課題を担いつつもその困難に直面する新興自営業者などの町会の担い手が「町」単位で結集し地域を組織的に機能させている一九三〇年代前期の大都市近郊の都市地域社会の一つのあり方がうかがえると共に、この地域の組織化の基礎となる部分の利害に抵触する屠場問題が、市レベルの「公共」的事由に基づき推進されるが故に、それに抗する反対運動も「町」レベルの「公共」的事由を持ち出す結果、問題が市と「町」という「公共」的性格を帯び得る単位間の対立として現れる状況が看取されるのである。

4　市会における屠場市営化・移転問題

それでは以上の屠場問題をめぐる市と「町」の対立は、市会の場ではいかに扱われたか。屠場市営化・移転問題が具体的に議題となったのは、昭和九年度追加予算案として屠場市営化費用二万円が提案された一九三四年八月一四日の市会であった[60]。議論の口火をきったのは、子安町出身の民政党系市議長谷川惣助であった。長谷川は「屠場ヲ市営トスルコトニ付キマシテハ異論ハナイ」としつつも、子安町内への新屠場設置については「本員ハ地元議員ナルカ為誠ニ遺憾ニ堪ヘナイ」と述べた。長谷川はその理由として、反対運動と同様「子安町発展ノ阻害」を挙げたほか、前項に見た屠場環境の問題を挙げた。また長谷川は、この問題を敷衍し、「聞ク処ニ依リマスト子安町ヘモッテ来ル個所ハ工場地帯テアルトノコトテアリマスカ子安町ノ工場地帯ハ中央線ニ副フ地域テアリマス　誠ニ畏レ多イコトナカラ皇族方カ多摩陵ヘ御参拝時間ニ際シマシテアノ断末魔ノ如キ有様ヲ耳ニトマッタトキハ如何テセウカ」と述べた。長谷川は、鉄道を利用した皇族の多摩陵参拝と結びつけ、子安町への屠場設置を牽制したのである。この発言は、「天皇」にまつわる事象が社会においていかなる場合に持ち出されるか、という事例としても興味深い。

さて先にも見た通り長谷川は、子安町への屠場設置には反対しつつも屠場市営化には「異論ハナイ」と述べていた。この点をふまえ与党政友会系の市議が「市営トスルコトニ付テハ一人ノ反対モナイ」以上市営化については承認してはどうか、と提案すると、平素は既成政党系と対立する「無産」政治勢力も賛成し、以後は市営化を前提とした予算案内訳に関する質疑がなされた。かくてこの日の市会では、屠場設置が噂される子安町の議員から異議が提起されたものの、さしあたり「総論賛成」で問題が扱われたのである。

ついで三四年九月二二日の市会では、敷地決定の主体について議論がなされた。(61) 反発が予想される敷地決定に関しては、臨時土木委員として市議にも決定への関与を求める市理事者側と、決定は理事者がすべきとの見解が対立したが、最終的に敷地決定も職務に含む臨時土木委員選出が可決された。かくて成立した臨時土木委員会は、三四年一二月には敷地候補地を決定、交渉に乗り出す。その候補地はやはり子安町であった。

第三節　屠場市営化・移転問題の展開（2）――「無産」政治勢力の動向を中心に

前節で見たごとく、屠場の市営化・移転問題をめぐる市と「町」の対立に際し、市議たちは市の方針に「総論賛成」の立場を示していた。その中には、一九三三年の市会選挙で選出された左翼「無産」政治勢力＝社会大衆党の森田喜一郎と三浦八郎、右翼「無産」政治勢力＝愛国青年同盟の野口幹も含まれた。本節では屠場の市営化・移転問題のその後の展開と彼ら「無産」政治勢力の関わりに注目し検討を行なう。

1　子安町住民の屠場設置反対運動の展開と対抗運動の勃興

一九三四年末に結成された子安町の屠場設置反対期成同盟会では、翌三五年一月二九日、委員長栗原亀吉らが「八百余名の反対陳情書を持つて市役所を訪問」し「杢代市長と会見反対陳情書を手交し反対は子安町内の一部であると伝えられてゐるが事実は全町民である速かに移転してくれと陳情」を行なった（『東日』三五・一・三〇）。

ここで栗原らが子安町の反対運動の部分性を否定するのは、前年一二月の市会での野口幹の発言を意識したものと思われる。野口は、理事者の屠場問題への取り組みを問う質問において、「問題ノ子安町モ全町民ノ反対テナク或ル人ノ話ニヨレハ痛痒ヲ感シナイト云フ事テアル[62]」と述べていた。反対期成同盟会はかかる設置促進側の論理をふまえそれに対応する形で、反対運動に「全町民」的性格を付与することも試みていたのである。

さて以上の反対運動の展開は、市内において思わぬ反応を惹起した。上の陳情直後の三五年二月二日、「八王子生肉商組合では子安町の市営屠場設置反対期成同盟会の対抗策として同設置促進期成同盟会を結成」、「組合員約五十名参集し発会式を挙げ屠場設置促進の陳情書を作成し杢代市長を始め警視庁、税務署その他関係各方面へこれが促進の猛運動を起すことゝなつた」のである（『読売』三五・二・三）。促進期成同盟会では二月四日、代表者が市長らを訪問し「促進方を陳情」した（『読売』三五・二・五）。では生肉商組合は、何故かかる対抗運動を行なったのか。その理由は、次の議論からうかがい知り得る。

当市より一度屠場を失はんか千三百円の税収入資源を失ふ結果市民への増税となる一方肉類の配給不円滑となり市価は当然騰貴する等六万市民の蒙る損害と迷惑は想像以上である斯の如きは吾々業者の最も遺憾とする所である（『読売』三五・四・一九）

すなわち生肉商組合は、反対運動により屠場が市外に転出した場合の配給不円滑と市価騰貴という自らにとっての不利益を、「六万市民の損害と迷惑」という市レベルの「公共」的事由に結びつけ、子安町の反対運動に対抗する運動に乗り出したのである。

かくして市当局及び市会、そして社会においては生肉商組合等が設置促進を迫るなかで、同年四月、子安町側では「遂に最後の手段たる市関係の役員を辞任し理事者の反省を促すこと」（『読売』三五・四・一〇）を決意し、市と「町」の対立は頂点に達する。

2　屠場市営化・移転問題と「無産」政治勢力

それでは以上の状況に対し、「無産」政治勢力はいかなる対応を見せたのだろうか。

まず右翼「無産」政治勢力について。先に見た通り三四年一二月の市会で屠場設置側から発言をした市議野口幹は、三五年二月の市会でも「反対ノ理由モ児童ノ教育上トカ或ハ発展上トカデアルガ取上ケル程度ノモノテハナイホントノ利害関係者ハ十名位ト思フ」と述べ、あくまで反対派は少数として屠場設置促進を主張した(63)。

これに対し左翼「無産」政治勢力＝社大党八王子三多摩支部の対応は、より積極的であった。三四年の市会で屠場市営化に賛成した社大党支部は、市と「町」の対立が深まったこの時期には一歩進んで「市営屠場促進の陳情を李代市長及び大田市会議長に対し行ふと共に市営屠場促進期成同盟会と共同戦線を張り」(『社会』三五・四・二四)屠場設置を促進する活動を行なった。さらに三五年四月二三日の支部執行委員会では五月一日のメーデー対策と共に屠場問題への対応が話し合われ、次のような方針がまとめられた。

【屠場問題】　市民の保健衛生上理事者の断乎たる決意を要望すると、もに敷地予定地の子安町民、地主の猛省を促すべく社大党支部独自の決議文を手交すること、なり実行委員に山口支部長外五名を挙げた（『読売』三五・四・二四。傍線は中村）

さらに山口加藤太支部長は、この問題につき次のようにも述べていた。

子安町が市営屠場の敷地を提供することを拒んでゐるのは不可解である、自分達の今後の行動を市理事者と結託するものであるといふ風に見られては困るがこの際断じて子安町に対して反省を促さねばならぬ（『社会』三五・四・二四）

社大党八王子三多摩支部は、「町」の主張を「不可解」と批判し、「市理事者と結託するもの」と見なされるリスクを冒しつつも「市民の保健衛生」等の市レベルの「公共」的事由を市当局以上に強く押し出し、「町」側に「猛省を促す」動きすら見せたのである。

同様の社大党支部の姿勢は、市会の場でも見られた。三五年五月二八日の市会に屠場の子安町設置正式決定と建設費用起債計画が上程されると、社大党の森田、三浦両市議が、新設屠場への浄化装置設置を主張した。[64] この主張は、沼津市の事例をふまえ、「子安町々民ノ反対ヲ多少緩和出来ルト思フ」という観点からなされていた。森田はその上で、「子安町モ工場地帯ナノタカラ設備ヲ完全ニシハム等ノ加工品製造迄進メテ食料工場ニスルガ現代ノ道ト思フ」と述べた。また森田は、「地元ノ住民ハ従来ノ屠場ノ設備カ頭ノ中ニアルノテソノ誤解カラテ完全ナ設備ガアルナラ」問題は紛糾しないはず、とした上で、「夫レデモ飽クマデ反対スルナラ子安町々民ハ頑迷デアル」と主張していた。この森田の発言に対し、既成政党民政党系の市議は、次のように述べていた。

地元町民カ頑迷テアルトカ理事者カ賢明トカ云フコトテナク浄化装置ヲスルト云フコトハ虫ノ飛来トカヲ防ギ又地元町民諸君ニ折衝シタナラ子安町地元ノ諸君モ融和的ニ行クノテハナイカト斯ク本員ハ考ヘル（傍線は中村）

ここでは、屠場設備を完全にする「現代ノ道」――市レベルの「公共」的事由に基づく施策――を推進し、それでもなお「町」が反対する場合は彼らが「頑迷」と批判する左翼「無産」政治勢力＝社大党支部と、「町」側を批判せずに市と「町」の対立の宥和的な解決をはかる既成政党系という構図が見られる。

同時期の八王子市では、他の問題でも類似の構図が見られた。一九三四年三月二三日の市会では、市内の「町」の一つ元本郷町の所有地の処分金による同町の公会堂建設許可を求める議案をめぐり、社大党市議と市当局・既成政党系の見解が対立した。市の中の「町」は、市制上「市ノ一部」として「財産ヲ有シ又ハ営造物ヲ設ケ」得たが、その管理処分は「市ノ財産又ハ営造物ニ関スル規定ニ依ル」とされた（市制一七七条）。この規定に基づき市会に諮られた議案に対し、社大党市議の森田は次のような意見を述べた。

市町村部落地ハ所々ニアルト思フ　之ハ共有財産テナク市町村カ単位テアツテ従ツテ其ノ所有権ハ市町村ニアルト考ヘルモノテアリマス

之ハ部落ノ共有地ト云フコトニハナツテオルカ市ノモノテアルト考ヘマス　今日ノ如キ財政ノ赤字ノ時、市ノ財政ニ繰リ入レラレナイカドウカ[65]

森田は、土地の管理者が法的には市である点を実質的に解し、「町」有財産の市有化を主張したのである。これに対し西原貫一市助役は、「市制ノ百十条ニ依ルト旧慣ニ依ルト云フコトニナツテオリマス」と述べ、「旧慣」に基づく原案支持を求めた。続く四月一九日の市会では、森田及び同じ社大党の三浦八郎が如上の「町」有財産が市内の他「町」にも存在すると指摘した上で、「コノ売却代金全部カ市ノ所有トナラナイコトハ誠ニ遺憾」として、「町」有財産市有化の論理を市内各「町」に敷衍することを主張した。[66]

これに対して市会与党政友会系の市議は、「斯様ナコトハ町時代カラ多々アルコトテアリ部落トシテヤツタコトテアルノテ之ハ当然部落所有テアル」と発言し、野党民政党系の市議も「元本郷町ノ所有テアルコトハ確実テアルト云フナラ現金ハ元本郷町ヘ下付スルコトカ当然」と発言した。つまりこの問題をめぐっても、左翼「無産」政治勢力＝社大党支部が、既成政党、さらに市当局以上に市レベルの「公共」的事由を押し出し、「町」の主張――「町」有財産の所有とその利用――を否定したのに対し、市当局及び既成政党勢力は、「旧慣」を認め、「町」の主張を認める姿勢を示したのである。三浦は討論の中で、「一ツノ慣習ト云フモノハ条例ヲ作レハ一蹴出来ルト申上タ」と主張したが、都市社会の「慣習」を市の「条例」により「一蹴」せんとする三浦の姿は、当該期八王子市の市と「町」の関係の中での左翼「無産」政治勢力＝社大党支部の立ち位置を象徴的に示していよう。

では以上の事例に共通する「無産」政治勢力、特に社大党八王子三多摩支部の市の「公共」的事由への立脚と、それに基づく「町」の主張の否認は何に起因するのか。この点は、政治的な支持層のあり方と関連すると考えられる。社大党支部は、工業従事者の多くが小規模零細な織物関係工場の労働者で階級運動の組織化が困難な八王子市において、自由労働者の組合を「最大支持団体」としたが、一九三三年八月にこの組合の大多数が同党支部を離れ右翼「無産」政治勢力たる愛国青年同盟と提携するという事態を見ていた。[67] かかる状況の中で迎えた三三年一一月の市会選挙に際し、社大党支部は先に見た通り城所市長が導入した戸数割を厳しく批判し「言論戦一点張りで全市の浮動票獲得に全力を挙げた結果」（『読売』三三・一一・二）森田、三浦の二名が当選していた。

この「全市の浮動票」につき、もう一歩踏み込んで検討しよう。この選挙で前職の森田に加え、新人の社大党の三浦と愛国青年同盟の野口の当選という「無産二氏の奮闘」が見られたことは、「無産階級並に俸給生活者が既に既成政党から離れつゝあるを物語つて」（『読売』三三・一一・四）いると報じられた。しかし選挙後の三四年二月二四日の市会では、杢代新市長が提出した戸数割廃止・家屋税附加税還元の予算案に対し、野口は「俸給生活者カラ税金ヲトル考へ」を問うた。[68] さらに二月二八日の市会では、戸数割廃止の場合、月収一〇〇円未満の者は国税の所得税負担も無く直接課税されないとして、「月給七十円、八十円ヲトツテ居ル者ハ相当楽テアルカラ斯様ナ楽ナ者カラ税ヲトルコトカ至当」[69] と、「俸給生活者」対象の特別税所得税の設置を主張した。これに対し社大党の三浦は、「モット大キナ支払能力アル者ニ対シ賦課スルコトノ出来ル税ヲ希望スル」として「土地増加税、法人所得税、閑地税、金庫税」等の有産者課税強化を主張した。森田も「賃貸価格二十円以下ノ勤労階級者」の家屋税附加税賦課率を予算案の半分程に設定することを主張しつつ、「私達ハ第十四番議員（＝野口—註　中村）ト手ヲツナキ得ル方法ヲ見出シ得ルト思フカ特別税所得税ニ付テハ反対テアル」と「俸給生活者」対象の課税に反対した。以上の市会での議論に鑑みれば、「無産」政治勢力のうちでも「無産階級」のみならず「俸給生活者」の支持を得ていたのは社大党支部であると考えられる。またこの二つの支持層の利害が必ずしも一致しないことは、先に見た右翼「無産」政治勢力野口の議論からうかがえよう。

以上を勘案するに、社大党支部が他の政治勢力に比し市の「公共」的事由に立脚し市営屠場設置促進や「町」有財産市有化に熱心なのは、彼らが「全市の浮動票」、すなわち地域に組織化されていない「無産階級」と「俸給生活者」という、必ずしも利害を同じくしない二つの支持層の税負担軽減を両立させる必要があるからといえる。そしてこの両支持層の負担軽減を可能にするための、税以外による市財源確保の方向性が往々「町」の利害と齟齬する上に、この「町」の利害を、「町」レベルの「公共」的事由を掲げて主張するのが多くの場合、選挙基盤として地域の組織化をはかる既成政党系の勢力であるが故に、社大党支部の「町」に対する姿勢はいっそう厳しいものとなると考えられる。

3　屠場市営化・移転問題の帰結

さて屠場市営化・移転問題は、最終的にはいかなる帰結をみたのか。先に見た三五年五月二八日の市会では、最終的に退席した長谷川市議を除いた全会一致で屠場の子安町設置と建設費用起債計画が可決された。しかし決定敷地につき市当局が警視庁に申請したところ、敷地変更が命じられた。この敷地変更命令については、法規に抵触したとする西原助役の答弁と、法規上は支障ないとする杢代市長の答弁が齟齬し、(70)市会野党の民政党系、社大党の市議から批判がなされた。その中では社大党市議三浦八郎の発言が注目される。

敷地変更カ番外二番（＝助役―註　中村）ノ云フ如ク法規上誤リカアツタナラ承認シ建設ヲ要望スルカ番外一番（＝市長―註　中村）ノ云フ如クナラ敷地ニ問題ハナク法規ニ抵触シナイノダカラ官僚ニ屈服出来ナイ　自治権擁護ノ為当然主張スベキデアル

先に見たごとく三浦ら八王子市の左翼「無産」政治勢力は、市と「町」の対立局面において、市の論理に立脚し

「町」の論理を否認する姿勢を示した。これに対し三浦は、市と警視庁及び内務省の見解が相異した場合、市が自らの主張に正当性があるとするならば「官僚ニ屈服出来ナイ」として、中央政府の介入を「自治権擁護」の名のもとに拒絶すべきと主張したのである。この三浦の主張が行なわれた一九三五年の社大党では、非政党内閣成立以降の官僚行政に対する警戒感の中で「地方自治体の官僚主義化の反動的傾向」との対決が闘争目標に設定されていた(71)。三五年の社大党の地方政策については、「事実上地方自治を否定するファッショ的性格に転換する」(72)との評価もあるが、少なくとも八王子市の社大党支部は先の闘争目標を実践しているように見える。以上を総合するに、一九三〇年代中期の八王子市の左翼「無産」政治勢力は、重層的であり得る都市地域社会の「地域的公共」を、自らの政治参加を可能とする「全市の浮動票」の基礎としての市＝都市自治体単位で一元的に編成することをはかる勢力であったといえよう。

さて先に見たように市当局、市会があくまで子安町への屠場設置を進める中で、「町」の屠場設置反対運動にも変化が現れた。

　地元の子安町民も今後反対運動を起すことは市民の同情を失ふことになり八駅南に《ママ》実現といふ重大問題もあるので事こゝに至つては反対期成同盟会を解散すべきであるとの空気が濃厚となつて来た（『東日』三五・八・三）

子安町では、反対運動が「町」外市民の理解を得られぬ中で、八王子駅南口実現という地域の発展に関わる課題を優先し反対期成同盟会の解散が論じられ始めたのである。このことは、子安町の屠場設置反対の主張を構成した地域の「発展」や「教育風教衛生」の危機回避といった要素のうち、前者が優先され始め、反対の主張に「公共」的性格を付与した後者の要素が後退していることを示していよう。さらに同年九月一八日の屠場設置反対期成同盟会の総会では、「条件付で市と妥協するに意見一致」し、「浄化装置、屠場に植樹し美化すること、相当価格に買上げること等の外八駅南口設置を条件」とすることが決定された（『東日』三五・九・二〇）。ここでは屠場設置受諾の条件として、浄化装置など町民一般に関わる屠場の施設環境への配慮の一方で、八王子駅南口設置といった町民一般にも関わるが地域の「発展」＝宅地化で利益を得る地主層に関わりの深い事項、さらには「相当価格に買上げること」といった地の利害にのみ関わる事項が挙げられた。ここに至り子安町の屠場設置反対運動は、押し出すべき「公共」的事由を縮減させ沈滞してゆく。

かくして反対運動が沈滞する中で、屠場市営化・移転問題は地権者との交渉へと移行した。しかし交渉は難航し市当局は土地収用法適用を申請、一一月二六日認可を得る（『東日』三五・一一・二七）。そして市当局が土地収用法適用準備を進めつつ交渉を続ける中、子安町では一九三六年一月「廿六日夜同町福伝寺において西原助役列席の下に反対期成同盟解散式」（『読売』三六・一・二八）が行なわれた。しかしその後も交渉は難航し、同年三月二日「理事者及地主側の最後の会見」が行なわれたが、地主側が坪当たり約六円、市側が約二円二〇銭を示し価格の溝が埋まらぬ中で、杢代市長は愈々土地収用法適用を決意したと報じられた（『読売』三六・三・三）。しかし最終局面で事態は急展開する。

決裂を予想された八市営屠場敷地買収問題は西原助役の断乎たる決意によつて地主側も遂に折れ、三日夜横山町料亭坂福に杢代市長、大田議長、西原助役、青木庶務、門倉土木両課長、地主側から池田、川久保、中島、谷合、木下の全地主参集し市側提示の一坪当り平均価格四円で円満解決を見るに至つた（『読売』三六・三・五）

地権者との土地価格の問題へと収斂していった屠場市営化・移転問題は、最終的に市側が土地収用法適用を背景としつつ交渉を続けた結果、妥結をみた。そして着工された八王子市営屠場は一九三六年一〇月二八日落成、同年一一月二日開場された[73]。

おわりに

以上、本章では一九三〇年代中期の東京府八王子市における屠場市営化・移転問題の展開を手がかりに、当該期大都市近郊の都市地域社会のあり方と「無産」政治勢力の関係につき考察を行なった。最後に本章の議論を整理した上で課題を提示しむすびにかえたい。

第一節では、東京府八王子市において屠場市営化・移転問題が浮上する前段階を検討し、大都市＝東京市に端を発する屠場政策や財政制度に関する多面的な変化が近郊都市＝八王子市を一つの結節点に交錯する中で問題が形成され、浮上してゆく様を明らかにした。

つづいて第二節では、同市の社会及び政治領域に浮上した屠場市営化・移転問題の展開を子安町住民の屠場設置反対運動に即して辿り、当該期の都市地域社会のあり方を考察した。この子安町住民の反対運動からは、宅地化の進行に伴い新住民が増加する中で、地域の組織化の課題を担いつつもその困難に直面する新興自営業者などの町会の担い手が「町」単位で結集し、地域を組織的に機能させる一九三〇年代中期の大都市近郊の都市地域社会のあり方と共に、地域の組織化の基礎となる部分の利害に抵触する屠場問題が、市と「町」という「公共」的性格を帯びる地域的単位間の対立として顕現する事情を析出した。

第三節では、この市と「町」の対立を含んだ屠場問題をめぐる市会の動向、特に「無産」政治勢力の動向を検討した。そこでは市と「町」の対立局面において「無産」政治勢力、殊に左翼「無産」政治勢力たる社大党八王子支部が、既成政党や市当局以上に市レベルの「公共」的事由を押し出し、「町」の主張を否認する様子が明らかになった。さらに彼らが市と政府の見解の相異に際し、政府の介入を「自治権擁護」のために拒絶すべきと主張したことをふまえ、彼らを重層的であり得る都市地域社会の「地域的公共」を、自らの政治参加を可能とする「全市の浮動票」の基礎としての市＝都市自治体単位で一元的に編成することをはかる勢力として位置づけた。

本章は以上の議論において、都市における「デモクラシーと地域」に関する従来の研究では必ずしも十分に扱われてこなかった、重層的たり得る「地域的公共」からなる都市社会において、「無産」政治勢力の政治参加の進展——市レベルの「地域的公共」への参加——はいかなる意味を持つのかという問題を考察した。その結果明らかになったのは、当該期の都市地域社会において、いわば「下から」押し出されてくる「町」レベルの「公共」的契機を否認し、都市の「地域的公共」を自らの政治参加を可能とする「全市の浮動票」の基礎としての市＝都市自治体単位で一元的に編成することをはかる「無産」政治勢力の姿であった。このことは、都市における、「デモクラシー」の制度的な現れとしての男子普選による政治参加の進展と、重層的であり得る「地域的公共」の関係が予定調和的なものではなく、そこには何を「地域的公共」と見なすか、あるいは重層的であり得る「地域的公共」をどのように編成するか、という点をめぐる政治が存在することを示している。本章で扱った時代以降の「地域的公共」をめぐる政治の行方については、今後の課題としたい。

◆註

（1）林宥一「階級の成立と地域社会——労働・農民運動組織化とその影響」（坂野潤治ほか編『シリーズ日本近現代史3　現代社会への転形』岩波書店、一九九三年所収。のち同『「無産階級」の時代』青木書店、二〇〇〇年に収録）。

（2）「〔第四分科会〕テーマ　戦間期におけるデモクラシーと地域——近代都市史研究の視点から」趣旨説明（『日本史研究』四六四

号、二〇〇一年）。

（3）加藤千香子「都市化とデモクラシー」、大岡聡「戦間期都市の地域と政治――東京「下町」を事例にして」（『日本史研究』四六四号、二〇〇一年）。

（4）前掲註（3）大岡論文。

（5）沼尻晃伸「都市の公共性をめぐる論点――最近の近代都市史研究からの考察」（『歴史と経済』一八四号、二〇〇四年）。

（6）たとえば前掲註（5）論文において沼尻氏は、自らも共著者の一人であった大石嘉一郎・金澤史男編著『近代日本都市史研究』（日本経済評論社、二〇〇三年）においては、同書の主眼が市政の担い手層分析と公共政策＝行財政分析にあったために、個別都市の分析で得られた都市の「地域的公共」に関する論点は、各都市共通の分析視角としては必ずしも意識されなかった、と指摘している。

（7）大石嘉一郎・西田美昭編著『近代日本の行政村』（日本経済評論社、一九九一年）第三章第三節（林宥一氏執筆部分）参照。

（8）都市における「町」については、従来、地域共同体としての町内社会や地域住民組織としての町内会に即して研究が蓄積されている。たとえば、町内社会の段階的変容＝町内会組織化に至る過程を見通した田中重好「町内会の歴史と分析視角」（倉沢進・秋元律郎編著『町内会と地域集団』ミネルヴァ書房、一九九〇年）、玉野和志『近代日本の都市化と町内会の成立』（行人社、一九九三年）等のほか、上記の田中氏の研究を歴史学の観点から整理した雨宮昭一「総力戦体制と国民再組織」（前掲註（1）坂野ほか編著所収）、また以上の研究、特に雨宮氏の研究が総力戦体制との関連で町内会組織化の過程を辿るのに対し、市制以前の「伝統」を引き継ぐ「町内社会」を「町」と把握した上で、その歴史的変化を都市行政との関連に着目して制度論的に扱った高岡裕之「町総代制度論――近代町内会研究の再検討」（『年報都市史研究』三号、山川出版社、一九九五年）等を参照。本章は以上のような先行研究をふまえた上で、諸研究が明らかにしてきた町内会の存在形態等との関連の中で、市の内部の領域的な単位としての「町」が地域的公共の単位として浮上する過程を考察する。なお都市における大字及び「町」と町内会の関係については、黒川徳男「東京府北豊島郡王子町における町内会の結成と再編成――集落の境界と新住民増加」（大西比呂志・梅田定宏編『「大東京」空間の政治史』日本経済評論社、二〇〇二年）も参照。

（9）前掲註（2）趣旨説明。

（10）本書第二章を参照。

(11) 尾崎いくみ「八王子の屠場市営化と都市経営――昭和初期における公益企業の公営化問題と中小都市」（東京都立大学人文学部史学科二〇〇二年度卒業論文。その要旨は、『地方史研究』三〇三号、二〇〇三年に掲載されている）。

(12) かかる事例を都市近郊地域に即し考察した研究に、石居人也「一九一〇〜二〇年代における「保健衛生」施策と地域社会」（前掲註（8）大西・梅田編著所収）がある。

(13) 運動の当事者による指摘としては、中村紀一編著『住民運動〝私〟論』（学陽書房、一九七六年）を参照。また研究者による指摘としては、松原治郎・似田貝香門編著『住民運動の論理』（学陽書房、一九七六年）二三一〜二三八頁、大森彌「住民運動と合意形成」（『地域開発と住民運動』フジ・テクノシステムズ、一九七六年）などを参照。

(14) 日本獣医師会編纂係『東京屠場史雑考』（畜産獣医出版協会、一九四六年）六三〜六四頁。

(15) 消費地屠場の位置については、桜井厚「屠場の社会／社会の屠場」（菅豊編『人と動物の日本史3　動物と現代社会』吉川弘文館、二〇〇九年）一〇四頁参照。

(16) 前掲註（14）書、六四頁。

(17)『大都市公企業比較調査』第七編（大都市調査統計協議会、一九三一年）二頁。

(18)『芝浦屠場二十年史』（食肉情報社、一九五六年）五七〜五九頁所収の「本市家畜市場並屠場建設事業の概要」。この史料は一九三三年七月に大蔵省に対し提出されたという。

(19) 一九二〇年に都市計画法と市街地建築物法の適用を受けた東京市については、二二年四月に当時の東京市域並びに隣接五郡八二町村（一九三二年の東京市の市域拡張の範囲）と北多摩郡千歳、砧の二村が都市計画区域に決定されていた。

(20) 越沢明『東京の都市計画』（岩波書店、一九九一年）九五頁、一一七頁。

(21)『八王子市議会史』年表編（八王子市議会、一九八八年）一四四頁。

(22) 同右書、一六八頁。

(23)「第六回八王子市会々議録」一九三四年八月一四日（八王子市議会事務局所蔵。なお戦前の八王子市会会議録は、一九三一年度から三六年度分のみ残存する）。

(24)「第一回八王子市会継続会々議録」一九三四年一月八日。

(25)「第二回八王子市会継続会々議録」一九三三年二月二八日。

(26)「第二回八王子市会々議録」一九三三年二月二三日。

(27) 三部経済制については、同時代の調査である『東京府三部経済制度ニ関スル調査』(東京市役所、一九三二年)のほか、高橋誠「『三部経済制』の研究」(1)(2)(『経済志林』第三四巻四号、一九六六年、同第三六巻一号、一九六八年)、金澤史男「「平等志向型」国家の租税構造」(『歴史学研究』六五二号、一九九三年)参照。東京市の市域拡張と三部経済制廃止との関連については『東京都財政史』中巻(東京都、一九六九年)四九九～五〇一頁、畔上直樹「公立小学校の設立・運営と「広域行政」」(『多摩広域行政史』財団法人東京市町村自治調査会、二〇〇二年)一一五頁など参照。

(28) 三部経済制廃止・市部郡部の府税賦課率統一が、郡部では賦課率軽減となることは、前掲註(27)『東京府三部経済制度ニ関スル調査』四〇～四一頁参照。

(29)「第二回八王子市会々議録」一九三三年二月二三日。

(30) 梅田定宏「多摩の「都市化」の一側面」(松尾正人編『近代日本の形成と地域社会』岩田書院、二〇〇六年)三七三～三七四頁。

(31)『八王子市議会史』記述編Ⅰ(八王子市議会、一九九〇年)三九〇～三九二頁。

(32) 一九三二年二月八日東京府発八王子市長宛「土地区画整理設計図書交付ノ件」別冊『八王子市子安町土地区画整理　設計書』(東京都公文書館蔵)。

(33)『八王子』(八王子市役所、一九三三年)一五頁、一二二頁より算出。

(34) 同右書、一九～二〇頁より算出。

(35)『わが町三丁目』(子安三丁目町会、一九九〇年)一〇四頁。

(36) 瀧井孝作は、一八九四年岐阜県生まれ。『時事新報』等の記者をへて小説家となり、一九二七年に『無限抱擁』を刊行。三〇年二月に八王子市子安町に居を移した。八四年死去(「瀧井孝作年譜」『昭和文学全集』第七巻、小学館、一九八九年参照)。

(37) 瀧井孝作「隣二軒」(初出は『文科』一九三一年。ここでは『瀧井孝作全集』第三巻、中央公論社、一九七八年に拠った)。

(38) 前掲註(32)『八王子市子安町土地区画整理　設計書』。

(39) 前掲註(31)書、四九四頁。

(40) 瀧井孝作「八王子にて」(初出は『文藝春秋』第八巻一一号、一九三〇年。ここでは註(37)書に拠った)。

(41) 梅田定宏「八王子・立川の発展と戦前の都市計画」(多摩の交通と都市形成史研究会編『多摩　鉄道とまちづくりのあゆみⅠ』

古今書院、一九九五年)。
(42)持田信樹『都市財政の研究』(東京大学出版会、一九九三年)一三七、一四七頁。
(43)前掲註(32)『八王子市子安町土地区画整理　設計書』。
(44)同右。
(45)「第六回八王子市会々議録」一九三四年八月一四日。
(46)前掲註(35)書、二二頁。
(47)栗原亀吉の履歴や家業等については、亀吉の孫に当たる栗原博氏にご教示を得た。ここに改めて感謝申し上げたい。
(48)『創立十周年記念　沿革史』(八王子市連合青年団、一九三一年)三七頁。
(49)前掲註(8)玉野書、二頁。
(50)前掲註(8)田中論文、三六～三八頁。
(51)前掲註(8)田中論文、三八～三九頁。普選導入期の町内会と政党勢力の関係については、櫻井良樹『帝都東京の近代政治史』(日本経済評論社、二〇〇三年)二六四～二六七頁も参照。
(52)『事業報告　昭和十年十月』(八王子市社会事業協会、一九三五年)五六頁。
(53)都市地域社会における方面委員の位置づけとその活動については、大森実「都市社会事業成立期における中間層と民本主義――大阪府方面委員制度の成立をめぐって」(『ヒストリア』九七号、一九八二年)、松下孝昭「一九二〇年代の借家争議調停と都市地域社会――大阪市の事例を中心に」(『日本史研究』二九九号、一九八七年)、佐賀朝「一九二〇年代の都市地域支配と社会構造――大阪府方面委員の活動をめぐって」(『歴史科学』一四〇・一四一合併号、一九九五年)、同『近代大阪の都市社会構造』(日本経済評論社、二〇〇七年)、松下孝昭「都市社会事業の成立と地域社会――一九二〇年代前半の京都市の場合」(『歴史学研究』八三七号、二〇〇八年)などを参照。
(54)『八王子市勢要覧』(八王子市役所、一九三五年)五～六頁。
(55)前掲註(33)書、一九～二〇頁。
(56)池田は市内横山町で質業を営んでいた(『日本紳士録』交詢社、一九三三年)。
(57)「第六回八王子市会々議録」一九三四年八月一四日。

(58) 小山武男「子安台地の思い出」（前掲註（35）書、一四五〜一四六頁所収）。

(59) ただしこうした屠場の施設環境の問題を、「町」の住民一般の「教育風教衛生」に関わる「公共」的事由として押し出すことが、屠場や屠畜業に対する偏見や差別的認識を基礎としている可能性がある点には、十分留意しておきたい。こうした屠場をめぐる「忌避言説」の問題については、前掲註（15）桜井論文を参照。

(60) 以下、この日の市会での市理事者及び市議の発言は、「第六回八王子市会々議録」一九三四年八月一四日より引用。

(61) 「第七回八王子市会々議録」一九三四年九月二二日。

(62) 「第八回八王子市会々議録」一九三四年一二月一八日。

(63) 「第一回八王子市会々議録」一九三五年二月二〇日。

(64) 以下、この日の市会での市理事者及び市議の発言は、「第二回八王子市会々議録」一九三五年五月二八日より引用。

(65) 以下、この日の市会での市理事者及び市議の発言は、「第五回八王子市会々議録」一九三四年三月二八日より引用。

(66) 以下、この日の市会での市理事者及び市議の発言は、「第五回市会継続会々議録」一九三四年四月一九日より引用。

(67) 本書第二章参照。

(68) 「第四回八王子市会継続会々議録」一九三四年二月二四日、同二月二八日。

(69) この日の市会での野口、三浦、森田各市議の発言は、「第四回八王子市会継続会々議録」一九三四年二月二八日。

(70) 以下、この日の市会での市理事者及び市議の発言は、「第三回八王子市会会議録」一九三五年七月一七日より引用。

(71) 小関素明「一九三〇年代における「反既成政党勢力」の消長に関する一考察」（『日本史研究』三〇四号、一九八七年）二七〜二八頁の指摘を参照。

(72) 荒川章二「無産政党の地方政策・地域闘争」（鹿野政直・由井正臣編『近代日本の統合と抵抗』4、日本評論社、一九八二年）一二五頁。

(73) 『八王子市史』上巻（八王子市、一九六三年）五〇三頁。

第五章　一九三〇・四〇年代大都市近郊都市論の前提
——二〇世紀前期日本の「田園都市」・「地方計画」・「衛星都市」

はじめに

本章では、次章以降で扱う一九三〇年代中期以降の大都市近郊都市をめぐる動向を理解する前提として、二〇世紀日本の大都市問題に関する専門家の議論及びその中で重要な位置を占める「田園都市」・「地方計画」・「衛星都市」に関する諸議論について検討を行なう。

日本において都市化の進展とそれに伴う大都市の膨張の問題に具体的に対処することをめざした都市計画法が制定されたのは、一九一九年のことであった。その前後の時期に多くの専門家が欧米の大都市の膨張への対処に関する議論を参照しつつ、様々な議論を展開したことは、都市政策史や都市住宅政策史の観点からつとに指摘がなされている(1)。こうした先行研究に学びつつ当該期の都市問題の専門家の言説を繙いてみると、彼らが上述の大都市の膨張の問題と関わって、職業空間と居住空間の関係(職・住問題)について言及を行なっていることに気づかされる。

またかかる言及が往々にして、理想的な都市をいかに形成するか、という議論と結びついている点も注目される。また当該期の大都市問題と関わる都市の職・住問題に関する議論では、一九世紀末から二〇世紀初頭のイギリスにおいてE・ハワードの主唱により建設されたgarden cityについて、しばしば言及がなされていた。"garden city"については、日本では一九〇六年ごろから紹介がなされ[2]、一九〇九年には内務省地方局有志がこの概念に「田園都市」の訳語を付し、それを紹介する同名の書物を刊行したことが知られている[3]。この内務省をはじめとした当該期のgarden city―「田園都市」概念の受容については、主に都市計画史の観点からつとに注目がなされ、先行研究が蓄積されている[4]。特に西山康雄氏の研究は、日本における「田園都市」論者の立場を、立場1(紹介)、立場2(再解釈)、立場3(批判)と分類した上で、さらに立場2を、再解釈1:社会対策としての再解釈、再解釈2:都市計画概念としての再解釈と分類し、それぞれの系譜の議論を広く見渡している点で示唆に富む。ただしこれらの先行研究では、各々の論者が生きる時代の文脈の中での都市論の変化や、そこでの「田園都市」概念の位置づけの変化などは必ずしも対象化されていない。本章第一節ではこの点に着目し、当該期の都市の職・住問題に関する議論の検討を切り口に、当該期の文脈の中での複数の論者の都市論と「田園都市」概念の関係を問うことで、「田園都市」概念の内容及びその社会的意味の変化と、現実の都市形成の相互関係を考える手がかりを探りたい[5]。

続いて本章第二節と第三節では、以上の議論をふまえた上で、一九二〇年代以降日本で普及していく「地方計画」論、「衛星都市」論に焦点を合わせる。一九二〇年代日本の都市計画の分野において、同時代の欧米における斯学の最新の学知としてのregional planningが、「地方計画」として紹介されていたことはつとに知られている[6]。産業化、都市化の進行に伴う大都市の膨張に対して、その周囲を緑地で取り囲み、緑地の外部に複数の「衛星都市」を配置して工業と人口の分散をはかるこの「地方計画」が、二〇年代に日本に受容された後、三〇年代から四〇年代にかけて辿った軌跡についても、従来複数の学問分野から検討がなされている。たとえば都市計画史の観点からは、二〇年代に導入された「地方計画」の考え方が、その後いかに具体的に計画化されたかという観点から検討が行なわれ、三〇年代に各府県の都市計画地方委員会を中心に作成された「地方計画」試案の「熟度の低さ」が指摘される[7]一方、こうした「地方計画」案がいわゆる「十五年戦争」期の時代状況を反映し軍事的要素を反映しているのではないかとの指摘がなされている。[8]また政治史や経済史の観点からは、主に地域開発政策への関心から「地方計画」が工業分散を伴うことに着目がされ、それを実現する法制度的な側面に注目した検討がなされている。[9]そこでは、二〇年代以来内務省によって構想された「地方計画」は、「日中戦争勃発までは、遂に理論的検討の域を脱し得なかった[10]」ものと捉えられ、戦時期において具体化の動きを見せつつも、現実にこれらの広域計画の具体化を強力に推進したのは企画院による「国土計画」であることが指摘されている。その他、歴史学の観点からは、都市計画法の基礎にある中央集権的なテクノクラシーの発想に着目し、地方計画に集権的な発想の拡大を見る議論もなされている。[11]また大都市の郊外住宅地開発研究の延長線上に、都市計画の遂行上から要請された「地方計画」や「国土計画」にせまる研究もあらわれている。[12]

本章では以上の先行研究に学びつつも、少し異なる角度から検討を行なってみたい。すなわち以上の先行研究では、「地方計画」は専ら都市計画を越える広域計画としてその到達が検討されているが、本章では先にも言及した〝大都市の膨張への対応策〟としての「地方計画」という側面に注目したい。その上で、かかる性格を有する「地方計画」における具体的な〝大都市の膨張への対応策〟として、大都市に集中する人口を吸収しその膨張を緩和する位置を与えられている「衛星都市」構想に特に焦点を合わせ、本章第二節ではまずこのような側面から日本における「地方計画」・「衛星都市」概念の受容について検討する。その上で、本章第三節では、〝大都市の膨張への対応策〟としての「地方計画」・「衛星都市」が、当該期の日本でいかにして具体化されると考えられていたのか、またこの構想がその後の現実の都市形成にいかなる影響を与えたと考えられるか、という点を、内務官僚飯沼一省の議論等に即して検討する。

第一節　都市計画法制定期における大都市の膨張をめぐる問題と「田園都市」

一九一九年三月の第四一帝国議会での都市計画法案・市街地建築物法案に関する趣旨説明の冒頭、床次竹次郎内務大臣は、当時の都市の状況について、次のように述べていた。

近時都市ノ膨張ハ著シイ現象デゴザイマス、東京市、大阪市ハ固ヨリノコト、其他ノ大都市ニ於キマシテモ、市ノ区域内外ニ亙ツテ、膨張発展ノ勢ハ殊ニ顕著ナル状況デゴザイマス、人口稠密ニナリマスル結果ハ、自ラ都市ノ交通、衛生、保安、経済等ニ甚シク影響ノアルコトハ申スマデモゴザイマセヌ、之ニ対スル相当ナル都市計画ヲ立テ、進ミタイト云フコトハ、何レノ都市ニ於キマシテモ、要望セラレテ居ル所デゴザイマス(13)

床次が述べる通り、第一次大戦期の日本では、急激な大都市の膨張、すなわち大都市周辺部の人口増加が進行していた。かかる状況を問題として捉えそれへの対処を必要とする認識は、当時の専門家たちに共有されていた。本節では、こうした専門家たちの議論において、都市の職・住問題はいかなる位置にあったか、またこうした議論は「田園都市」論といかなる関係にあったのかを検討する。

1　片岡安における大都市の膨張をめぐる問題と「田園都市」

片岡安は、建築家として都市計画研究を行なったパイオニアとして知られ、当時の都市問題に関する第一線の専門家を集め一九一七年に設立された「都市研究会」（会長後藤新平内務大臣）のメンバーでもあった(14)。片岡は、一九一六年に刊行した著書『現代都市之研究』を、「第一編　現代都市膨張の趨勢」から説き起こし、工業化の進む世界各都市の人口増加の趨勢に言及した上で、日本の都市も例外ではないとして、次のように述べていた。

翻って我国の大都市を見るに、東京市が維新前は久しく八十万に近き人口を有して其当時の政治の都であつたが、世界的交通を始むるに及び、漸次に経済上の圧迫を受け、僅かに四十年の間に二百万の人口に達したる、其の経路は伯林市と相伯仲するものがある。大阪は明治十六年には、人口僅かに三十万に過ぎざりしに、現時は已に百四十万の大都市と化し、今後の膨張趨勢は、本邦に於ける最大率を持続せんとするを見る。[15]

さらに片岡は次のように述べていた。

近代都市の特徴は、其限りなき膨張を以て第一とせねばならぬ。而して各種の之に伴ふ設備即ち都市の完全なる経営は、実に現代文明の最大の努力を用ゆるも、尚ほ且つ及ばざるものあらんとするの趨勢である。[16]

片岡は、日本を含めた世界の「近代都市の特徴」を「限りなき膨張」に見出した上で、この問題に対処する都市の「経営」こそが目下の課題との認識を示していたのである。

以上の認識に基づき、片岡は各国における都市の膨張への対処に関する様々な都市政策を紹介してゆくが、その中で、イギリスにおける大都市膨張の弊害克服の試みとして、E・ハワードが提起した garden city の理念に基づき建設された「田園都市」計画に言及する。[17] 片岡は、「田園都市の理想は、都市人士を都市の悪風より救助して、天然美に接近せしむるにある」[18] とその理念に触れた上で、かかる計画に基づいて建設された letchworth について次のように述べていた。

此の計画に最も注意すべき点は、工場主を誘導して此地に工場を持たしめたことである。工場地域は東南の一部を占め、森林と丘陵とにて都市区域を十分に遮断し、工場の黒煙悪臭は街衢や村落を侵さぬことを地勢上確実に保証されて居る。[19]

片岡は以上のごとくこの「田園都市」計画が、工場を備えつつそれが住環境に悪影響を与えないように設計されている点に注意を喚起した上で、「是等に通勤する職工は、此の都市区域に理想的生活を営むことを得て、此に始めて田園都市の真正の価値を発揮し得るのである」[20]として、この職住近接の新都市が「田園都市」の理想型であるとの理解を示していた。ただし片岡は、「ハワード氏の主唱する如き新規の都市を企画することは、特殊の大工場の主催に非ざれば不可能のことに属するものと断言せざるを得ない」[21]と、この職住近接の理想的新都市が特殊な条件に支えられていると指摘した上で、次のように述べていた。

故に若し国家として此の企画を有効のものと認むるならば、公営住宅の如く郊外地の経営を官憲又は地方自治体の力を以て実施し、あらゆる分画事業と衛生交通との施設を施し、建築法規を制定して模範的実例を示し、低率の資金を以て其の土地を永代貸与する方法を採るべきである。[22]

さらに片岡はこの点について、「田園都市の経営は、独立孤在するよりも、大都市近郊に於て秩序ある計画の下に発展する、所謂近郊都市《サバーブ》計画を以て、自然的要求として推奨すべきである」[23]とも述べ、日本における大都市対策としては、理想的「田園都市」建設よりも、その理念を大都市近郊における都市計画・住宅政策の中で実現すべきであると主張していたのである。換言すれば片岡は、「都市人士を都市の悪風より救助して、天然美に接近せしむる」という「田園都市」の理想型を職住近接の新都市に見出しつつも、当該期の日本においてその実現の条件を整備することが困難であるとの認識に立って、「郊外地の経営」すなわち「近郊都市計画《サバーブ》」に基づく大都市郊外の計画的整備を主張していたといえよう。

2　関一における大都市の膨張をめぐる問題と「田園都市」

さて以上に見た片岡のごとく、大都市の膨張への対処を必要としつつも、その対処法の一つとしてのイギリスのて、次のように述べていた。

「田園都市」論の日本における現実性に疑問を呈する議論は、当時の他の専門家にも見られた。片岡と同様「都市研究会」のメンバーで、東京高等商業学校教授・大阪市の高級助役であった関一[24]は、当該期の大都市の現状について、次のように述べていた。

元来十九世紀以前に於ては世界に百万人以上の大都市はなかつた。之は全く当時の交通機関の発達が百万人以上の大都会の成立を許さなかつた為である。然るに機械力の運送、則ち、鉄道の発明が都市に集中した多数の市民に必要なる日用品や住宅の建築材料其他あらゆる資料の供給を可能ならしめ、初めて大都市成立の要件が備はつたのである。併し、蒸汽鉄道は市内交通機関として不便が多くて、其の利用は局限せられ大都市に集中した市民は密集して住居するの外なかつた。最も倫敦は此の蒸汽鉄道を利用して住居の分散を計つたのであるが、電気力の応用と共に分散の大勢は著しく促進された。此住居分散の結果は、都市の構成上に一大変化を齎らし、周囲に著しく膨張すると共に、中央部の改造が起こつた[25]。

すなわち関は一九世紀以降の「機械力」の発展、すなわち蒸気機関車から電車への鉄道の発展によって、大都市への人口集中とその周辺への分散による都市の膨張が進展した、との見方を示していた。関はその上で、今後大都市の中心部は事務所や店舗に特化し高層建築化することが必要である一方、居住者が増加する都市周辺部では「一家族住居を本位とし、自然と親しみ得る庭園、空き地をも必要とする」として、「商業地域に於いては高層建築、住居地域に於ては空地の十分なる低き住宅を建築し、活動と休養との両方面に夫れ々適当した家屋を配置することに努力すべきである[26]」と、職業空間と居住空間の機能分化を主張していた。さらに、「此の目的を達するには住居の分散を容易ならしむべき各種の手段を講じ特に交通機関の完備に依りて店舗事務所と住居との朝夕の往復を迅速低廉にして分散を可能ならしめ[27]」ることが必要であると述べ、この職・住空間の機能分化、すなわち職住分離を意識的に推進する交通機関の整備などの諸施策を主張していた。

以上のごとく、関の議論は、大都市の膨張を認めた上でこれを合理的に統御することを提起するものであるといえるが、かかる発想に立つ関は、「英国の田園都市は決して其儘に受入れらる丶ものでもなく、ハワードの議論は或程度迄空想であると信ずる[28]」と述べていた。関は以上のような田園都市論評価の理由について、次のように述べていた。

> 田園都市は一の帰農運動（Back to the land movement）である。大都市は一の脅威なり（Great city is a menance）と云ふ考から出発して居る大都市撲滅論である。此の論は現今の大都市々民の心理状態を無視したものであつて、洵に結構な議論ではあるが其実現は近き将来には六ケ敷ものである[29]。

すなわち関は、イギリス田園都市論の基底に帰農志向―反都市志向を見出し、この点の非現実性を理由に田園都市論を批判していた。さらに関は以下のように続けている。

> そこで私の主張は田園郊外の発達である。大都市を組織する周囲の住宅区域は小中心点を囲繞する田園郊外である。即ち田園都市論者が嘲笑的に云ふ田園都市流の都市計画（Town planning on garden city lines）を以て住宅政策の関鍵と考へて居るのである[30]。

先に見たごとく、片岡安は大都市の膨張への対策としては、理想的「田園都市」建設よりも、「近郊《サバーブ》都市計画」とそれに基づく住宅政策を実施すべきであると主張していた。関もやはり同様に、「大都市を組織する周囲の住宅区域」を対象とした「田園都市流の都市計画（Town planning on garden city lines）」こそが有効であると主張していたのである。なお関は、「田園都市」と「田園郊外」の関係について、別の論考で次のように説明していた。

> 尚一つ狭義の田園都市論の特徴を明にする為に述べたいことは、夫れと都市計画との関係である。則ち田園都市論者は都市計画又は田園郊外（Garden suburb　都市の郊外を理想的の住宅地として開発せむとする我々の今論じている未開発地の将来計画）に反対して居る。我国では恐らく多数の人々は Garden city と Garden suburb と

は同一ではなくとも、同じ思想の二つの現れ位に思ふて居る様であるが、実は正反対の考へであつて、ハワード一派の論者の書いた書物を見ると、一体都市計画とか或は田園郊外と言ふのは従来の大きな都市を益々拡張して行く為に必要なもので、独逸流の考へ方である。夫れを防止すること、則ち大都市の必要を認めないと言ふのが我々の意見であると主張して居る。田園都市論の真髄が何処に存するかは此主張で明白になる。[31]

関は、「田園都市」とは「正反対の考へ」である、「都市の郊外を理想的の住宅地として開発せむとする」「未開発地の将来計画」として「田園郊外」論を主張していたのである。

さて関は、先に見たごとく職住分離を意識的に推進する主張を行なっていたが、一方で近年の欧米において大都市の膨張に伴う地価騰貴による工場の郊外移転などによって生じる職住分離についても、次のように言及していた。

地価の騰貴が工場経営者の苦痛であつて、之が為に工場の拡張等が非常に巨額の資本を要する場合には、寧ろ移転を得策とすることは明である。併し、此の苦痛よりも工場と労働者住宅との距離の延長は往復の電車賃を賃金に加算することや又は乗車時間の長きと混雑の為に能率に関係することに注意を払ふ企業家は工場の近傍に労働者住宅を得易きことを工場地決定の要件とするに至る訳である。此の事は労働者から見ても交通機関の将来から考えても頗る重要な意義を有することであつて、将来の都市地域制に於て工場地と労働者地域との関係は大に考慮を要すべきものである。[32]

すなわち関は、職住分離を推進しつつも、労働者の交通費削減や長時間通勤と能率などの観点から職住近接の検討が必要となることも視野に入れていた。なお関がこの議論の註として、アメリカで一九一五年に刊行されたG. R. Taylor "Satellite Cities" を挙げている点は注目しておきたい。[33]

3　都市計画法体制下の都市形成論と「田園都市」

さて以上に見たごとく、片岡や関は、同時代の世界的な動向である大都市の膨張、という状況に対して、日本においては職住近接の理想都市としての「田園都市」建設よりも、大都市近郊における都市計画及び住宅政策の実施が喫緊の課題であることを主張していた。この主張は、関の議論に明白に見られるごとく、基本的には職住分離を推し進める意味を有していた。以上の傾向を持つ大都市近郊の都市計画の主張は、一九一九年の都市計画法の制定に深く関わった専門家にも共有されていた。片岡や関と同様「都市研究会」のメンバーで、都市計画法制定に直接関わった内務官僚の池田宏(34)は、次のように述べていた。

現に我が国の重要都市に於て著しき傾向を呈してゐる所の郊外地の急激なる発展の状況に考《ママ》へ、都市の周辺並に都市に接近した町村を以て一つの体系を組織するものなりと自覚して、此の地域に対して、極めて合理的に統一的計画を立てなければならないのであります(35)。

すなわち池田は、大都市の膨張という問題をふまえ、大都市とその周囲の郊外地を「一つの体系を組織するもの」と捉え、この一つの体系に「統一的計画」を適用することを主張していた。実際、一九一九年に制定された都市計画法では、その第一条で「本法ニ於テ都市計画ト称スルハ交通、衛生、保安、経済等ニ関シ永久ニ公共ノ安寧ヲ維持シ又ハ福利ヲ増進スル為ノ重要施設ノ計画ニシテ市ノ区域内ニ於テ又ハ其ノ区域外ニ亙リ執行スヘキモノヲ謂フ(36)」（傍線は中村）と規定しており、同法が適用される市は、その行政区域のみならず区域外も含めて都市計画を実施することが可能となっていた。

ところで都市計画法では、その一六条で土地収用が可能であることが規定され、さらに都市計画法施行令二一条でその適用が可能なケースが列挙されているが、後者の中には「一団地ノ住宅経営(37)」という条項が書き込まれていた。この点について池田は、「田園都市等を企画して一団地の住宅経営を為すを以て都市計画の一施設とするの緊要なること亦申す迄もない[38]」（傍点ママ）と、この条項が「田園都市」と関係することに言及した上で、次のように続けていた。

方今我国の都市に於て勃発したる住宅の飢饉を済ふと共に夥しき不良住宅の改善を策進するの途は一にして足らずと雖も其の最喫緊且適実の施設は都市の近郊に於て未だ宅地として開発せざる農耕地又は開発の途に在る土地の一団に対して区画整理を施行すると共に之に健全なる住宅の経営を為すに在る[39]。

池田によれば、都市計画法施行令の中の「一団地ノ住宅経営」は、都市の人口急増に伴う住宅難に対応して、都市近郊の未開発あるいは開発途上の土地を計画的に住宅地化することを可能にする条項として、都市計画法制に盛り込まれたという。そしてこの条項を基礎に施行される郊外の住宅地開発が、「田園都市」として想定されているのである。換言すれば、ここでは一つの都市の都市計画区域の範囲に含まれる近郊地域に整備される計画的な住宅地域が、「田園都市」として想定されているといえよう。この池田の「田園都市」理解は、先に見た片岡や関の理解――大都市郊外の都市計画と「田園都市」建設を区別する理解――と幾分異なるようにも思われるが、郊外の計画的な住宅地開発を志向する点では軌を一にしていた。なお同様の志向の議論は、東京帝国大学経済学部教授で、やはり都市研究会のメンバーであった渡邉鐵蔵にも見られた。渡邉は、当該期において最も積極的に非営利住宅会社を設立し住宅政策を実施することを提唱した人物の一人として知られるが[40]、彼は自身も委員として参加した内務省社会事業調査会で住宅会社法に関わったことに関連して、「内務省の社会事業調査会にて昨年夏より秋に亘つて起草した住宅会社法の草案中に於ても一団地の住宅経営をなすもの即ち田園都市の経営をなすものに限り土地収用権を認める規程を設けた[41]」と述べていた。すなわち渡邉においても、都市計画法施行令に盛り込まれている「一団地の住宅経営」は、「田園都市の経営」を意味するものとして捉えられていた。また渡邉は、東京への人口集中に伴い「郊外居住者の激増を来し、是等の人が潮の如く市内に往来し、且多くは長距離を乗車すること」などの東京の住宅と交通の問題に対し、この問題を克服するためには「長距離乗客を速に運び去ること、宮城迂回を避くることの二要件を可能ならしめねばならぬ」として、その方途は「高速度地下鉄道を以ってするの外解決の途がないのである」と述べていた。[42] すなわち、東京近郊で進行する職住分離に対して、それ自体を解決するよりは、それを前提とした地下鉄整備などの対策の必要を提起していたといえる。[43] こうした点でも渡邉も大枠において片岡や関と同様、大都市近郊における都市計画及び住宅政策を課題としていたと考えられる。

以上のごとく都市計画法制定前後の時期の都市計画専門家たちは、同時代の世界的な動向とも通じる日本における大都市の膨張、という状況に対して、この状況を大都市近郊における都市計画及び住宅政策の実施によって克服することを主張していた。そこでは「田園都市」が実現する職住近接が理想として認識されつつも（片岡）、当該期の日本ではむしろ近郊の計画的住宅地化によって職・住空間の機能分化をはかること、すなわち職住分離が志向されていた（明示的には関だが、その他の近郊住宅化論も同様の意味を持つと考えられる）。一九一九年に制定された都市計画法では、同法が適用される都市はその行政区域のみならずその区域外（近郊）も含めて都市計画を実施することが可能となっていた。また同法施行令では、都市近郊で計画的な住宅地化を行なうための土地収用を可能にする条項として、「一団地の住宅経営」という条項が盛り込まれており、この都市近郊における計画的な住宅地としての、「一団地の住宅経営」を「田園都市」の実現と捉える議論も見られた（池田、渡邉）。これを要するに、都市計画法制定期の都市計画専門家たちは、都市の職・住問題ということでいえばむしろ職・住空間の機能分化を進める意味を持つ大都市近郊における都市計画及び住宅政策を推進しており、彼らの議論において「田園都市」論は、一方では理想論と見なされ、他方では計画的住宅地形成の議論と解釈されるなど、必ずしも職住近接の都市形成を推進する議論として位置づけられていなかったのである。

第二節　一九二〇年代日本における「地方計画」論の導入とその意味

前節では、主に都市計画法制定前後の時期の専門家の大都市の膨張に関する議論と「田園都市」論との関係などを検討した。以上で見た論調は、一九二〇年代中期の日本に、新たな都市計画の発想としての regional planning が導入されるや、変化を見せてゆく。本節では、この変化とその意味を検討する。

1　日本における regional planning の導入

まず日本における regional planning 導入の経緯について検討していこう。同時代の専門家の中でこの概念をいち早く紹介したのは、管見の限り、帝都復興院の嘱託であった吉川季治郎（吉川末次郎）[44]のように思われる。吉川は、一九二三年四月、アメリカのボルチモアで行なわれた都市計画会議に際し、Geoge. B. Ford が発表した Regional and Metropolitan Planning; Principles, Methods, Co-operations という議論を、「総合都市計画と大都市計画」として抄訳し、一九二四年一月の『都市公論』に掲載した。そこでは regional planning が「総合都市計画」と訳された上で、その「根本的原則は中心都市の内外に十分なる交通循環を作ること所謂血の循りよき都市を作ること、中心都市が隣接する郊外地に向つて正常なる望ましい発達をするやうに計ることである[45]」と述べられていた。そして letchworth や welwyn などのイギリスの「田園都市」が参照され、「英国及欧州大陸に於ては其総合大都市計画を実行するに際し、人口五万乃至十万を越えざることを単位としたる小都市を永久の農耕地公園地帯を以て環らし而してその経て《ママ》の総合都市計画区域内の全小都市を高速度交通機関により中心都市に集中する様にしてゐる、米国に於てもこれが同様なる研究実行今や漸く盛んに行なはるゝに至りつゝある[46]」として、それが大都市の膨張を、その周辺に配置された複数の小都市を含めた広範な領域の計画によって統御する考え方であることが示されていた。この regional planning については、その後、上記の一九二三年の都市計画会議にも参加していた内務官僚飯沼一省により「地方計画」という訳語があてられ[47]、その後吉川も「地方計画」の語を用いるようになり[48]、主に「地方計画」として普及していった。

以上のごとく regional planning の概念は、管見の限り一九二四年頃から日本で紹介されたと考えられるが、同年七月にはオランダのアムステルダムにおいて、都市計画及田園都市国際連合会（本部ロンドン）の主催で第二回国際都市計画会議（いわゆるアムステルダム会議）が開かれ、イギリス、アメリカ、ドイツなど二八ヶ国の官民の都市計画専門家が一堂に会して regional planning に関する報告と討議が行なわれた。日本からは復興局土木部の岡田周造書記官がこの会議に参加した[49]。

さてこの会議では、各国の専門家による regional planning に関する報告と討議をふまえて七項目の決議がなされた。岡田書記官は、その報告書においてこの七項目の決議の内容を以下のように紹介していた[50]。

一、都市の無制限なる膨張発展は好ましからざることである。大都市に於ける現在の状態は一般都市に対する好個の警告であらねばならぬ。

二、衛星都市計画に依る分散主義は、多くの場合に於て都市の過度の膨張を阻止する方法として役立てしむべきものである。

三、家屋の極りなき連続を避くる為、都市既建築区域の《ママ》田園地帯にて囲繞せしめ又は農耕地牧場等にて隔離せしむることは最も好ましきことである。

四、交通の急速なる発展殊に自動車の普及は、将来交通問題に対して特別の注意を必要とする。

五、地方計画に対する準備は大都市の将来の発展の為めに必要である。殊に大都市が相互に接近して存する場合、若は数多の小都市が大都市の周圍に併存する場合に一層緊切である。而して此の場合の計画に於ては本決議第二、第三、第四に関して特別の考慮を為すべきである。即ち単純に将来の膨張発展に備ふる計画とせずして寧ろ連続する膨張発展を避くる為めの計画と為すべきである。

六、地方計画は弾力性を有し実際の状況に応じて変更せらるべきである。而して其の変更は公益上の必要ある場合にのみ為すべきである。

七、都市計画若は地方計画の決定したるときは、一定の目的に充てられたる地域は、計画の変更なき限り其の目的に充つることを保障せらるべきである。

以上の七項目は、各国の専門家の regional planning についての共通見解を集約したものと考えられるが、そこでは大都市の膨張を改めて問題として捉えた上で、そこに集中する人口を「衛星都市」に分散してさらに各都市を「田園地帯」または「農耕地牧場等」によって取り囲み、大都市とその周囲の「衛星都市」、さらにそれらの都市を取り囲む「田園地帯」等を包含する広域的な領域を統御することが志向されていた。ここでの広域的な統御の発想は、第一節に見た都市計画法制定前後における日本の専門家の議論、すなわち大都市の膨張を、大都市とその近郊を含めた一つの都市計画及びそれに基づく住宅政策によって統御することを志向する議論とは大きく異なっていた点には留意しておきたい。

2　一九二〇年代日本における「地方計画」の社会的意味

それでは従来日本で行なわれていた市域拡張、都市計画法適用などの大都市対策との関係に照らした場合、regional planning＝「地方計画」はいかなるものとして位置づけられていたのだろうか。この点に関しては、アムステルダム会議に出席し翌一九二五年の復興局調査彙報でその内容を詳細に報告していた岡田周造書記官の議論が参考になる。岡田は、この調査彙報の発行と同じ一九二五年に刊行が開始された『自治研究』に発表した論稿において、まず欧米や日本における都市への人口集中の傾向に触れた上で、次のように述べていた。

斯くの如く殆どその底止する所を知らざる都市の膨張に対しては、先進の国に於ては早くも大都市生活より生ずる各種の弊害を指摘して、之から脱却せんとする運動が起きて居る。田園都市運動の如きは即ちその最初の声であつて、既に前世紀末に先覚者に依つて初めて叫ばれたのであつたが、最近には更に過大都市《オーバーグローン・シチー》の論となり、都市に対する地方計画《レヂョナル・プランニング》の運動となつて、より一般的に且より実際的に取扱はるゝに至つた。[51]

岡田は以上のように、自らもアムステルダム会議で触れた、都市の膨張を克服せんとする最近の動向としての「地方計画の運動」に言及していた。岡田はさらに、こうした動向が今後いっそう重要性を増すとしつつも、「この将来に対する理想論に対して、現在の都市の発達に応じて現実に起きて居る問題は現在の市域を如何にすべきかといふことである」[52]として、日本において都市の膨張に伴う現実の問題として考察すべきは、都市と行政区域の関係であると指摘していた。そして一九二一年の名古屋市の事例、一九二五年四月の大阪市の事例など、当時の日本の大都市において都市の膨張への対策として行なわれていた市域拡張に対し、次のように述べていた。

之は正しく今日の新らしい都市計画に於て極力避けねばならぬと努力して居る過大都市を好んで実現せしむるものである。斯ゝる見方を以てしては所謂衛星都市の建設も亦之を望むべくもない。都市の発展に伴つて昔日の市域が現在の実際と副はなくなるから、之を変更し拡大せ《ママ》なければならぬとしても、其処には一定の限度があらねばならぬ。[53]

すなわち岡田は、大都市の膨張に市域拡張及び行政区域の変更によって対処しようとしている同時代の日本における大都市の膨張に対する対策を、アムステルダム会議などで実地に触れた「地方計画の運動」などの「今日の新しい都市計画」の観点から批判し、現状のままではこの「今日の新しい都市計画」の一環をなす「衛星都市の建設」は望むべくもない、との見解を示していた。すなわち岡田の議論において、「地方計画」は、従来の日本における大都市の膨張に対する対策への批判としての意味を有していたといえよう。

なおこの岡田の論考「英国都市行政の研究」(一)と(二)が掲載された『自治研究』一巻一号と二号には、次節でその所論を詳しく検討する内務官僚飯沼一省も「田園都市論に現はれたる都市の理想」と題する論考を寄せていた。飯沼はこの論考で、「都市計画の真諦は田園都市論に尽きてゐる。都市計画の目的は田園都市論に包含せらる丶ところを実現せんとするものであるといふことが出来やう[54]」と述べ、さらに「都市行政に従ふもの、都市計画の技術並に法制の研究に志すものは、いかにせばその理想とするところを実現し得べきかを探求しなければならないのである[55]」と、「田園都市」の理念を実現することの重要性を説いていた。その上で飯沼は、以上のように「田園都市論」を理想とする観点からイギリスのハワードの議論を紹介し、「か丶る思想の生れ出でたる所以のものは決して偶然ではないのである。当然生るべくして生れた。即ちこれについては近代における都市の弊害及び農村の欠陥を考察しなければならぬ[56]」として、同時代の「都市の弊害」として、大都市における高地代、高賃金や、労働者の通勤にかかる時間の浪費、衛生上の問題などを指摘していた。また農村については、都市への人口集中の裏面としての衰退を指摘していた。

なおこの飯沼の議論は、一見するとあくまで「田園都市」論であり、「地方計画」とは関係のない議論のように見える。しかし、先にも言及した、岡田周造復興局書記官のアムステルダム会議に関する報告の中の次のような議論を参照すると、その関係が浮かび上がってくる。岡田は、会議においてイギリスのウエルウイン田園都市財務支配人パードムが行なった「地方計画に於ける衛星都市の発達」と題する議論を次のように紹介している[57]。すなわちパードムは、「衛星都市」という言葉を「初めて用いたのは、米国のジーアール、テーラーが米国の工業都市に関する論文に於てゞあると言ふ」と述べ、イギリスにおける「衛星都市」の概念の起源がアメリカのテーラーの議論にあることを明確にした。[58]その上で、「然し、今日都市計画殊に地方計画に関連して此の言葉を用ふるは、大戦後英国に於て田園都市運動の復活の議論に基づいて居る」として、「地方計画」の中で用いられる「衛星都市」という言葉は、テーラーの概念をイギリスの「田園都市運動」の文脈に移したものと述べていた。パードムはさらにこの概念を導入した理由について、「田園都市建設の提議を人気あらしめん為めには、大都市の支配階級の人気に投ずる方法を選ぶ必要上、田園都市を単に田園都市と呼ぶことなしに、或大都市の勢力の下に在る衛星都市と呼んだのであつた」[59]と述べていた。つまり以上のパードムの議論を参照してみると、当該期の都市計画論において「田園都市」という概念と、「地方計画」を基礎とする「衛星都市」という概念は、互換的なものと捉えられていたといえよう。この点に鑑みれば飯沼の「田園都市」論も、以上のような含意を持つ議論として理解する必要があると考えられる。

以上のような理解を念頭に、飯沼の「田園都市論に現はれたる都市の理想」における議論に立ち戻ろう。飯沼は、先にも触れたごとく、「都市の弊害」や「農村の欠陥」に言及した上で、それへの具体的対応としてのハワードの田園都市建設の実践を紹介していく。その際、飯沼は、大都市の膨張への対応としての「郊外地の計画」によって実現する「田園郊外」について触れ、「動もすれば既に業にあまりに大きくなつた都市をしてさらに大ならしむる欠点を持つてゐるのである」、「家庭と仕事場との往復に要する費用と時間とは増加し、都市の労働者と田園の接触とは益不可能となる」と指摘した上で、「なる程この田園郊外はテネメント・ハウスには勝つてゐるかも知れない。しかし都市の中心からあまりに距離が遠いために、その朝夕の往復は労働者にとりてはあまりに重い負担となるのである」[60]と述べていた。この飯沼の議論は、大都市の膨張を前提に、そこで生じる住宅問題に「郊外地」への計画的な住宅地建設によって対処することによって形成される「田園郊外」を、職住分離をすすめる点に照らして批判するものであった。

なおここで飯沼が批判している「田園郊外」＝garden suburbについては、飯沼より一世代先行する都市計画の専門家で「田園都市」論を理想論として批判する片岡安や関一がより「現実」的な大都市の膨張への対策として主張していたことは第一節に見た通りである。また、片岡や関によって主張された大都市近郊における計画的な住宅地については、都市計画法に伴って制定された都市計画法令に書きこまれた「一団地の住宅経営」という条項によって実現が可能である、との議論を、やはり飯沼に先行する専門家である池田宏や渡邉鐵蔵が主張していた。この池田や渡邉からすれば都市計画法及び同法施行令を前提にしてこそ、大都市対策としての近郊住宅地建設が可能になる、ということになる。

以上のような大都市の膨張への対策をめぐる議論の配置をふまえれば、飯沼が唱える「田園都市」論、すなわち「地方計画」論を基礎とした「衛星都市」論も、岡田の議論と同様、従来の日本の大都市対策に関する議論に対する批判、としての意味を持っていたことは明らかであろう。一九二〇年代中期に日本に導入された「地方計画」論は、以上のごとく単に欧米の都市計画学会の最新学説、という意味のみならず、従来の日本の大都市の膨張への対処策への批判としての位置をしめるものであったと考えられる。

第三節　内務官僚飯沼一省における「地方計画」論とその射程

以上のごとく、一九二〇年代中期には、大都市の膨張への対処の仕方として、regional planning の発想が日本にも導入されていた。この導入以降の二〇年代後半から三〇年代前半にかけて、この概念を最も包括的に論じ、三〇年代以降の現実の都市政策へも波及させたのは、内務官僚飯沼一省であった[61]。以下では、飯沼の議論に即して、その「田園都市」論・「地方計画」論・「衛星都市」論の射程と、その現実の都市政策との関係を検討する。

検討に先だって、まず本章に関わりのある時期の飯沼の経歴を整理しておこう。[62] 飯沼一省は、一八九二年に生まれ、一九一七年東京帝国大学法律学科卒業と共に内務省に入省した。内務省では土木局道路課、静岡県志太郡郡長、同県理事官などを経て一九二二年から内務事務官として都市計画局に勤務し、翌二三年二月から同一二月まで欧米に出張し都市計画の国際会議等に出席した。その後、一九二八年からの神社局勤務を経て一九三一年に大臣官房都市計画課長に就任し、一九三四年七月に埼玉県知事に転じた。この間、飯沼は、『自治研究』や『都市公論』などに都市計画関連の論文やエッセイを執筆し、一九二七年には『都市計画の理論と法制』、一九三三年には『地方計画論』という著書を刊行していた。以上の経歴からは、飯沼が当時の都市計画の世界的動向と直接接点を持つ論者であったと同時に、都市計画の実際の政策立案に関わり得る立場にあったことがうかがえよう。

1 飯沼の「地方計画」論とその含意

第二節1でも言及したごとく、飯沼はアムステルダム会議に先立つこと一ヶ月前の一九二四年六月に発表した小論の中で、一九二三年に欧米に出張した際に触れた最新の都市計画の学知として、regional planning を「地方計画《リージオナルプランニング》」と訳し紹介していた。[63] とはいえこの小論はあくまで欧米の都市計画学界の動向を紹介したものであり、飯沼が「地方計画」に関する自らの見解をまとまった形で示したのは、前章で触れた「田園都市論に現はれたる都市の理想」をはじめとした『自治研究』に発表した論考を一書にまとめた一九二七年刊行の『都市計画の理論と法制』においてであった。以下、この書に依拠しつつ、飯沼の「地方計画」論及びそれを基礎とした「衛星都市」論とその具体化の展望を整理しておきたい。

まず飯沼はこの書をまとめた動機について、序において次のように述べている。

美しい田園は日に廃れて、醜い郊外地が際限もなく延びてゆく。都市における生活と労働とは、空前の混雑を呈してゐる。人類の集団より生じる弊竇を予防し救治せんとして布かれたる都市計画法は、将に十年を垂んとする歳月に、抑ゝ幾何の使命を果たし得たらうか。都市民は日毎に日光と新鮮なる大気とより遠ざかり、街路上の安全は今や甚だしき脅威をうけてゐる。しかも都市意識は依然としてさめず、都市計画運動はいまだ微々としてふるはない。焦燥のおもひは予を駆りて都市計画の理論と都市計画の法制とに関する拙き論文を草せしめた。(64)

以上の序からは飯沼が、郊外地の際限ない拡張や、「生活」と「労働」の混雑など、大都市の膨張を問題として認識し、その問題に都市計画法が有効に対処し得ていないという状況に危機感を覚え、本書をまとめたことがうかがえる。前節で飯沼の「田園郊外」批判が、飯沼に先行する都市計画の専門家たちの都市計画法及び同法施行令に基づく近郊住宅地形成論への批判の意味を持つことを指摘したが、この序で飯沼はこれらの専門家の議論の基礎にある現行の都市計画法そのものに批判的であることを明らかにしている。

その上で飯沼は、自らが「都市構築の規準」としては「田園都市論を是認せんとする者」であり、「都市の大小、都市の膨張に付て理論的な解決」を与える議論として「地方計画論を主張せんとする者である」とした上で、「地方計画」について次のように述べていた。

地方計画とは人口の大都市に集中するを防止し、過大都市における密住生活の弊を匡救せんが為に、人口の分散を期することを其の基調となすものである。尤も人口の分散に付ても二つの意味があることを注意しなければならぬ。即ち産業革命以後大資本の集中、大量生産又は大量取引の行はるゝに従ひ、住宅と仕事場とが分離し、商工業地域から住居が分散する傾向を生じた。此の現象を目して同じく人口の分散と称する場合がある。此の意味の人口分散の傾向は夙に生じ、今日に於ては既に或る程度の弊害さへ伴つてゐる。地方計画の期望する人口分散はかゝる分散ではない。即ち一都市の内部に於て住居と仕事場との分離をするをいふに非ずして、都市と都市との間に於て分散の関係を生ずること、換言すれば集中及分散（Centralization and decentralization）の現象の発生すること之即ち地方計画の理想とする所でなければならない[65]。

飯沼は、「地方計画」とは、大都市への人口集中を回避するために「人口の分散」をはかることを基調とするものとした上で、その際の「人口の分散」とは、資本主義の発展に伴い現に進行し「既に或る程度の弊害さへ伴つてゐる」職住分離ではなく、都市と都市の間での人口分散である旨を強調していた。前節でも見たごとく、飯沼は一九二五年の「田園都市論に現はれたる都市の理想」でも、職住分離を批判する観点から「田園郊外」論を批判していた。飯沼は大都市の膨張を考えるに際して、この「住宅と仕事場とが分離」する、という問題を重視していたといえよう。

ところで何故飯沼は、大都市の膨張に伴う職住分離をこれほど問題視していたのだろうか。その理由として、飯沼は「都市経済上の弊害」を挙げる。飯沼は、「現在の状態から観察して大都市は経済上適当なる組織をなせるものといふを得ない」と述べ、大都市では市場も労働力も豊富であるが、今日ではその利益は高い地代・労賃のために「全部相殺されてしまふ」と指摘した上で、次のように言及していた。

しかのみならず労働者が毎日その通勤のために費やさなければならぬ二時間乃至三時間の時間はこれは非常なる経済上の浪費である。都市の内部における密住生活は当然住宅供給数を減少する。労働者は高い賃金を得ても日々の往復の費用、高価なる日常物価のために差引何等獲るところがない[66]。

以上のごとく飯沼は、職住分離が労働者の時間、及び通勤費用の点で「経済上の浪費」となることを指摘していた。この職住分離が持つ長距離通勤のコストについては、飯沼は次のようにも述べていた。

その往復は多くはきはめて不愉快なる条件の下においてなされるのであつて、これがために時間と精力との浪費となり、疲労のために労働の能率を挙げることが出来なくなる。[67]

飯沼は、職住分離による長距離通勤について、労働者自身にとって時間と体力の「浪費」であるとの観点に加え、「労働の能率」という経営側の観点からも望ましくないことを指摘し、いわば労使双方にとって不利益であるものと述べていたのである。なおこうした飯沼の労使双方を視野に入れる議論は、次のような工業理解に基礎づけられていた。

都市における工業は、本来単に資本家や企業家のみのために存在するものであつてはならない。工業の繁栄は同時にまたその公共団体全体の向上を意味しなければならぬ。換言すれば工業が出来る丈け能率的にかつ経済的に経営せられ得るやうな場所に建設せられ計画せらるゝと同時に、住民全体がその都市内において衛生的にしてかつ愉快なる生活の場所を発見し得ることも亦重要にして欠くべからざることである。[68]

すなわち飯沼は、都市における工業が企業利益のみを追求するものではなく、工業の繁栄は「公共団体全体の向上」となるべきであるとの認識を有していた。この認識に基づいて大都市の膨張に伴う職住分離が引き起こす長距離通勤を問題視していたのである。なお飯沼は、右の文に続けて次のように述べていた。

而して田園都市論は実にこの能率的なる工業経営と衛生的にして愉快なる生活との両立をその要件の第一にあげてゐるのである。即ち「生活」と「労働」とがバランスを得て而して円滑にはたらく有機体を構成せんことを目的としてゐるものに外ならないのである。[69]

飯沼においては、右に見たような職住分離を克服し、「能率的なる工業経営と衛生的にして愉快なる生活との両立」、「「生活」と「労働」とがバランスを得て円滑にはたらく」場、すなわち職住近接を実現し得る場こそ、「田園都市」であると理解されていたのである。なおこの飯沼の議論は、換言すれば、「田園都市」を工場経営者の利益と労働者及びその家族の利益が両立し得る場として理解する議論であるといえる。この議論が形成された一九二〇年代には、第一次大戦後の世界情勢やこれとも関連する工業化の進展に伴って、日本においても労働運動や農民運動などの社会運動が高揚を見せていた。かかる動向に対応して、当該期にはそれを治安立法によって強圧的に抑制する政策からその体制内統合をはかる政策へと政策基調が転換しつつあったが、内務省は特にこの転換をリードしていた。[70] 若手内務官僚の飯沼が、職住近接によって「生活」と「労働」のバランスを実現し得る場としての「田園都市」に強い関心を抱く理由の一端は、以上のごとき当該期日本の状況とその中での内務省の政策志向が関連していると考えられる。

以上のごとく飯沼は、「地方計画」とは、大都市への人口集中を回避するために「人口の分散」をはかることを基調とするものとしつつ、その「人口の分散」が職住分離の方向とは異なることを強調し、職住分離ではなく「生活」と「労働」とがバランスを得ることができる場こそが「田園都市」であるとの理解を示していた。この点を飯沼は、大都市の「膨張力を導いてこれを衛星都市たる田園都市とし、各都市が皆夫々に完全なる自治的生活をなし、工業的設備をもつこと」[71] とも述べていた。その上で飯沼は、自らの「地方計画」論と「田園都市」=「衛星都市」論の関係を次のように明確に述べていた。

都市計画に付ての私の理想は、各都市が田園都市の理論に従つて構成せられ、而して之等諸都市が地方計画の理論に従つて碁布配置せらるゝことにあるのである。[72]

一九二七年の飯沼は、大都市への人口集中及びその下で進行する職住分離に対して、「地方計画」に基づいて大都市の周囲に「完全なる自治的生活をなし、工業的設備をもつ」職住近接の「衛星都市たる田園都市」を「碁布配置」することで当該期の都市が直面する問題を克服することを理想としていたといえよう。

2　飯沼の「地方計画」――「田園都市」論の基礎条件

それでは飯沼は、「地方計画」に基づいて大都市の周囲に職住近接の「衛星都市たる田園都市」を「碁布配置」する、という自らの理想はいかにして現実性を持つと考えていたのだろうか。この点について飯沼は、大きく分けて二つの基礎条件について論じていた。

一つは、「工業的設備をもつ」「衛星都市たる田園都市」形成についての、いわば事実上の推進力に関する条件である。飯沼は、先にも触れた大都市の膨張に伴う地代・労賃の上昇及び職住分離の進行に基づく労働者の摩耗という「都市経済上の弊害」に直面する中で、企業家が自ら進んで大都市からの工業分散を志向する傾向が欧米の様々な大都市で見られることを指摘した上で、次のように述べていた。

米国におけるこの機運を最もよく代表せるものは自動車王ヘンリー・フォォド氏である。彼の高邁なる識見は夙に現代の大都市が、今日の新しい産業組織を盛るに適せざることを看破し、その事業を経営するに当つては全国各地の便利なる地点に在る小工業都市を発展せしむるがために、その中央に分工場を設置し、労働者の住宅地としての開発を促進すると共に、これ等小都市をして適当なる生産中心地たらしむるに必要なる都市的施設に対して財政的援助を与ふる方針をとつてゐるのである。[73]

すなわち飯沼は、自らの議論の根拠となる企業による工業分散―小都市形成の趨勢の論拠を、アメリカの「自動車王」ヘンリー・フォードの工場経営方針に見出していた。[74] 一九〇八年のT型フォード発売以降、一九二七年までに一五〇〇万台近い同車を生産していたフォード社では、一九二〇年代までにコンベアー・システムによる大量生産方式と、それを支える労働者の高賃金と一定の企業内福祉――その一方での厳しい労働者管理――を実現していた。[75] 当該期のフォード社の経営のあり方については、高能率経営と高賃金を実現する一方で労働組合の抑圧などの側面を残していた点に留意し、これを「フォーディズム初期段階」とする規定がある。[76] この規定をふまえれば、飯沼が自らの議論の論拠とした、アメリカにおける「工業的設備をもつ」「衛星都市たる田園都市」とは、工場生産の能率向上と企業内福祉すなわち労働者管理をはかる「フォーディズム初期段階」の工業経営のあり方を基礎に形成された職住近接の工業都市であったといえよう。

飯沼はさらに、上記引用部分に続けて「最近においてはその他にも諸種の大工場が益々分散の傾向を示している。ジェネラル・エレクトリック・コムパニーの如きはその顕著なるもの丶一例とすることが出来やう」[77]と述べた部分に注を付し、一九二六年一〇月二七日の朝日新聞に掲載された中島久万吉の「工業の田園化」という記事の参照を求めていた。

中島久万吉は、一九〇六年に古河鉱業に入社し横浜電線製造や横浜護謨などの設立に携わり、当時は日本工業クラブの専務理事をつとめる財界人であった。中島はこの記事の中で、工業都市の生産のあり方が引き起こす生活上の問題や生産コスト高を問題として指摘した上で、女子労働者に多くを依拠する当該期の紡績工場を念頭に次のような提起をしていた。

若しも大なる紡績会社が、現にその大都市に集中してゐる本工場制組織を改めて、一地方一地方に散在する分工場制組織となし、凡各地方における、需給の関係を案配して、その作業を農村化することにすれば、大抵は家庭の女子を使用することも出来やうし、女工の募集及びこれに伴うて生ずる経費も大に除かれ自然に各社間における無益な競争も止み、全体的に工場における資本と能力の無駄が少なくなるやうに到るであらう。[78]

中島は、以上のごとく、「工場における資本と能力の無駄が少なくなる」ことを目的として、大都市に集中する工場を分工場制とし、地方（農村）に分散することを主張していた。この中島の議論は、大都市の工場を分散する先が地方（農村）である点で、大都市周辺の中小都市への工場分散を志向する飯沼の議論とやや異なるものである。しかし、日本の新進の財界人が、大都市の工場を分散させるという点でアメリカのフォードなどと共通する議論を行なっている点に、飯沼は日本でも「工業的設備をもつ」「衛星都市たる田園都市」形成の条件が整いつつあることを見出していたと考えられる。

さて以上では、飯沼が「地方計画」に基づいて大都市の周囲に職住近接の「衛星都市たる田園都市」を「碁布配置」する、という自らの議論を実現するための条件として、その事実上の推進力を世界の大都市における企業家自身による工業分散の志向に見出していた点を確認した。次に、飯沼の議論におけるもう一つの条件について見てみたい。

この点に関して、飯沼は次のように述べていた。

> 日本には大都市計画《メトロポリタン・プランニング》は早くから発達した。然し地方計画は今日なお起らない。其の最も主なる原因は都市計画法にあるといはなければならぬ。日本の現行都市計画法は大都市主義をとり、集中主義を是認したものであつて、地方主義の立場から見れば、両者の間に甚だ懸隔あるを感ぜざるを得ない。[79]

すなわち飯沼は、日本において「地方計画」が現実性を帯びない「最も主なる原因」を都市計画法に見出していた。換言すれば、飯沼は、この「現行都市計画法」の改正を、「地方計画」に基づく「衛星都市たる田園都市」配置の法制度的条件と考えていたのである。では飯沼は、「現行都市計画法」のいかなる点に問題を見ていたのだろうか。この点について飯沼は、都市計画法の問題点を三点にわたり指摘していた。[80] まず「都市計画法が地方主義を相容れざる第一の点は専ら市を中心となしたることである」として、都市計画法では、勅令で指定された市以外は都市計画の主体になれず、都市計画区域に包含される町村の関係者は意志を表明する回路を持たない、という点を問題視していた。次に「地方主義を相容れざる第二の点は都市計画区域の制度である」として、一つの市の外部をも含める都市計画区域設定の根拠の曖昧さを指摘していた。さらに第三に、「地方主義を完全ならしむる為にはなほ自由空地に関する制度が欠けている」と指摘し、次のように述べていた。

> 地方主義の理想よりいへば東京市と其の周囲町村との間及周囲町村相互の間には相当面積の緑地が留保せられ

ることを必要とする。今日の制度を以て之を実現せしめることは困難といはねばならぬ。[81]

飯沼が述べる「自由空地」とは、大都市の連続的な膨張を防ぐためにその周囲を取り巻く緑地を指していたが、現行法ではその確保が困難である旨を指摘していた。すなわち飯沼は、「現行都市計画法」の以上三点の改正を、自らの「地方計画」─「衛星都市」構想の法制度上の条件と考えていたといえよう。

3　飯沼一省と一九三〇年代日本の都市計画法制

前項では、飯沼一省の「地方計画」論とその具体化の展望を検討し、飯沼が自らの「地方計画」論を実現するための条件について、その事実上の推進力を世界の大都市における企業家自身による工業分散の志向に見出していたこと、法制度的には「現行都市計画法」改正の必要を提起していたことを確認した。飯沼は、以上の議論をおさめた『都市計画の理論と法制』を一九二七年に刊行した後、翌二八年一月からは神社局総務課長として一時都市計画行政をはなれる。[82]しかしその後、三一年一二月には大臣官房都市計画課長に就任し、以後一九三四年七月に埼玉県知事に転任するまでの二年半余りの期間再び内務省の都市計画行政を担当する。本節では、飯沼が都市計画課長在任中の都市計画法制について検討する。

先に見たごとく、飯沼は一九二七年の『都市計画の理論と法制』の中で、「地方計画」が現実性を帯びない「最も主なる原因」を都市計画法に見出し、その問題点として、①勅令で指定された市以外は都市計画の主体になれないこと、②一つの市の外部をも含める都市計画区域設定の根拠の曖昧さ、③大都市の連続的な膨張を防ぐためにその周囲を取り巻く「自由空地」＝緑地確保が困難であることの三点を指摘していた。飯沼は、一九三一年一二月、内務省都市計画課長に就任するが、この年八月に発表した「地方計画論と緑地問題」と題する論文でも、次のように述べていた。

地方計画は本邦の現行制度の下に於ては之を公に決定する途がない。然らば如何にしたならば地方計画に関する制度が具はるであらうか。私は都市計画法及市街地建築物法を改正することによりて、此の目的を達し得ると考へる。[83]

飯沼は、以上のごとく「地方計画」を実現していく上では現行の「都市計画法及市街地建築物法を改正すること」が必要であると明言した上で、「其の改正すべき主要なる点は次の如きものである」として、①現行都市計画法における緑地の地域指定及び緑地への開発を禁止・制限する制度の不在、②市街地建築法における建築線制度の欠陥、③都市計画法適用対象の市のみへの限定による町村に適用する制度の欠如、の三点を指摘していた。[84] このうち①と③は、一九二七年時点の主張の③、①にそれぞれ対応する主張であった。

それでは以上の制度上の問題点については、飯沼の都市計画課長就任後、現実に変化はあったのだろうか。この点については、まず変化があったのは、緑地指定の制度に関してであった。一九三二年一〇月、東京府内の都市計画法適用地域である東京市と八王子市を管轄する都市計画東京地方委員会に、東京緑地計画協議会が設置された。[85] 協議会は内務次官を会長とし、飯沼が会長代理をつとめていた。この組織は、東京市周辺部の都市化の進展に伴う「田園緑地」の減少の中で、「市民の保健、休養乃至都市美観上」必要な「公園其の他の緑地の施設に関する統一的の計画」を調査研究する目的で設置されたが、その特徴は、東京市の都市計画区域外、隣接府県の区域までをも対象とすることを念頭に、神奈川県、千葉県、埼玉県の県職員も構成員に含んでいたことにあった。[86] 実際、一九三三年一二月の第二回会議で定められた東京緑地計画の区域は、「交通機関、市民の負担、慰楽適地等を考慮して市民一般が充分に慰楽を享受し得る区域であることを要する」という観点から、東京駅から半径五〇キロの圏内を基準に行政区画などを考慮し決定されていた。[87] なおこの東京緑地計画については、同時代において次のように捉えられていた。

大地方計画は先づその緑地計画において実現せられんとす。即ち曩に大東京市の実現を見るや、都市計画東京地方委員会は内務省当局監督の下に新事態に適応する都市計画を樹立して、市民の体育、保健、休養、慰安等に必要なる施設を講ずることを急務なりとし、ここに東京緑地計画の立案に着手するに至れり(88)。

すなわち上記の東京緑地計画は、同時代において、「新事態に適応する都市計画」としての「大地方計画」の一環として捉えられていたのである。飯沼はこの組織における検討を通して、「地方計画」実現に必要な法制度的条件の一つである緑地の地域指定及び緑地への開発を禁止・制限する制度の検討を軌道に乗せていたといえよう。

また同じ一九三二年の年末から三三年には、先に見た飯沼の議論に関連してもう一つ大きな動きが見られた。一九三二年一二月から開かれた第六四帝国議会に都市計画法改正案が提出され、都市計画法の適用対象を市に限定せず、町村にも適用を可能とする方向での法改正が提起されたのである。この法案に関する審議における答弁の中で、飯沼は都市計画の今後について次のように述べていた。

東京ヲ中心ト致シマスル地方、或ハ名古屋ヲ中心トスル地方、或ハ京阪神地方ニ於キマシテ、或ル一ツノ都市ダケヲ摑ヘテ計画ヲスルダケデハ不十分デアリマス、其ノ一ツ〳〵ノ都市ヲ計画致シマス前ニ、先ヅ其地方全体ノ計画ヲ予メ立テ、置キマシテ、ソレニ基キマシテ各都市ノ計画ヲ立テル必要ガアリハセヌカト云フコトヲ私共近頃考ヘテ居ルノデアリマシテ、何トカサウ云フヤウナ途モ段々ト開キ、且ツ調査研究ヲシタイト考ヘテ居ルノデアリマスガ、サウ云フ場合ニ都市計画区域ガドウ云フ風ニナルカト云フ問題ニ付キマシテハ、是ハ矢張今ノ都市計画区域ト云フノトハ全ク別ナ、何ト申シマスカ、地方計画トデモ申シマスカ、サウ云フ計画区域ガ必要ニナルノデハナイカト思ハレマス(89)

すなわち飯沼は、自らが一九二七年、三一年にその必要を主張していた都市計画法の町村への適用を可能とする法改正をはかる中で、大都市周辺では今後「或ル一ツノ都市ダケヲ摑ヘテ計画ヲスル」のではなく、「其ノ地方全体ノ計画」を立てそれを基礎に「各都市ノ計画ヲ立テル必要ガアリハセヌカ」と考えていると明言し、個々の都市計画を含む広域的な計画としての「地方計画」が必要になるとの展望を示していた。その後帝国議会での審議を経て、一九三三年三月、この都市計画法改正案が成立する。先に述べたごとく飯沼が都市計画法の町村への適用を「地方計画」実現のための条件の一つに挙げていたことに鑑みれば、この都市計画法改正は、今後必要となる「地方計画」への布石であったとも考えられる。なおこの点については、同時代にも次のような観察が見られた。

都市計画は今回の法律改正により、今後の都市計画区域は原則として自治体の区域と一致せしめられたるに依り、今後は関係市町村共同の所謂綜合的なる地方計画の時代に入らんとするの傾向極めて顕著にして、特に大都市の附近及び数個の都市計画区域が互いに境を接する地方に於ては既に切実の問題たるべし。(90)

すなわち同時代の観察の中にも、この法改正により市に加え町村が都市計画法適用の対象となり、都市計画区域が「原則として自治体の区域と一致」することを以て、複数の都市計画を包含する「地方計画の時代」に入る、との認識が見られたのである。この点に関連するが、のちの一九三五年、飯沼が岡田啓介内閣の下に設置された内閣調査局調査官に就任することが決定した際のある論説で、飯沼について「都市計画、局課にあつての永年勤続中、その残した功績中何といつても、中小都市の都市計画主義確立と地方計画理論の一部実現が光つて居る(91)」との評がなされていた。この評価については勿論鵜呑みにはできないが、以上に見てきたごとき飯沼の都市計画課長就任以降の法制度的な動向を勘案するに、「地方計画」は「日中戦争勃発までは、遂に理論的検討の域を脱し得なかった(92)」わけではなく、同時代においては次第に法制度的条件が整いつつあるものと認識されていたと考えられよう。

4　飯沼「地方計画」論に対する批判

本章第三節2で見たごとく、飯沼は自らの「地方計画」論を実現するための条件を、①その事実上の推進力としての世界の大都市における企業家自身による工業分散の志向と、②法制度的条件としての「現行都市計画法」改正に見出していた。このうち②については、前項で見たごとく、飯沼の都市計画課長在任中に一定の進展をみていたといえる。また飯沼は①について、先に見たごとく一九二七年の時点では中島久万吉の「工業の田園化」などの工業分散論への注目を喚起していた。また飯沼は、その後一九三一年の論考でも、日本における繊維工業の工場分布を検討してそれが市部においてよりも郡部において増加している点に着目し、「之こそ工業分散の傾向ではないか。我国にも早くも工業分散の萌芽のきざしたることを明瞭に示すものではないであらうか[93]」と述べていた。しかし同時代には、飯沼の議論の①の部分、すなわち工業分散論を批判する議論が存在した。以下ではこの批判の要点を確認しておきたい。

この批判は、上に触れた飯沼の「工業分散」に関する論考が掲載された『自治研究』の次号に当たる『自治研究』七巻二号に掲載された菱田厚介「地域制度の若干問題」で展開されていた。菱田は当時内務省都市計画課の技師で飯沼の部下に当たる人物であった。菱田は、上述の論考の中で飯沼に言及しながら次のように述べていた。

小都市論より一転して衛星都市論に至り、再転して自由空地論、農業地域論又は緑生地域の論議に及ぶところの一脈の思潮は、之を一つの観念論として眺むる場合何人も抗議を申込むことはないだらう。大都市生活の利点に対する社会学者の解説が如何に深からうとも、我等は日常あまりに其の禍害を知り過ぎてゐる。飯沼氏等の先学が数年来倦まず強調せらるる理念に対しては何人も賛意を惜しむことはない。緑生地域の制度を創定して之を実施することは慥に望ましいことである。併しながら「斯くあり度き事」が「斯くあり得る事」で無いことの余りに多くを知る我々は単に世上に流布する論議を聞かされるだけではその成否をあやぶまざるを得ない[94]。

菱田は、飯沼の「地方計画」をめぐる「小都市論」・「衛星都市論」・「自由空地論」などの「一脈の思潮」は、

「斯くあり度き事」であって「斯くあり得る事」ではないとその非現実性を指摘する。その上で、飯沼の議論の核となる「工業分散」について、「今日の産業社会に於て農工商三位一体の都市に還元し得べきや否やについては、私は先づ工業分散の可能性及その限度について詳細周匝な攷究が必要だらうと思ふ」と述べた上で、日本の工場のあり方について、次のように述べていた。

大規模の工場については、近来大都市の外郊又は地方市街地に移住新設される傾向が窺はれる。それを統一的に調査し、比較するだけでも相当の成果が見出されようかと思ふ。併し我国の工場は後にも一言する機会ある如く、大工場組織を持つものは決して多くない。産業の中核は所謂中小工場であつて、殊に家内工業的のものが夥しく多く、それらが市中各所に散在してゐるのである。地方計画は大規模工場の分散をもつて満足するか、或は中小工場も之を処理せんとするものであるか。又如何なる業務のものに対して分散を勧奨し得べきであるか。之等の点に亙つて静に攷究することを要すべく、而して今日はその遅れたる時期であると思はれる。これこそは地方計画に於ける Alfa にして且つ Omega であらうと思ふ。(95)

すなわち菱田は、日本の現実の工場の特徴として、「大工場組織」を有するものよりも「中小工場」「家内工業的なもの」がほとんどであり、それらが都市内の各所に散在していることを指摘する。その上で、かかる状況をふまえいかに「地方計画」における工業分散を行なうかを考究することこそが、「地方計画に於ける Alfa にして且つ Omega」であると述べていた。

先に見たごとく、飯沼は自らの「地方計画」論を実現するための条件の一つを、アメリカなど世界の大都市における企業家自身による工業分散の志向に見出し、日本においても共通する要素が現れつつあることを論じていた。これに対し菱田は飯沼の一連の議論を、「斯くあり度き事」を論じたものと批判し、大半の工場が「中小工場」「家内工業的なもの」である日本の現実の工場の特徴をふまえていかなる工業分散を行なうかを考えることが「地方計画に於ける Alfa にして且つ Omega」であるとの問題を提起していたのである。

おわりに

以上、本章では、一九三〇年代中期以降の大都市近郊都市をめぐる動向を理解する前提として、二〇世紀日本の大都市問題に関する専門家の議論及びその中で重要な位置を占める「田園都市」・「地方計画」・「衛星都市」の諸概念について検討を行なった。

第一節では、日本において都市計画法が制定されるに至る一九〇〇〜二〇年代の大都市問題に関する専門家の議論について、特に都市の職住問題に関する議論に焦点を合わせて検討した。その結果、当該期の都市計画専門家たちは、都市の職住問題ということでいえばむしろ職・住空間の機能分化を進める意味を持つ大都市近郊における都市計画及び住宅政策を推進しており、彼らの議論において「田園都市」論は、一方では理想論と見なされ、他方では計画的住宅地形成の議論と解釈されるなど、必ずしも職住近接の都市形成を推進する議論として位置づけられていなかったことを明らかにした。

第二節では、以上の第一節での議論をふまえた上で、日本における「地方計画」・「衛星都市」概念の受容について検討を行なった。一九二〇年代半ばに日本に導入された regional planning ＝「地方計画」は、大都市の膨張を問題として捉えた上で、それを「衛星都市」に分散してさらに各都市を「田園地帯」または「農耕地牧場等」によって取り囲み、大都市とその周囲の「衛星都市」、さらにそれらの都市を取り囲む「田園地帯」等を包含する広域的な領域を統御することを志向する議論であり、そこでの「衛星都市」は「田園都市」と互換的な概念として捉えられていた。以上の「地方計画」導入の経緯に関する検討からは、この議論が単に欧米の都市計画学会の最新学説、という意味のみならず、従来の日本の大都市の膨張への対処策への批判としての位置を占めるものであったことが明らかになった。

第三節では第一節・第二節での議論をふまえ、〝大都市の膨張への新たな対処策〟としての「地方計画」・「衛星都市」が、当該期の日本でいかにして具体化されると考えられていたのか、またこの構想がその後の現実の都市形成にいかなる影響を与えたと考えられるか、という点を、内務官僚飯沼一省の議論に即して検討を行なった。この検討からは、飯沼の「地方計画」論・「衛星都市」論の含意が浮かび上がると共に、彼が「地方計画」を現実化するための条件として、世界の大都市における企業家自身による工業分散の志向に注目し、同時代の日本においてもこれと同様の動きが見られると認識していたこと、また一九一九年に制定された都市計画法の改正が必要と認識していたことを明らかにした。その上で、飯沼が内務省において都市計画行政を担った期間に行なった都市計画法改正等により、一九三〇年代中期の段階では「地方計画」を実現する法制度的条件は整いつつあると同時代的には認識されていたと考えられることを指摘した。

かくして一九三〇年代中期には、その実現の条件が整いつつあると認識されていた「地方計画」及び「衛星都市」構想は、現実の大都市及びその近郊都市には具体的にはいかなる影響を与えたのだろうか。次章ではこの点について、三〇年代後期に東京近郊の「衛星都市」と位置づけられた八王子市の事例に即して具体的に考えてみたい。

◆註

（1）石田頼房『日本近代都市計画の百年』（自治体研究社、一九八七年）、本間義人『内務省住宅政策の教訓――公共住宅論序説』

（御茶の水書房、一九八八年）、福岡峻治『東京の復興計画――都市再開発行政の構造』（日本評論社、一九九一年）、渡辺俊一『「都市計画」の誕生――国際比較から見た日本の都市計画』（柏書房、一九九三年）、小玉徹『欧州住宅政策と日本――ノンプロフィットの実験』（ミネルヴァ書房、一九九六年）などを参照。

（2）渡辺俊一氏は、一九〇六年九月に内務省地方局が発行した『欧米都市事業の趨勢』に現れた「田園的都市」を"garden city"の日本における最初の訳語としている（前掲註（1）渡辺書、四六頁）。

（3）内務省地方局有志編『田園都市』（博文館、一九〇七年）。なおこの書は、一九七九年に大平正芳総理大臣のもとに設置された「田園都市構想研究グループ」（座長梅棹忠夫）のメンバーで、グループの報告書「田園都市国家の構想」の執筆者の一人である香山健一により、『田園都市と日本人』（講談社、一九八〇年）として復刊されている。

（4）西山康雄「田園都市論と戦前期日本都市計画」①、②、③（『季刊田園都市』第二巻一、二、三号、日本地域社会研究所、一九八一年。のち同『日本型都市計画とは何か』学芸出版社、二〇〇二年に第六章として収録）、前掲註（1）渡辺書、村上暁信「明治期の内務省地方局におけるハワード"Garden City"論の受容に関する研究」（『農村計画論文集』一号、一九九九年）、東秀紀ほか『「明日の田園都市」への誘い』（彰国社、二〇〇一年）など。

（5）この点に関わっては、"garden city"概念の形成と展開を、その都市計画的実践との関係で検討したHall, Peter. "The City in the Grden City Solution-London, Paris, Berlin, New York. 1900-1940" *Urban Studies, society Vol IV Cities, ideas and ideals.* Ed. Ronald Paddison and Susan Parnell. London, sage 2010. が示唆に富む。なお近代日本の都市形成の過程における「田園都市」概念に触れた研究としては、鈴木勇一郎『近代日本の大都市形成』（岩田書院、二〇〇四年）がある。鈴木氏の研究では、特に日本において郊外住宅地の意味で解された「田園都市」と都市形成の関係が検討されている。またハワードの"garden city"概念と、日本において実際に私鉄会社によって推進された「田園都市」建設のギャップをふまえた上で、大都市圏における私鉄企業の沿線の住宅地開発の戦前戦後を通じた展開を跡づけた研究として、高嶋修一「大都市圏における私鉄企業と沿線開発――「職住近接」の見果てぬ夢」（多摩地域史研究会第二〇回大会報告要旨『多摩の鉄道史Ⅱ　私鉄と沿線開発』多摩地域史研究会、二〇一一年）も参照。

（6）都市計画の学知としてのregional planningの受容に比較的早い段階で論及した研究として、たとえば川名吉右門「昭和前期の都市計画」（東京都立大学都市研究会編『都市構造と都市計画』東京大学出版会、一九六八年）などを参照。

(7) 中島直人ほか編著『都市計画家・石川栄耀——都市探求の軌跡』(鹿島出版会、二〇〇九年)一五四頁。
(8) 前掲註(1)石田書、一八二頁。
(9) 岡田知弘『日本資本主義と農村開発』(法律文化社、一九八九年)、御厨貴『政策の総合と権力——日本政治の戦前と戦後』(東京大学出版会、一九九六年)、沼尻晃伸『工場立地と都市計画——日本都市形成の特質 一九〇五—一九五四』(東京大学出版会、二〇〇二年)。
(10) 同右御厨書、二〇八頁。
(11) 小路田泰直『近代日本都市史研究序説』(柏書房、一九九一年)、芝村篤樹『日本近代都市の成立——一九二〇・三〇年代の大阪』(松籟社、一九九八年)。
(12) 前掲註(5)鈴木書。
(13)『衆議院議事速記録』第二二号、大正八年三月九日、四頁。
(14) 片岡の経歴や都市計画論については、前掲註(1)渡辺書第六章を参照。
(15) 片岡安『現代都市之研究』(建築工芸協会、一九一六年)八~九頁。
(16) 同右書、一二頁。
(17) 同右書、四三三頁。
(18) 同右書、四四〇頁。
(19) 同右書、四四二頁。
(20) 同右書、四四三頁。
(21) 同右書、四五〇頁。
(22) 同右書、四五三~四五四頁。
(23) 同右書、四五四頁。
(24) 関一の経歴や都市計画論、都市政策論については、前掲註(11)芝村書を参照。
(25) 関一『住宅問題と都市計画』(弘文堂書房、一九二三年)九三頁。
(26) 同右書、九七~九八頁。

(27) 同右書、九八頁。
(28) 同右書、一〇九頁。
(29) 同右。
(30) 同右書、一〇九～一一〇頁。
(31) 関一『都市政策の理論と実際』(三省堂、一九三六年) 一〇八頁。
(32) 前掲註 (25) 書、一〇八頁。
(33) Taylor, Graham Romeyn, *Satellite Cities: A Study of Industrial Suburbs*, D. Appleton and company, New York, 1915.
(34) 池田宏の経歴やその都市計画論については、前掲註 (1) 渡辺書第九章を参照。
(35) 池田宏『現代都市の要求』(一九一九年、都市研究会) 四一～四二頁。
(36) 都市計画法第一条。条文は、池田宏『都市計画法制要論』(都市研究会、一九二一年) の附録「都市計画関係法規」一頁を参照。
(37) 都市計画法施行令第二一条。条文は、同右「都市計画関係法規」一四頁参照。
(38) 同右書、二四二頁。
(39) 同右。
(40) 前掲註 (1) 小玉書を参照。
(41) 渡邉鐵蔵『都市計画及住宅政策』(修文館、一九二三年) 一二〇頁。
(42) 同右書、三一三～三一四頁。
(43) なお福岡峻治氏は、前掲註 (1) 福岡書五五頁において、「「職住近接」の都市構造への要請は、増大する交通需要を背景に交通手段の抜本的整備と料金の低廉化を余儀なくしていったことはいうまでもない」として、前掲註 (41) の渡邉の議論を挙げている。しかし、この議論は、職住近接の要請に基づくというよりは、職住分離を前提とした問題への対応を提起しているのではなかろうか。
(44) 吉川季治郎 (末次郎) は、一八九二年京都市に生まれ、同志社大学を卒業後欧米に留学し、帰国後帝都復興院の嘱託などを経て、一九二六年には社会民衆党に入党した。戦後は参議院議員などを務めた (『近代日本社会運動史人物大辞典』4巻 日外アソシエーツ、一九九七年)。

(45) ジョルヂ、ビー、フォード「総合都市計画と大都市計画」（吉川季治郎訳）（『都市公論』第七巻一号、一九二四年）四六頁。
(46) 同右論文、四七頁。
(47) 飯沼一省は「都市計画会議に列席して」と題する小論の中で、前掲註（45）論文で吉川が「総合都市計画」として紹介していたフォードの regional planning の議論を、「地方計画《リージオナルプランニング》の原則」として紹介していた（『都市公論』第七巻六号、一九二四年）五六頁。なお飯沼は後年、regional planning を「地方計画」と訳したのは自分であると述べている（飯沼一省『都市の理念』非売品、一九六九年、まえがきを参照）。
(48) 吉川末次郎「都市計画より地方計画へ」（『都市公論』七巻八号、一九二四年）。なお吉川自身は、後年「「地方計画」なる造語」は、「私の新造語から普及したものかと思ふ」、「初めその“regional planning”を「総合都市計画」と訳してみた」が「いろいろ考へた末、「地方計画」と決めたのだが、必ずしも適訳ではないと今でも思つてゐる」と述べている（吉川「都市政策の将来」（『都市公論』二五巻一号、一九四二年）八〇～八一頁。
(49) 復興局調査彙報第一二号『地方計画衛星都市及田園都市』（復興局長官官房計画課、一九二五年）序言、三～四頁。なお復興局は、一九二三年九月の関東大震災で大きな被害を受けた「東京及び横浜ニ於ケル都市計画、都市計画事業ノ執行」などを管掌する組織として、一九二四年二月に設置されていた（ＪＡＣＡＲ（アジア歴史資料センター）Ref.A03021491900、御署名原本・大正一三年・勅令第二六号・復興局官制（国立公文書館））。
(50) 同右『地方計画衛星都市及田園都市』所収の 岡田復興局書記官稿「地方計画　一九二四年アムステルダムにおける国際都市計画会議の報告梗概」五四～五五頁。
(51) 岡田周造「英国都市行政の研究（一）」（『自治研究』一巻一号、一九二五年）九八頁。
(52) 同右。
(53) 同右論文、一〇一頁。
(54) 飯沼一省「田園都市論に現はれたる都市の理想」（『自治研究』一巻一号、一九二五年）八七頁。
(55) 同右論文、八八頁。
(56) 同右論文、九一頁、
(57) 前掲註（50）「地方計画　一九二四年アムステルダムにおける国際都市計画会議の報告梗概」一三～一五頁。

(58) このテーラーの著書については、註（33）を参照。
(59) 前掲註（50）「地方計画　一九二四年アムステルダムにおける国際都市計画会議の報告梗概」一四頁。
(60) 飯沼一省「田園都市論に現はれたる都市の理想」（二）（『自治研究』一巻二号、一九二五年）七五〜七九頁。
(61) 飯沼については、村上暁信「飯沼一省の「田園都市論」解釈に関する研究」（『農村計画論文集』二号、二〇〇〇年）がハワードの議論との比較で飯沼の議論を位置づけているほか、梅田定宏「埼玉県の都市計画と「大東京地方計画」――法適用都市の広がりとその運用の実際」（大西比呂志・梅田定宏編著『「大東京」空間の政治史』日本経済評論社、二〇〇二年）がその小都市論、地方計画論に触れている。ただし両氏の議論では、本章で紹介する飯沼の「田園都市」が実現する職住近接の強調とその意味については、ほとんど触れられていない。
(62) 飯沼の経歴については、戦前期官僚制研究会編・秦郁彦著『戦前期日本官僚制の制度・組織・人事』（東京大学出版会、一九八一年）三〇〜三二頁のほか、内政史研究資料第七九、八〇集『飯沼一省氏談話速記録』（内政史研究会、一九六九年）を参照した。
(63) 飯沼一省「都市計画会議に列席して」（『都市公論』七巻六号、一九二四年）。
(64) 飯沼一省『都市計画の理論と法制』（良書普及会、一九二七年）序一頁。
(65) 同右書、一〜四頁。
(66) 同右書、一一〜一二頁。
(67) 同右書、三五頁。
(68) 同右書、二九頁。
(69) 同右。
(70) 大門正克氏は、一九二〇年代における社会運動の展開過程とこうした政策基調との関わりを対象化した諸研究を、「統合論的アプローチ」として整理している（大門正克「解説・民衆世界への問いかけ」大門正克・小野沢あかね編『展望日本歴史21　民衆世界への問いかけ』東京堂出版、二〇〇一年）。当該期の内務官僚の政策構想の意味については、渡辺治「日本帝国主義の支配構造」（『歴史学研究別冊特集』一九八二年）、源川真希『近現代日本の地域政治構造』（日本経済評論社、二〇〇一年）など参照。
(71) 前掲註（64）書、二七頁。
(72) 同右書、四頁。

(73) 同右書、四〇頁。
(74) ヘンリー・フォードの経歴とその企業経営の産業的、文化的特徴については、R・バチェラー『フォーディズム――大量生産と20世紀の産業・文化』(楠井敏朗・大橋陽訳、日本経済評論社、一九九八年)参照。なお第一次大戦後の日本における産業資本主義の展開と「能率」概念の浮上への関心から当該期日本におけるフォード・システムへの関心に注目した研究として、新倉貴仁『「能率」の共同体――近代日本のミドルクラスとナショナリズム』(岩波書店　二〇一七年)がある。
(75) 当該期のフォード社の経営のあり方については、栗木安延『アメリカ自動車産業の労使関係――フォーディズムの歴史的考察』(社会評論社、一九九九年)第1部を参照。また当該期のフォード社の労働者管理の「人間改造」的計画な諸側面に関する指摘として、古矢旬『アメリカニズム「普遍国家」のナショナリズム』(東京大学出版会、二〇〇二年)三二～四二頁も参照。
(76) 同右栗木書、一二～一三頁。
(77) 前掲註(64)書、四〇頁。
(78) 中島久万吉「工業の田園化」(一九二六年一〇月二七日『朝日新聞東京版』)。
(79) 前掲註(64)書、一六四頁。
(80) 同右書、一六四～一六六頁。
(81) 同右書、一六六頁。
(82) 前掲註(62)『飯沼一省氏談話速記録』。
(83) 飯沼一省「地方計画論と緑地問題」(『都市公論』一四巻八号、一九三一年)六二頁。
(84) 同右。
(85) 都市計画東京地方委員会「東京緑地計画」(『第四回全国都市問題会議総会二　研究報告　第一議題甲編其二』全国都市問題会議事務局、一九三四年)二一〇～二一四頁。またこの東京の緑地計画については、蓑茂寿太郎「東京グリーンベルトの夢と片鱗――東京緑地計画(一九三九年)」(石田頼房編著『未完の東京計画――実現しなかった計画の計画史』筑摩書房、一九九二年)も参照。
(86) 同右都市計画東京地方委員会「東京緑地計画」二一〇～二一三頁。
(87) 同右論文、二一四～二一五頁。

(88)『日本都市年鑑』昭和九年版（東京市政調査会、一九三四年）三〇～三一頁。
(89)「第六十四回帝国議会衆議院　都市計画法中改正法律委員会議録　第三回　昭和八年三月二日」四頁。
(90) 前掲註（88）書、三〇～三一頁。
(91) 大須賀巌「都市計画、地方計画から国家計画へ」（『都市公論』一八巻四号、一九三五年）一〇〇頁。
(92) 前掲註（9）御厨書、二〇八頁。
(93) 飯沼一省「工業分散の新傾向と小都市計画」（『自治研究』七巻一号、一九三一年）一五頁。
(94) 菱田厚介「地域制度の若干問題」（『自治研究』七巻二号、一九三一年）四五～四六頁。
(95) 同右論文、四六～四七頁。

第六章　一九三〇・四〇年代大都市近郊都市の変容と新体制をめぐる対抗

はじめに

本章は、一九三〇年代後期から四〇年代前期にかけての大都市近郊都市の変容と、その中で生じる一九四〇年の新体制をめぐる対抗とその帰結の意味を、東京府八王子市に即し考察することを課題とする。

日本近現代史研究において都市史研究は、二〇〇〇年代を通じ研究蓄積が進んだ分野の一つである[1]。この研究潮流の中では、先行研究の批判的検討を通して独自の都市史の方法を示す研究も現れたが、そこで対象とされる時期は概ね一九三〇年代中期頃までであり、それ以降には十分射程が及んでいない[2]。かかる傾向は、筆者の先行研究である都市における「デモクラシーと地域」に関する研究でも同様である。この領域では、林宥一氏が男子普選下での市町村レベルの政治参加の分析に基づいて提起した、「地域的公共への無産階級への参加という点」に着目した場合「都市が農村より進んでいたとはいえない」という論点[3]を糸口に、加藤千香子氏、大岡聡氏により都市政治史の問い直しがはかられた(4)。加藤氏は、男子普選期における階級運動勢力やそれ以外の「無産」を標榜する勢力の政治参加の動向に光を当てる一方、彼らが三〇年代以降、都市間競争の中での地域振興の課題の浮上や、政党間対立に伴う政治の不安定化の中で、官僚依存・国家意識の鮮明化等の傾向を強めることを指摘した(5)。大岡氏は、都市において「無産」を称する多様な人々が戦間期に「生活」の論理を梃子に政治参加を果たし、それが後に「生活」の問題が戦争に従属する中で、ファシズムを支える「過剰な」主体化へとつながってゆく、という展望を示した(6)。以上のごとく加藤氏、大岡氏は、都市における「デモクラシーと地域」の問題として、男子普選制下における「無産」を標榜する勢力の政治参加をめぐる動向を明らかにしたが、三〇年代後期以降については、限界規定的に展望を示すにとどまっている。

これまで筆者は、以上の加藤氏、大岡氏の三〇年代前期までに関する議論に対して、「無産」政治勢力の政治参加のみならず、社会領域での動向や、都市間関係やそれと連動する都市の空間的変化の要素も組み込み検討することを提起し、両氏とは異なる形で都市における「デモクラシーと地域」の問題を描くことを試みてきた(7)。同様の観点から三〇年代後期以降をも検討することは、先行研究では展望にとどまる当該期の都市における「デモクラシーと地域」のあり方を具体的に示す意味を持つと同時に、当該期を扱う都市史の方法に関する議論に、一つの素材を提供する意味も有すると考える。

さて以上のごとく本章では、三〇年代後期以降四〇年代前期の都市の空間的変化や、そこでの「無産」政治勢力及びその周辺の人々の政治領域及び社会領域での動向を検討するが、かかる問題領域を日本近現代史研究のより広い文脈で扱った先行研究に、雨宮昭一氏の研究がある。雨宮氏は、氏独自の〝既成勢力の自己革新〟論及び四政治潮流論を基礎に、第一次大戦以降、一九二〇年代の日本で浮上しつつも三〇年代に至っても実現困難であった「社会の平等化・民主化・近代化」の課題が、総力戦体制構築と連動するグライヒシャルトゥンクにより一定程度果たされる、という視角を提起した[8]。そしてこの視角から、当該期の都市の政治と社会を検討し、大都市東京の町内会における社会的混住の進行や、地方都市茨城県古河町における町長による強権的な大衆福祉組織作りなどに「平等化」の進行を、同じく古河町や茨城県日立市などでの工場誘致と合併進展に、工業化・都市化の進行を見出した[9]。総力戦による社会の変化に注目するこの雨宮氏の議論に対しては、当該期の変化を総力戦の衝撃に一元化しているとする源川真希氏の批判がある[10]。また一九四〇年の藤沢市に関する大岡聡氏の研究は、当該期の藤沢では「大藤沢」をめざす都市化の進行の一方で、愛市運動を通し普選状況に逆行するような政治秩序が形成される、いわば「近代化」と「民主化」が並進しない事例を示している[11]。以上の源川氏や大岡氏の研究に鑑みると、当該期の都市の変化を考えるに際しては、雨宮氏が切り拓いた「社会の平等化・民主化・近代化」との関連を問う視角をふまえた上で、それら要素の総力戦以前からの相互関係とその変化を考える必要があると考えられる。

なお本書では、都市における「デモクラシーと地域」の問題を、都市間関係の中での大都市近郊都市の自己確立の動向により推進される物理的空間的変化と、「デモクラシー」の制度的な現れとしての男子普選制に基づく政治参加及び「デモクラシー」の社会的な現れとしての平等化・同質化の志向に基づく人々の動向の関係、として分析を行なってきた。この本書の視角に引きつけていえば、都市の自己確立の動向により推進される物理的空間的な変化の基底には都市化・工業化というい わば即物的な「近代化」の問題があり、男子普選制に基づく政治参加のあり方は「民主化」の問題、人々の平等化、同質化に基づく動向は「平等化」の問題として各々捉えられよう。本章では、以上のように「平等化」、「民主化」、「近代化」の三要素を、本書の分析視角と互換性を持つものとの理解に立つ。その上で、この三要素のあり方とその相互関係の変化に留意して当該期の都市の変化を検討することで、本章の議論は都市史の視角から総力戦体制論を捉え返す意義も有すると考えられる。

なお本章での新聞史料の引用方法は、本書序章の「第四節　本書の方法と構成」に記した通りである。

第一節　日中戦争前後の大都市近郊都市とその変容

本節では、以下の議論の前提として、日中戦争開始以前の一九三〇年代後期における東京府八王子市の概況と都市間関係の中での課題、及び政治状況について検討する。

1　日中戦争以前の東京府八王子市と政治状況

①一九三〇年代後期における八王子市――概況と都市の課題

まず当該期の八王子市を取り巻く状況をみよう。本章での考察時期に先立つ一九二〇年代から三〇年代には、先に第一章で掲げた【表1－3】（本書五〇頁）の隣接五郡に顕著なように、東京市周辺で人口の急増が見られた。かかる人口増加を基礎に、一九三二年一〇月には東京市が隣接五郡を合併する市域拡張を行ない、所謂「大東京」が成立する。この動向と関連し近隣では「大〇〇」という形で都市の自己確立をめざす動きが多く見られた[12]。また同じ三二年一〇月には、内務省により東京緑地計画協議会が設置された[13]。ここで検討された緑地計画は、大都市への人口集中を広域的に統御する、地方計画の発想と密接に関わっていた（【図6－1】[14]）。この発想と関わって、大都市近郊の中小都市を「衛星都市」と見なす動きも現れた。たとえば一九三六年には、「関東国土計画」[15]として東京を中心に関東一府六県を範囲とする地方計画案が提示されたが、そこでは平塚市、八王子市、川越市、大宮市、千葉市等の東京近郊の中規模都市が「直接東京の外周を囲む衛星都市」として位置づけられていた[16]。

では以上の状況の中で、八王子市ではいかなる反応が見られたであろうか。八王子市では、三二年の「大東京」

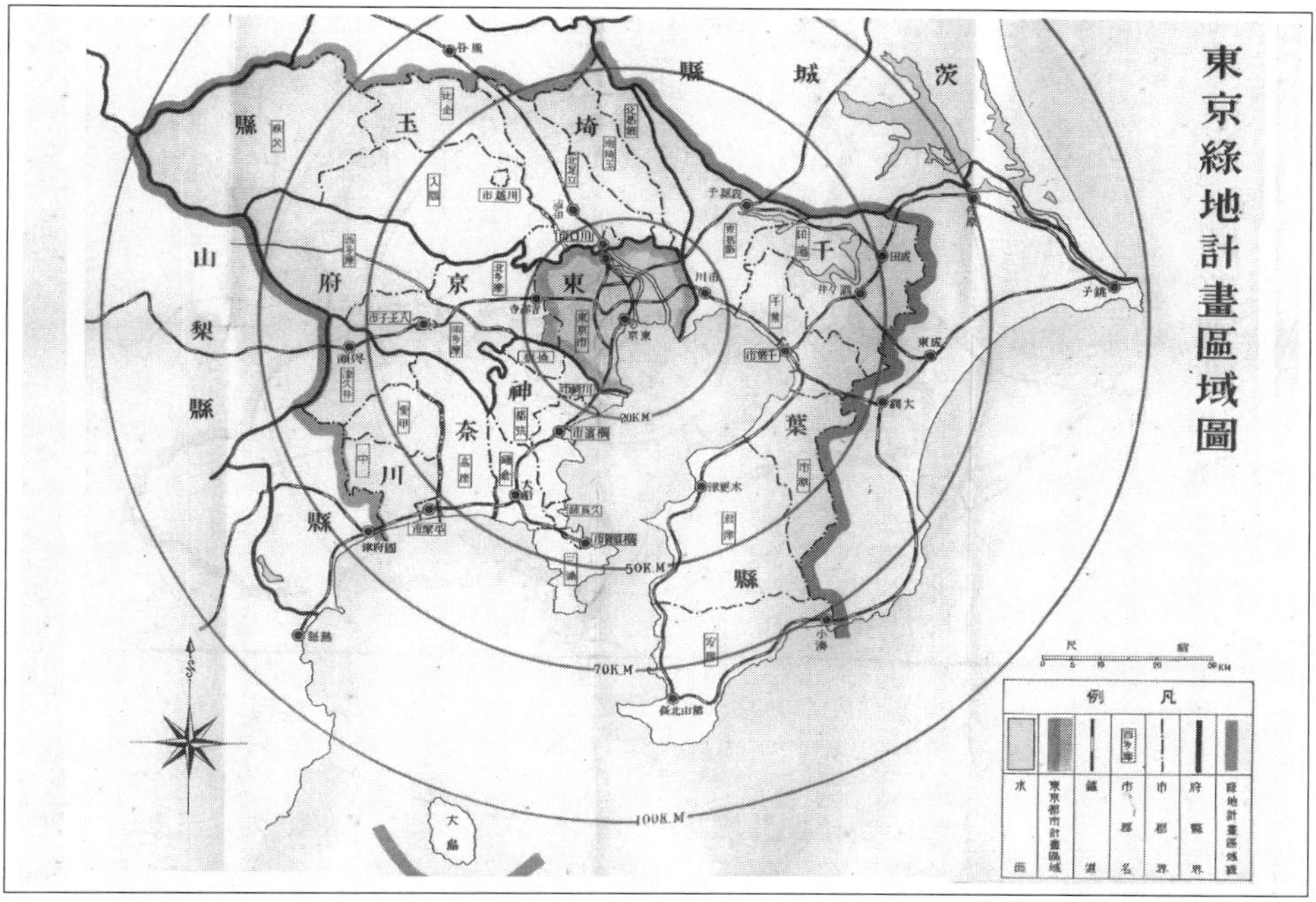

出典：都市計画東京地方委員会編『東京緑地計画協議会決定事項集録』（都市計画東京地方委員会、1935年）。

【図６－１】東京緑地計画区域図

形成に伴う三部経済制廃止に関連して、家屋税附加税に依拠する税収構造を戸数割中心に変更し、隣接町村の合併や住民流入を促進する「大八王子建設」構想がはかられたが、この税制変更の是非が三三年市会選挙の争点となり、戸数割に反対する政友会系が勝利する中で、右の構想も頓挫した。[17] その後市会多数派の政友会系に擁立された元・八王子織物工業組合組合長杢代龍喜が市長に就任したが、杢代市長は就任直後の三四年二月の予算市会での所信表明で「市ノ将来ニ付テ遠大ノ計画ヲモツテ居ラナイノテアリマス」と率直に述べた上で、財源難の中で「手短ニ申シマストオケルモノハ延シ新規ニ計画シナケレハオケナイモノニ対シテハ何トカシナケレハナラナイ」と、新規事業を可能な限り先延ばしする施政方針を示していた。[18] 杢代市長は就任一年後の翌年度予算編成でも、財政難を理由に「新規事業ハ緊急已ムヲ得サルモノノ外ハ一切之ヲ中止イタシタノテアリマス」[19]と述べ、消極的な方針を継続した。

かかる消極方針に基づく杢代市政下では、これに危機感を持つ動きが見られた。三五年には「財政非常時に直面した八王子市政は李代市長の消極的無方針政策に禍され益す深刻化しつゝあり」という認識を基礎に、市会与野党の若手市議が他都市の視察結果を基に議論する「市政調査研究会」を設立する動きが見られた（『読売』三五・五・一九）。この動きには、政友会系、民政党系の市議各二名と社会大衆党の市議一名が参加したが、その一人である政友会系の青木亀寿市議（土木請負業）は、「各都市を視察して吾々の眼に映ることは何れの都市も活気がある」と感想を述べた上で、「また大工場の誘致運動をして成功してゐる都市もあつた。八市も将来は是非何かの工場を誘致し産業都市としての躍進に備へたい」（『読売』同右）と、工場誘致による八王子市の産業都市化の構想を示していた。また同時期には、八王子市商工会議所が市民からの懸賞論文を募る動きを見せた。そこでは、「大東京に近接する郊外都市としての発展性及方策」、「大八王子建設のモットーは産業開発にあるも工業立市、商業立市の何づれに重点を置くべきか」等が論題とされたが、商工会議所理事の梅原勘一郎は、「実際この儘放置したら八市の将来は何うなるか判らぬ　懸賞論文なんて消極的なものではあるが一人々々が多少でも真面目に研究して呉れゝば」と、この企画が八王子市の将来への危機感に端を発することを示していた（『読売』三五・六・一九）。以上のごとく、八王子市の都市としての将来に対する危機感に基づく動きは、当該期の他都市の動向や「大東京に近接する郊外都市」すなわち衛星都市としての位置づけと関わりが見られた。すなわち当該期の八王子市では、他都市との関係の中で意識される危機感に基づいて、都市としての「発展」「躍進」が課題として浮上し始めていたといえよう。

②一九三〇年代後期の政治状況――「無産」政治勢力の動向を中心に

次に当該期の八王子市の政治状況を、「無産」政治勢力の動向を中心に検討する。三〇年代後期の八王子市の政治状況は、直近の市会選挙である三三年一一月の選挙結果に規定されていた。この三三年の選挙では、前回二九年の選挙時（初の男子普選市会選挙）の際には議員の四割程を占めていた主要産業である織物関係業者の割合が、三割を切るまでに低下し、様々な職業からなる議員で市会の構成が多様化していた（【表6－1】）。この多様化の趨勢の中で「無産」政治勢力は三名が市会に進出し、第四章で見たように屠場市営化移転問題等において、地域に組織化されていない浮動票を構成する俸給生活者や貧困層の税負担軽減につながるその設置を推進し、これに反対する「町」を批判していた[20]。

さて周知の通り三七年四月の衆議院総選挙では社会大衆党（以下、社大党）が三六議席を獲得し躍進するが[21]、八王子市を含む東京府第七区でも同党の中村高一候補が前年三六年選挙時から大きく得票を増やし初当選した（【表6－2】）。このいわば追い風の中で、八王子市では同年一一月の市会選挙に向け「無産」政治勢力が活性化した。すなわち、「社大党八王子支部は今次総選挙の圧倒的勝利の余勢を駆つて猛進出を試みるべく」候補者の選定をすすめ、「森田、三浦両現市議に岩田源平（商工議員）泉澤義一（書記長）平本善八（執行委員）山口加藤太（前支部長）の諸氏外二三名を擁立」（『読売』三七・五・三〇）すると報じられた。さらに「三多摩無産党の創始者たる八王子市元横山町元市議清水三郎氏の一派は現社大党の支部に慊らずとして日無支部を結成し、秋の市会改選に備へ積極的活動を開始」（『読売』三七・六・二二）したが、ここで名が見える清水三郎は、一九二九年に八王子市で日本大衆党（以下、日大党）支部結成を主導した後、社会民衆党との合同問題で無産政党陣営から離脱した人物であった[22]。清水は、次の市会選挙を翌年に控えた一九三六年には、「加藤勘十代議士一派の無産者協議会支部を結成し社大党支部の森田、三浦に対抗、独自の無産者解放運動を起すべく準備工作に入つた市内元横山町清水三郎氏」（『読売』三六・八・一八）との報道に見られるごとく、この頃から加藤勘十が組織準備を進めていた労農無産協議会に呼応した活動を見せていた。清水は、第一章に見たごとく、二九年の日大党支部結成の際に加藤と接触をはかっていた。三六年の八王子市における清水の動向は、この加藤との接点を基礎にしたものと考えられる。以上のごとく

【表6−1】1929年、33年、37年八王子市会議員選挙の結果

1929年11月2日　八王子市会議員選挙　定数30　投票率92.9%

党派	立候補者数	氏名	得票数（得票率）	当選者	うち織物関係者	織物関係以外の職業
政友会	15		2,615（34.0）	10	4（40.0%）	新聞販売業、土木請負業、金物商、貸座敷業、鉄工具商、青物・乾物商
民政党	16		3,889（50.6）	15	8（53.3%）	材木商、魚商、保険業、浴場業、印刷業、自動車業、無職
社会民衆党	2		406（5.3）	1	0（0%）	
		森田喜一郎	274（3.6）	6位当選		クリーニング業
		大神田久太郎	132（1.7）	落選		西洋料理業
日本大衆党	1	清水三郎	170（2.2）	26位当選	0（0%）	洋服商
中立	4		602（7.8）	3	0（0%）	新聞社社長、紙文房具商、農業（のち民政党系へ）
計	38		7,682	30	12（40.0%）	

1933年11月2日　八王子市会議員選挙　定数36　投票率93.6%

党派	立候補者	氏名	得票数（得票率）	当選者	うち織物関係者	織物関係以外の職業
政友会	18		4,017（48.3）	17	4（23.5%）	印刷業、土木請負業、新聞販売業、運送業・米穀商、菓子商、医師、青物・乾物商、貸座敷業、鉄工具商、無職（4名）
民政党	17		3,084（37.1）	14	6（42.9%）	菓子商、農業、保険業、会社員、新聞社社長、自動車業、浴場業、弁護士
社会大衆党	2		402（4.8）	2	0（0%）	
		森田喜一郎	224（2.7）	14位当選		無職
		三浦八郎	178（2.1）	31位当選		家具製造販売業
愛国青年同盟	1	野口幹	230（2.8）	11位当選	0（0%）	著述業

旧日本大衆党	1	清水三郎	138 (1.7)	落選		洋服商
中立	3		446 (5.4)	2	0 (0%)	新聞社社長、紙文房具商
計	42		8,317	36	10 (27.8%)	

1937年11月2日　八王子市会議員選挙　定数36　投票率86.2%

党派	立候補者	氏名	得票数（得票率）	当選者	うち織物関係者	織物関係以外の職業
政友会系	21		4,066 (47.9)	18	3 (16.7%)	保険代理業、新聞社社長、著述業、新聞社支局長、薪炭・洋紙商、印刷業、酒類商、鉄工具商、土木請負業、無職（2名）
民政党系	19		3,253 (38.3)	14	7 (50.0%)	新聞社社長、保険業、貸座敷業、医師、会社重役、書籍商、農業
社会大衆党	3		370 (4.4)	1	0 (0%)	
		三浦八郎	158 (1.9)	30位当選		家具製造販売業
		山口加藤太	106 (1.2)	落選		会社員
		泉沢義一	106 (1.2)	落選		養蚕指導員
社大非公認	2	岩田源平	90 (1.1)	落選		生肉販売業
		早川房之助	83 (1.0)	落選		再生絹糸業
日本無産党	1	小島鉄広	138 (1.6)	34位当選	0 (0%)	薬種業
愛国青年同盟	1	野口幹	220 (2.6)	11位当選	0 (0%)	著述業
日本生産党	1	山田重平	117 (1.4)	落選		会社員
中立	1	野口義造	158 (1.9)	29位当選	0 (0%)	新聞販売業
計	49		8,495	36	10 (27.8%)	

出典：各年の立候補者数・当選者・得票数は、『八王子市議会史』資料編Ⅱ（八王子市議会、1988年）181～186頁、及び『東京日日新聞　府下版』1929年11月4日、同1933年11月4日、同1937年11月4日の記事をもとに作成。得票率は、得票総数より算出した。

【表6－2】 衆議院総選挙東京府第七区（三多摩、八王子市）の選挙結果

1936年2月20日執行第19回衆議院総選挙

当落	氏名	党派	議員歴	年齢	職業	第七区の得票数	八王子市の得票数（得票率）
当	八並武治	民政党	前	58	弁護士	21,219	3,402（34.8）
当	津雲国利	政友会	前	44	無職	17,763	694 （7.1）
当	山口久吉	政友会	新	44	弁護士	13,001	1,841（18.8）
落	坂本一角	政友会	前	40	大学講師	12,289	2,720（27.8）
落	中村高一	社会大衆党	新	40	弁護士	5,810	770 （7.9）
落	中里弥之助	中立	新	52	著述業	4,147	351 （3.6）
計						74,229	9,778

註：八王子市の有権者数11,464、うち棄権1,611、投票率85.9％。

1937年4月30日執行第20回衆議院総選挙

当落	氏名	党派	議員歴	年齢	職業	第七区の得票数	八王子市の得票数（得票率）
当	八並武治	民政党	前	59	弁護士	14,664	2,632（28.2）
当	中村高一	社会大衆党	新	41	弁護士	14,133	1,946（20.9）
当	津雲国利	政友会	前	45	無職	12,861	662 （7.1）
落	坂本一角	政友会	元	41	学校長	12,571	3,136（33.6）
落	小川孝喜	政友会	新	51	農業	11,544	240 （2.6）
落	山口久吉	昭和会	前	45	弁護士	4,186	715 （7.7）
計						69,959	9,331

註：八王子市の有権者数11,434、うち棄権2,025、投票率82.3％。

1942年4月30日執行第21回衆議院総選挙

当落	氏名	党派	議員歴	年齢	職業	第七区の得票数	八王子市の得票数（得票率）
当	津雲国利	推薦	前	50	会社員	31,655	2,455（18.2）
当	八並武治	推薦	前	64	弁護士	20,611	3,726（27.6）
当	坂本一角	推薦	元	46	大学教授	17,010	4,128（30.6）
落	中村高一	非推薦	前	46	弁護士	16,005	2,322（17.2）
落	佐藤吉熊	非推薦	新	42	弁護士	7,029	865 （6.4）
計						92,310	13,496

註：八王子市の有権者数14,595、うち棄権970、投票率93.4％（全国最高）。

出典：1936年選挙の各候補の東京府第七区及び八王子市での得票数については、『昭和十一年二月執行　衆議院議員総選挙ニ関スル調』（東京府選挙粛正実行部、1936年）、1937年選挙については、『東京日日新聞　府下版』『三多摩読売』1937年5月2日の記事、1942年選挙については、同『東日』『読売』1942年5月2日の記事をもとに作成。

中央における加藤勘十の動きに呼応した清水は、一九三七年労農無産協議会が日本無産党（以下、日無党）へと改編されると、これに応じて海崎治三郎と共に日無党八王子支部の結成をはかっていた。かくて日中戦争直前の八王子市では、市会選挙に向け、社大党、日無党の二つの「無産」政治勢力が活性化し競合する状況が見られたのである。

2　日中戦争開始後の東京府八王子市と政治状況

次に1で見た三〇年代後期の八王子市をめぐる状況が、一九三七年七月に盧溝橋事件が発生しいわゆる日中戦争が開始されて以降、どのように変容したのか、検討しよう。

①日中戦争の開始と都市間関係の変容

第一に注目したいのが、近隣地域における工業化・都市化の進行である。八王子市近隣では、飛行場や飛行機関連の工場設置（立川町）や機械工業工場の設置（武蔵野町）などの工業化が進む中で、三五年までの間に人口急増による都市化が見られた（前掲【表1－3】）。その後日中戦争が始まると、三八年には立川町での飛行機会社の大幅な増資と新工場建設、武蔵野町での中島飛行機の航空エンジン工場建設などが行なわれる中で、一層の人口増加による都市化が進んだ。[23]その他、三鷹村、町田町、調布町、府中町等の近隣の諸地域（【図6－2】）でも日中戦争に伴う軍事施設や軍需工場の建設に連動して工業化・都市化が進行した。[24]

第二に注目したいのが、三七年一〇月の内務省計画局の発足とそれによる地方計画の具体化である。計画局は、三七年四月に公布された防空法が、日中戦争との関連で同年一〇月に施行されたことと関わり、防空に関する事務と都市計画を管掌する局として設置された。[25]この計画局設置については、内務省都市計画課が、防空に関する事務

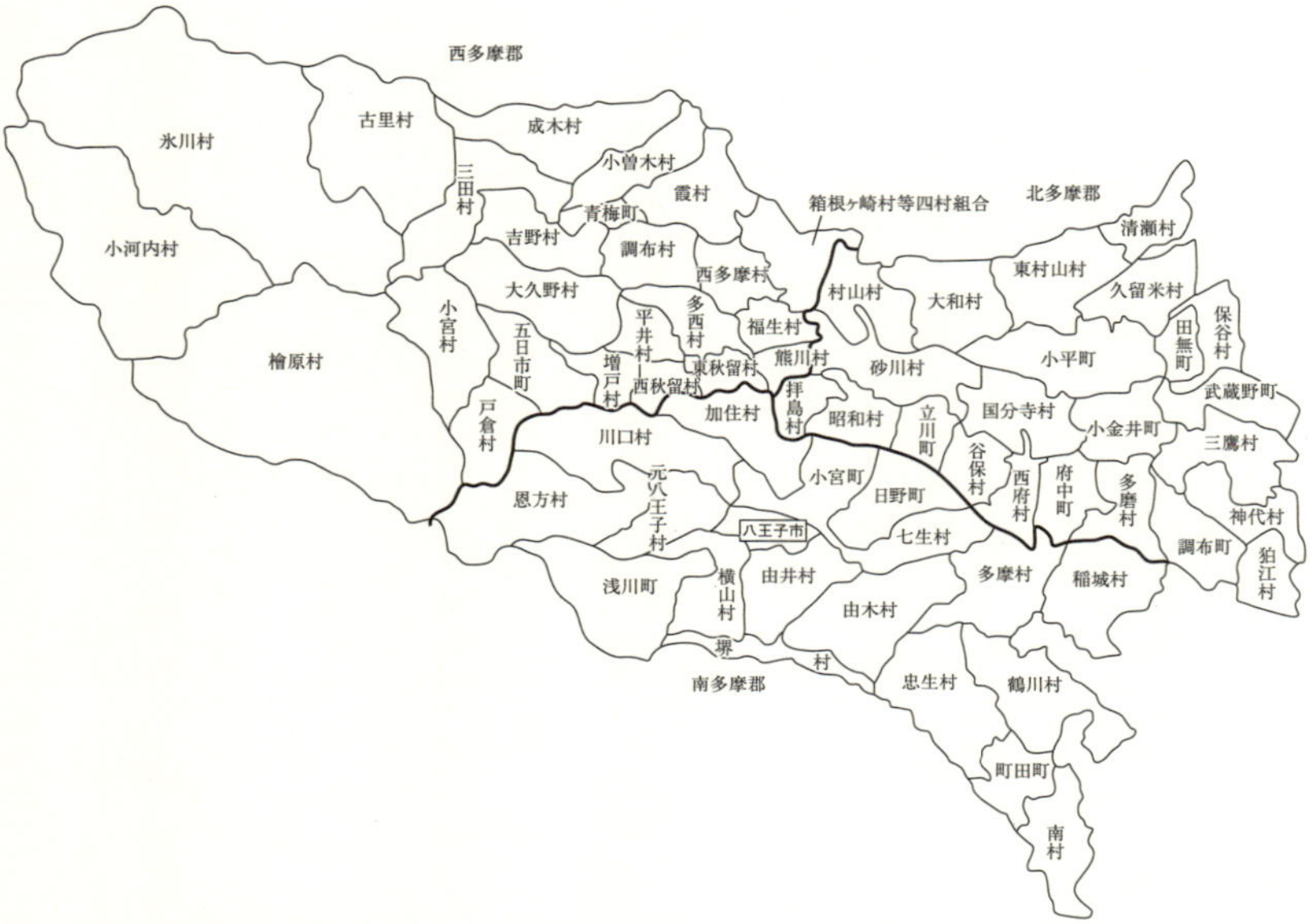

出典：『多摩広域行政史』（東京市町村自治調査会、2002 年）10 頁所収の地図をもとに作成。

【図 6－2】 東京府下・三多摩地域の市町村

を取り込むことで権限拡大をはかったとの証言があるが(26)、実際にこの後、計画局は地方計画の具体化に乗り出し、三九年一月には地方計画法制に関する試案を作成していた(27)。同年三月には、都市計画東京地方委員会事務官の高橋登一により、東京を中心とした地方計画の具体案が公表されたが、八王子市については次のように言及されていた。

工業振興区域　所謂衛星都市の観念を以て発展せしめ、今後東京及周辺町村の発展をこゝに導かんとするものであつて、該区域は大都市区域とは依存関係に在ることを要するので大都市区域との交通は便利なる位置を選び、而も大都市区域から隔離して併呑されない距離にあることが必要である。即ち其の位置は地方計画区域の外周即ち都心部より三十粁乃至四十粁の地点に置くことゝする。現在此の地点には平塚市、町田町、八王子市、立川町、川越市、大宮町、粕壁町、野田町、千葉市等の発展性のある都市が散在して居り、且現在鉄道軌道を以て相互に連絡して居るので工業振興区域は之等の中小都市を中心に考慮することが適当と思はれるのである[28]（傍線は中村）

また「衛星都市」と目される中小都市の役割については、次のようにも述べられていた。

地方中小都市に対しては国家に於て工場の分散竝に之に伴ふ各種施設の助成を為す等に依つて其の振興を図り、大都市及其の周囲に対しては工場其の他人口を吸収する施設を制限すると共に衛星都市の助成其の他の方法を以て其の発展を適当なる方向に導くことが最良の方策と考へられるのである[29]。

すなわちこの地方計画において「工業振興区域」「衛星都市」には、工場などを積極的に設置することで大都市に集中する労働人口を吸収する役割が期待されていたのである。

以上を要するに、八王子市では、戦争以前から周辺都市の動向や、地域計画と関連する衛星都市の位置づけが都市としての課題を規定していたが、日中戦争は、この規定力を強化した。すなわち周辺地域の都市化・工業化の進展や、地方計画の具体化に伴う工業化による労働力吸収という衛星都市の役割の明確化の中で、八王子市では、その「躍進」「発展」の課題を工業化・都市化として具体的に実現することが喫緊の課題となったのである。

②日中戦争開始後における政治状況

日中戦争開始後の三七年一一月二日、市会議員選挙が行なわれた。その結果は【表6－1】の通りであるが、「無産」政治勢力の動向に焦点を合わせる本章がまず注目するのが、社大党が従来の二議席を一議席減らした点である。これは一見、日中戦争による民主化の圧殺、という議論[30]に適合的に見える。しかし八王子市では、先に見た通り同年四月の衆院選を受け社大党支部で多くの立候補補の動きが見られ、最終的には【表6－1】にあるように公認、非公認合わせ五名が立候補した。この五名の得票を合わせた得票率は六・四％で、三三年選挙時の社大党の得票率四・八％に比し増加していた。つまりここでの社大党の議席減は、四月の衆院選の浮動票の増加を当てにした候補乱立故の共倒れによるものといえよう。

なおこの選挙では、社大党以外の「無産」政治勢力の候補として、日無党八王子支部から小島鉄広という候補が立候補し当選を果たした。小島は、清水三郎が一九二九年に設立した日大党八王子支部で常任執行委員などを務めており、後に第八章で見るように、その当時から露店商として活動していた。

以上のごとく、三七年市会選挙では、【表6－1】のように多様な職業の人物が当選し、市会の多様化の傾向は持続していた。そしてその一環に、政治領域及び社会領域で活動していた「無産」政治勢力小島の当選があった。すなわち都市における「デモクラシー」の制度的な現れとしての男子普選制に基づく政治参加＝「民主化」をめぐる動向は、日中戦争開始後においても、それ以前からの傾向を基本的に持続する形で展開していたといえよう。

③一九三七年市会選挙以降の政治状況と工業化・都市化をめぐる状況

以上の三七年の市会選挙で現れた政治状況は、その直後から大きな変化に見舞われる。

第一に注目すべきは、人民戦線事件の影響である。三七年一二月一五日に労農派の知識人や日無党関係者が治安維持法違反の容疑で逮捕された所謂第一次人民戦線事件[31]では、八王子市でも市議の小島及び清水三郎、海崎治三郎の三名の日無党関係者が逮捕された[32]。彼らはその後八ヶ月にわたり拘留され、小島は翌三八年九月市議辞職を余儀なくされた[33]。かくて日無党八王子支部は壊滅するが、八王子市のもう一つの「無産」政治勢力たる社大党支部にも人民戦線事件の影響が波及する。すなわち人民戦線事件を契機に、社大党と協力関係にあった全国農民組合（以下全農）が農民団体の統一へ向け全農と日本農民組合総同盟（以下日農総）の統一運動に乗り出すと、全農・日農総内部に社大党第一主義に反対し全農民団体の統一を主張する「全体主義」農民運動が発生したが[34]、八王子支部を含む社大党三多摩地区協議会内では、立川支部顧問で日農総東京府連支部長の佐藤吉熊がかかる立場を表明し、全農や社大党との関係を断つ旨を宣言した（『読売』三八・一・二九）。その一方で、三七年の市会選挙に社大党公認で立候補し落選した泉澤義一が支部長を務める全農東京府連支部は、本部の指示に従う姿勢を示した（『読売』三八・二・八）。かかる状況の中、「八市三多摩地区協議会員一部革新派が全農排撃を実行した場合全農も革新派に対峙社大党傘下を離脱独自の立場で府下農民運動に邁進することは必然」とされ、八王子支部を含む社大党三多摩地区協議会は、「過般の市議選敗戦を契機として内訌勃発分裂の危機に直面無産党よ何処へ行く？の状態を示してゐるが更に人民戦線派の検挙によつて大動揺を招来」（『読売』三八・三・二）していると報じられた。こうした中で社大党八王子支部は、党支部としての活動をほとんど示さなくなる。八王子市及び三多摩を選挙区とする衆議院議員であり東京市会議員でもある同党の中村高一が中心人物の一人として活動した[35]一九三九年の所謂排英運動に際しても、八王子市でも反英市民大会などが開催されたものの、三七年市会選挙で社大党からただ一人当選していた三浦八郎を含め八王子の社大党支部関係者がこれに呼応し主体的に活動する姿は見られなかった[36]。以上のごとく、人民戦線事件により日無党支部が壊滅し、社大党支部が事件を契機とした農民団体統一問題に関連して内部対立を深め、支部としての活動を麻痺させる中で、八王子市の「無産」政治勢力の活動は事実上停止する。

第二に注目されるのは、政治的多様化の政治的多元化への進行、ともいうべき変化である。一九二九年、三三年の市会選挙を経る中で、八王子市の市会議員の職業構成は、織物関係業者の割合が低下し多様化しつつあったが、党派別では政友会系、民政党系のいずれかが過半数を確保し、一定程度安定した市政運営がなされていた。しかし三七年の市会選挙後には、政友会系二名、民政党系二名の議員が会派を離脱し、愛国青年同盟、中立の議員と共に六名で非既成政党系勢力の中正会という政治集団を結成する[37]。これにより政友会系、民政党系は単独過半数の一八議席に届かず中正会にキャスティングボートを握られ、三八年一月の市会では、市会第二勢力の民政党系と中正会が提携し、市会第一勢力である政友会系候補を破って民政党系の関谷源兵衛を市長に選出した。[38] しかし、その後関谷市長の市政運営に不満を持った中正会の三名の議員が同会を離脱し、同年一二月に前任者の辞任を受けて行なわれた市会副議長選挙では、関谷市政に批判的な彼ら三名が政友会系と提携し副議長を当選させた。[39] かくて関谷市長体制は、市会で過半数を占める支持勢力を得られず不安定な市政運営を迫られることとなる。

さてかくて成立した関谷市政は、先に2の①で見たごとく、近隣の都市間関係の中で切実さを強めていた八王子市の工業化・都市化の推進、という課題に直面する。関谷市政発足直後の三八年四月の報道では、八王子市の都市計画の地域指定で工業地帯とされていた区域には在来の織物関係の工場などが建設され、「五千乃至一万坪の用地を必要とする大工場の敷地がなく、また中、小工場といへども地価が俄に騰つたため何れも敬遠して都計区域外の地に新設するので」「関係方面では都計の一部を変更してこれ等の工場を誘致しなくてはと善後策を考究すること になつた」(『東日』三八・四・二)と報じられていた。以上のごとき当該期の八王子市における工業化・都市化の課題とその一方での工場立地の不足という矛盾に対し、関谷市政は次のような方策で取り組む姿勢を打ち出す。

八王子市を中心とする日野、七生等は重工業会社の工場の建設により農村は一変して重工業地帯と化せんとし八王子市もまたこの趨勢に押されて従来の織物産地から更に工業都市たらんとしてゐるので市当局では八市百年の大計に備へて大八王子市建設のための隣接町村合併につき基本的に調査を進めてゐる(『東日』三九・六・三)

この合併については、具体的には「小宮町、横山村、由井村の一町二ケ村」が想定され(その位置については前掲【図6-2】を参照)、実現の暁には「人口十万余の市が実現するばかりか地域的に重工業会社の誘致も極はめて可能となる」(『東日』同右)とされていた。すなわち関谷市政は、工業化・都市化の課題と工場立地の不足という矛盾を、隣接町村の合併という方法により克服することを企図していた。

三〇年代後半の八王子市では、周辺地域における工業化・都市化と、大都市近郊の「衛星都市」の位置づけに規定され課題となっていた都市の「発展」が、日中戦争下で工業化・都市化の方向性として明確化し、その実現の方策として隣接町村合併という大きな政治的課題が浮上した。その一方で、同時期の都市化と男子普選状況の中で、市会では多様な主体が政治参加を果たすが、この多様化は政治的多元化へとつながり政治的不安定を招来した。またこの多様化の中で政治に参加していた「無産」政治勢力は、人民戦線事件以降、政治的活動の停止を余儀なくされた。かくて工業化・都市化という即物的な「近代化」が喫緊の課題となる一方、「民主化」の進行が政治的不安定化を招き、その中での「平等化」の追求が制約される。かかる動向の中で新体制をめぐる対抗が形成されてゆくことになる。

第二節　新体制をめぐる対抗とその帰結

本節では、前節で検討した八王子市の政治状況等の諸要素をふまえ、同市における新体制をめぐる対抗の形成過程とその特質、そしてこの対抗の帰結とその意味を検討する。

1　八王子市における新体制運動をめぐる動向

日中戦争が長期化する中で、一九四〇年には近衛文麿を中心に新党を結成し国内国外の課題に対応し得る体制の構築をはかる、いわゆる近衛新体制運動が起動する。(40) 同年六月二三日には近衛が枢密院議長を辞任し、翌二四日には「新体制確立」のための政治的運動に当たっての声明を発表する。かくて新体制運動は本格化してゆく。

では中央政界での新体制運動は、八王子市にいかなる形で波及したのか。まず注目されるのは、東方会をめぐる動きである。近衛の枢密院議長辞任と同じ六月二三日、東方会八王子三多摩支部は対策協議会を開き、新体制運動の流れを「一、政民両派及び社大派などの聖貫聯盟を中心とした既成政治家の現状維持分子によるもの」と「二、丸裸となつて国民再組織運動に参画してゐる実業家、学者その他の政治的識見や節操の高きもの」に分けた上で、「第二の〝穢れなき分子の新党〟運動に向かつて積極的協力を行ふ」ことを決定した（『読売』四〇・六・二五）。この東方会支部は、かつて社大党立川支部の担い手であった佐藤吉熊を中心に、八王子市からも三七年市会選挙に際し社大党を離脱していた岩田源平と早川房之助らが設立準備委員会段階から参加し（『読売』四〇・三・一五）結成された。支部長の佐藤は、先に見た決定に際し、既成政党を批判し「私たちはかう云う人達を相手にせず独自の立場から新しい人、青年層などに呼びかけて本当の意味での近衛新党を作りたいと考えてゐます」（『読売』四〇・六・二五）との認識を示した。中央における新体制運動の中で、既成政党勢力と非既成政党勢力＝新興勢力の関与の仕方が議論になっていたことは知られているが[41]、地域レベルにおいても同様な議論が存在したことがうかがえよう。以上の東方会支部の動きに次いで、八王子支部を含む社大党三多摩地区協議会でも動きが見られた。すなわち社大党中央が先に見た六月二四日の近衛声明に呼応し解散を表明すると、地区協議会でも同日中に中村高一代議士はじめ関係者が会議を開き、「本部の解党と相俟つて直ちに多摩地区の組織を解散する旨」を表明した（『読売』四〇・六・二六）。以上のごとく八王子市では、新体制運動に際して、社大党支部離脱組である東方会支部に集ったかつての「無産」政治勢力系の人々が真っ先に呼応し、次いで社大党三多摩地区協議会が解散するという動きが見られたのである。

さて先に見たごとく、東方会支部の佐藤吉熊は、新体制運動に際して青年層に期待を示していたが、「新政治体制の発足近づき青年層の間には政治への関心が求心的に高まりつゝ、あるが、この機を逸すべからずとして大日本青年党、東方会等の革新勢力の進出物凄く」(『東日』四〇・八・二四)というごとく、新体制運動の中で活性化した青年層が、東方会や、新体制運動の積極的な担い手の一人橋本欣五郎率いる大日本青年党などの「革新勢力」に参加する状況も見られた。大日本青年党については、「同党八王子支部準備会では廿六日八市皇道医学舎に飛躍拡充協議会を開催」(『東日』同右。傍線は中村)と報じられていたが、ここで大日本青年党の支部準備会の会場として名前が見える「皇道医学舎」については、同時期の次のような報道からその姿を知ることができる。

八市八日町一本堂鍼灸医神谷卓君は街医者として街頭へ進出「皇道医学を確立せよ」と提唱、自ら皇道医学社を起して各方面へ働きかけ注目されてゐる(『東日』四〇・八・三〇。傍線は中村)

すなわち「皇道医学舎(社)」は、市内の「鍼灸医」神谷卓という人物が設立したものであった。神谷については、詳しい経歴が依然不明なのが遺憾であるが、三八年末までの情報を集めた『全国鍼灸医家名鑑』に一本堂を営む神谷が掲載されている点[42]に鑑みると、遅くとも三八年末には八王子市八日町で鍼灸院を開業していたことが分かる。またその年齢は、一九四二年の調査で二七歳であることから、四〇年時点では二五歳と考えられる[43]。なおこの前後の時期の神谷の動向については、第八章で改めて検討するが、右の年齢からもうかがえる通り、神谷は新体制運動の中で活性化した「青年層」の一人であった。

2 新体制をめぐる対抗

以上のごとく八王子市において新体制運動に呼応する動きが見られる中で、関谷市長も新体制に向けて動き出す。八市でも新体制樹立の叫びがやうやく高まりつゝある現状に鑑み、関谷市長は従来の沈黙を破つて駆け足で前進することになり、先づこれが手はじめとして近く適当な日を選び西原府議を始め新井、荻島、北村の三前及び元府議、柴田、杢代両元市長、平林、野口正副議長ほか織物組合、商工会議所、在郷軍人会、青年団その他各種団体長等郷土八市の各方面代表者廿余名の出席を得て市役所で新体制樹立初懇談会を開催、忌憚なき意見を交換することになつた（『東日』四〇・八・一六）

関谷市長は、現職前職府議や市内有力団体首脳など、旧来の市有力者を網羅する新体制樹立を志向した。その一方で、この市長の志向とは異なる新体制樹立の動きも現れた。

新体制の理念並下《ママ》機構の輪郭が漸く判然とするに伴ひ青木、小川両市議、岩田、川口、石川、三会議所議員、城所会頭、梅原理事右七氏を発起人とする八市内各種団体、職能組合その他全機関を打つて一丸とすべしとする強力な新体制の要望は遂に懇談会開催にまで具体化していよ〳〵九月一日午後一時から開会することになり、それ〴〵関係方面代表者五十余氏に招請状を発した（『東日』四〇・八・二九）

発起人七名のうち、商工会議所会頭の城所荘蔵は民政党系、市議青木亀寿と小川森太郎は政友会系であるが、その他四名は管見の限り既成政党との関係は見られず、城所以外は既存の有力者でもない。この「懇談会」については、「本懇談会をもつて八市前進の主体的勢力に盛上ぐべしとの指導的な意見が俄に濃化するに至つたので同懇談会を契機として準備委員会の構成、延いて新体制の地方組織、実践方策の吟味等にまで進展するは必至」（『東日』同右）というごとく、新体制を主導する組織とすることがめざされた。またその動向は「各種新体制運動分立の折柄非常な注目を払はれてゐる」（『東日』同右）、「この種準備行動は常に一部反対策動に圧迫されてゐる」（『読売』四〇・八・三〇）[44]と報じられた。新体制運動の主導権をめぐっては、複数の新体制運動の潮流とその対抗が見られた中央での展開と同様の事態が、東京近郊の一都市にも存在したことがうかがえよう。

かくて企画された「懇談会」は、四〇年九月一日に予定通り開催された。会には発起人七名をはじめ「商工、文化、宗教、教育、各職能団体代表、新旧各政党有志その他四十余名」が出席し、「新体制の細胞組織は業者の下から盛上がる手に俟たねばならぬ」（岩田源平）、「新体制は青年の熱意を沸かす如きものを期待する、商業者のユダヤ的意識と同時に自由主義社会主義を排撃し地方青年層の思想動員に掛らねばならぬ」（神谷卓）、「所謂顔役や地方名士の情実その他による天降り的人事を廃せ、新体制の組織に飽く迄真摯な新人簡抜の途を率先拓いて貫いたい」（小島鉄広）、「既設各団体に対する役割はいよ〳〵加重されるものと思ふ、この際新イデオロギーに沿つたこれ等団体の人的再組織を直ちに断行して欲しい」（山口加藤太）等の発言が紹介された（『東日』四〇・九・三）。ここで発言が紹介されている人々は、ここまでの本章の検討の中で、「無産」政治勢力や大日本青年党に呼応する青年層として名前が見えた人々である。彼らは、新体制運動を契機に、各々の領域での格差是正、すなわち「デモクラシー」の社会的な現れと捉えられる平等化、同質化の志向に基づいて従来の政治・社会運営を変革する新体制を主張したといえよう。この点は、他の史料でも「市議、医師、商人等三十余名何れも現状維持放棄を求め」た、とされた（『読売』四〇・九・三）。「懇談会」では最終的に出席者を含め各分野から人材を選抜し「八市新体制促進委員会」を組織することが決議され、「委員の顔触れが揃ひ次第直ちに市長を鞭撻、速かなる新体制の確立を期すること、なつた」（『東日』四〇・九・三）と報じられた。すなわち旧「無産」政治勢力や青年層など、旧来の有力者とは異質な人々からなる「懇談会」が「市長を鞭撻する」立場から八王子市の新体制樹立を主導することが企図されたのである[45]。

以上の旧「無産」政治勢力や青年層の新体制運動に対し、関谷市長は右に見た「懇談会」後の九月九日、自ら新体制準備委員会を組織した。「市長が去月廿八日近衛首相の新体制声明以来の思考をこゝに凝結させたと見るべき」（『読売』四〇・九・一〇）とされるその構成は、八王子市の旧来の有力者層を網羅したもので（【表6－3】）、既成政党の政友会系、民政党系の人物が七名ずつ含まれ、中正会メンバーも三名含まれていた。この新体制準備委員会については、発足当初から「革新的分子に乏しい嫌ひはあるがまず順当といふところ」（『東日』四〇・九・一〇）と、「革新分子」の少なさが指摘され、その後には「八市新体制準備委員会の人選が可もなく不可もなくその二、

【表6−3】八王子市新体制準備委員会の構成

氏名	肩書	党派	備考
河本巌	八王子小学校教員会会長／第一小学校校長		
城所荘蔵	八王子商工会議所会頭	民政	
平林好平	八王子市会議長	中正会	
野口義造	八王子市会副議長	中正会	
冨田敬宇	八王子市会議員	民政	織物関係
助川捨次郎	八王子市会議員	政友	
右田興根昇	八王子市会議員	中正会	
小林吉之助	八王子内地織物工業組合理事長	政友	織物関係
木崎茂重	八王子輸出織物工業組合理事長	民政	織物関係
土屋留次郎	八王子織物卸小売商業組合理事長	民政	織物関係
田沼久吉	八王子市農会長		
原川定吉	八王子在郷軍人会連合分会長	民政	織物関係
大穂益夫	八王子警察署長		
佐野退蔵	八王子郵便局長		
吉野藤一	八王子税務署長		
高橋重蔵	八王子駅長		
吾妻利八	府立第四高等女学校校長		
小澤勇貫	極楽寺住職		
安部大作	八王子青年学校長		
木暮健三郎	府立染織試験場長		
北野吉兵衛	社会主事・方面委員代表	政友	織物関係
天野佐一郎	府立第二商業学校教諭		
杢代龍喜	前市長	政友	織物関係
北村勝	元府議	政友	
荻島健吉	元府議／内地織物工業組合常務理事	民政	織物関係
新井由松	前府議／絹人絹撚糸工業組合理事長	民政	織物関係
西原貫一	府議	政友	
朝倉甚五郎	町会長／染料商業組合理事長		織物関係
小島弥太郎	町会長／信用購買販売組合理事長		
齊藤嘉吉	町会長／旅館業	政友	
橋本喬嗣	読売新聞社八王子支局長		
梅原勘一郎	商工業代表／八王子商工会議所理事		
門倉軍治	八王子市助役		

註：33名中、旧民政党関係7（21.2%）、旧政友会関係7（21.2%）、旧中正会3（9.1%）。
出典：新体制準備委員会構成員の氏名、肩書などについては、『三多摩読売』『東京日日新聞府下版』1940年9月10日より抽出。党派、職業などについては、『八王子市議会史』『八王子織物工業百年史』『八王子商工会議所百年史』などより抽出。

三を除いては殆ど旧勢力であり、一人の革新分子をも送らなかつた」(『東日』四〇・九・二五)との評価も見られた。なお同時代の八王子市における「革新」については、ほぼ同時期の新体制座談会に関連して、「革新分野の泉澤義一、山口加藤太、小島鉄広、岩田源平諸氏出席」(『東日』四〇・九・二四)と報じられていた点が注目される。つまり関谷市長の新体制準備委員会に加えられなかった「革新分子」とは、先に見た九月一日の「懇談会」で活性化していた人々を指すと考えられる。関谷市長は、いわば「革新分子」の新体制運動に対し、市会において従来対立した各勢力を含めた旧来の有力者、すなわち「旧勢力」を結集し、「革新分子」を排除する形で新体制構築をはかったといえよう。

かかる関谷市長の「旧勢力」の結集と「革新分子」の排除の志向は、大政翼賛会支部結成に際しても基本的に貫徹される。一九四一年一月一五日、大政翼賛会八王子市支部支部長に決定した[46]関谷市長は、今後の支部の人選について次のように述べていた。

よく云はれる改新少壮の人達と云ふ事に対しては私の考へとしては殊更若い人達を理事に推薦せんとすると云ふやうな事は考えておりません、要は思想の新人若人を要望するのです、又顧問、参与についても必要ある場合には府支部の意向を質して置く考へです(『読売』四一・一・一八)

すなわち関谷市長は、大政翼賛会支部に「改新少壮の人達」を望む声に対して、これを事実上拒否する姿勢を示していた。大政翼賛会八王子市支部役員の実際の人選は、同年三月一一日に東京府支部で承認され、翌日付で【表6-4】のような構成が発表された。

この大政翼賛会八王子市支部に関しては第一に、顧問、参与の大部分を旧政友会、旧民政党の有力者が占めている点が注目される。先の史料で関谷市長が述べる通り、顧問や参与の設置は必須ではなく市支部では府の承認を得て設置し得た[47]。つまりこの役職の人員構成は、関谷市長が大政翼賛会支部に望むあり方を端的に示すといえよう。

【表6−4】1941年3月11日　大政翼賛会八王子市支部役員

役職	氏名	肩書	党派	職業
理事	市川英作	八王子中学理事		学校理事
	岩田源平	八王子商工会議所議員	東方会	生肉商
	原川定吉	在郷軍人会八王子市聯合分会長	民政	織物業
	原周太郎	八王子市会議員	民政	書籍商
	及川眞学	本立寺住職		僧侶
	門倉軍治	八王子市助役		公吏
	梅沢生次	元川口村村議	政友	会社員
	野口義造	八王子市会副議長	中正会	新聞販売業
	助川捨次郎	八王子市会議員	政友	医師
	小山正三郎	八幡町青年団顧問		足袋卸商
	木崎茂重	八王子輸出織物工業組合理事長	民政	織物業
顧問	津渡肇	八王子警察署長		官吏
	土屋留次郎	八王子織物元売卸商業組合理事長	民政	織物買継商
	小林吉之助	八王子内地織物工業組合理事長	政友	織物業
	城所荘蔵	八王子商工会議所会頭	民政	荒物商
	杢代龍喜	前市長	政友	織物業
参与	西原貫一	府議	政友	無職
	田沼久吉	八王子市農会長		無職
	梅沢昌晴	八王子市収入役		公吏
	新井由松	八王子絹人絹撚糸工業組合理事長	民政	生糸商
	北村勝	元府議	政友	弁護士
	錦見軍治	八王子商工会議所副会頭	民政	鉄工具商

註1：理事11名中、旧政友会系2名（18.2%）、旧民政党系3名（27.3%）で旧既成政党系は計5名（45.5%）。

註2：顧問・参与を合わせた22名中では、旧政友会系6名（27.3%）、旧民政党系7名（31.8%）で旧既成政党系は13名（59.1%）。

出典：大政翼賛会支部構成員の氏名、肩書などについては、『三多摩読売』『東京日日新聞府下版』1941年3月13日より抽出。党派、職業などについては、『八王子市議会史』『八王子織物工業百年史』『八王子商工会議所百年史』などより抽出。

第二に注目すべきは、翼賛会支部全体の中の旧既成政党系の割合である。理事一一名のうち、旧既成政党系の人物は、旧政友会系二名、旧民政党系三名で計五名（四五・五％）、顧問・参与を含む二二名全体では、旧政友会系六名、旧民政党系七名で計一三名（五九・一％）であった（【表6－4】）。「革新分子」からは岩田源平が加えられたものの、以上の点からは、翼賛会支部で旧既成政党系の勢力が大きな位置を占めたことがうかがえる。

一九四〇年に新体制運動が起こると、八王子市では旧「無産」政治勢力や、神谷に代表されるように社会的格差是正を志向する青年層が活性化し、「市長を鞭撻する」立場からの新体制樹立、といった形で新体制の主導権を握ろうという動きを見せた。一方関谷市長は、こうした動きに対抗する形で「旧勢力」を結集し、新体制準備委員会、次いで大政翼賛会支部を組織した。すなわち八王子市では、新体制の主導権をめぐる対抗を契機として、一方において従来対立していた政友会系、民政党系といった旧既成政党系勢力などの「旧勢力」の結集による新体制としての大政翼賛体制の形成、他方においてそこからの「革新分子」の排除、という帰結が見られたのである。

3　新体制をめぐる対抗の帰結とその意味

それでは、前項で見た新体制をめぐる対抗とその帰結は、当該の大都市近郊都市八王子市においてはいかなる意味を有したのだろうか。

まず新体制をめぐる対抗の一つの帰結としての、「旧勢力」の結集の意味から考えよう。

最近に至り急速な発展から市制実現間近と見られるに至つた立川町の実情に刺激され八市百年の大計が具体化の日程に上るに至つた　その第一歩として多年の懸案、隣接小宮町の合併説が再び抬頭してゐるが従来の合併運動は市側の積極運動に対し公租負担加重の見地から小宮町当局で反対的態度を闡明してゐた　現在の状況は既に経済的その他の関係からも市と不可分の関係にあり更に税制改革に伴ふ市町村財政の変革は市郡に拘らずその公の負担を平均化した等の理由により小宮町当局でも漸く合併の研究を進めると共に福島町長は市当局の態度如何によつては敢て合併に反対するものでないといふ態度を示すに至り合併実現の曙光を見るに至つた今後関谷市長の政治的手腕如何によつては急速に実現化するのではないかと見られる（『読売』四〇・八・二〇）

この報道には幾つか重要な要素が含まれるので、順に見たい。まず八王子市が、急速に発展し「市制実現間近と見られる」立川町の状況に刺激されている、という点に注目したい。立川町では先述の通り日中戦争以降、飛行機関連工場の建設等により急激な工業化・都市化が進んだ。内務省は、この動向を背景に立川町の都市計画区域決定に当たり当初町が計画した周辺一町（日野町）三ヶ村（昭和村、砂川村、谷保村）を含む区域をさらにその他六ヶ村（拝島村、村山村、大和村、国分寺村、福生村、熊川村）に広げることを提案し、三九年一二月、内務省の提案通り立川都市計画区域が決定された。(48)この内務省の動向の基底には、発展著しい立川町を衛星都市として育成せんとする方針があったとされる。(49)また同じ三九年一二月には、立川町会で紀元二六〇〇年記念事業として市制施行実施が提起されたが、この市制施行準備も同様の立川町の衛星都市化促進の動向の中で進められた。(50)すなわち近隣都市立川町の急速な衛星都市化に向けた動きが、八王子市に刺激を与えていたのである。

次に注目されるのが、この刺激を受け八王子市では隣接する小宮町合併案が台頭し、これに従来合併に消極的であった小宮町側が肯定的に反応し始めた、という点である。これも先述のごとく、関谷市政は、衛星都市化のための工場立地確保の困難という問題を、隣接町村の合併により克服する志向を有した。しかし隣接町村の側は、合併に伴う税負担増を懸念し合併に消極的であった。(51)しかしこの合併の障害であった税負担の問題が、「税制改革」すなわち四〇年五月の馬場鍈一蔵相による税制改正の一環としての家屋税の税率標準化・戸数割の廃止等(52)により解決した。すなわちこの四〇年五月の税制改正により、周辺町村が八王子市との合併交渉に応じる気運が生まれていたのである。

以上のごとく、四〇年八月の八王子市では、近隣立川町の急速な衛星都市化の動向と、同年五月の税制改正による周辺町村合併の阻害要因（租税問題）解消を受け、隣接小宮町合併の機運が高まり、その成否は「関谷市長の政治的手腕如何」とされていた。しかし三〇年代末以降の八王子市では、先に見た通り政治的多元化が進む中、関谷市長体制は市会で必ずしも多数を得られず、市政は不安定な状況にあった。たとえば新体制運動に数ヶ月先立つ一九四〇年二月の市会に際しては、「結局市長支持は民政の十三名の外前記三氏（＝何名かの加入離脱を経た後も中正会に残っていた三名―註　中村）を加へた十六名内外で絶対過半数を得られぬので更に二、三氏を引き抜かぬ限り来るべき予算市会には関谷市長は難関に逢着する」（『東日』四〇・一・二五）と報じられていた。かかる不安定な市会の状況において合併をめざす政策を提起した場合、一九三三年に当時の民政党系城所国三郎市長が周辺町村合併を見据えた税制政策を導入した際のごとく、市長―与党を攻撃する「政争の具」とされる可能性があったといえよう[53]。この政治状況の中で市長が「政治的手腕」を発揮し合併を実現するためには、まず自らが立脚する政治的基盤の安定化が求められる。四〇年夏の新体制運動は、かかる衛星都市化のための合併実現の基礎としての政治的安定化が課題となる時期とまさに一致した。そしてこの政治的安定化の課題は、新体制の主導権をめぐる青年層や旧「無産」政治勢力からなる「革新分子」との対抗の中で、関谷市長が「旧勢力」を結集し新体制の主導権を掌握する中で実現する。その効果は、昭和一六年度予算審議に際しての、「市会と同様質問らしい質問もなく本会議廿日間といふ超スピードで可決される」（『読売』四一・二・二五）、「八市未曾有の大予算の僅か二日間といふレコードで翼賛市会らしい無風状態」（『東日』四一・二・二七）での通過、という現象に如実に現れた。かくて「旧勢力」を結集し安定的な政治基盤を得た関谷市長は、一九四一年三月、小宮町との合併交渉を開始し、市会でも「満場一致」（『東日』四一・九・一三）の承認を得て、同年一〇月合併を実現する[54]。この合併に際し、関谷市長は次のごとく述べていた。

国土計画、地方計画、都市計画と地方開発、市民福利の増進と前途益々その責任を痛感せざるを得ない、大東京の衛星都市としてその将来を嘱目せらるる本市が合併を機会に広域共存圏を速やかに確立し都市的綜合計画に万全を期すると共に隣保相助、生産、消費の合理的提携を図り八万市民団結の下前途の躍進に向つて邁進するやう切望してやまない次第である（『東日』四一・九・二八）

関谷市長は、この合併を、国土計画や地方計画とも関連する「大東京の衛星都市としてその将来を嘱目される」八王子市の主体的な対応の一環と位置づけていたのである。

以上を要するに、新体制をめぐる「革新分子」との対抗の中で形成された「旧勢力」の結集は、一方で「大東京の衛星都市」としての位置に規定され隣接町村合併という政治的課題に直面しつつも、他方でこの課題に取り組むべき政治が不安定化しているという、三〇年代後期の八王子市の矛盾をまがりなりにも解決する意味を持ったのである。

なお新体制をめぐる対抗は、そのもう一つの帰結として、新体制運動を契機に体制参入をはかった「革新分子」の排除をもたらした。この帰結が当該期に有した意味については、第八章で改めて検討したい。

おわりに

以上、本章では、一九三〇年代後期から四〇年代前期にかけての大都市近郊都市の変容と、その中で生じる四〇年の新体制をめぐる対抗とその帰結の意味を、東京府八王子市に即し考察した。最後に本章の議論とそこから抽出される論点を整理し、むすびにかえたい。

三〇年代後期の八王子市では、周辺都市の動向や、大都市近郊の「衛星都市」との位置づけの規定性が日中戦争下で強まる中で、衛星都市に見合う工業化・都市化が喫緊の課題となり、そのための隣接町村合併が具体的課題となった。その一方で、同時期の都市化と男子普選制の下で市会では多様な主体が政治参加するが、この多様化は多元化へとつながり政治的不安定を招来した。またこの多様化の中で政治参加した「無産」政治勢力は、人民戦線事件以降、政治活動の停止を余儀なくされた。すなわち当該期の八王子市では、工業化・都市化という即物的な「近代化」が喫緊の課題となる一方、制度的政治参加という意味での「民主化」の進行が政治的不安定化に帰着し、その制度内での「無産」＝「持たざる者」の立場からの格差是正という意味での「平等化」の追求が制約される状況が見られた。

八王子市における一九四〇年の新体制運動は、以上の三〇年代後期の状況を前提に展開した。まず活動を停止していた「無産」政治勢力や体制参加を求める青年層が、中央の新体制運動に呼応して活性化し、新体制の主導権掌握をはかった。一方、関谷市長は、この「革新分子」に対抗する形で多元化の中で対立していた旧既成政党系や中立団体に属す有力者の結集をはかった。この対抗の結果、八王子市の新体制準備委員会、そして大政翼賛会支部は、結集した「旧勢力」によって占められ、「革新分子」は排除された。

かくて新体制をめぐる対抗の一方の帰結として実現した「旧勢力」の結集は、関谷市長が市会における多元化に基づく不安定化を克服し、衛星都市化＝工業化・都市化のため隣接町村合併に「政治的手腕」を発揮することを可能とした。いわば「民主化」と「近代化」の齟齬をまがりなりにも克服し、「近代化」を推進する意味を持ったといえよう。

なお以上の議論における「近代化」、「民主化」、「平等化」の三要素は、本書の視角に引きつけていえば、都市の自己確立の動向により推進される物理的空間的な変化、「デモクラシー」の制度的な現れ、「デモクラシー」の社会的な現れ、と互換性を持つと捉え得ることは、本章「はじめに」でも述べた通りである。かかる把握に即せば、本章は、三〇年代前期においては時に矛盾しつつも並進してきた上記の三要素が、三〇年代後期にかけての展開の中で相克的な関係をなす過程に光をあてたものといえる。特に本章以前までに見てきたごとく、「デモクラシー」の制度的な現れとしての男子普選制に基づく政治参加と、その社会的な現れとしての平等化、同質化の志向に基づく人々の動向の関係は、三〇年代前期においては時に矛盾しつつも両者が相互に作用し進展する関係をなしており、その関係を外部から制約する契機は見られなかった。しかし一九三七年一二月の人民戦線事件以降、一九四〇年の新体制運動に至る時期に、「デモクラシー」の制度的な現れとしての政治参加の枠組みに即して「デモクラシー」の社会的な現れとしての平等化、同質化を追求しようとする動向に制約が加わる中で、「デモクラシー」の制度的な現れとその社会的な現れが相互に作用し進展するような関係は綻び、両者は分離してゆく。このことが持った意味は、第七章、第八章で検討することになろう。

さて以上の本章の議論からは、先行研究に対しいかなる論点が抽出し得るだろうか。

第一に、本章が、雨宮昭一氏の研究に学びつつ氏の議論に対する批判もふまえ、都市における「平等化」（社会的格差是正）、「民主化」（政治参加）、「近代化」（工業化・都市化）の相互関係及びその変化を検討したことの意味について。本章は、上記の三つの要素各々の日中戦争以前のあり方を確認した上で、戦争開始後におけるその相互関係の展開、すなわち「近代化」が課題となりつつも「民主化」が政治的不安定を招き両者が齟齬する中で、「民主化」からの排除を前提に新体制運動期に活性化した「平等化」を志向する勢力との対抗が、「近代化」と「民主化」の齟齬をまがりなりにも解消し「近代化」を推進する、という展開を析出した。このことは、総力戦体制構築と連動するグライヒシャルトゥンクにより一定程度実現するとされる「社会の平等化・民主化・近代化」が、同時的に進行するのではなく、相互に絡まり相克しつつ展開することを析出したものといえよう。本章のこの知見は、一都市の分析から得られたものであるが、同様の視角から総力戦が推進するとされる諸要素が相互にいかに関係しながら展開し、戦時期そして戦後の社会の特質を形成したのか、という考察を行なうことも可能ではなかろうか。すなわち本章の都市の「平等化・民主化・近代化」の相互関係の検討は、総力戦体制論及びその批判をふまえた上で三〇年代後期以降の日本の政治と社会の変化を考える際の分析視角の提起としての意味も有すると考えられる。

第二に、本章では都市における「近代化」(工業化・都市化)の問題を、都市の自己形成や衛星都市化に関連する問題として扱ったが、その基底には「都市」とはいかなるものであるか、という認識の問題が存在する。(55) この点をふまえ、当該期の日本国家において都市認識とそれに基づく政策が有した意味を問い直すことは、都市史から全体史へ迫る経路となり得ると考える。この論点の検証は今後の課題としたい。

◆註

(1) 二〇〇〇年代における都市史の成果については、本書序章を参照。

(2) 大石嘉一郎・金澤史男編著『近代日本都市史研究』(日本経済評論社、二〇〇三年)、佐賀朝『近代大阪の都市社会構造』(日本経済評論社、二〇〇七年) 等を念頭に置いている。

(3) 林宥一「階級の成立と地域社会」(坂野潤治ほか編『シリーズ日本近現代史3 現代社会への転形』岩波書店、一九九三年。のち林宥一『「無産階級」の時代』青木書店、二〇〇〇年に収録)。

(4) この問題設定の含意については、能川泰治氏の文責による「二〇〇〇年度日本史研究会大会・第四分科会趣旨説明」(『日本史研究』四六四号、二〇〇一年) を参照。

(5) 加藤千香子「都市化と「大正デモクラシー」」(『日本史研究』四六四号、二〇〇一年)。

(6) 大岡聡「戦間期都市の地域と政治——東京「下町」を事例にして」(『日本史研究』四六四号、二〇〇一年)。
(7) 本書第二章及び第四章を参照。
(8) 雨宮昭一「一九四〇年代の社会と政治体制——反東条連合を中心として」(『日本史研究』三〇八号、一九八八年。のち同『戦時戦後体制論』岩波書店、一九九七年に収録)参照。
(9) 雨宮昭一「総力戦体制と国民再組織」(前掲註(3)坂野ほか編『シリーズ日本近現代史3』所収)、同「戦争と都市——強制的画一化と都市形成」(成田龍一編『近代日本の軌跡(9)都市と民衆』吉川弘文館、一九九三年所収)。
(10) 源川真希『近現代日本の地域政治構造』(日本経済評論社、二〇〇一年)九頁。
(11) 大岡聡「地方小都市の都市化と愛市運動——藤沢市の場合」(大西比呂志・梅田定宏編著『「大東京」空間の政治史』日本経済評論社、二〇〇二年所収)。
(12) 同右書、八〜九頁参照。
(13) 東京緑地計画協議会の設置経緯などについては、都市計画東京地方委員会編『東京緑地計画協議会決定事項集録』(都市計画東京地方委員会、一九三五年)参照。
(14)『日本都市年鑑』昭和九年版(東京市政調査会、一九三四年)三〇〜三二頁。この点を、内務省都市計画課長飯沼一省の構想に即し指摘した、梅田定宏「埼玉県の都市計画と「大東京地方計画」」(前掲註(11)書所収)も参照。
(15) 西村輝一・吉村辰夫・松井達夫「国土計画に関する制度要綱について」(『都市公論』一九巻八号、一九三六年)。この「関東国土計画」を含めた一九三〇〜五〇年代の「首都圏計画」については、松本洋幸「「首都圏計画」の変遷——一九五〇年代まで」(『年報首都圏史研究』五号、二〇一五年)参照。
(16) 同右西村ほか論文、二〇頁。
(17) 本書第四章、一五五〜一五九頁。
(18)「第四回八王子市会々議録」一九三四年二月二三日(八王子市議会事務局所蔵)。
(19)「第一回八王子市会々議録」一九三五年二月二一日(八王子市議会事務局所蔵)。
(20) 本書第四章、一七二〜一七六頁。
(21) この総選挙での社大党の躍進については、粟屋憲太郎『昭和の歴史第六巻 昭和の政党』(小学館、一九八三年)、坂野潤治

『昭和史の決定的瞬間』（筑摩書房、二〇〇四年）参照。
(22) 清水三郎の動向については、本書第一章及び第二章参照。
(23) 『立川市史』下巻（立川市、一九六九年）一一四九～一一五六頁、『武蔵野市百年史』記述編Ⅰ（武蔵野市、二〇〇一年）九五三～九七九頁。
(24) 当該期の多摩地域の軍需工場等の設置状況については、齊藤勉「昭和十年代の多摩」（『多摩のあゆみ』七九号、一九九五年）を参照。
(25) 防空法の制定過程と内務省の関わりについては、土田宏成『近代日本の「国民防空」体制』（神田外語大学出版局、二〇一〇年）第三部第一章「防空法の成立」を参照。
(26) 同右書、二四二頁。
(27) 『日本都市年鑑　昭和十六年用』（東京市政調査会、一九四一年）一二五頁。
(28) 高橋登一「大東京の都市計画と地方計画に就いて」（『都市問題』第二九巻三号、一九三九年）一八～一九頁。この高橋の議論の同時代的位置については、前掲註（15）松本論文を参照。
(29) 同右高橋論文、一五頁。
(30) 前掲註（21）坂野書、二一六頁。
(31) 人民戦線事件については、小田中聡樹「人民戦線事件」（我妻栄他編『日本政治裁判史録　昭和・後』第一法規、一九七〇年）など参照。
(32) 『特高外事月報』昭和一二年一二月分（内務省警保局保安課、一九三八年）六八頁。
(33) 『多摩日日新聞』一九三八年九月八日号。
(34) 成田喜一郎「社会大衆党における「新党運動」——東方会との合同問題を中心に」（『歴史評論』三四二号、一九七八年）二一～二二頁。
(35) 大岡聡「日中戦争期の自治擁護運動について——都制をめぐる東京市政の動向」（『歴史学研究』六六六号、一九九四年）九～一〇頁参照。
(36) 『八王子市議会史』記述編Ⅰ（八王子市議会、一九九〇年）四六六～四六七頁。なお東京市内の反英運動に際して、区支部レベルの社大党関係者が主体的に運動を担った事例とその意味を考察した研究として、森健一「一九三八年の自治擁護連盟と反英市民運動の展開」(『歴史評論』五四五号、一九九五年)も参照。

(37) 中正会については、同右『八王子市議会史』記述編Ⅰ、四四七~四四八頁参照。

(38) 同右書、四五二~四五四頁。

(39) この間の経緯については、同右書、四五五~四五七頁参照。

(40) 近衛新体制運動の経過については、伊藤隆『近衛新体制』(中央公論社、一九八三年)、古川隆之『戦時議会』(吉川弘文館、二〇〇一年)を参照。また近衛新体制をめぐる動向の政治史的、思想史的意味については、源川真希『近衛新体制の思想と政治』(有志舎、二〇〇九年)、同『日本近代の歴史6　総力戦のなかの日本政治』(吉川弘文館、二〇一七年)を参照。

(41) 同右伊藤書、一〇二~一二七頁参照。

(42)『全国鍼灸医家名鑑』(帝国鍼灸医報社、一九三九年)二六頁。

(43)「思想団体の選挙動向に関する件　八王子警察署長(一九四二・四・七)」(吉見義明・横関至編『資料日本現代史5　翼賛選挙①』大月書店、一九八一年、三七三~三七四頁)。

(44) 前掲註(40)伊藤書、一四〇~一六九頁等を参照。

(45) この「懇談会」の参加者は、発起人の商工会議所会頭城所(荒物商)、市議青木(土木請負業)、商工会議所議員岩田(生肉商)らの他、小島や神谷など階層的に多様であるが、八王子の従来の主要産業の担い手である織物業者ではない、という点において共通している。都市化の進展の中で市会における比重を低下させ、かつ所謂「七・七禁令」等に象徴される戦時体制下の諸政策の中で経済的にも苦境に立たされた織物業者と、それ以外の勢力それぞれの政治的・社会的位置が、この新体制をめぐる対抗や、その後の市政において有した意味については、本書第七章を参照。

(46) 前掲註(36)『八王子市議会史』記述編Ⅰ、五二二~五二三頁。

(47)「大政翼賛会地方支部組織方針ノ件」(赤澤史朗・北河賢三・由井正臣編『資料日本現代史12　大政翼賛会』大月書店、一九八四年)八~九頁。

(48)『立川市議会史』記述編(立川市議会、一九九二年)一九~二二頁。

(49) 梅田定宏「八王子・立川の発展と戦前の都市計画」(多摩の交通と都市形成史研究会編『多摩　鉄道とまちづくりのあゆみⅠ』

古今書院、一九九五年）七〇～七二頁。

（50）立川町ではその後準備を経て四〇年一〇月二三日に内務省に市制施行の上申書が提出されると、同年一一月一九日に市制施行告示、翌一二月一日には市制施行が行なわれた（前掲註（48）書、三一～三六頁）。梅田定宏氏は、前掲註（49）論文で当時「全国一のスピード」といわれたこの市制施行を、内務省・東京府の立川の衛星都市育成方針の一環として捉えている。

（51）八王子市では一九三二年に従来の家屋税附加税に代わり戸数割導入がはかられたが、その際の目的の一つは、家屋税附加税を忌避する周辺町村との合併を容易にすることにあった。この点については、本書第四章、一五八頁参照。

（52）この税制改正については、持田信樹『都市財政の研究』（東京大学出版会　一九九三年）二三二～二三七頁参照。

（53）本書第四章、一五九頁参照。

（54）前掲註（36）『八王子市議会史』記述編Ⅰ、五五九～五六三頁。

（55）この点については、戦時期の人口政策の中での国土計画やそこでの都市の位置づけを扱った高岡裕之『総力戦体制と「福祉国家」』（岩波書店、二〇一一年）から示唆を得た。

第七章　翼賛選挙期大都市近郊都市における地域政治構造の変容

はじめに

本章は、一九四〇年代前期、特に一九四二年の所謂翼賛選挙が実施される時期の大都市近郊都市における地域政治構造の変容を、東京府八王子市に即し解明することを課題とする。そしてこの課題の検討を通して、戦時期都市政治史分析の視点を提示すると共に、併せて近年の総力戦体制をめぐる議論に論点を提起することを試みたい。

一九四〇年代前期の都市政治については、これまで幾つかの視角から研究蓄積がなされてきた。一つは、主に大都市を対象として、当該期に進行した町内会の組織化や翼賛選挙に伴う候補者推薦制など、当該期の行政による、いわば「上から」の都市社会への介入に注目した研究である。(1) この研究潮流の中では、たとえば源川真希氏が一九四〇年代前期の東京市新市域に即して、急激な人口流入を背景に生じた三〇年代以降の「浮動票」的状況が翼賛選挙期にも持続する一方、旧来の地主有力者層による地域支配も町内会などを利用しつつ持続する状況を析出し、また櫻井良樹氏が東京における翼賛選挙選挙分析に基づき当該期を通じて府議・市議・区議等の選挙地盤は維持された、と指摘している。当該期の大都市政治については、「上から」の介入にもかかわらず、基本的にはそれ以前の構造が持続する局面が強いことが明らかにされている。

もう一つは、主に地方都市を対象に、当該期の都市の課題の変化に注目した研究である。[2] このうち加藤千香子氏の研究では、新たに台頭した中間層が近代的な大都市近郊の工業都市を志向する立場から翼賛体制に加わっていくことが、源川氏の研究では地方都市の地域振興を目的とした工場誘致の要請が翼賛体制期の政争排除、挙市一致を導き出してゆくことが、また大岡聡氏の研究では、三〇年代後期に形成された「大藤沢建設」を追求するための挙市一致的な状況を前提に、一九四〇年に行なわれた藤沢市の愛市運動が、普選状況に対する逆進的な性格を持ち、市政における名望家層のヘゲモニーを再生産したことが指摘されている。これらの地方都市研究、特に九〇年代以降の研究では、三〇年代以来の都市の自己確立の動向と関連して都市政治の担い手が変化を遂げる局面が明らかにされているといえよう。

なお同様に地方都市を研究対象としつつも、独自の視角を示す研究として雨宮昭一氏の研究がある。[3] 雨宮氏は、総力戦下のグライヒシャルトゥンク＝強制的同質化の契機を重視する氏自身の総力戦体制論をふまえ、茨城県の古河町や日立市を対象に、総力戦に伴う強制的同質化に伴う都市政治の変容を描き出している。

以上のように対象とする都市、またその視角によって、一九四〇年代前期の都市政治の変化に関する歴史像は異なっている。こうした状況をふまえ研究を前進させるためには、各視角が注目する要素を整理し検討する必要があろう。すなわち時系列に沿っていえば、①三〇年代以来の都市の自己確立の動向を押さえた上で、②総力戦の影響、特に強制的同質化が持つ意味、さらに③上記②とも関連する行政の都市社会への介入が持つ意味、を意識的に分節化し、検討する必要があると考えられる。このうち①、②については、前章で検討を行なった。すなわち①については、一九三〇年代後期以降の八王子市では、周辺都市との関係、特に大都市東京をめぐる地方計画の中での「衛星都市」との位置づけにより工業化＝「近代化」が課題となりつつも、政治参加の拡大という意味での「民主化」により生じた政治的多元化が政治的不安定化を惹起し、その実現が困難であったことを明らかにした。また②については、一九四〇年の新体制運動が、総力戦に伴う社会変革の課題の浮上とも関連して、人民戦線事件以降活動を制約されていた「平等化」を志向する勢力の（再）活性化の契機となったことを指摘した。そして彼ら「革新分子」の新体制の主導権を握ろうとする動きが、対抗的に「旧勢力」の結集を促し、これにより上記①の政治的不安定化が「解決」されることで、上記の「近代化」と「民主化」の矛盾が「解決」されたことを明らかにした。したがって本章での検討は、以上の①②で形成された政治と社会のあり方に対し、戦時期特有の行政の都市社会への介入が持つ意味を考察するものとなる。

なおこれらの諸点に留意した戦時期都市政治史の研究は、三〇年代以来の社会の変化に、総力戦が作用する局面を押さえた上で、政治の変化との関係を問うものとなるが、こうした視角に基づく研究は、近年の総力戦体制論をめぐる研究動向とも接点を持つ。総力戦体制論をめぐっては、戦後への連続性や「社会的平準化」を強調する点に対する批判を中心に議論が展開されてきたが[(4)]、近年では総力戦体制論をめぐる議論自体が退潮しつつあると指摘されている[(5)]。他方でこうした議論の退潮の要因として、総力戦体制論が示した研究上の意義が、旧来の議論と混淆され、その画期性が希薄化されているとの指摘もなされている[(6)]。こうした研究動向をふまえた上で、都市史と総力戦体制論との接点を考えてみると、先に言及したような都市史研究を行なった雨宮昭一氏の総力戦体制論には、木坂順一郎氏が指摘した「権力機構＝国家機構の再編成による支配階級内部の矛盾」[(7)]を、「社会の次元の視角」から検討する[(8)]、という含意があった点が注目される。しかし総力戦下の社会変化と政治、という問題領域は、管見の限りその後必ずしも意識的に検討されていないように思われる。本章は、四〇年代前期の都市における社会の変化と政治の変化に焦点を合わせるという点で、総力戦体制論に含まれていた上記の問題領域を検討するものとなる。なお筆者は本書において、一九三〇年代以降の都市における「デモクラシーと地域」の歴史的展開を、都市間関係の中での大都市近郊都市の自己確立の動向により推進される物理的空間的変化と、「デモクラシー」の制度的な現れとしての男子普選制に基づく政治参加及び「デモクラシー」の社会的な現れとしての平等化・同質化の志向に基づく人々の動向の関係に注目し検討を行ない[9]、その延長線上に日中戦争前後の都市の変化について、総力戦下において「社会の平等化・民主化・近代化」の課題が一定程度果たされる、とした雨宮氏の議論を批判的に展開する方向の検討を行なった[10]。具体的には前章において、雨宮氏の議論における「近代化」、「民主化」、「平等化」の三要素が、本書の視角に引きつけていえば、都市の自己確立の動向により推進される物理的空間的変化と、「デモクラシー」の制度的な現れ、その社会的な現れ、とそれぞれ互換性を持つことを確認した上で、都市における「平等化」（社会的格差是正）、「民主化」（政治参加）、「近代化」（工業化・都市化）の相互関係及びその変化を検討した。そして上記の三つの要素各々の日中戦争以前のあり方を確認した上で、戦争開始後におけるその相互関係の展開、すなわち「近代化」が課題となりつつも「民主化」が政治的不安定を招き両者が齟齬する中で、「民主化」からの排除を前提に新体制運動期に活性化した「平等化」を志向する勢力との対抗が、「近代化」と「民主化」の齟齬をまがりなりにも解消し「近代化」を推進する、という三者の関係を描いた。このことは、総力戦体制構築と連動するグライヒシャルトゥンクにより一定程度実現するとされる「社会の平等化・民主化・近代化」が、同時的に進行するわけではなく、相互に規定し合う中である方向性が推進される様を描いたものといえよう。そしてこの過程は、本書の視角に引きつけていえば、「デモクラシー」の制度的な現れとしての政治参加の枠組みに即して「デモクラシー」の社会的な現れとしての平等化、同質化を追求しようとする動向に制約が加わる中で、「デモクラシー」の制度的な現れとその社会的な現れが分離してゆく過程であった。本章は、かかる分離過程の、「デモクラシー」の制度的な現れの行方を検討するものとなる。

さて本章では以上の問題設定に基づいて、一九四二年の翼賛選挙が実施される時期の東京府八王子市における社会と政治の変化を検討する。翼賛選挙と都市政治については、今井清一氏が選挙分析を通じて既成政党と官僚の拮抗関係を析出する分析視角を提示しており[11]、八王子市の翼賛選挙については『八王子市議会史』で吉見義明氏が基本的な事実を解明している[12]。本章は、以上の先行研究に学びつつも、三〇年代以来の都市の政治と社会の変化の文脈を重視する点、また先に触れた総力戦体制論との接点を意識的に探る点で、独自性を有する。

なお本章では、以下の具体的な検討から得られる地域政治に関する諸要素を「地域政治構造」という概念を用いて把握したい。「地域政治構造」については、源川真希氏により「政治社会」の状況、選挙結果等を包含した地域における政治全般をさす一般概念として規定がなされている[13]。しかし本章では、佐々木隆爾氏が提起した「地域支配構造」[14]の下位概念としてこの概念を使用する。翼賛選挙と地域社会の関係を考える際、その要点となるのは、今井氏の先行研究で指摘される通り、法制化された「町会」の運用のあり方である。本章では、戦時期固有の地域制度・政策浸透組織としての「町会」運用によって形成される政治的人間関係、秩序などを地域政治構造と規定する。そしてこの概念を用いることで、本章の分析に、戦後保守体制の基礎となる地域支配構造の前提となる歴史的構造物の分析という含意を加えたいと考える。

なお本章での新聞史料の引用方法は、本書序章の「第四節　本書の方法と構成」に記した通りである。

第一節　翼賛選挙と地域政治——一九四二年四月の衆議院議員選挙をめぐって

本節ではまず、八王子市において実施された最初の翼賛選挙である一九四二年四月の衆議院議員選挙をめぐる動向を通して検討する。

1　一九四二年四月翼賛選挙の概況

まず一九四二年四月三〇日に行なわれた衆議院議員選挙について、先行研究に依拠しつつ要点を押さえておこう。[15] この選挙は、本来前回一九三七年の衆議院選挙から四年後に当たる一九四一年に行なわれる筈であった。しかしその実施は、新体制下で衆議院議員選挙法改正が検討される中で議員任期を一年延長する法律が同年二月に公布されたことで延期されていた。この延期期間中の四一年一〇月に東条英機内閣が成立し、同年一二月にはいわゆる太平洋戦争が開始された。東条内閣は、この戦争開始と緒戦の優勢を梃子に議会翼賛体制の構築を志向した。具体的には政府が人選した各界代表者により翼賛政治体制協議会（翼協）が組織され、推薦候補の銓衡が行なわれたほか、推薦候補の当選を目的とした翼賛選挙貫徹運動が、部落会や町内会等の地域組織を動員し実施された。選挙に際しては、政府は、現議員の推薦候補を大幅に削減するつもりであったが、旧政党の巻き返しもあり、現議員二三六名を含む議員定数四六六名分の推薦候補が立てられ、全議員の八一・三％に当たる三八一名が当選した。

2　一九四二年四月翼賛選挙と地域政治

それでは以上のごとく翼賛選挙として実施された一九四二年四月の衆議院議員選挙は、八王子市の地域政治には

【表7−1】 1942年4月の衆議院議員選挙の得票見込みと実際の得票数

氏名	翼協との関係	所属	得票見込及び見込得票率〔上段は七区全域・下段は八王子市。（　）は見込得票率〕			実際の得票及び得票率
			1942年4月17日	1942年4月22日	1942年4月28日	1942年4月30日
津雲国利	推薦	旧政友会久原派	22,055（30.2）	22,440（28.7）	24,138（29.1）	31,655（34.3）
			1,600（14.4）			2,455（18.2）
八並武治	推薦	旧民政党	20,405（27.9）	21,070（26.9）	22,313（26.9）	20,611（22.1）
			3,000（27.0）			3,726（27.6）
坂本一角	推薦	旧政友会	13,660（18.7）	14,105（18.0）	15,203（18.3）	17,010（18.4）
			3,500（31.5）			4,128（30.6）
中村高一	非推薦	旧社会大衆党	13,780（18.9）	14,250（18.2）	15,359（18.5）	16,005（17.3）
			2,200（19.8）			2,322（17.2）
佐藤吉熊	非推薦	東方会	3,450（4.7）	5,000（6.4）	3,966（4.8）	7,029（7.6）
			800（7.2）			865（6.4）

註：4月17日付の情勢報告では、有権者の30％が棄権し投票総数は73,027人となることが、4月22日付の情勢報告では、24％が棄権し78,286人となることが、4月28日付情勢報告では、18％が棄権し、無効投票が570票生じ、有効投票数は82,979票となることが想定されている。各報告ごとの得票率は、この投票総数・有効得票数見込みをもとに算定した。

出典：「選挙情勢報告に関する件」警視庁官房主事（1942.3.20）、「衆議院議員総選挙運動情勢報告（四月十七日現在）」八王子警察署、「衆議院議員総選挙運動情勢報告（四月二十二日現在）」警視庁、「衆議院議員総選挙運動情勢報告（四月二十八日正午現在）」（吉見義明・横関至編『資料　日本現代史4　翼賛選挙①』大月書店、1981年及び『東京日日新聞　府下版』1942年5月1日記事より作成）。

いかなる影響を与えたであろうか。

八王子市を含む東京府第七区（定員三名）では、旧政友会久原派の現職津雲国利と旧民政党の現職八並武治が警視庁により早くから適格候補者と見られており、(16) 最終的には津雲、八並と旧政友会元職の坂本一角が推薦された。その一方で、同選挙区のもう一人の現職である旧社会大衆党の中村高一は非推薦候補となった。また、かつて旧社会大衆党八王子三多摩支部にも属した佐藤吉熊が、東方会の新人候補として非推薦で立候補した。

この衆院選については、警視庁の情勢報告史料の存在が知られている。この史料に基づいてまず東京第七区全体の得票見込みと実際の結果を比較して見ると（【表7－1】）、津雲・佐藤が見込みよりやや多くの得票を得、その一方で八並・中村がやや少ない得票であったことが分かる。同時期の東京府のうち新市域である世田谷区・目黒区を含む選挙区である東京第五区では、推薦候補の一人四王天延孝の警察当局の見込みを大きく超えた大量得票や、国家主義・国家社会主義系の非推薦候補が見込みの二倍近い得票を得たことが知られるが、(17) 第七区では警察の見込みと実際の得票に大きな差異は見られない。殊に八王子市では得票見込みと実際の結果はいっそう近似している。なお選挙に先だって警視庁は、第七区の特徴を次のごとくまとめていた。

本区ハ従来ノ政党的色彩特ニ濃厚ナル地域ニシテ比較的知識階級ノ尠キ関係ヨリ、他ノ地区ニ比シ政党解消ニ至レル経緯ハ解スル者尠ク、従ツテ旧政党、現代議士等ニ対スル信頼ノ態度稍〻強シ、而シテ、現代議士ニ於テモ政党的活動ニ倚ラザルモ尚従来ノ勢力系統ニ依存シ働キ掛クルハ必然ニシテ、之レニ呼応スル選挙民ノ態度ハ旧政党ニ対スル信頼ト大ナル差異ナキモノト認メラル、情勢ナリ(18)

以上のごとく旧政党、特に旧既成政党及びその系列組織の影響力の強い第七区の政治的環境が、警視庁による得票見込みと実際の結果の近似を可能にしていたのである。

なお当該期の警視庁の情勢報告のうち、四月二四日作成の情勢報告には各候補の有力支持者の系列図が記されて

【表7−2】1942年衆院選各候補の有力支持者系列図

候補者	有力支持者の系列関係		
津雲国利（旧政友会系）	横田秀隆	福島邦家	福島邦家
			内藤武兵衛
		横田秀隆	横田秀隆
			青木保三
		梅沢生次	多田清次
	職業関係	富山福松	
		小島助治	
八並武治（旧民政党系）	土屋留次郎	織田祥作（150）	
		高橋久治（150）	
		新井由松（150）	荒井祖心
		関谷源兵衛（500）	渡辺周平
			淵江源治
		荻島健吉（500）	原周太郎
			富田敬宇
		三ツ木与重（250）	
		渋谷定七（250）	
		藤澤定（200）	
		長谷川惣助（100）	
	職業関係	木崎茂重	
		樫崎圭亮	
		山崎武八	
		落合義雄	
坂本一角（旧政友会系）	杢代龍喜	山田信近（200）	
		北村勝（200）	
		福田恒三（200）	井上久吉
		両角太兵衛（200）	両角満雄
		青木孝太郎（200）	青木亀寿
		八木岡英一（350）	清水利久
			八木岡量平
		助川捨次郎（300）	
		井上英一（200）	
		山上武（100）	
		小林吉之助（150）	
		小沢治郎（100）	
		西原貫一	
		小川森太郎	
中村高一（旧社大党系）	三浦八郎	三浦八郎	
		山口加藤太（400）	
		塩野良作	
佐藤吉熊（東方会）	神谷卓	小島鉄広（500）	早川房之助
		神谷卓（150）	関根太郎
		岩田源平（50）	

註：表内の（　）の数字は、各有力支持者が掌握している見込得票数と考えられる。
出典：1942年4月24日付の「第21回衆議院議員総選挙に於ける各署別運動情勢報告」（「旧陸海軍文書」R213）より、八王子市分を抽出して作成。

いる。[19]【表7－2】は、このうち八王子市分を抽出したものであるが、津雲については、元小宮町長の福島邦家、八並については八王子市長の関谷源兵衛、坂本については前市長杢代龍喜の名が見える点が注目される。

次に一九四二年翼賛選挙の八王子市における結果を、前章で見た【表6－2】に即して一九三七年四月の衆院選の結果と比較して見ると、まず有権者数の三〇〇〇人程の増加が目につく。これは前節に見た小宮町合併による人口増加と、この後に見る棄権率の減少によるものと考えられる。棄権率については、前回三七年の選挙時が一七・七％であったのに対し、四二年の翼賛選挙時には六・六％と大幅に低下した。この棄権率は、全国の一七三の市の中では最も低いものであった。[20]なおこの選挙では、先に触れた通り部落会、町内会を動員する翼賛選挙貫徹運動が実施されたが、八王子市でも、四月初めに各町会が一斉に隣組常会を開き、「大東亜戦争完遂の大目的に副ひ挺身建設的努力を竭す積極有為の人材に投票すること」、「必ず投票すること」等を盛り込んだ「申合」に出席者全員が署名捺印するなどの形で町会―隣組が動員されていた。[21]八王子市における棄権率の低さは、同市の町会―隣組の動員力を示しているといえよう。

次に得票状況を【表6－2】を用いて前回三七年と比較してみると、元来八王子市を選挙基盤の一つとした旧民政党の八並と旧政友会の坂本は、投票者数の増加にもかかわらず得票率で見ると有権者の支持は前回とほぼ同率であることが分かる。その一方で、津雲については前回よりも一〇ポイント以上得票率を伸ばしているが、これは前回選挙の小川、山口が得た票が津雲に流れたものと考えられる。旧社大党の中村高一は、得票率で見ると三七年の得票率二〇・九％に対し四二年の得票率は一七・二％と、前回を三・七ポイント下回っているが、「絶対得票率を著しく落とし[22]」という程の顕著な減少といえるかは疑問の余地がある。前章に見た【表6－1】の、前回三七年四月の衆議院選挙の七ヶ月後の三七年一一月の市会選挙における社大党公認候補の得票率は四・四％、非公認のため社大党八王子支部を離脱した岩田、早川を含めた得票率は六・五％であった。この市会選挙の結果との差に比べれば、三七年と四二年の衆議院選挙の結果については、顕著な減少と捉えるよりもむしろ一定の得票率の持続に注目する必要があろう。この点に関しては、もう一人の非推薦候補佐藤吉熊にも留意する必要がある。佐藤は元来社大党に所属し、四〇年に東方会三多摩八王子支部を立ち上げた。その支部結成には社大党を離脱した八王子市の岩田源平や早川房之助が参加した。また後には小島鉄広も東方会の理事に就任していた(23)。以上の点に鑑みると、中村と佐藤の支持層は比較的政治的立場が近いことが想定される。そしてかかる想定に立てば、八王子市における中村と佐藤の得票率の合計が二三・六%であることは、町会―隣組を動員した翼賛選挙においても、衆議院議員選挙については、かつての「無産」政治勢力ないし「革新分子」への支持が、得票の二〇%以上存在していると考えられよう。

以上本節では、一九四二年の翼賛選挙に際しての八王子市が含まれる東京府第七区の政治状況を検討した。その結果、翼賛選挙に伴い、行政の選挙への介入が行なわれ、町会―隣組の動員が行なわれる一方で、選挙の結果にあらわれた有権者の選好及びそれに基づくこの地域の政治勢力の構成は、従来と大きくは変化していないことが明らかになった。それでは人々の日常生活により近い、市会レベルでの翼賛選挙は、地域政治にいかなる影響を与えるであろうか。次節ではこの点について検討を行なう。

第二節　翼賛選挙と地域政治構造の変容――一九四二年六月翼賛市会選挙

1　一九四二年六月翼賛市会選挙以前の政治状況

まず前章に見た新体制をめぐる対抗の帰結としての「旧勢力」の結集により、小宮町を合併した一九四一年以降、一九四二年六月翼賛市会選挙に至るまでの時期の八王子市の政治状況について整理しておこう。

八王子市会では本来一九三七年一一月に執行された前回選挙の四年後に当たる一九四一年一一月に改選が行なわれる筈であった。しかし、一九四一年二月公布の法律により、四二年三月三一日までに任期満了となる全国の市町村会の任期は、同年五月二〇日まで延長された。八王子市ではその間に、前回三七年市会選挙後の三八年一月二二日に就任していた関谷市長が四二年一月二一日で四年間の任期満了を迎えることとなった。市会は市長銓衡委員会で関谷市長の再任を決定し、四二年一月二六日の市会においても満場一致で関谷再任を決定、同日、関谷も再任を受諾した。しかしその約二ヶ月後の三月二三日、関谷市長は、健康上職務に堪えないことを理由に突如門倉軍治助役に辞表を提出した。この関谷市長の電撃辞任を受け市会は、三月二五日の緊急市会で関谷市長の辞任を承認し門倉助役を市長代理に選任した[24]。

以上のごとく関谷市長の電撃辞任によって八王子市政が混乱する中、東京府は、衆院選直後の市町村会議員選挙では翼賛選挙の徹底が不十分になるとして、東京市及び八王子市の選挙期日を五月二一日より延期することを決定した。八王子市については、東京府が主導し同年六月一五日に実施されることが決定され、併せて選挙に際しては推薦制を実施し、特に「有志銓衡でなく部落会、町内会の総意、即ち全選挙民の総意によつた銓衡委員を挙げて本格的な銓衡会を設置すること」が決定された（『東日』四二・四・二三）。

かくして翼賛市会選挙のための銓衡委員会の結成が課題となる中、かねて健康状態がすぐれなかった門倉市長代理が同年五月四日に入院すると、これを受け市会では暫定的市長を選出する動きが生じた（『読売』四二・五・五）。この暫定的市長選出の動きの背景には、市長不在の場合、東京府が職務管掌を置くことになるが、「職務管掌の手で市議選挙をされては現市議は非常に不利な立場に置かれるといふので」、市会で暫定市長を選出することで「来るべき市議改選に当り、推薦の優先度を獲得しようとする不純な態度も多分にみうけられる」とも報じられていた（『読売』同上）。こうした中で八王子市会では、「旧政民中立三名づゝの九委員」（『読売』四二・五・六）からなる委員会で暫定的市長について検討を行なった上で、五月九日には委員会の候補者として関谷前市長と西原貫一府議を推薦し、翌一〇日の市会で決定することとした。しかし同じ九日、東京府が関谷前市長を府庁に呼び臨時市長代理に任命し、関谷前市長もこれを受諾した（『東日』四二・五・一〇）。東京府側はその理由の一つとして、「八市側は暫定的市長を設置せんとの苦心が見えたが、現在の市会の上に於て擁立された臨時市長は翼賛選挙に対し明朗性を欠くうらみがある」と述べていた（『読売』四二・五・一〇）。すなわち東京府は、市会主導の臨時市長銓衡が翼賛選挙にそぐわないとの判断に基づき、市会の頭越しに関谷臨時市長代理を任命したのである。この東京府の措置に対して市会側は激しく反発したが、東京府では五月一五日篠山総務部長を八王子市に派遣しこの間の経緯を説明し、市会側もこれを受け入れた（『東日』四二・五・一六）。以上の市長職をめぐる動向からは、翼賛市会選挙に向け影響力の維持をはかる八王子市会と、「現在の市会」の影響力の縮減をはかる東京府の対立が看取されよう。

2　翼賛市会選挙体制の構築過程と地域社会

それでは以上のような政治状況を基礎としつつ、翼賛市会選挙の準備はいかに進められていったのだろうか。またその過程に地域社会はいかに関わったのだろうか。

まず前節に見た関谷臨時市長代理の就任は、翼賛市会選挙にいかなる影響を与えたであろうか。この点については、就任直後に次のような報道がなされていた。

翼賛市議推薦の母体結成には町会長を中心として各種団体代表をこれに網羅して遺憾なきを期するであらうけれど関谷市長代理が全く派閥的関係がないならば格別旧民政系としていろ〳〵の政治的動きを見せた関係がある以上意外なる波瀾を惹起するとも限らず近傍今度の市長問題をよそにしても市会議員改選の選挙母体結成の構成分子如何と現市会議員をどう取扱ふかにより非常な問題が起るものとして注目が払はれてゐる（『東日』四二・五・一三）

すなわち関谷臨時市長代理の就任は、関谷が元来民政党系であった関係上、翼賛市会選挙にも影響を及ぼすのではないかと認識されていた。かかる報道のなか、東京府は、八王子市役所に市内の全町会長を招集して推薦制や選挙の運営方法等について説明会を開き、東京府の篠山総務部長が「臨時市長代理者の関谷氏に対して巷間種々の論議がなされ翼選施行に暗影を投じてゐるのに鑑み誤解を一掃する見地から声明をなす」（『東日』四二・五・一四）こととなった。以上のような状況の中で、関谷自身も、後述する推薦方式が決定した後の自らの関与について次のごとく述べていた。

町内代表廿名の詮衡委員中に加える八名の各界代表については自分から直接に人選をしないつもりである、警察署長とも相談したが自分には意中の人が二、三あるのでこの八名の委員の招請はその人に任す方針である、臨時市長が無暗にこの人選にタツチしたとなれば粛選の上に芳しくない結果を招くかもしれない、かうすることが賢明な策だと信ずる（『東日』四二・五・二〇）

すなわち関谷については、元来民政党系であったことから翼賛市会選挙の候補銓衡過程にも影響を及ぼすのではは

【表7－3】 八王子市翼賛市会選挙市内区域分け

区域	町名	町会数	有権者数	候補者数
一	明神町・東町・旭町・新町・三崎町	8	1,565	4
二	横山町・田町・元横山町	10	1,612	4
三	子安町・万町	7	1,495	4
四	八日町・本町・中町・南町・南新町	8	1,426	4
五	寺町・上野町・天神町	5	1,190	3
六	八幡町・大横町・平岡町	5	1,089	3
七	八木町・本郷町・小門町・台町	7	1,500	4
八	追分町・千人町・日吉町・元本郷町	9	1,632	4
九	西中野	7	1,140	3
十	大和田・粟ノ須・石川・宇津木・北大谷・北平・日野	9	1,034	3
		75	13,683	36

出典：『八王子市議会史』記述編Ｉ（八王子市議会、1990年）580頁所載の表3－5－1の推薦候補の区域別割当をもとに作成。

ないかとの認識が広がる中で、むしろそれ故にこそ疑義を生じるような動きを自他共に抑制する状況が生じていたといえよう。

次に翼賛市会選挙の具体的な仕組みの構築過程とその内実について検討しよう。

一九四二年五月一八日、八王子市臨時常会が開催され、推薦候補者銓衡の方式が以下のごとく決定された（『読売』四二・五・一九）。①市内を一〇区域に分け、議員数を割り当てる。②各町会の有権者総会で二名の第一次銓衡委員を選出する。第一次銓衡委員は、区域ごとに第一次銓衡委員会を開催し、第二次銓衡委員二名及び各区域の割当数の推薦議員候補者を各々連記無記名で投票する。③第二次銓衡委員分の投票を市役所で開票し、第二次銓衡委員各区二名ずつ計二〇名を決定する。④上記③で決定された第二次銓衡委員二〇名と全市各層代表八名以内で銓衡委員会を結成し、②で区域ごとに投票された推薦議員候補投票箱を開票の上、銓衡委員会で銓衡する。

なお銓衡に際しては、得票多数の候補を自動的に推薦するのではなく、「時局を弁へ、翼賛の誠を効し得る人、利害、情実、因縁等による公私の別を誤るが如きなき人、一定の正業を有しまたは生活の安定せる人、身上につき兎角の風評非行等無き人」という基準で銓衡委員会で審議を行ない、決定するとされた（『読売』四二・五・一九）。また以上の銓衡方法の決定と同時に、八王子市常会は、上記①に当たる市内の区域分けを発表した。区域分けは、【表7－3】のようになっており、旧小宮町が九区、十区としてそれぞれ三人ずつの議員数が割り当てられていた。選出される議員数は合併以前と同様三六人であるため、旧市域では選択し得る候補が六人減少する形となった。このことは、「衛星都市」化のための小宮町合併が、旧八王子市の有権者にとっては、政治参加の枠の減少の契機であったことを意味しよう。

それでは以上のような方式で組織された候補者銓衡委員会はどのような構成であったのか。まず八名以内の「全市内各層代表」について、先に見たごとく自らの銓衡不関与を述べていた関谷市長臨時代理は、五月二三日に初代八王子市長柴田栄吉、前八王子市長杢代龍喜、合併時の小宮町長福島邦家の三名にその銓衡を委任、これを受け三名は同日中に各層代表の銓衡委員を決定し各区第二次詮衡委員の決定と同時に発表する準備を整えた（『東日』・『読売』四二・五・二四）。なお先の一九四二年の衆院選における警視庁作成資料に基づく【表7－2】によれば杢代前市長は旧政友会系坂本一角の、福島前町長は旧政友会系の津雲国利の八王子市における有力支援者であった。

各区域選出の銓衡委員については五月二四日に第一次銓衡委員による第二次銓衡委員候補と推薦議員候補の投票が行なわれ、さらに翌五月二五日には第二次銓衡委員の開票に基づいて上記各層代表の委員と合わせ二七名からなる銓衡委員会が結成された。さらに同日中にこの銓衡委員会により各区域ごとの推薦候補三六名が決定された。

まず銓衡委員会の構成とその特徴を検討しよう。【表7－4】は、銓衡委員会の構成員一覧である。七名の各層代表については、関谷市長代理がその銓衡を委任した柴田元市長、杢代前市長、福島前小宮町長がそのまま委員となったほか、織物工業組合の小林吉之助組合長、商業報国会の関谷正一代表、産業報国会の小林助次郎代表、翼賛

【表 7－4】1942 年 6 月 15 日執行八王子市会選挙銓衡委員の構成

氏名	資格	職業	市議選経験	商工会議所選挙経験	党派
杢代龍喜	前八王子市長	織物業		1925 年当選	政友会系
柴田栄吉	元八王子市長	無職	1927 年落選		
福島邦家	前小宮町長				政友会系
小林吉之助	八王子織物工業組合組合長	織物業	1917 年落選		政友会系
関谷正一	八王子商業報国会会長	米穀商			
小林助次郎	産業報国会会長	織物業			
原川定吉	八王子翼賛壮年団団長	織物業	1917 年落選		民政党系
青木孝太郎	第一区銓衡委員	土木建築請負業	1925 年・1929 年当選	1925 年当選・1929 年当選・1933 年当選	政友会系
河合小一郎	第一区銓衡委員	無職	1933 年落選		政友会系
川口寛之	第二区銓衡委員	紙商	1929 年・1933 年当選	1937 年当選	
早川義貞	第二区銓衡委員	撚糸業	1921 年当選		民政党系
西原貫一	第三区銓衡委員	府議			政友会系
稲葉豊次	第三区銓衡委員	古物商	1927 年落選		民政党系
大内良平	第四区銓衡委員	医師			
山崎武八	第四区銓衡委員	織物業			民政党系
高橋久治	第五区銓衡委員	土木建築請負業			民政党系
中山芳郎	第五区銓衡委員	織物業			
黒沢栄	第六区銓衡委員	織物業			
杉本貞三	第六区銓衡委員	織物業			
井岡吉男	第七区銓衡委員	染色業			
濱野卯平	第七区銓衡委員	織物業			
八木岡量平	第八区銓衡委員				政友会系
田中利一	第八区銓衡委員	織物業			
相澤長太郎	第九区銓衡委員	会社員			
矢部清作	第九区銓衡委員	織物業			
多田清次	第十区銓衡委員	荒物商			政友会系
和田真一	第十区銓衡委員	農業			

出典：銓衡委員の氏名については、『東京日日新聞　府下版』『三多摩読売』1942 年 5 月 26 日より抽出。党派、職業などについては、『八王子市議会史』『八王子織物工業百年史』『八王子商工会議所百年史』などより抽出。

【表7−5】1942年5月25日決定八王子市翼賛市会選挙推薦候補

地区	氏名	所属町	職業	市議経験	旧党派	代議士支持
一区	橋本繁男	東町	織物業	新		
	宮崎弥太郎	旭町	石炭商	新		
	梶山榊	新町	生糸商	新		
	青木亀寿	東町	土木請負業	前	旧政友会系	政（坂本）
二区	守屋富蔵	横山町	荒物商	新		
	小川宗雄	横山町	織物業	新		
	野口義造	横山町	新聞販売業	前	旧中正会系	
	二階堂廉郎	元横山町	織物業	新		
三区	梶原誠治	子安町	糸繭商	新		
	柿島信威	万町	生糸商	新		
	栗原近治	子安町	製粉業	新		
	長谷川惣助	子安町	農業	前	旧民政党系	
四区	秋山昇平	本町	撚糸業	新		
	鈴木繁蔵	南町	印刷業	前	旧政友会系	
	荻島健吉	中町	織物業	前	旧民政党系	民（八並）
	助川捨次郎	本町	医師	前	旧政友会系	政（坂本）
五区	山田勧元	上野町	僧侶	新		
	市川正作	寺町	織物業	元	旧政友会系	
	三ツ木与重	天神町	撚糸業	元	旧民政党系	民（八並）
六区	井上保	平岡町	織物業	新		
	梅原晴三	八幡町	呉服商	新		
	平音次郎	大横町	織物業	新		
七区	藤澤定	台町	弁護士	元	旧民政党系	民（八並）
	淵江源治	小門町	会社員	前	旧民政党系	民（八並）
	朝倉甚五郎	八木町	染料商	新		○
	伊藤新助	本郷町	織物業	新		○
八区	濱中新太郎	千人町	織物業	新		
	濱中武治	元本郷町	金融業	新		
	八木岡英一	千人町	織物業	前	旧政友会系	政（坂本）
	田沼謹一	日吉町	会社員	新		
九区	瀬戸重信	西中野	織物業	新		
	青木利行	西中野	織物業	前		
	石井勇	西中野	製紐業	新		
十区	内藤武兵衛	大和田	農業	前	旧政友会系	政（津雲）
	関根義一	粟ノ須	農業	新		
	斎藤元次郎	石川	農業	新		

註：代議士支持は、【表7−2】を参照。
出典：推薦候補の氏名と所属、職業については、『東京日日新聞　府下版』『三多摩読売』1942年5月26日より抽出。党派、職業などについては、『八王子市議会史』『八王子織物工業百年史』『八王子商工会議所百年史』などより抽出。

壮年団の原川定吉団長が選出された。この七名と各区域の第二次銓衡委員を合わせた二七名について、政治的な色彩から検討してみると、まず二〇名中市議選経験者は八名、うち男子普選に適応した人物は二名である。また全二七名のうち、旧既成政党との関係が見て取れるのは、旧政友会系が八名（二九・六％）、旧民政党系が五名（一八・五％）の計一三名（四八・一％）であった。各区の銓衡委員二〇名でも八名（四〇％）が旧政党との関係が確認され、先の衆院選時に警視庁が各候補の有力支持者を調べた【表7－2】に名前が見える人物が、旧政友会系七名、旧民政党系二名の計九名（三三・三％）含まれる点も注目される。次に職業構成を見ると、織物業に従事する者が一一名（四〇・七％）、さらに撚糸業・染色業など関連業を加えると一三名（四八・一％）が織物関係業者であった。この織物関係者の比率は、先に見た新体制準備委員会における比率（三〇・三％）、大政翼賛会支部における比率（二八・六％）に比し格段に高い点が注目される。以上の銓衡委員会の構成と特徴からは、この委員会に旧政党関係者が一定程度含まれ、その中には衆議院議員の有力支持者も確認されること、従来の地域政治組織に比し在来の基幹産業である織物関係業者の比率が高いことに留意しておきたい。

次にこの銓衡委員会によって選ばれた候補者を検討しよう。【表7－5】は、五月二五日に銓衡委員会が決定した推薦候補である。政治的な色彩から検討すると、推薦候補の中の前職・元職は、三六名中前職一〇名、元職三名の計一三名（三六・一％）、旧市域では、三〇名中、前職八名、元職三名の一一名（三六・七％）であった。その内訳は旧政友会系が五名、旧民政党系が五名、旧中正会系が一名であった。次に職業構成を見ると、候補者の中の織物業者は、三六名中一二名（三三・三％）、生糸商・染料商などの関連業は六名（一六・七％）で計一八名（五〇％）、旧市域では織物業者は三〇名中一〇名（三三・三％）、関連業者六名（二〇％）で三〇名中一六名（五三・三％）と高い数値を示した。八王子市会議員における織物関係業者の占める比率は、一九二〇年代以降三〇年代にかけて減少傾向を示すことが指摘されている[25]。この点に鑑みると、推薦候補における織物関係業者の比率の顕著な高さが注

市議経験	旧党派	得票数	推薦候補得票数／地区有権者数(%)	地区出身候補者の総得票数	地区出身候補者の総得票数／地区有権者数(%)
前	旧政友会	276			
新		235			
新		234			
前	旧政友会	314			
		1,059	67.7		
新		154			
				1,213	77.5
新		289			
元	旧民政党	206			
前	旧中正会	307			
新		294			
		1,096	68.0		
前	旧政友会	262			
新		108			
元	旧民政党	73			
				1,539	95.5
新		539			
新		205			
		744	49.8		
新		153			
				897	60.0
新		218			
前	旧政友会	182			
前	旧民政党	192			
前	旧政友会	270			
新		195			
		1,057	74.1		
前	旧政友会	158			
前	旧民政党	157			
元	旧民政党	150			
				1,522	106.7
新		331			
元	旧政友会	178			
元	旧民政党	118			
		627	52.7		
新		222			
元		187			
新		96			
新	旧民政党	38			
				1,170	98.3

【表7－6】1942年6月八王子市翼賛市会選挙の状況

地区	当落	推薦	氏名（網掛けは追加推薦者）	所属町	職業
一区 有権者数 1,565名	当	推薦	大津芳五郎	明神町	酒商
	当	推薦	宮崎弥太郎	旭町	石炭商
	当	推薦	梶山榊	新町	生糸商
	当	推薦	青木亀寿	東町	土木請負業
	落	非推薦	小林健雄	明神町	染色業
二区 有権者数 1,612名	当	推薦	守屋富蔵	横山町	荒物商
	当	推薦	河西重蔵	元横山町	織物業
	当	推薦	野口義造	横山町	新聞販売業
	当	推薦	二階堂廉郎	元横山町	織物業
	当	非推薦	富山福松	元横山町	無職
	落	非推薦	斎藤治作	横山町	洋服商
	落	非推薦	清水和助	横山町	自転車商
三区 有権者数 1,495名	当	推薦	梶原誠治	子安町	糸繭商
	当	推薦	中山平之助	万町	製パン業
	落	非推薦	平政雄	万町	会社職工
四区 有権者数 1,426名	当	推薦	秋山昇平	本町	撚糸業
	落	推薦	鈴木繁蔵	南町	印刷業
	落	推薦	荻島健吉	中町	織物業
	当	推薦	助川捨次郎	本町	医師
	落	推薦	森田善兵衛	八日町	呉服商
	落	非推薦	栗原鉄	本町	新聞販売業
	落	非推薦	渡辺周平	南町	絹糸業
	落	非推薦	荒井祖心	南新町	保険業
五区 有権者数 1,190名	当	推薦	山田勧元	上野町	僧侶
	落	推薦	市川正作	寺町	織物業
	落	推薦	三ツ木与重	天神町	撚糸業
	当	非推薦	岩井猪一	上野町	農業
	落	非推薦	小島鉄広	寺町	売薬商
	落	非推薦	早川房之助	上野町	旋盤工
	落	非推薦	織田祥作	寺町	葬祭具商

市議経験	旧党派	得票数	推薦候補得票数／地区有権者数（%）	地区出身候補者の総得票数	地区出身候補者の総得票数／地区有権者数（%）
新		330			
新		203			
新		229			
		762	70.0		
前	旧政友会	227			
前	旧中正会	134			
				1,123	103.1
元	旧民政党	218			
前	旧民政党	255			
前	旧政友会	244			
新		206			
		923	61.5	923	61.5
新		307			
新		229			
前	旧政友会	231			
新		281			
新	旧政友会	213			
		1,261	77.3		
前	旧中正会	221			
前	旧民政党	211			
				1,693	103.7
新		337			
新		296			
新		312			
		945	82.9		
新	旧政友会	213			
新		60			
				1,218	106.8
前	旧政友会	230			
新		187			
新		253			
		670	64.8	670	64.8
新		64			

地区	当落	推薦	氏名（網掛けは追加推薦者）	所属町	職業
六区 有権者数 1,089 名	当	推薦	井上保	平岡町	織物業
	当	推薦	梅原晴三	八幡町	呉服商
	当	推薦	平音次郎	大横町	織物業
	当	非推薦	福田恒三	八幡町	薪炭・洋紙商
	落	非推薦	三浦八郎	大横町	建築請負業
七区 有権者数 1,500 名	当	推薦	藤澤定	台町	弁護士
	当	推薦	淵江源治	小門町	会社員
	当	推薦	小沢治郎	八木町	酒造業
	当	推薦	伊藤新助	本郷町	織物業
八区 有権者数 1,632 名	当	推薦	濱中新太郎	千人町	織物業
	当	推薦	斎藤定治	千人町	織物業
	当	推薦	八木岡英一	千人町	織物業
	当	推薦	田沼謹一	日吉町	会社員
	当	推薦	落合義雄	元本郷町	織物業
	当	非推薦	関澤銀造	元本郷町	織物業
	当	非推薦	原周太郎	元本郷町	書籍商
九区 有権者数 1,140 名	当	推薦	瀬戸重信	西中野	織物業
	当	推薦	井上卯平	西中野	織物業
	当	推薦	石井勇	西中野	製紐業
	当	非推薦	山田信近	西中野	地主
	落	非推薦	桜井捨郎	西中野	薬剤師会嘱託
十区 有権者数 1,034 名	当	推薦	内藤武兵衛	大和田	農業
	落	推薦	関根義一	粟ノ須	農業
	当	推薦	斎藤元次郎	石川	農業
不明	落		海老原光一郎	非推薦	

出典：各区の有権者数については、【表7-3】より抽出。当落、推薦の有無、候補者氏名、職業、市議経験、得票数、職業については、『八王子市議会史』資料編Ⅱ（八王子市議会、1988年）184～186頁より抽出。所属町については、『東京日日新聞　府下版』『三多摩読売』1942年5月26日～6月10日の記事より抽出。旧党派、職業などについては、『八王子市議会史』『八王子織物工業百年史』『八王子商工会議所百年史』などより抽出。

目されよう。なおこの推薦候補の銓衡について、銓衡委員会の委員長を務めた杢代前市長は次のように語っていた。

銓衡会は終始翼賛の趣旨を体し熱心に銓衡に当たりました、区域別には候補者の割当があつて制限をうけたためなほ有為の人材で漏れた方もありこの点諒解してもらはねばならぬ、銓衡会を通じて最も喜ばしいことは委員が翼選に目覚め党派的私情を捨て銓衡に努めたことである、新人を配して市会の革新を願はねばならぬ、我々は推薦候補の当選に結束しようと思ふ（『東日』四二・五・二六）

ここで杢代前市長が述べている推薦候補銓衡については、「町内会推薦の形式で銓衡委員会にかけられながら選に漏れた諸氏も少なからずあるが、これ等町会のことには町会推薦の候補者として擁立すべしとの強硬論も台頭しつゝある」（『東日』四二・五・二八）、「一部の町内会で今次の銓衡会に推薦に漏れたものを町会で推薦しようとの空気があり注目されてゐる」（『読売』四二・五・三〇）等の報道から、各町会選出の第一次銓衡委員が推薦した候補者が、必ずしも各層代表と第二次銓衡委員会からなる銓衡委員会で推薦されなかった事例があることがうかがえる。また先に見たごとく推薦候補者の中の前職・元職が全体の三割程度であったこと、逆にいえば残りの七割近くを「新人」が占めることに銓衡委員会の意図が一定程度反映されていることがうかがえる。以上の点からは、銓衡委員会が単に形式的な組織ではなく、一定の意思をもって銓衡を行なった結果が先に見た推薦候補であるといえるであろう。

さて【表7－6】は、一九四二年六月一五日に実施された翼賛市会選挙の結果である。まずは棄権率から見ていこう。この選挙の棄権率は四・七八％、全国で最も低い棄権率といわれた四月の衆院選時の棄権率六・六％をさらに下回った。選挙に際しては、六月三日から九日までが翼賛選挙貫徹強調週間として講演会等が企画されたほか（『読売』四二・六・四）、選挙直前の六月一三日の夜には、市内全町会で一斉に臨時常会が行なわれ、「従来の情実因縁はこの際、断固排除し明朗公正な選挙を行ふこと」「必ず投票して不正行為は為さざること」等の申し合わせがなされた（『読売』四二・六・一三）。またこの町会常会の後には、その下部組織の隣組常会も開催され、「隣組常会には全戸が漏れなく出席し」、「十五日の投票日には征く心で一票を行使する旨全市民が誓ひをする」と報じられていた（『東日』四二・六・一三）。上記のごく低い棄権率は、具体的には以上のような「徹底した投票駆り出しの結果」[26]であると考えられる。

次に最終的に出馬した推薦候補の構成を見よう。推薦候補は、先に見た五月二五日に【表7－5】のごとく決定して以降、八名が立候補を辞退した。一区、二区、七区、八区、九区では一名の辞退者に対し、同じ区から代わりの推薦候補が立てられたが、三名の辞退者が出た三区では、代わりの推薦候補は一名確保し得たのみであった（『東日』四二・六・一〇）。第二次銓衡委員会解散後に候補銓衡を担当した八王子市翼賛選挙協議会では、市会の定員分の推薦候補を確保するため、八日町の呉服商森田善兵衛と元本郷町の織物業落合義雄を推薦候補とした。これにより四区と八区は当初の割り当てより一名多い五名の推薦候補が立候補し、最終的には【表7－6】の顔触れが立候補した。この最終的な推薦候補をまず政治的色彩に注目して検討しよう。推薦候補の中の前職・元職は、三六名中前職一〇名、元職四名の計一四名（三八・九％）、旧市域では三〇名中前職九名・元職四名の計一三名（四三・三％）で、先に見た当初の推薦候補に占める前職・元職の割合と比較すると旧市域では一〇ポイント上昇した。旧市域の推薦候補を党派別で見ると、旧政友会系八名（二六・七％）、旧民政党系が五名（一六・七％）で旧既成政党系が一三名（四三・三％）、旧中正会系が一名であった。また推薦候補者の中の織物業者は三六名中一三名（三六・一％）、生糸商・撚糸業などの関係業は四名（一一・一％）で織物関係業者は計一七名（四七・二％）、旧市域に限ってみると、三〇名中織物業者は一一名（三六・七％）、関係業者は四名（一三・三％）で計一五名（五〇％）となり、当初よりは若干低下したものの、推薦候補における織物関係業者の比率が三〇年代の市会の構成と比べると著しく高い状態は持続していた。なお旧市域の旧既成政党系の推薦候補では、旧政友会系七名中二名、旧民政党系六名中四名の計一三名中六名（四六・二％）が織物関係業者である一方、旧市域の旧党派と関係の確認し得ない候補一六名では、織物業者は六名、関係業者は三名となり、計九名（五八・三％）が織物関係業者であった。先に銓衡委員会の特徴として、旧政党関係者が一定程度含まれること、従来の地域政治組織に比し織物関係業者の比率が高いことに注目したが、この委員会で推薦された候補についても、旧政党関係の前職・元職という、従来の八王子市政を担った「旧勢力」の存在と、従来の議員に比し織物関係業者の比率が高いことが注目される。

次に選挙の結果についてみよう。推薦候補については、全市域では三六名中三〇名（八三・三％）、旧市域では三〇名中二五名（八三・三％）が当選した。推薦候補の各区域の有権者数の中での得票率は、市全域での平均は六六・九％であった。次に当選した推薦候補者の内訳をみよう。当選した推薦候補者における前職・元職は、三六名中前職八名・元職二名の一〇名（二七・八％）、旧市域では三〇名中前職七名・元職二名の九名（三〇％）で前職二名、元職二名の計四名が落選した。この結果は、一見有権者が新人を選好しているようにも見えるが、【表7－6】を見ると非推薦で当選した六名のうち四名も前職である点は留意が必要である。また党派別では、旧市域で当選した推薦候補のうち、旧政友会系二名、旧民政党系二名の推薦候補が落選していた。他方で非推薦候補として旧政友会系二名、旧民政党系一名、旧中正会（以前は民政党系）一名の四名が当選しており、必ずしも「旧勢力」の候補が忌避されていないようにも見える。職業構成では、当選者における織物業者は一二名（三三・三％）、関係業者は三名（八・三％）で、計一五名（四一・七％）が織物関係業者であった。当選した推薦候補者三〇名中では、織物業者は一一名（三六・七％）、織物関係業者は三名（一〇・〇％）で計一四名（四六・七％）、旧市域に限ると当選推薦候補者二五名中の織物業者は九名（三六％）、関係業者は三名（一二％）で計一二名（四八％）であった。

3　一九四二年翼賛市会選挙と地域政治構造——一九三七年市会選挙との比較から

それでは以上の一九四二年翼賛市会選挙をめぐる状況から見える、当該期の八王子市の地域政治構造とはいかなるものであろうか。以下、この点を、上記翼賛市会選挙と一九三七年の市会選挙を比較し検討しよう。まず棄権率は、一九三七年市会選挙が一三・八％であるのに対して、一九四二年市会選挙は四・八％であった。後者の数字は、「徹底した投票駆り出しの結果」と考えられ、その基礎には市内各種団体のみならず町会―隣組に至る地域組織の動員があることは先に見た通りである。

次にこの点を念頭におきつつ、市内各町の有権者数と得票数の関係を考えてみよう。先に見た通り、一九四二年の市会選挙では、市内各町が一〇の区域に分けられ、各区域の有権者数に応じて推薦候補が割り当てられていた。先に見た【表7－6】で各区域の有権者数に対する各区域推薦候補の得票率を算出したところ、一番低い三区で四九・八％、一番高い九区で八二・九％という数値が得られた。また同じく各区域の有権者に対する各区域の推薦・非推薦すべての候補者の得票率を算出してみると、一番低い三区で六〇・〇％、一番高い九区で一〇六・八％であった。一〇〇％を超える四区、六区、八区、九区の数値からは、区域を越えて投票する有権者の存在が確認されよう。一九三七年の市会選挙については市内各町別の有権者数が分からないため、全く同様の作業は不可能であるが、さしあたり四二年の各区域と同様の範囲の世帯数に対する各区域に当たる町出身の候補者の得票数を算出してみたのが【表7－7】である。これによると一番低い三区に当たる区域（子安町、万町）で三六％、一番高い六区に当たる区域で一二〇・一％となっている。この三七年市会選挙の数値と比較すると、四二年市会選挙の各区域の有権者数に対する各区域推薦候補の得票率及びすべての候補の得票率は、最低値、最高値共に相対的に一〇〇％に近い値となっており、町会を基礎とした区域ごとの推薦制が機能していることをうかがわせる。

それでは以上のような推薦制は、従来の市会の構成にいかなる影響を与えたのであろうか。先に見たごとく、銓衡委員会の委員長を務めた杢代前市長は「新人を配して市会の革新をはからねばならぬ」と述べていた。まずこの

職業	市議経験	党派	得票数	各町出身者得票数	各地区出身者得票数	各地区出身者得票集／地区別世帯数（%）
織物業	新	民政党系	288	491	1499	97.2
酒類商	新	政友会系	203			
土木請負業	前	政友会系	192	309		
会社員	新	中立	117			
新聞社社長	前	政友会系	237	413		
無職	前	政友会系	176			
菓子商	前	政友会系	163	286		
菓子商	前	民政党系	123			
会社員	新	社会大衆党	106	389	931	57.4
新聞販売業	前	中立	158			
肥料商	新	民政党系	125			
貸座敷業	新	民政党系	182	182		
新聞社社長	前	民政党系	223	360		
無職	前	政友会系	137			
農業	前	民政党系	292	528	528	36.0
著述業	新	政友会系	236			
新聞社支局長	新	政友会系	216	371	1739	116.4
書籍商	新	政友会系	155			
医師	前	政友会系	127	477		
医師	新	民政党系	178			
新聞販売業	前	政友会系	172			
織物業	新	民政党系	215	215		
印刷業	前	政友会系	215	457		
絹糸業	新	民政党系	154			
織物業	元	民政党系	88			
保険業	前	民政党系	219	219		
保険代理業	前	政友会系	276	414	563	44.6
薬種業	新	日本無産党	138			
捺染業	新	政友会系	118	118		
印刷業	新	政友会系	31	31		

【表7−7】1937年11月八王子市会選挙の状況

地区	地区別世帯数	町別世帯数	当落	氏名	年齢	所属町
明神町・東町・旭町・新町・三崎町（のちの一区）	1,542	770	当	秋山賢次郎	45	明神町
			当	大津芳五郎	51	明神町
		189	当	青木亀寿	33	東町
			落	山田重平	41	東町
		173	当	広井万次郎	50	旭町
			当	小川森太郎	42	旭町
		193	当	磯村熊次	54	三崎町
			落	浅井常吉	51	三崎町
		217		立候補者なし		新町
横山町・田町・元横山町（のちの二区）	1,622	492	落	山口加藤太		横山町
			当	野口義造	49	横山町
			落	秋間源次郎	49	横山町
		30	当	荒井喜一	44	田町
		1,100	当	小沢粂太郎	50	元横山町
			当	富山福松	38	元横山町
子安町・万町（のちの三区）	1,468	1,021	当	長谷川惣助	42	子安町
			当	佐藤孝太郎	35	子安町
		447		立候補者なし		万町
八日町・本町・中町・南町・南新町（のちの四区）	1,493	311	当	内田長太郎	51	八日町
			当	島村保雄	39	八日町
		599	落	助川捨次郎	56	本町
			当	右田興根昇	50	本町
			当	栗原鉄	50	本町
		215	当	荻島健吉	49	中町
		163	当	鈴木繁蔵	56	南町
			当	渡辺周平	52	南町
			落	粕谷与七	57	南町
		205	当	荒井祖心	50	南新町
寺町・上野町・天神町（のちの五区）	1,262	370	当	平林好平	61	寺町
			当	小島鉄広	32	寺町
		707	落	萩尾元輔	47	上野町
		185	落	内藤保治	52	天神町

職業	市議経験	党派	得票数	各町出身者得票数	各地区出身者得票数	各地区出身者得票集／地区別世帯数（%）
薪炭・洋紙商	前	政友会系	238	324	1,264	120.1
薬師業	元	民政党系	86			
織物業	前	政友会系	306	464		
家具製造業	前	社会大衆党	158			
織物業	新	政友会系	237	476		
織物業	元	民政党系	133			
養蚕指導員	新	社会大衆党	106			
酒造業	新	政友会系	175	175	848	59.3
織物業	新	民政党系	183	183		
会社重役	新	民政党系	175	175		
鉄工具商	前	政友会系	197	315		
弁護士	前	民政党系	118			
織物業	前	民政党系	161	161	950	64.7
織物業	前	政友会系	259	479		
著述業	前	愛国青年同盟	220			
織物業	新	民政党系	162	310		
書籍商	元	民政党系	148			
生肉販売業	新	中立	90		90	
再製絹糸業	新	無産党	83		83	

地区	地区別世帯数	町別世帯数	当落	氏名	年齢	所属町
八幡町・大横町・平岡町（のちの六区）	1,052	311	当	福田恒三	50	八幡町
			落	平山子一郎	51	八幡町
		385	当	北野吉兵衛	58	大横町
			当	三浦八郎	32	大横町
		356	当	両角満雄	47	平岡町
			当	富田敬宇	45	平岡町
			落	泉沢義一	37	平岡町
八木町・本郷町・小門町・台町（のちの七区）	1,430	206	当	小沢治郎	37	八木町
		217	当	小泉柳造	60	本郷町
		522	当	淵江源治	50	小門町
		485	当	錦見軍治	43	台町
			落	藤沢定	37	台町
追分町・千人町・日吉町・元本郷町（のちの八区）	1,468	285	当	高橋仁三郎	42	追分町
		421	当	八木岡英一	50	千人町
			当	野口幹	40	千人町
		478	当	関沢銀蔵	40	元本郷町
			当	原周太郎	49	元本郷町
		284		立候補者なし		日吉町
不明			落	岩田源平	41	
			落	早川房之助		

出典：各区の地区別・町別世帯数については、『八王子市勢要覧』（八王子市、1936年）より抽出。当落、推薦の有無、候補者氏名、職業、市議経験、得票数、職業については、『八王子市議会史』資料編Ⅱ（八王子市議会、1988年）184～186頁より抽出。所属町については、『東京日日新聞　府下版』『三多摩読売』1942年5月26日～6月10日の記事より抽出。旧党派、職業などについては、『八王子市議会史』『八王子織物工業百年史』『八王子商工会議所百年史』などより抽出。

新人による「市会の革新」についてみよう。一九三七年市会選挙では先に見た【表7－7】の通り、当選した前職・元職が三六名のうち二一名（五八・三％）であった。これに対し、一九四二年市会選挙で当選した前職・元職は一四名（三八・九％）、旧市域では三〇名のうち一三名（四三・三％）で、推薦制下で前職・元職が減少し、新人の進出が進んだことは確かである。次に職業構成についてみよう。三七年市会選挙の当選者における織物関係業者は、三六名中の一〇名（二七・八％）であったが、四二年市会選挙当選者における織物関係業者は、三六名のうち一五名（四一・六％）、旧市域に限ってみると、三〇名中一三名（四三・三％）であった。また当選した前職・元職の一四名のうち織物関係業者は三名（二一・四％）であるのに対し、新人議員二二名では織物関係業者は一三名（五九・一％）に及んでいた。八王子市会選挙においては、先にも触れた通り、男子普選実施以降、議員に占める織物関係業者の数は減少の傾向を辿っていた。この点に鑑みると、一九四二年市会選挙の当選者に占める織物関係業の比率は、男子普選実施最初の一九二九年における三〇名中一二名（四〇％）を上回るものであり、特に新人当選者に織物関係者が占める割合は、男子普選以前の最大値一九二一年における三〇名中一七名（五六・七％）を超える高率となっている点が注目される。(27)

4　一九四二年における地域政治構造の変容

以上の本章での検討をふまえ、翼賛選挙期の八王子市の政治的変化を、地域政治構造の変容という観点で整理してみよう。

八王子市では、一九三〇年代後期以降、工業化という即物的な「近代化」と、政治的多元化による政治的不安定化を生んだ「民主化」の矛盾が、具体的には工場敷地確保のための隣接町村合併の困難として顕現していた。しかし一九四〇年の新体制運動を契機に、（再）活性化した「平等化」を志向する勢力との対抗の中で、この矛盾をまがりなりにも「解決」する「旧勢力」の結集を基礎とした市政体制が実現した。

以上のような市政体制の下で、一九四二年四月の衆議院議員選挙が翼賛選挙として実施された。この選挙では、政府が現議員の推薦候補を大幅に削減することをめざし、内務省及び東京府が候補者推薦制・町会を利用した投票駆り出し等の介入を行なった。しかし八王子市を含む東京府第七区の推薦候補は、「旧勢力」を基礎とする旧既成政党系の前職・元職であり、行政による「上から」の介入によって起動された町会の動員は、「無産」政治勢力への支持も含め衆院選レベルでの政治構造には大きな変化を生じさせなかった。

その後一九四二年六月の翼賛市会選挙をめぐっては、上記四月の衆院選では顕現しなかった当該期の八王子市政を担う「旧勢力」と、その影響力縮減をはかる東京府の緊張関係が顕現した。まず選挙準備期間中の四二年五月の臨時市長代理問題に際して、市会主導の候補銓衡を牽制する形で、東京府が関谷前市長を臨時市長代理に選任した。続いてこの人事の説明と併せて東京府の総務部長が市内全町会長を集めて翼賛選挙の説明会を行なう等、東京府が八王子市の翼賛選挙に積極的に関わる姿勢を示した。なお以上の緊張関係は、主に翼賛市会選挙に関する東京府の強い介入に起因するが、この点については、四月の衆院選での翼賛選挙が、東京府においては結局従来の旧政党勢力の基盤を崩せなかったことが広く認識されていたことも関係すると考えられる(28)。

以上のごとき東京府との緊張関係の中で、関谷臨時市長代理は候補者銓衡過程への自らの不関与を宣言し、関谷から委任された前・元理事者が選んだ各層代表七名と、市内各町会からボトムアップで選出された第二次銓衡委員二〇名により推薦候補の銓衡委員会が結成された。この銓衡委員会は、旧政党と関係のある「旧勢力」を一定程度含む点、また従来の地域政治組織に比し織物関係業者を多く含む点に特徴を有した。そしてこの銓衡委員会で決定された三六名の推薦候補と二〇名の非推薦候補により選挙活動が行なわれ、町会―隣組が動員される翼賛選挙貫徹運動が展開される中、推薦候補は三〇名、非推薦候補六名が当選した。この選挙では新人が二二名当選し、翼賛選挙でめざされた新人による「市会の革新」が一定程度進んだが、そのうち一三名（五九・一％）が織物関係業者であった。議員全体でも三六名中一五名（四一・六％）、旧市域でも三〇名中一三名（四三・三％）が織物関係業者であり、男子普選以来減少傾向を示していた織物関係業者の比率が逆行する現象が現れた。

すなわち一九四二年六月の八王子市では、一九四〇年の新体制をめぐる対抗の中で結集した「旧勢力」が担う市政に対し、東京府が四月の衆院選の経験を経て翼賛市会選挙への介入を強める中で、男子普選以来減少傾向を示していた織物関係業者が市政の担い手として浮上する現象が見られた。換言すれば、都市化・大衆化と男子普選の中で形成された、様々な職業人を担い手とする地域政治構造が、翼賛市会選挙に際しての行政の介入と町会動員の中で、男子普選状況の下で存在感を低下させていた旧来の地域産業の担い手に依拠するものへと変容したのである。この点に鑑みれば、八王子市では、一九四二年六月の翼賛市会選挙を契機に、属性面では一見「古い」、いわば「男子普選以前」的な地域政治構造への変容が見られたといえよう。

5　一九四二年における地域政治構造変容の意味

それでは以上のような一見「古い」、「男子普選以前」的な地域政治構造への変容は、八王子市においていかなる意味を有したのか。この点は、当該期の織物関係業の位置と関わらせて考える必要がある。八王子市の主要産業である織物業については、一九三七年の日中戦争以降、戦時下統制経済の影響を受けたが、特に一九四〇年以降には同年七月七日の奢侈品等製造販売営業規則（七・七禁令）、同一一月の企業合同に関する商工省通牒等により、経営のあり方に大きな転換を迫られていた。[29] さらに一九四一年一〇月の繊維製品配給機構整備要綱では、従来生産品の織物を担保に資金を融通し織物業者を系列化していた買継商の影響力が低下する一方、買継商の金融機能麻痺により織物業者の金融難が増大していた。[30] また四二年四月には再び企業合同を指示する通牒が出される一方、八月には新規格・新価格が実施されるなど、きわめて先行不透明な状況に置かれていた。[31] 以上のように八王子市の在来の主要産業である織物業が混迷する中で、六月の選挙で選出された議員からなる市会では、東京府からの要望もふまえ軍人市長移入の方針を決め、四二年八月二七日に元福山師団長深沢友彦陸軍中将が市長に選出された。[32] この軍人市長に期待された内容は、「八王子は織都として飽くまで伸ばすべく努力は必要であるけれど長期戦下平和産業都市としての発展はこれ以上望むことは困難な実情にあるといふ見地から「重工業都市への変更」を期し隣接の工業都市日野町の合併実現」(『東日』四二・九・四)であり、この点は「日野重工業社長たる松井命中将と将軍市長とは戦友たる関係もあり、松井中将がもし何等かのかたちで動くとすれば日野町を相当動かしうる可能性もある」(『東日』四三・二・一〇)等の形で表現された。さらに一九四三年に入り織物業の転廃業が課題となると、四月には織物関係業者を中心に、深沢市長を顧問とする八王子産業振興会が組織され、市会の委員も含めて転廃業者の工場敷地に軍需工場を誘致する働きかけが行なわれた。同年六月には、かかる試みの一環として東京計器の工場誘致が実現したが、これに関連しては次のような報道がなされていた。

東京計器では前記輸出組合跡へ本工場を設置、転業者の遊休工場その他の施設をもつて下請工場に充当することになつてをり、これによつて八織界は一方において自主的機業再々整備を進めるのと併行して時局産業への大転換が漸く軌道に乗つた訳である(『東日』四三・六・一二)

すなわち一九四二年六月に出現した一見「古い」、「男子普選以前」的な地域政治構造は、その基盤たる織物関係業が戦局の悪化と共に混迷する中で、八王子市への「新しい」産業の誘致を渇望し、その実現に向け市政を駆動する存在であったといえよう。

おわりに

本章では以上において、一九四〇年代前期、特に一九四二年の翼賛選挙実施期の大都市近郊の都市における地域政治構造の変容を、東京府八王子市に即し検討してきた。検討に際しては、戦時期都市政治史研究で意識的に検討されるべきポイントとして、①三〇年代以来の都市の自己確立の動向、②総力戦の影響、特に強制的同質化が持つ意味、③上記②とも関連する行政の都市社会への介入が持つ意味、の三点を指摘した上で、前章における①と②の検討をふまえ、主に③の問題を扱った。本章の最後に、以上の検討を通して戦時期都市政治史研究、そして総力戦体制論にいかなる論点の提起が可能かを確認し、むすびにかえたい。

一九四二年四月には、東条内閣により議会翼賛体制の構築を志向し翼賛選挙が実施され、推薦候補制や町会・隣組の動員などの行政の介入が行なわれたが、八王子市を含む第七区では、衆院選レベルの政治勢力の構成には大きな変化は見られなかった。その後同年六月の八王子市の翼賛市会選挙に際しては、先行した衆院選の状況をふまえ、東京府による強い介入が行なわれ、市政を担う「旧勢力」との間で緊張関係が顕現した。こうした中で実施された翼賛選挙の結果、八王子市では男子普選以降、減少の一途を辿っていた旧来の主要産業である織物関係業者が多数市政に参加する状況が確認された。すなわち新体制運動下で結集し市政を担っていた「旧勢力」が、これを忌避する行政の「上から」の介入、特に町会を動員した翼賛選挙に対応する中で、一九四二年六月の八王子市では属性面では一見「古い」、いわば「男子普選以前」的な地域政治構造への変容が生起した。しかしこの地域政治構造は、一見「古い」属性にもかかわらず、それ故にこそ「新しい」産業の誘致を渇望し、その方向に市政を駆動する存在であった。

なお以上の過程は、本章「はじめに」でも触れたごとく、三〇年代後期の展開と戦時下の状況の中で生成する「デモクラシー」の制度的な現れとその社会的な現れの分離をふまえ、前者の行方を辿ったものといえる。その結果は、「デモクラシー」の制度的な現れとしての男子普選に基づく政治参加が、アジア太平洋戦争開戦後の一九四〇年代前期にも持続しつつも、その機能（具体的には既成政党系勢力の選出）を「矯正」せんとする、行政のいわば「上から」の介入に対応する中で、それまでの政治参加の趨勢に逆行する「男子普選以前」的な地域政治構造の生成を明らかにするものとなった。

では本章の以上の議論から、先に挙げた研究分野に対していかなる論点が提起されるだろうか。まず戦時期都市政治史研究については、上記①から③の要素を意識的に分節化し検討することで、従来の研究では個々に注目された各要素について、各々が相互に関連し展開する中で当該期の都市政治の変化が生じる過程を析出した。このことは、この分野の研究に新たな視角を提示すると共に、これまで蓄積されてきた多様な戦時期都市政治史像を比較検討し新たな論点を導き出すことを可能にしよう。たとえば本章で扱った八王子市の事例に即した場合、①については三〇年代以来の地方計画―衛星都市構想が現実にも規定力を持っていた。この点を敷衍し、従来蓄積のある大都市研究・地方都市研究を、以上のような都市の関係性をめぐる構想に照らして位置づけた上で、総力戦下での②や③の要素の作用の仕方を比較し、その相異を確認すると共に、その相異が都市の関係性に与える影響、さらにそこで生じる広域的な変化が、当該期の日本において有した意味等を考察することは、戦時期都市政治史研究の新たな論点となると同時に、都市史から全体史を展望する手がかりともなろう。

次に総力戦体制論については、本章では近年の研究動向をふまえた上で、総力戦体制論に含まれつつも従来必ずしも展開がなされていない、総力戦下の社会変化と政治、という問題領域に注目し検討を行なった。この検討の中では、総力戦に伴う社会変革が課題とされた新体制運動を契機とした「平等化」を志向する勢力の（再）活性化が、却って「旧勢力」の結集を促したこと、また翼賛選挙に伴い、市政を担う「旧勢力」が、その影響力縮減をはかる東京府により実施された町会や隣組の動員等の地域への介入に対応する中で、属性面では一見「古い」、いわば「男子普選以前」的な地域政治構造への変容が生起したこと、ただしこの一見「古い」地域政治構造は、「新しい」産業の誘致を渇望し、その方向に市政を駆動する存在であった等が明らかになった。このことは、総力戦に伴う社会の変化や強制的同質化の契機等は、必ずしも直接的に政治を方向づけるのではなく、それ以前からの社会的政治的状況との関わりで、その社会の変化が志向する方向性（たとえば同質化）とは異なる政治的変化（たとえば「男子普選以前」的な、旧来の主要産業の担い手によって構成される地域政治構造）を生起させる局面があることを示したものといえよう。この点に鑑みれば、総力戦に伴う社会の変化について、そこで志向される社会の変化がどの程度実現したか、という観点とは別に、その社会の変化がいかなる政治的変化を生起させたのか、という問題を改めて問うことは、近年退潮に向かいつつあるとされる総力戦体制論を改めて展開する手がかりとなるように思われる。特に近年の戦時期政治史研究が、専ら憲法と議会に焦点を合わせ、議会の復権過程に関心を集中させている中では(33)、右に見たような社会の変化との関係で、当該期の政治的変化の意味を改めて考えることは、戦後の社会と政治の評価とも関わり重要ではなかろうか。

なおこの点とも関わるが、本章が描き出したのは、総力戦下の社会の変化や、既成勢力の影響力縮減をはかる行政の社会への介入の中で、むしろ一見「古い」が、それ故にこそ「新しい」産業を渇望する地域政治構造が現出するという過程であった。この戦時下の歴史的構造物として地域政治構造の特質は、戦後保守体制にいかなる形でつながっていくのか、この論点の考察については、今後の課題としたい。

◆註

（1）赤木須留喜『東京都政の研究』（未来社、一九七七年）、今井清一「横浜市会議員「翼賛選挙」と町内会長問題」（『横浜市立大学論叢』第三六巻一・二・三合併号、一九八五年）、同「戦争期の横浜市と横浜市政」（『横浜市立大学論叢』第三八巻二・三合併号、一九八七年）、源川真希「一九三〇・四〇年代都市政治構造に関するノート——東京・世田谷の衆議院議員選挙結果と地域住民組織を媒介に」（『歴史学研究』六五三号、一九九三年、のち同『近現代日本の地域政治構造』日本経済評論社、二〇〇一年に収録）、櫻井良樹『帝都東京の近代政治史』（日本経済評論社、二〇〇三年）。

（2）森武麿「日本ファシズムと都市小ブルジョワジー——結城町皇道奉公会を中心として」（日本現代史研究会編『日本ファシズム2』大月書店、一九八二年）、『水海道市史　下巻』第五章（雨宮昭一氏執筆部分。のち改稿の上、「地方都市の政治過程——水海道町を中心に」として、同『総力戦体制と地域自治』青木書店、一九九九年に収録）、加藤千香子「地方都市における『大正デモクラシー』」（『歴史学研究』六〇四号、一九九〇年）、源川真希「地域振興と地方都市政治の変容」（森武麿・大門正克編『地域における戦時と戦後』（日本経済評論社、一九九六年）、大岡聡「地方小都市の都市化と愛市運動——藤沢市の場合」（大西比呂志・梅田定宏編著『「大東京」空間の政治史』日本経済評論社、二〇〇二年）。

（3）雨宮昭一「総力戦体制と国民再組織——町内会の位置づけを中心として」（坂野潤治ほか編『シリーズ日本近現代史3　現代社会への転形』岩波書店、一九九三年所収。のち雨宮昭一『戦時戦後体制論』岩波書店、一九九七年に収録）、同「戦争と都市——強制的画一化と都市形成」（成田龍一編『近代日本の軌跡（9）都市と民衆』吉川弘文館、一九九三年所収）。

（4）赤澤史朗・高岡裕之・大門正克・森武麿「総力戦体制論をどう捉えるか」（『年報日本現代史』第三号、一九九七年）、森武麿「『総力戦・ファシズム・戦後改革』（倉沢愛子ほか編『岩波講座　アジア・太平洋戦争1』岩波書店、二〇〇五年、同「戦時日本の社会と経済　総力戦論をめぐって」（『一橋論叢』一三一巻六号、二〇〇四年）など参照。

（5）吉田裕「近現代史への招待」（『岩波講座　日本歴史　第一五巻　近現代一』岩波書店、二〇一四年）。

（6）米山忠寛「戦時体制再考」（『年報日本現代史二〇号　戦後システムの転形』現代史料出版、二〇一五年）。

（7）木坂順一郎「日本ファシズム国家論」（同編『体系日本現代史三』日本評論社、一九七九年）。

（8）雨宮昭一「一九四〇年代の社会と政治体制——反東条連合を中心として」（『日本史研究』三〇八号、一九八八年。のち改稿の上、「総力戦体制の進行と反東条連合の形成」として前掲註（3）『戦時戦後体制論』に所収）。

(9)本書第二章及び第四章参照。
(10)本書第六章参照。
(11)前掲註(1)今井「横浜市会議員「翼賛選挙」と町内会長問題」。
(12)『八王子市議会史』記述編Ⅰ(八王子市議会、一九九〇年)第三編一章～六章(吉見義明氏執筆部分)。
(13)前掲註(1)源川書、一〇頁。
(14)佐々木隆爾「戦後史像の再検討」(『歴史評論』四四一号、一九八七年。のち同『世界史の中のアジアと日本』御茶の水書房、一九八八年に収録)。
(15)翼賛選挙については、吉見義明・横関至編『資料日本現代史5　翼賛選挙②』(大月書店、一九八一年)の「解説」、粟屋憲太郎『昭和の政党』(小学館、一九八三年)を参照。
(16)東京府における候補者銓衡過程については、同右吉見・横関編書、三六〇～三六一頁を参照。また警視庁の適格候補者については、吉見義明・横関至編『資料日本現代史4　翼賛選挙①』(大月書店、一九八一年)一二二～一二七頁所収の「東京府下に於ける立候補適格者調　警視庁情報課(一九四二・二・五)」参照。
(17)前掲註(1)源川論文、六～一一頁。
(18)「各選挙区政治情勢　警視庁官房主事(一九四二・二・九)(前掲註(16)吉見・横関編『資料日本現代史4　翼賛選挙①』、三四二頁所収)参照。
(19)一九四二年四月二四日付「第21回衆議院議員総選挙に於ける各署別運動情勢報告」(「旧陸海軍文書」R213。国立国会図書館憲政資料室所蔵)。
(20)前掲註(12)書、五七六～五七七頁。
(21)同右書、五七五～五七六頁。
(22)同右書、五七七頁。
(23)「思想団体の選挙動向に関する件　八王子警察署長(一九四二・四・七)」(前掲註(15)吉見・横関編書、三七三～三七四頁)。
(24)以上の市会議員選挙延期の経緯及び関谷市長辞任、門倉市長代理の就任までの経緯については、前掲註(12)書、五七三～五七四頁。

(25) 同右書、三七八頁。

(26) 同右書、五八四頁。

(27) 市会議員における職業構成については、前掲註(12)書、三七七〜三八〇頁(田崎宣義氏執筆部分)参照。

(28) 東京府における翼賛選挙の効果に関する認識については、前掲註(1)櫻井書、三九四頁。

(29) 前掲註(12)書、五四五〜五四六頁、『新八王子市史』通史編6 近現代(下)(八王子市、二〇一七年)第六章第三節(齋藤勉氏執筆部分)参照。

(30) 埼玉銀行調査課『八王子機業地の概況』(埼玉銀行、一九五六年)八〜九頁。

(31) 『八王子の空襲と戦災の記録』資料編(八王子市教育委員会、一九八五年)一九六〜一九八頁。

(32) 前掲註(12)書、五八七頁。

(33) 米山忠寛『昭和立憲制の再建』(千倉書房、二〇一五年)、官田光史『戦時期日本の翼賛政治』(吉川弘文館、二〇一六年)など。

第八章　戦前日本における「デモクラシー」の基底
――新体制運動期における「革新分子」神谷卓・小島鉄広に即して

はじめに

本章では、一九四〇年代前期の八王子市における新体制をめぐる対抗の中で、「旧勢力」に対する「革新分子」と認知された人々の、新体制運動への参加の論理とその後の動向を明らかにすることを課題とする。

一九四〇年代前期の新体制運動期の中央政界や知識人社会において、外に「東亜新秩序」、内に近衛新体制の構築に主体的に関わった人々が見られたことはつとに知られている。伊藤隆氏は、かかる人々を「革新」派という概念で把握することで、大正期の普通選挙運動の担い手や社会主義者が近衛新体制に積極的に関与していく過程を説明する枠組みを提示した(1)。また雨宮昭一氏は、伊藤氏が概念規定した「革新」派を、「天皇制社会国民主義派」と「天皇制国防国家派」に分節化し、さらに当該期の「天皇制反動派」、「天皇制自由主義派」とあわせて当該期の政治における四潮流として捉えた上で、前の二潮流が総力戦のグライヒシャルトゥンク(強制的同質化)の契機を梃子に各々の論理に即して社会の平準化をはかる過程を位置づけた[2]。また源川真希氏は、以上の伊藤氏、雨宮氏の議論をふまえた上で、従来の研究では「革新」派、あるいは「天皇制社会国民主義派」に分類される知識人である政治学者矢部貞治や憲法学者黒田覚らの思想と行動を検討し、彼らが自らの議論に戦争に伴う政治的社会的変化を積極的に組み込んでいく内的論理を探ると同時に、彼らの思想が政治過程に影響を与え、また政治過程における軋轢が彼らの思想に反作用する過程を分析した[3]。

以上のごとく、新体制運動期の中央政界や知識人社会が新体制運動に関与してゆく論理については、一定の研究蓄積が見られる。しかし中央の政治家や知識人ではない、地域社会レベルにおける「革新」派、あるいは「天皇制社会国民主義派」や「天皇制国防国家派」に分類される人物の論理や動向を扱った研究は、雨宮昭一氏が茨城県古河町の町長であった永井三郎に即した検討を行なっている[4]ほかは、あまり見られない。ましてや、新体制運動から翼賛体制期において「革新」派と見なされる人物のうち、政治社会秩序において主導権を握り得なかった人々の地域における動向などを扱った研究は、管見の限りではほとんど見当たらない。

本章では、以上の研究動向をふまえた上で、一九四〇年代前期の八王子市で「革新分子」と認知された人々について、その新体制運動への参加の論理とその後の動向を辿ることを試みる。第六章で見たごとく、一九四〇年代前期の八王子市では、「新体制」をめぐって「旧勢力」と「革新分子」の対抗が生じ、この対抗の中で結集した「旧勢力」が八王子市の新体制準備委員会、大政翼賛会支部の主導権を掌握する過程で、新体制から「革新分子」が排除される状況が見られた。またこの新体制をめぐる対抗の一つの帰結としての「旧勢力」の結集は、関谷源兵衛市長が市会における多元化に基づく不安定化を克服し、衛星都市化＝工業化・都市化のため隣接町村である小宮町合併に「政治的手腕」を発揮することを可能としていた。第六章ではこの過程を、一九三〇年代末以降の八王子市において、「近代化」が課題となりつつも「民主化」が政治的不安定を招き両者が齟齬する中で、「民主化」から排除された後、新体制運動期に活性化した「平等化」を志向する勢力との対抗が「旧勢力」の結集を促し、「近代化」と「民主化」の齟齬がまがりなりにも解消され「近代化」が推進される過程として描出した。この過程に即した場合、新体制をめぐる対抗の中での「革新分子」すなわち「平等化」を志向する勢力の存在は、八王子市において「近代化」と「民主化」の矛盾を「解決」する、いわば触媒としての役割を果したといえる。しかし後に見るごとく、彼らの新体制運動への参加の論理やその後の動向等の検討からは、当該期の八王子市の「革新分子」の存在の意味が、以上のごとき触媒としての役割にとどまらないことが明らかになる。その意味は、第六章で見た新体制をめぐる対抗のもう一方の帰結である、「平等化」を志向する存在の体制からの排除が当該期の社会においていかなる意味を有したのか、という角度から問題を考える中で明らかになるだろう。またこの考察は、本書全体を通した視角に即せば、第六章と第七章で見たごとく三〇年代後半以降の展開と戦時下の状況の中で分離していった「デモクラシー」の制度的な現れと社会的な現れのうち、後者の行方を辿りその意味を問うものとなる。

本章では、以上のような観点から、「革新分子」の中では比較的その動向を辿ることが可能な、神谷卓と小島鉄広という二人の人物の論理と行動を検討する。

第一節　「鍼灸医」神谷卓の論理と行動

1　「鍼灸医」神谷卓について

一九四〇年六月以降、中央政界において新体制運動が起動し、それが八王子市にも波及する中で、新体制運動の中で活性化した青年層が、東方会や新体制運動の積極的な担い手の一人橋本欣五郎率いる大日本青年党などの「革新勢力」に参加する状況が見られた。八王子市におけるその中心的な担い手の一人が「皇道医学舎（社）」を主宰する「鍼灸医」神谷卓と見られていたことは、先に第六章で見た通りである。

それでは新体制運動期の八王子において、「皇道医学舎（社）」を設立し大日本青年党の八王子支部結成をリードした「鍼灸医」神谷卓とはいかなる経歴の人物だろうか。

神谷については、詳しい経歴は遺憾ながら不明である。年齢については、一九四二年に警察が行なった調査で二七歳であることから、この調査に依拠するならば四〇年時点では二五歳、まさに新体制運動期に活性化した「青年層」の一人であるといえよう。[5]「鍼灸医」としては、一九三八年末までの全国の「鍼灸医」の情報を集めた『全国鍼灸医家名鑑』に、八王子市八日町で一本堂を営む神谷が掲載されている点に鑑みると、[6]遅くとも三八年末には当時の八王子市において甲州街道沿いの中心市街地であった八日町で開業していたことが分かる。なお神谷については、ほぼ同時期に次のような報道もなされていた。

八市八日町一本堂鍼灸療院主神谷卓君は紀元二千六百年奉祝の使命を帯びてこのほど郷土を訪れた満州開拓青年義勇隊母国派遣総隊長五十子巻三氏の手引きで今秋九月を期し渡満、満蒙開拓義勇訓練所の青少年に得意の鍼灸術で応援することになつた、同君は街医者でありながら寸暇を得ては立川その他の陸軍病院に白衣の勇士を訪ねて無料奉仕をするばかりか、毎年八、九月には東北、北海道の無医村を行脚して貧しき人々に治療を続けてゐる熱血青年で、今年も近く渡満前に東北、北海道行脚を試みんとしてゐる、今回渡満の因を作ったのも同君が雑誌「農政」「東亜医学」等へ発表した熱文が前記五十子氏の目に止まつたもので、出発を前に同君は無限の希望に燃えて語る

今年も七月で治療を止めて東北北海道の無医村へ行つて来ます、この文明の世の中に十銭の売薬も買へず死

亡診断書が書いて貰へないために一ヶ月も死人をそのまゝにしてゐるといふ噓のやうな話さへあるのです、無医村ほど切なく苦しいものはありません、折角渡満した義勇軍の青少年たちが思ふやうな治療が受けられないとしたら我々の責任です、九月から今年一杯位行つて来る考へです（『東日』四〇・七・一四）

この報道からは、①神谷が「満蒙開拓義勇隊」の五十子巻三[7]の知遇を得たことをきっかけに九月に「満州」に渡る予定であること、②五十子の知遇を得たきっかけは、神谷が『農政』『東亜医学』といった雑誌に文章を発表していたこと、③神谷は従来、陸軍病院で戦傷病者への無料奉仕の他、毎年八月、九月に北海道や東北の無医村で治療を行なうなどの社会活動を行なっていたことが読み取れる。①については、現在判明している限りでは、結局実現しなかったようである。②については、管見の限り雑誌『農政』では神谷の論稿を見出すことはできなかったが、東亜医学協会発行の『東亜医学』には、神谷の「無医村を行く――医療制度改革断片」（第七号、一九三九年八月一五日）、「続　無医村を行く――農村と結核」（第一一号、一九三九年一二月一五日）が掲載されている。③については、②で言及した『東亜医学』所載の論考で神谷自身が無医村治療での見聞を記していた。それでは、③のような社会活動を行なっていた神谷は、何故一九四〇年に至り新体制運動に身を投じたのであろうか。次節では神谷が新体制運動に関与していく論理を知るため、右に触れた『東亜医学』所載の二本の論考などを手がかりに神谷の主張に耳を傾けてみたい。

2　神谷卓の主張と新体制運動への論理

本項では、八王子市において新体制運動に身を投じる以前の神谷卓が『東亜医学』に発表していた論考などを手がかりに、彼の主張を検討し、彼が新体制運動に身を投じてゆく論理を辿ることを試みる。まず『東亜医学』を発行していた団体である東亜医学協会とはいかなる団体であったのか。東亜医学協会は、漢方医療の復興をはかっていた矢数道明や大塚敬節らが一九三八年一一月に設立した団体で、「日華満」三国における「東亜医学」の研究交流による相互親善を目的としていた。[8] 神谷がこの協会にどの程度関与していたのかは今のところ不明であるが、現在閲覧できるその機関誌『東亜医学』で確認し得る神谷の論考は、前記の二本のみである。

まず一九三九年八月に発表された「無医村を行く――医療制度改革断片」[9]から見ていこう。この論考は、「農は国の基と仰せられた　明治天皇の御言葉は実に古今を一貫せる真理である」という一文から始まり、まずは日本主義・農本主義の観点から日中戦争下の農村の疲弊への憂慮が披歴される。その上で、「私は単なる鍼灸家にすぎないが農民の医療問題に深い興味を持ち、衰亡的日本農村を医療方面より検討し、これに或る程度の活力を与ふることの不可能でないことを知りこれに努力してゐる者の一人である」という自己規定に基づいて、「現下の農村の最大の急務は食糧問題と医療問題である」との課題が設定される。そして、貧しい農村における窮乏と無医村問題について自らの実踏に基づく観察が示された上で、次のような問題が示される。

兎も角現代医療制度の改革はもはや一瞬時ものばすことの出来ないのをこの村々を見て私は痛感した。医療制度の改革はすでに議論の時代を去つてゐる。革新の矢はすでに弦を離れねばならぬ時代であらう。時も時厚生省の医薬制度調査会が医療の公営により国民に医療の徹底を期し、医療費国民負担軽減を図らんとし、殊に農村漁村に目を向けたことは遅まきながらではあるが結構なことだと云はねばならない。

すなわちここで神谷は、自らの体験に基づく困窮する農村の医療問題から、国家の医療制度の問題へ議論の位相を移す。そして一九三八年七月に厚生大臣の諮問機関として出発した医薬制度調査会が、同年一二月に幹事案として「公営医療拡充」、特に「農山漁村に於ける公営医療機関の拡充」の方向を示したことを評価していた。その上で、神谷は次のごとく議論を続ける。

然し乍らこの案に対して日本医師会が開業医制度を根幹から破壊し、延いては医術の進歩を妨げるなどと云ふ理由のもとに反対決議をなしたことは実に現代の医師が皇道日本の医師たる自覚を欠き、あくまでも欧米の功利主義に生きんとするを最も雄弁に物語るものである。

神谷は、先に見た医薬制度調査会の検討していた案に日本医師会が反対をなしたことを厳しく批判する。先に見た医薬制度調査会で検討された医療制度改革構想に対し、主として開業医によって構成される日本医師会は激しい反発を示していた。[10]神谷はかかる動向をふまえ、「日本医師会が如何に強力な団体であつたにしろ唯物自由主義を基調とする現代医療制度は必ずや近き将来に於いてその崩壊を防止し得ないであらう」と述べ、日本医師会が担っていた「現代医療制度」を「唯物自由主義」に基づくものと批判していた。

神谷の目から見た時、当該期の日本の農村における食糧と医療の欠如は、喫緊に対処すべき問題であった。とりわけ医療問題への対処は急を要するものであり、日中戦争下において国家が公営医療拡充に向け医療制度改革に乗り出したことは、遅まきながら評価される事柄であった。これに対し、日本医師会が開業医の利害の観点からこの制度改革に反対したことは、神谷にとっては「唯物自由主義」の観点からの反対であると捉えられた。一九三〇年代の日本において、社会的な格差是正を求める立場の人々が、これに反対ないし消極的な立場の人々を「自由主義」として批判したことは知られている。神谷は、東北、北海道などの無医村での施療体験をふまえ、いわば医療の受診機会における格差是正を主張しており、その観点からこの格差是正を阻害する日本医師会を批判していたといえよう。

次に「続　無医村を行く――農村と結核」[11]の内容を検討しよう。この論考ではまず農村における肺結核の蔓延に焦点が合わせられ、その原因として都市の工場の劣悪な労働環境と保健医療の不備、そして帰郷を余儀なくされることによる農村への結核の浸透、という過程が問題とされる。ここでは「私は現在織物都市に居住する者であるが、この都市に働らく数千の男女工の肺結核罹病率を明確に知り得たならばおびたゞしい数に達するのではないかと思つてゐる」と、上記の問題認識が、神谷が居住する「織物都市」、すなわち八王子市の状況と関わっていることが述べられている。さらに、「私の居住地に於いて、死亡者の八・三九％が結核で死亡してゐると市当局が（十一月十日）東日に発表された」との記述については、一一月一〇日には該当するような記事はないものの、その二日前の一一月八日付の『東京日日新聞』府下版には、八王子市の「一年間の平均死亡者は八四一名でこの中結核による死亡者平均は男三八名女四一名合計七九名で死亡者の八・三九％が結核で死亡してゐることが明らかとなつてゐる」ことを報じた記事が掲載されている（『東日』三九・一一・八）。この記事との数値の一致を考慮すると、神谷は一九三九年の八王子市での工場の労働環境や医療の問題をふまえ、農村における結核の蔓延の問題を提起していたと考えられる。さらに神谷は、かくて結核が貧困な農村に持ち込まれる中で、「「サナトリウムに行け」とか「栄養分をとれ」などと云ふのは真に農民を理解せぬ者の言である。吾等は農村の結核を如何にして駆逐すべきか？医療に従ふ者はこぞつてこの根本問題を探求し農民を苦しめる一切をこの地上より抹殺すべく努力すべきである」と、問題の根本解決を求める。またかかる立場から、「私は今更ら無医村に医者を置けなどと云はない。無医村に医者が駐在したとて現代医学をその儘採用し今の制度下では決して農村から結核を駆逐することは不可能である」との認識を示す。そして、「農村を犠牲にし都市を病的にした現代西欧文明は根本より革新されねばならない。さうでなければ皇国の文明は死滅するであらう」と、問題の根本を「現代西欧文明」に求める姿勢を示した上で、さらに次のような時代認識を提示する。

吾々はいま世界第二動乱の渦中にある。唯物自由主義は我が国に於いてもすでにその後退を余儀なくされてゐる。如何に日本医師会がひとりその牙城を固守せんとするも時代の波は医師会のみをその圏外に置くことは出来ないだらう今が時だ。同胞のために日本農村のために私心を去つて天皇の医師たる大道に還られんことを切に切に希ふものである。

すなわち第二次世界大戦の勃発を受けて「唯物自由主義」が後退しているという時代認識のもとに、日本医師会批判が展開されるのである。

先に見た「無医村を行く」において神谷は、現実の日本の無医村での施療体験をふまえ、日本国内における医療の受診機会における格差を問題として指摘し、この医療問題における格差是正の動向に反対する日本医師会を「唯物自由主義」として批判していた。この神谷の「唯物自由主義」批判は、「続　無医村を行く」において「農村を犠牲にし都市を病的にした」根本問題としての「現代西欧文明」への批判と結びつけられ、さらに第二次世界大戦は、この「唯物自由主義」を後退させるものとして捉えられていた。すなわち当該期の神谷は、無医村での施療などの社会活動を通して認識した医療をめぐる格差問題を糸口として、世界的な「現代西欧文明」＝「唯物自由主義」を問題として認識し、「天皇の医師たる大道」に立脚する地点からその克服を主張する見解を示していた。当該期の知識界において、泥沼化する日中戦争に象徴される世界における日本の行き詰まりを克服するためには、国内の原理的な改革、すなわち既存の体制の基底にある資本主義・自由主義原理の克服が必要であり、この原理が既存の世界秩序をも規定してきたことに鑑みれば、その克服は「世界史的意義」を持つ、といった議論が展開されていたことはつとに知られている。[12] 当該期においてこうした議論をリードしていた知識人集団である昭和研究会は、一九四〇年の新体制運動にまさに以上のような既存の体制「革新」の契機を見出し、積極的にその運動の一翼を担ってゆく。[13] 一九三九年、弱冠二四歳の八王子市の青年「鍼灸医」神谷卓は、以上のような当該期の日本の知的動向に、無医村での施療という具体的な経験から抽出した「現代西欧文明」＝「唯物自由主義」批判の観点から呼応する素地を有していたと考えられる。

さて以上のごとく、いわば世界観の次元において日中戦争以降の日本における「革新」の動向に共鳴する素地を有した神谷卓は、四〇年の新体制運動の中で、八王子市において活発な活動を見せてゆく。神谷はその際、自らの立脚点として「皇道医学の確立」を掲げる「皇道医学社」を設立していた（『東日』・『読売』四〇・八・三〇）。この設立に際して神谷は、自らの状況認識について次のように語っていた。

この廿日に北海道、東北六県の診療を終へて帰つて来た処です、明後日はまた千葉県へ出発ですが北海道、東北方面共僻地には未だ医者のない村が多くこんな状態が続いては日本人の体位が年々低下して行くのは当然なことです、農村青年団等でも医療制度の国営を望む声は意外に強く農村の現状を見るにつけても益々その必要を痛感しました、僻村に病む農民に医者がない、自由主義の現在の医療制度は一部裕福な国民に独占されてゐると云つても過言ではない、ドイツの飛躍的発展の陰には国民組織の一部として努力を捧げたナチス医師団の活躍がその礎石となつてゐた、いま新体制として医療国営の声があがつてゐるがこれは必然的に起るべくして起つた民衆の声と云へよう、今後は営利主義の医業から皇道主義に立脚した国家医療制度へと進み、新たな医療者の道が拓かれるべきです（『読売』四〇・八・三〇）

すなわち神谷は、数年来行なってきた無医村施療の経験をふまえ、医療が「一部裕福な国民」に独占されている「自由主義の現在の医療制度」に対し、「新体制として医療国営の声があがつてゐる」ことをふまえて「皇道主義に立脚した国家医療制度」を実現すべく、「皇道医学社」を設立したと述べていた。先に見たごとく、神谷は三九年から日本国内における医療の受診機会における格差を問題として指摘していたが、この問題を解決する方途としての「医療国営」構想が、新体制運動の中で浮上しつつある状況をふまえ、一九四〇年に「皇道医学社」を設立したといえよう。

なお右の議論で神谷が「ドイツの飛躍的発展」の背景に「ナチス医師団の活躍」があったと述べている点は見逃せない。同時期の他紙に掲載された神谷の「所説を要約」した議論では、次のように述べられていた。

大英帝国を顔色なからしめてゐる新興ドイツの建設は何によつて達成されたかを検討すると常にドイツ民族の

保健医療に一大努力を捧げ、ナチス青年の肉体を剛健にしたナチス医師団の活躍が礎石になつてゐる、アジア民族の伸張と大日本帝国の世界的飛躍も国民自体の「健全なる精神と健全なる肉体」をもつて成就し得ることは論をまたないが従来の医療制度に至つては唯物主義に立脚して一部国民に独占され皇民全体の医療たり得なかつた（『東日』四〇・八・三〇）

すなわち神谷は、第二次世界大戦におけるナチス・ドイツの興隆の要因をナチスの保健医療政策に求め、これを手本とする観点から「唯物主義に立脚して一部国民に独占」されている日本の「従来の医療制度」を批判していたのである。ナチス（国民社会主義ドイツ労働者党）の保健医療政策が「国民社会主義」の立場から「国民」の保健衛生を重視しつつ、その一方でその規範にそぐわないと見なされた人々に対して「優生学」などに基づいてきわめて過酷な措置を行なったことは知られている。[14]神谷は、主として前者の側面に注目したと考えられるが、彼が右に見た「所説」の上での自らの主張として掲げた次の五点の主張の第二項目などには、手本をナチスの保健医療政策に見出したことの影響が表出していよう。

【主張】

（一）医療の国営を断行せよ
（一）特殊疾病の強制治療法を制定せよ
（一）日本的栄養研究所を設立せよ
（一）純正日本医学研究所を設立せよ
（一）産児制限を禁止せよ

（『東日』四〇・八・三〇）

以上のごとく神谷は、数年来の目標、すなわち「唯物主義に立脚して一部国民に独占」された「従来の医療制度」克服の契機を新体制運動に見出し、「皇道医学社」を設立して自ら運動に乗り出してゆく。

3　八王子市における新体制をめぐる対抗とその後の神谷卓

本項では、以上に見てきたごとく、日本における医療の受診機会の格差是正の問題をきっかけに、新体制運動に身を投じた神谷卓が、八王子市の新体制をめぐる動向の中で辿った軌跡について検討する。

まず新体制運動期の神谷の動向から検討しよう。新体制運動初期において神谷が設立した皇道医学舎（社）は、大日本青年党の八王子支部準備会の活動拠点となっていた（『東日』四〇・八・二四）。このことは、新体制運動の有力な担い手の一人である橋本欣五郎を統領とする大日本青年党の八王子支部と神谷の密接な関わりを示していよう。実際神谷は、四〇年九月一日の新体制懇談会では「大日本青年党支部長」として発言を行なっていた（『東日』四〇・九・三）。なおこの懇談会は、先に第六章で詳しく見たごとく、関谷市長が主導する八王子市の既存の有力者を網羅する形での新体制準備委員会とは担い手を異にする新体制に向けた動きであった。この懇談会で神谷は、「新体制は青年の熱意を沸かす如きものを期待する、商業者のユダヤ的意識と同時に自由主義社会主義を排撃し地方青年層の思想動員に掛らねばならぬ」との発言を行なっていた（『東日』同右）。先に見たごとく、神谷は三〇年代後期において無医村問題等の医療をめぐる格差への着目を契機に、自由主義を批判し、ナチスドイツに傾倒する議論を発表していた。この神谷の論理の文脈で上記の発言を解すれば、神谷にとって新体制運動とは、自らの年来の主張を青年層を担い手として実現し得る契機であったことが理解し得よう。

この懇談会では、神谷以外にも次節で触れる小島鉄広をはじめ複数の人々が各々従来の政治・社会のあり方の変革を主張した。この点は、他の史料でも「市議、医師、商人等卅余名何れも現状維持放棄を求め」たとされていた（『読売』四〇・九・三）。「懇談会」では最終的に出席者を含め各分野から人材を選抜し「八市新体制促進委員会」を組織することが決議され、「委員の顔触れが揃ひ次第直ちに市長を鞭撻、速かなる新体制の確立を期すること、なつた」（『東日』四〇・九・三）と報じられた。すなわち神谷や小島など、旧来の有力者とは異質な人々からなる「懇談会」が、「市長を鞭撻する」立場から八王子市の新体制樹立を主導することが企図されたのである。

しかし以上の神谷らの新体制運動に対し、関谷市長は右に見た「懇談会」後の九月九日、自ら新体制準備委員会を組織した。「市長が去月廿八日近衛首相の新体制声明以来の思考をこゝに凝結させたと見るべき」（『読売』四〇・九・一〇）とされるその構成は、八王子市の旧来の有力者層を網羅したものであり、この新体制準備委員会の「人選が可もなく不可もなくその二、三を除いては殆ど旧勢力であり、一人の革新分子をも送らなかつた」（『東日』四〇・九・二五）と評価されていたことは、第六章に見た通りである。関谷市長は、「革新分子」の新体制運動に対し、市会において従来対立した各勢力を含めた旧来の有力者、すなわち「旧勢力」を結集し、「革新分子」を排除する形で新体制構築をはかったといえよう。かかる関谷市長の「革新分子」の排除の志向は、その後、大政翼賛会支部結成に際しても基本的に貫徹され、八王子の新体制から大政翼賛会支部形成の流れの中で、神谷をはじめとした「革新分子」は排除された。

神谷卓は、以上のごとく八王子市における新体制をめぐる対抗の中で、関谷市長をはじめとした「旧勢力」によって、新体制建設の過程から排除された。かかる状況の中で神谷は新体制運動全般のその後の動向について、次のごとき状況認識を示していた。

新体制の目的は実に旧来の自由主義的現状維持的反国体勢力を打破して皇道政治経済体制の確立でなかつたか！所謂翼賛会の使命もこれである筈だ。にもかゝはらず既に数カ月を経し今日に至るまで自由主義現状維持財閥資本家既成政党者流の牙城は一大外患を、この世界的大転換期を目前に控へ乍らも未だに護られつづけてゐるではないか、之等自由主義現状維持勢力が我が国心臓部に滔々とその跳梁をほしいままにしてゐる現実の事態こそ我等が断固国内維新即日本新秩序建設を絶叫する所以である。（『読売』四一・三・二五）

神谷は、新体制において本来打破される筈であった「自由主義現状維持勢力」がその後も影響力を維持している状況への憤りをあらわにしていた。先に見たごとく「旧勢力」が新体制準備委員会から大政翼賛会支部形成までの過程の主導権を握った八王子市の状況は、神谷の観点からすれば「自由主義現状維持勢力」が主導権を握る状況ともいえようが、この八王子市の「新体制」は神谷らをそこに参加させないのみではなかった。一九四一年五月には、神谷ら大日本青年党の後身である大日本赤誠会の八王子支部が同会の統領である橋本欣五郎の講演会のため市内国民学校の使用を求めたが、関谷市長に拒否されるという事態が見られた。関谷市長は、国民学校令で政党関係の演説は許されないことになっているという解釈を前提に、「赤誠会は何等東方会と選ぶところがなく期するところは党勢拡張と見るから甚だ御気の毒だがお断りした」(『東日』四一・五・一二)と、赤誠会の市施設利用を拒んだ。また同年一二月には、同年一〇月の小宮町合併に伴う大政翼賛会八王子市支部の会議において問題が生じた。すなわち「八市側では赤誠会員は政党と何等異ならずとして翼賛壮年団より除外する」という方針を示したのに対して「小宮町側では赤誠会は公認の思想団体なりとして翼賛壮年団への加入を主張」するという事態が見られた(『東日』四一・一二・五)。以上のごとく、八王子市において神谷が支部長を務める大日本赤誠会支部は、新体制—大政翼賛会として実現した八王子市の政治社会体制に加えられないのみならず、様々な局面で不利な扱いを受けていたといえよう。

以上のごとく「新体制」をめぐる対抗で「旧勢力」によって八王子市の政治社会体制への参入を阻まれた神谷は、他方で社会領域での活動を続けていく。一九四一年五月一二日には八王子市近郊の無医村由木村で「学童のために無料施療」を行なっていた(『東日』四一・五・一六)。また後述する小島鉄広の「画劇報国会」の活動に関心を有し、四一年一二月八日の対米開戦の日には、小島と共に長野県飯山に紙芝居公演に赴いていたとされる(15)。また後に見るように四二年の一二月には、小島と共に八王子駅ホームでの貨物担ぎの勤労奉仕に加わっていた。小島によれば、神谷はその後応召され、「太平洋の波の彼方」で戦死したという。[16]

第二節　露店商小島鉄広の論理と行動

次に露店商小島鉄広に即し、その新体制運動参加の論理とその後の動向を検討する。小島については、第一章でも触れた通り、一九二〇年代末から八王子市の「無産」政治勢力の一員としての活動が確認された。また第六章でも触れた通り、一九三七年十一月には日本無産党から八王子市会議員選挙に出馬し当選するも、翌月の人民戦線事件で逮捕され翌年市会議員辞職を余儀なくされた後、一九四〇年の新体制運動に際し再び活動する様子が確認された。それでは以上の小島の動向や新体制運動の参加は、彼の論理に即した場合いかなる意味を持つのか。以下ではこの点を小島の経歴に即して検討する。

1　露店商小島鉄広について

小島鉄広は、一九〇六年東京府南多摩郡八王子町生まれで[17]、小島自身の証言によれば、「十六歳で東京に飛び出して行き、新宿、山谷、本所などのスラム街を渡り歩き、日雇人夫をやったりなどしながら」の生活の後に露店商を始め、昭和初期に八王子市に戻ったという。[18]なお史料上では、一九二九年一一月の日本大衆党八王子支部の役員決定の際に、常任執行委員、組織宣伝部長として名が見える（『東日』二九・一一・一二）。翌一九三〇年一月には、八王子商工会議所の議員の一人が「八王子の大衆党はごろつきの集団である」と発言したとの情報を耳にした清水三郎支部長以下十名余の党員が激昂、議員宅に押かけ、議員が警察に保護を願いでる、という事件が起きたが、その際の検挙者の中にも小島の名が確認される。（『東日』三〇・一・一一）。またその後、全国本大衆党時代に作成されたと考えられる名簿では、その職業が「薬草」と表記されている。[19]これは小島の露店商としての主な商品が「クスリ」であったことを表していると考えられる。[20]以上の小島自身の証言や史料の記述を総合すると、小島は一九二二年頃に一度八王子市を離れ東京市内を渡り歩き、一九二九年には八王子市に戻り、露店商を生業としながら「無産」政治勢力の一つである日本大衆党（のち全国大衆党）八王子支部に参加し活動していたことになる。

ところで当該期の露店商とは社会的にはいかなる存在であったのだろうか。同時代の露店について、一九三二年に東京市役所が刊行した『露店に関する調査』は、次のように述べている。

> 普通に露店を分つて集団露店と個人露店の二とし、後者が一種行商の変態とも看做されてゐるに反し、前者は必ずある組合又はある親分の統制の下に警察によつて許可された一定の場所に出店するものを意味し、一般に露店と云へば之を指してゐる[21]

すなわち当該期において露店商とは、一般的には集団を形成し「ある親分の統制の下に」「一定の場所に出店する」存在であると認識されていたことがうかがえる。また同書はさらに、「露店商人の内、所謂親分子分の関係を基礎として仲間を結び、一種不文律の掟に従つて仲間の統制をつけて行くもの」は「香具師《やし》」に限られていると述べている。[22]この「香具師」はさらに業態により細分化されるが、この点は後述するとして、ここでは当該期の「香具師」の社会的なあり方についてもう少し踏み込んで検討したい。

当該期、すなわち小島が露店商＝「香具師」として歩み始めた一九二〇年代は、日本社会におけるこの社会集団のあり方に変化が生じ始める時期であった。演歌師添田唖蟬坊の長男で自らも一九二〇年代以来演歌師として活動した添田知道は、大正期以降、露店商集団では業態ごとの組合の結成と規約の形成がさかんになり、それが大きな聯合体単位に進む中で、一九二六年には「全国に散在する侠商六十万の大同団結」を呼号する「大日本神農会」が結成された、と述べている。[23] 添田はさらに、この「大日本神農会」の機関誌『神農』創刊号の発会に際しての「宣言」には、「不純なる労働争議の防圧、不逞なる社会主義者の全滅」、「営利のみに汲々たる悪商人に対し俠商の義気を発揮」、「万死を以て報国の真情を」等の政治的主張が含まれる一方、同じ創刊号に掲載された倉持忠助の「神農道を行くもの」という論説では、「俠商」という言葉が「却つて〝商いをする俠客〟との誤解を受ける危険が多分に含まれてゐます」と批判され、「私は明言しておきたい。私達は小資本の実業家である―と」と、「宣言」とは異なる自己規定がなされていることに注目している。[24] また大岡聡氏は、この論説の執筆者である倉持忠助に注目し、倉持が発表した論説や、彼が組織した露店商組織である昭和神農実業組合の趣意書から、倉持の動向を「露店商に対する国家主義的・右翼的再編である大日本神農会の動きに抗するものであり、「独立者」としての人格承認要求を含んだ、露店商の「弊習」改善による地位向上の運動」と捉え、さらに倉持がその後、地域の零細商工業者を基盤に東京市会議員として政治進出を果たす動きも含め、倉持の動向を「戦間期の都市部における「デモクラシー状況」の多様なあり方の一つを示すもの」と位置づけている。[25] また先に触れた添田の仕事では、一九二四年に結成された「行商人先駆者同盟」という、無産階級との連帯を訴える露店商組織に言及がなされているが、一九二〇年代の露店商社会と社会主義の接点の痕跡については、近年猪野健治氏により紹介がなされている。[26]

以上の先行研究の知見を総合すれば、一九二〇年代の露店商＝「香具師」の社会的なあり方は、当該期の社会の変化、特に大岡氏の指摘する「デモクラシー状況」と関わって、大きく変化しつつあり、その変化の一環に、社会主義的傾向に接近する露店商の出現、という動向もあったことがうかがえる。当該期に露店商としての歩みを開始しつつ「無産」政治勢力に参加する小島の動向は、まさにかかる二〇年代の露店商＝「香具師」の社会的なあり方の変化を体現したものであったといえよう。

さてその後一九三一年末に社会民衆党支部の後身である労農大衆党八王子支部と日本大衆党支部の後身である全

国大衆党八王子支部の合同問題に際して、全大党支部が分裂すると、その後しばらく「無産」政治勢力系の史料からは小島の名前は見えなくなる。

管見の限り、小島の名が次に史料に現れるのは、その三年後、一九三四年の次のような新聞記事においてである。

八王子市子安町小島鉄広氏その他数氏主唱の下に今回説明販売露店商を主幹として八王子露商同盟を組織し活躍するが事務所を八市子安町一三八に置き、なほ同時に露店商親睦会をつくつて相互の親睦と向上をはかり社会公益のため尽し、追つて金融部その他を設け会員の便宜をはかる計画であるが、露店同盟並に親睦会の役員は左記の通り決定した（『東日』一九三四年一二月一六日）

なお右の新聞に掲載されている「露商同盟」、「露店商親睦会」の役員をまとめたものが【表8－1】である。営業形態、備考欄は、小島の戦後の回想録から補った。[27] この回想録の記述では、露店商の営業形態が「コロビ」と「ジンバイ」に区分されている。「コロビ」とは、露店商＝「香具師」のうち、路面に莫蓙を敷き口上で人を集め商品を販売する露店商で、「テキヤ」とも称された。[28] また【表8－1】では、顧問の一人に「竹沢東五郎」という名前が見える。竹沢東五郎は、先に触れた露店商の全国組織「大日本神農会」の宇都宮の支部長として名前が見える人物である。[29] 小島によれば、元来「コロビ」の一業種である「大〆め師[30]」として催眠術の本などを扱うところから台頭した竹沢は、大正末から昭和初年にかけて関東から東北にかけての縁日などで「馬賊[31]」として活動する中で影響力を広げ、その一環で八王子を自らの「庭場」としたが、竹沢自身は宇都宮を拠点としているため、八王子にその管理を行なう人間が必要となり、一九三〇年代前期に小島を子分として八王子の「庭場」の管理を代行させたという。[32] つまり竹沢東五郎は、関東近辺で影響力を有する、小島の親分に当たる「コロビ」の大物であった。なお小島は一九三五年に竹沢東五郎から「八王子竹東支部二代目」の盃を受け、八王子の「コロビ」の親分の一人となったという。[33] 以上に鑑みれば、「露商同盟」を組織した「説明販売露店商」とは、この「コロビ」のことと思われ、

【表 8－1】　八王子露商同盟・露店商親睦会役員一覧

八王子露商同盟

役職名	氏名	営業形態	備考
代表者	小島鉄広	コロビ	八王子市におけるコロビの露店商集団八王子竹東二代目親分
会計	柏木勝助	非露店商	八王子市の「ボロ市」である六済市を運営する役員（町会構成員）のうち雑貨、テキヤ部門の担当者、横山町恵比寿屋主人
幹事	湯原新太郎	ジンバイ	大松屋二代目
	富田保正	ジンバイ	日光屋実子分
	横田精一	コロビ	「ガセボク」打ち（偽苗木売り）の名人
	清水豊吉	コロビ	小島の若者（子分）
	川口由三	コロビ	小島舎弟、1929 年日本大衆党名簿にも登場
顧問兼相談役	磯村熊次	ジンバイ	八王子市におけるジンバイの露店商集団大松屋の親分、1933 年、37 年の八王子市会議員（政友会系）、1941 年 3 月病死
	竹沢東五郎	コロビ	宇都宮を拠点とするコロビの親分、小島の親分

露店商親睦会

役職名	氏名	営業形態	備考
会長	磯村熊次	ジンバイ	上表参照
副会長	加藤忠男	ジンバイ／コロビ	小島兄弟分
幹事	渋谷正	コロビ	小島兄弟分
	田島又三郎	コロビ	小島兄弟分
	小田切仙平		
	星野正春		
	横田精一	コロビ	上表参照
	小島鉄広	コロビ	上表参照
会計	富田保正	ジンバイ	上表参照

出典：構成員の営業形態、備考については、小島鉄広『暴力の抹殺』（小島芸能プロダクション、1980 年）より抽出。

実際【表8－1】を見ると、「ジンバイ」も名を連ねてはいるものの、「コロビ」である小島らを中心として構成された組織であるといえる。

一方、「ジンバイ」（人売）については、露店商＝「香具師」のうち、「何等説明を加へずして売るもの[34]」で、「コミセ」とも称された[35]。彼らは、「各種の露店商人中最古のもの」とされ、「社寺の縁日祭礼等に当り露店を出す場合には彼らは常に境内の最も良き場所を割り振られる」が、それは「古くから社寺の境内に出店してゐた関係上、コロビ三寸（三寸は販売台を用いる露店商―註　中村）の組合に対し一つの特権を認められてゐる[36]」故とされていた。小島によれば、八王子市でも祭礼や縁日での出店場所を決定するのは「ジンバイ」の親分衆からなる組合であり、「コロビ」は「ジンバイ」が決定した枠の中で出店する他なく、露店商の間でも「ジンバイ」と「コロビ」には「ひどい格差」が存在したという[37]。当該期の露店については、「出店場所の如何によつては売れるべき品物も売れぬ場合がある。されば露店業者が如何に場所割に於て公平、不公平を八ヶ間敷く云ふかは想像の外である[38]」との証言があるが、この点をふまえれば、出店場所の決定権に関する「格差」は、売り上げの「格差」にも連動するものであったことがうかがえる。以上の状況を前提にすれば、「露商同盟」によって「コロビ」を中心とする組織を結成した上で、「コロビ」と「ジンバイ」双方が役員として名を連ねる「露店商親睦会」の結成をはかる小島らの動向は、「コロビ」の側からの露店商社会の中での地位向上の試み、すなわち「ジンバイ」との間の格差是正をはかる試みと理解できよう。

その後小島は三七年の市会選挙に当選するが、後年その選挙について、「小島候補を支えてくれたのは、金ではなくて、彼の兄弟分であり一家の人たちであり、それに八王子の他家名の人たちだったのである。それに業界外から運動と理論指導をやってくれた同志・清水三郎、海崎治三郎の二名であつた[39]」と述べていた。小島の当選は、二〇年代末の「無産」政治勢力での活動、三〇年代の露店商社会での活動の上に実現していたのである。

2　新体制運動期における小島の動向

さてその後、小島は第六章で見たごとく、一九三七年一一月には日本無産党の候補として八王子市会選挙に立候補し、当選を果たす。しかし翌一二月に人民戦線事件で逮捕、八ヶ月の勾留釈放ののち市議辞任を余儀なくされる。かかる状況の中で一九四〇年、新体制運動が起動するや、小島もこれに反応し、一九四〇年九月一日の新体制懇談会に参加し、「所謂顔役や地方名士の情実その他による天降り的人事」の廃止と、「新体制の組織に飽く迄真摯な新人簡抜の途」の開拓（『東日』四〇・九・三）を主張した。しかしこれも先に見た通り、八王子市の新体制をめぐる動向の中で「旧勢力」が結集し新体制準備委員会を掌握する中で、小島を含めた「革新分子」は新体制からは排除されてゆく。

その一方で、当該期の新聞には小島に関する報道がしばしば見られた。たとえば新体制をめぐる対抗が見られた四〇年九月初頭には、「縄張争ひに終始した封建的遺物の最たる露店商が転向、闘士の指導一下百八十度のカーヴを切つて八王子露商報国会を結成新体制に出発をする」として、「八市寺町薬草商小島鉄広君」が「二百余名の露店商に呼びかけ八市商業報国会よりは一歩を先んじて近く颯爽と八王子露店商報国会を結成、新体制に船出する」ことが報じられた（『東日』四〇・九・七）。露店商を「封建的遺物の最たる」存在と描くこの報道に、小島は、「弱肉強食の最も封建的存在であり顔役と仁義道で通る謎の世界だけに端《ママ》の見るより容易ならぬ転換です」（『東日』同右）と応じていた。小島は、露店商＝「封建的」との偏見を受け入れ、それ故の困難にもかかわらず、新体制運動に積極的に呼応していることを強調していたといえよう。この動向に関連しては、「露店商の新体制に呼応して街の人気者紙芝居屋さんの新体制が脚光を浴びる」（『東日』四〇・九・二二）との報道もなされていた。この報道では、「街の人気者である紙芝居屋さんの内幕も割つて見れば封建的な存在での親方制度の鉄則が厳として」存在し、営業に用いる絵や飴などが「親方」から配給される紙芝居業界において、小泉平吾という人物が「親方制度の打破」をはかり「絵の共同仕入、飴の共同製造へ着々新体制の確立を急いでゐる」ことが注目される[40]（『東日』同右）。ここで名が挙がる小泉平吾は、さらに次のようにコメントしていた。

八南に十七人の業者があるのですが、これが西中野のデメちゃん（高道親方）大和田のドンちゃん（大野親方）八王子のピンちゃん（坂村親方）とそれ〴〵分かれて絵の貸元になつてゐるのでしてこれをまづ解消して組合として学劇協会から配給をうけるやうに建言したのですが、親方連もよく時局を認識して近く一切の旧体制を清算することになつたので近く結成をみる露店商報国会に合流、新体制へ出発することになりました。（『東日』四〇・九・二二）

小泉によれば、紙芝居業界の「親方連」は従来の業界構造の「解消」を承認し、露店商報国会への合流を承認した、という。なおかかる動向をふまえ、露店商報国会の準備の中では、その中に「古道具、古着、雑貨、苗木、種子、植木、飲食、紙芝居、説明販売及び外来臨時の九部を置き」と、その組織の中に紙芝居を扱う部署を設置することが検討されていた（『東日』四〇・一〇・一三）。そしてこの動向は、次のような帰結をみる。

八南紙芝居屋さんの新体制——八王子画劇報国会は第十五回興亜奉公日の一日午前十時富士森公園大正殿前に厳粛な結成式を挙げた。（『東日』四〇・一一・二）

かくて「紙芝居屋さんの新体制」は、「八王子画劇報国会」結成へと至るが、その役員構成が、「会長小島鉄広、副会長小泉平吾、幹事長高道清、幹事高道高義、同清水友平、同大野徳次郎、書記秋和新太郎、相談役坂村福太郎」（『東日』同右）となっていることからうかがえるように、この紙芝居業界の「親方制度」の解消は、最終的には小島が率いる露店商グループへのその吸収、という帰結をみた。この一連の経緯は、新体制運動を契機とした小島ら露店商業界の「封建的」体質転換の動向に、同様に「封建的」な「親方」制度を問題視する小泉ら紙芝居業界の人間が呼応し、業界内の格差是正＝「平等化」を実現したものといえよう。

その一方で、では小島ら露店商側は何故、小泉らが進めるこの紙芝居業界の格差是正＝「平等化」志向と提携し、最終的にこれを露店商グループの影響下に組み込んだのであろうか。この点は、当該期における紙芝居の位置[41]と、一九四〇年一一月という時期が手がかりになると思われる。街頭で拍子木を打ち子供を集め、水飴を売った上で演じる児童娯楽として出発した街頭紙芝居については、一九三〇年代に急速に普及する一方で、教育関係者からの非難やこれに呼応した警察の取り締まりに対応する中で日中戦争期以降国策宣伝との結びつきを強めつつあり[42]、その「児童に及ぼす影響」から紙芝居を教育手段の一環として捉える動向も生じていた[43]。またかかる動向の中で紙芝居は、その後子供相手だけではなく、大人に向けての国策の啓蒙宣伝手段としても認識されてゆく[44]。以上の動向の中で紙芝居は、当該期において戦時下の啓蒙宣伝に従事する職種として社会的な地位を向上させていたといえる。当該期において以上のように社会的地位を向上させている業種を傘下に収めることは、小島ら露店商にとって意義を有したと考えられよう。次にこの一九四〇年一一月という時期であるが、この四〇年一一月一日からは、同年五月以降東京市をはじめとする六大都市で実施されていた砂糖の切符による配給制が、全国に拡大されることになった[45]。かかる状況で砂糖を確保することは、菓子類を商品とする露店商にとっては、死活問題であったと考えられる。小島は後年の証言で、砂糖の配給が「組合を通して割当られることになる」中で、自らが「露店・紙芝居の代表」として配給の受け皿になったと述べている[46]。つまり露店商の小島は、紙芝居をその傘下に組み込むことで、露店商のみならず紙芝居を合わせた分の砂糖の配給を掌握したというのである。先に見たごとく、紙芝居が当該期においてその社会的地位を向上させていたことに鑑みれば、小島が紙芝居業者を傘下に組み込んだことは、戦時体制に確たる存在意義をもって組み込まれているわけではない露店商への砂糖の配給を確保する上でも、意義を有したと考えられよう。

さて以上のごとく発足した八王子画劇報国会については、その後実践運動の開始（『東日』四〇・一一・二六）、報国会加盟紙芝居業者の常会（『東日』四〇・一二・六）、学校の教師との座談会（『東日』四一・一・一一）など積極的な活動が見られた。八王子画劇報国会長小島宅で開かれたこの教師との座談会では、「(一) 内容を十分検討して教育上芳しくないものをやめてほしい (一) 説明なんかも余り弁士もどきにならないやう子供はすぐ真似るから注意して下さい (一) 言葉は符牒など用ひず標準語でやつて欲しい (一) 集める場所など神社の境内等がよくはないか…」（『東日』同右）などの注文がなされたという。またこの座談会をふまえてか、四一年三月一日の「興亜奉公日」には市内の第一、第三、第四の各小学校で八王子画劇報国会が紙芝居の実演を行なった（『東日』四一・三・二）。実演の詳しい内容については、次のように報じられていた。

出演物は上級生用に「稲村の火」「隣組」「二宮尊徳」があり下級生用に「お猿のラッパ」「小猿の恩返し」「小さい燈明」それに文化紙芝居として「あるバイキンの一生」まで取り入れてある周到さ、その昔学校側で紙芝居を見るのを排撃したのから見れば隔世の感があり、授業時間までつぶして紙芝居を見る時代を迎へて紙芝居屋さん自身校外教育の先生としての自覚を高めてこの意義ある第一の試みは終つた（『東日』同右）

以上の演目の内容については、一部を除いて定かではないが[47]、かつて学校教育から「排撃」された紙芝居が学校に入り込むという現象は注目される[48]。この点は、戦時下の啓蒙活動という理由を梃子に、文化をめぐる格差の是正が実践されたものともいえよう。ただしそこで演じられる内容が、基本的に国策に沿う内容を持つものであり、国策が国民を戦争への動員に向けて駆り立てることを目的に展開していた以上、そこでの紙芝居の上演とは、こうした動員手段の一環として機能するものであったことには留意をしておきたい。

3　新体制及び大政翼賛会支部からの排除と小島鉄広

第六章にも見た通り、八王子市における新体制をめぐる対抗の中で示された関谷市長の「革新分子」排除の志向は、その後、一九四〇年末から四一年初期にかけての大政翼賛会支部結成に際しても基本的に貫徹された。

かかる状況の中で小島については、次のような動向が報じられていた。

八市の露天《ママ》商は露商報国会に百廿名、大松屋組に百名が属し互いに縄張りを守つてきたが八署の善導で来月半ごろ合併の運びとなり二日八市商工会議所に合同協議会を開催、八署管下露天《ママ》商三百五十名はいづれも新組合に糾合されることとなつた、(『東日』四一・三・三〇)

先に見た通り、露店商には大きく分けて「コロビ」と「ジンバイ」の二種類があった。「大松屋」とは、先に三四年の露店商親睦会に関する【表8－1】で見た「ジンバイ」の磯村熊次の屋号であった。もう一方の「露商報国会」は、「コロビ」の小島が率いる集団である。この「コロビ」と「ジンバイ」各々の露店商集団の合併の動きは、その後四一年五月一〇日に八南露商報国会の結成という形で実現し、会長に「ジンバイ」大松屋の関係者である内田嘉市が、副会長に小島が就任した(『東日』四一・五・一一)。ではこの合併はいかなる意味を持っていたのか。小島は、「八王子露店商報国会」には「ジンバイ」の組合側から批判があったと述べた上で、次のように続けている[49]。

しかし、報国会は動揺だにしなかったのである。それどころか、すすんでマスコミに接触を持つ施策をとりはじめたのであった。報国会がクローズアップされて、その活動が逐一報道され、やがては組合の独占体制であった「地割り」にも公然と要求をつきつけるまでに、強力なものになって行った。背後にマスコミがあることもあって、組合はたじろぎを見せはじめていた。こうして報国会はジンバイの領域に迫って行ったのだが、これも時の流れというべきかもしれない。

ここで「組合」と称されているのは、報道で「大松屋組」と記されている「ジンバイ」の組織と考えられる。小島によれば、この八南露商報国会により、「ジンバイ、コロビの同等役員により一体化が実現した」[50]という。つまり「コロビ」の小島らは、「新体制」の理念に呼応し活動する姿を「マスコミ」＝新聞報道で拡げることを通じて、実際の八王子市における新体制からは排除されつつも、「新体制」の理念に適合的な集団という社会的認知を得て影響力を拡大し、これを梃子に「ジンバイ」の既得権である「地割り」を侵食し、最終的に八南露商報国会の結成によって「ジンバイ、コロビの同等役員」による「一体化」を果たした、といえよう。先に見た通り、小島は一九三四年時点で「ジンバイ」と「コロビ」の格差是正をはかっていた。この点に鑑みれば、この四一年の八南露店商報国会は、三〇年代より小島が進めていた露店商業界内の格差是正＝「平等化」の志向を、戦時下において実現したものと考えられる。

なおここで小島が「すすんでマスコミに接触を持つ施策」をとった、と述べている点は見逃せない。以上の検討で見てきた通り、当該期の新聞、特に『東京日日新聞　府下版』には、小島に関する記事が多数掲載されていた。その報道姿勢は、先に見た四〇年九月七日の記事の「封建的遺物の最たる露店商」という表現に端的なように、露店商さえもが新体制に呼応している、というものであった。かかる報道姿勢は、露店商へのある種の差別的認識を基に、社会において劣位にある者の新体制の理念への積極的な呼応を強調することで、社会一般の新体制への呼応を促すものといえる。その意味で、「マスコミ」すなわち新聞側にとって小島らの動向は、戦時下の新体制への呼応を促す――敢えて言えば戦争協力を鼓吹する――素材として適合的だからこそ扱われたと考えられる。すなわち小島自身が新聞報道の偏見を受け入れつつ、それを逆手にとって「すすんでマスコミに接触を持つ施策」をとったことは、「コロビ」の社会的認知の獲得とそれに基づく露店商をめぐる社会的格差の是正＝「平等化」を追求する意味を持った一方、その姿をアピールすることで、社会において人々の時局協力すなわち戦争協力を促す方向に作用したと考えられる。

その後、日本が対米英開戦に踏み切り、国内の戦時色がいっそう強まる中で、小島については「八王子市寺町十九隣組長小島鉄広氏（三七）はこのほど一日を滞貨一掃に協力すべく八王子駅ホームで荷物担ぎに勤労奉仕をした」（『東日』四二・一二・二五）との報道がなされた。小島は談話の中で、「今度の勤労奉仕隊には赤誠会多摩塾主任の神谷卓君（二七）も引ッ張り込んだのである」（同右）と、この勤労奉仕に神谷も誘ったと述べている。また翌四三年には、小島が率いる八南露商報国会と大日本文化画劇報国会から選抜された三十名が夕張炭鉱に増産と慰問の勤労奉仕を行なうことが報じられた（『東日』四三・五・一八）。この報道に際して、小島は次のようなコメントを発していた。

われ〳〵の仕事は軽視されてゐるやうだけれど炭鉱への勤労奉仕については先鞭をつけたのです、われわれのやることがどういふ示唆を与へるか、兎に角最下級の者の間から盛り上がつた熱意で断乎やるの四字に尽きると思ふ、（『東日』同右）

新体制運動期の小島は、露店商に対する「封建的」との偏見を受容し、それを逆手にとって新聞を通じ露店商報国会の活動をアピールして「ジンバイ」との格差是正をはかることに成功した。戦局が厳しさを増す中、小島は同様の構図に基づき、露店商や紙芝居を「軽視されてゐる」、「最下級の者」と位置づけ、そうした存在の積極的な時局協力を強調し、社会において不要不急の職業と見なされかねない露店商・紙芝居の劣位性を是正することをはかった。この四二、三年段階の格差是正の営為は、戦争推進のために必要な労働を自ら担いそれを社会に対しアピールするものであった点で、新体制運動期以上に明確な形で社会領域での戦争協力を推進するものであったといえよう。

以上のごとく八王子市の新体制をめぐる対抗の帰結として排除された「革新分子」の神谷や小島は、戦時下の時局に対応する社会的活動に積極的に邁進した。そこでの彼らの活動は、彼らが新体制運動以前から志向した社会領域における格差是正＝「平等化」を実践するものであり、特に小島は新聞報道を媒介に、この活動の推進をはかった。この彼らの活動は、結果としては社会の基底において戦争協力を熱心に推進するものとなった。新体制をめぐる対抗の中での「革新分子」の排除は、かくてそのもう一つの帰結として、社会の基底において戦争協力を喚起する意味を持ったのである。

おわりに

以上、本章では、一九四〇年代前期の八王子市における新体制をめぐる対抗の中で、「旧勢力」に挑戦する「革新分子」と認知された人々のうち、神谷卓と小島鉄広について、その新体制運動への参加の論理とその後の動向を検討してきた。最後に本章の議論を簡単にまとめた上で、「デモクラシー」をめぐる動向という視角から、彼らの論理と動向の意味を再考しよう。

神谷は、一九三〇年代末以降、「鍼灸医」として北海道や東北の無医村を回る中で、農村における医療問題を強く意識していた。その上で、当該期に厚生省の諮問機関である「医薬制度調査会」が提起した医療の受診機会の格差是正＝「平等化」の志向を評価する一方、これに反対する日本医師会を「唯物自由主義」と厳しく批判していた。一方小島は、一九二〇年代末における左翼「無産」政治勢力としての活動経験を経た後、三〇年代には八王子市の「コロビ」の露店商として、露店商業界内の「ジンバイ」との格差是正、すなわち露店商業界における「平等化」の志向に基づく動向を示していた。また小島は一九三七年には八王子市会議員に当選し、いわば「民主化」の進行の中で、自らの主張を市政に反映させる経路を得たが、この経路は当選翌月の人民戦線事件により強制的に停止された。かかる状況の中で、その後新体制運動期には、神谷、小島は、八王子市における「革新分子」の一人として新体制への参加に向け活動を活発化したが、その積極的な活動は、第六章で見たごとく「旧勢力」の結集を招き、彼らは新体制及びその後の大政翼賛会からは排除される。

新体制をめぐる対抗のもう一つの帰結としての「革新分子」の排除は、彼らを新体制運動以前から追求していた社会領域での格差是正＝「平等化」をはかる活動に向かわせた。神谷は無医村での活動を継続する一方、小島と共に紙芝居や勤労奉仕に従事した。小島は、露店商報国会や画劇報国会などを組織し、新聞報道を利用しつつ露店商業界内の格差是正、また社会における露店商をめぐる格差是正をはかってゆく。だが戦時下の時局に対応する形で展開されたこの活動は、戦争を社会の基底において支え、さらに新聞報道を介して他の人々の時局協力—戦争協力をも促すものとなった。いわば「平等化」への志向が、都市の意思決定体制から排除され、戦時下の社会領域での追求を余儀なくされる中で、社会の基底における戦争協力を喚起する意味を持ったのである。

以上の過程を、本書の「デモクラシー」をめぐる動向を分析する視角、すなわち「デモクラシー」の制度的な現れと、その社会的な現れとしての社会における人々の平等化、同質化への志向との関係という視角から捉えるならば、いかなることがいえるであろうか。まず神谷や小島の論理と行動は、まさに当該期の社会の基底において「デモクラシー」の社会的な現れとしての平等化、同質化の志向を追求する動きであったといえよう。その一方で、一九三七年一二月の人民戦線事件以降の状況は、彼らがその志向を「デモクラシー」の制度的な現れとしての男子普選に基づく政治参加を通して実現することを掣肘するものであり、また異なるルートでの政治参加の機会と見られた新体制運動期に彼らが新体制の主導権をめぐって活動を活発化したことは、かえって「旧勢力」の結集を招き、彼らを体制から排除した。かくして「デモクラシー」の制度的な現れを通した政治参加、そして新体制以降の八王子市の政治社会体制から疎外される中で、彼らの「デモクラシー」の社会的な現れとしての平等化、同質化の志向は、社会領域において発揮され、結果的に体制が国民に要求する戦争協力の方向性を積極的に推し進めるものとなった。すなわち一九三〇年代末から四〇年代前期にかけての「デモクラシー」をめぐる動向は、第六章、第七章において見たごとく、三〇年代後期に「デモクラシー」の制度的な現れと社会的な現れが分離してゆく中で、「旧勢力」の結集とその延長線上に「男子普選以前」的な都市地域政治構造を導き出す一方、「デモクラシー」の制度的な現れへの参加を阻まれた勢力を、社会領域において「デモクラシー」の社会的な現れとしての平等化、同質化の志向に基づく活動に邁進する方向へと導いた。そしてこの後者の動向は、戦時下という状況における社会的認知の獲得、という路線ゆえに、積極的な戦争協力へと帰着したのである。

かくて一九四〇年代の八王子市においては、一九二〇年代後期以降の「デモクラシー」をめぐる動向の総決算として、一方において「男子普選以前」的な地域政治構造が出現し、他方において新体制及び上述の地域政治構造から疎外された「革新分子」すなわち「デモクラシー」の社会的な現れの担い手が積極的に戦争協力を行なう、という状況が見られた。この点を敷衍するならば、「デモクラシー」をめぐる政治と社会の動向に即した場合、いわゆる総力戦を支えた構造は、三〇年代に相互に作用し展開してきた「デモクラシー」の制度的な現れと社会的な現れの、三七年一二月以降の分離の過程を前提とした、前者のその後の帰結としての逆進的な地域政治構造と、この地域政治構造から疎外された人々の、「デモクラシー」の社会的な現れへの志向に裏打ちされるが故の社会領域での積極的な戦争協力から成り立っていたと考えられるのではないか。この点については、終章で再論したい。

◆註

（1）伊藤隆『近衛新体制』（中央公論社、一九八三年）。

（2）雨宮昭一『戦時戦後体制論』（岩波書店、一九九七年）。
（3）源川真希『近衛新体制の思想と政治』（有志舎、二〇〇九年）。
（4）前掲註（2）書、一八六〜一九四頁等参照。
（5）「思想団体の選挙動向に関する件　八王子警察署長（一九四二・四・七）」（吉見義明・横関至編『資料日本現代史5　翼賛選挙①』大月書店、一九八一年、三七三〜三七四頁）。
（6）『全国鍼灸医家名鑑』（帝国鍼灸医報社、一九三九年）二六頁。
（7）五十子巻三は、一八九七（明治三〇）年東京府日野町に、『五十子敬斎日記』で知られる五十子藤四郎（敬斎）の子として生まれ、府立二中、三高、東京帝大を経て農商務省に入省し、一九三七（昭和一二）年から満州に渡っていた。五十子敬斎と巻三については、佐伯弘次「五十子敬斎と順造、巻三」（『多摩のあゆみ』一〇二号、二〇〇一年）など参照。
（8）「東亜医学協会々則」『東亜医学』第一号、一九三九年二月一日。
（9）神谷卓「無医村を行く——医療制度改革断片」（『東亜医学』第七号、一九三九年八月一五日）。以下神谷の発言は、断りのない限りこの史料に依拠している。
（10）当該期における医薬制度調査会の社会的位置や、そこでの制度改革構想をめぐる日本医師会との対抗については、高岡裕之『総力戦体制と「福祉国家」』（岩波書店　二〇一一年）第五章を参照。
（11）「続　無医村を行く——農村と結核」（『東亜医学』第一一号、一九三九年一二月一五日）。以下神谷の発言は、断りのない限りこの史料に依拠している。
（12）たとえば哲学者三木清をはじめ加田哲二、三枝博音、清水幾太郎、中島健蔵、菅井準一、船山信一ら昭和研究会周辺の知識人が文化研究会での討議をもとに作成した「新日本の思想原理」（一九三九年一月）、「協同主義の哲学的基礎——新日本の思想原理続編」（一九三九年九月）にこうした議論が見られる。右の二つの論考については、酒井三郎『昭和研究会——ある知識人集団の軌跡』（TBSブリタニカ、一九七九年）の資料編に収録されている。また当該期の知識人の自由主義批判の含意については、前掲註（3）書を参照。
（13）昭和研究会と新体制運動については、同右酒井書などを参照。
（14）川越修『社会国家の生成　20世紀社会とナチズム』（岩波書店、二〇〇四年）参照。

(15) 小島鉄広『暴力の抹殺――八王子のもう一つの顔』(小島芸能プロダクション、一九八〇年)三一五頁。
(16) 同右書、三一六~三一七頁。
(17)『八王子市議会史』資料編Ⅱ(八王子市議会、一九八八年)二〇頁。
(18) 前掲註(15)書、三〇四~三〇七頁。
(19) 本書六四頁、【表1-5】参照。
(20) 前掲註(15)書、二五四頁。
(21)『露店に関する調査』(東京市役所、一九三二年)一頁。
(22) 同右書、八六頁。
(23) 添田知道『香具師《てきや》の生活』(雄山閣、一九七〇年)一五九~一七〇頁。
(24) 同右書、一六九~一七三頁。
(25) 大岡聡「昭和恐慌前後の都市下層をめぐって――露店商の動きを中心に」(『一橋論叢』一一八巻二号、一九九七年)三四七~三五六頁。倉持忠助については、同「「普選節」の時代　倉持忠助伝」①~⑪(『月刊　東京』一九九四年一〇月~一九九五年一一月)も参照。
(26) 猪野健治『テキヤと社会主義――一九二〇年代の寅さんたち』(筑摩書房、二〇一五年)。
(27) 前掲註(15)書、二五三~二五八頁。
(28) 前掲註(21)書、二二頁。なお民俗学の観点からテキヤを扱った研究として、厚香苗『テキヤ稼業のフォークロア』(青弓社、二〇一二年)も参照。
(29) 前掲註(23)書、一七〇~一七一頁。
(30)「大〆め師」あるいは「大じめ師」とは、前掲註(21)書によれば「長広舌に依つて人を集め、巧みに商品を売りつけるもの」(四三~四四頁)と、また前掲註(23)書では、「大きく人を集めてやるもの。人を集めるのをジンをシメるという。大きくシメるから大ジメである」(一四五~一四六頁)と、説明されている。
(31) 当該期の露店商社会において、暴力の行使やそれを示唆する威嚇により同業者に金銭や便宜を要求する者が「馬賊」と称されていた(前掲註(21)書、二五一~二五二頁)。一九三〇年代の露店商業界紙である『関西俠商新聞』等ではこうした「馬賊」にいかに対応すべきかが、しばしば話題となっている。

(32) 前掲註(15)書、二九一～三一四頁。

(33) 同右書、二三〇頁。

(34) 市原分「香具師に関する事項」(『司法研究報告書集』第二輯六、一九二六年)三八頁。

(35) 前掲註(15)書、五二頁。

(36) 前掲註(21)書、一七頁。

(37) 前掲註(15)書、二四七頁。

(38) 前掲註(21)書、一八七頁。

(39) 前掲註(15)書、二四二頁。

(40) 小泉平吾は、一八九七年八王子町の神社の宮司の子息として生まれ、神楽師として活動した。昭和はじめには無声映画の楽士も行なっており、無声映画からトーキーへの移行で楽士の仕事が減少した後、紙芝居屋をしていた時期があった、と小泉平吾の子息小泉勝治氏が証言している。この証言については、『新八王子市史』民俗編(八王子市、二〇一七年)第二章七節参照。なお、この小泉勝治氏の証言については、佐藤広氏、宮﨑翔一氏の御教示を得た。改めて感謝申し上げたい。

(41) 当該期の紙芝居の位置については、赤澤史朗『近代日本の思想動員と宗教統制』(校倉書房、一九八五年)第六章のほか、当該期に紙芝居の作画を行なっていた当事者である加太こうじ『紙芝居昭和史』(一九七一年、立風書房。のち岩波現代文庫として二〇〇四年に再刊。本章では、この岩波現代文庫版を参照する)、民俗学、表象文化論の観点から紙芝居の歴史を概観した姜竣『越境する近代4　紙芝居と〈不気味なもの〉たちの近代』(青弓社、二〇〇七年)等を参照。

(42) 同右赤澤書、二七八～二七九頁。

(43) こうした動向の一端を示すものとして、JACAR(アジア歴史資料センター)Ref. A05032335600「内務省後援申請に関する件(日本文化協会理事長)」「警保局長決裁書類・昭和一三年(上)」(国立公文書館)など参照。

(44) 国策紙芝居が子供に限定されず「新聞、雑誌、講演、演説などになじめない労働者、農民や主婦、青少年」をも対象とするものであったことについては、鈴木常勝『戦争の時代ですよ! 若者たちと見る国策紙芝居の世界』(大修館書店、二〇〇九年)一～四頁など参照。

(45) 藤原彰『昭和の歴史5　日中全面戦争』(小学館、一九八二年) 二一九〜二二〇頁。
(46) 前掲註 (15) 書、三三七頁。
(47) ここに挙げられている演目のうち、「稲村の火」、「小さい燈明」、「あるバイキンの一生」の紙芝居については、神奈川大学非文字資料研究センターで閲覧することができた。
(48) 娯楽としての紙芝居、それを「排撃」する学校教育、また同様の立場に立脚しつつ紙芝居の効果を教育に利用しようとする教育紙芝居の関係性については、前掲註 (41) 姜書、七〇〜一一三頁を参照。なお本章で扱う事例の場合、本来的には娯楽手段としての紙芝居で生計を立てていた紙芝居業者と小島が結びつき、それぞれの思惑から教育紙芝居―国策紙芝居に進出する中で、それが学校教育の中に入り込むという過程が特に注目される。
(49) 前掲註 (15) 書、二四八〜二四九頁。
(50) 同右書、二四九頁。

終章　近現代日本の都市形成と「デモクラシー」——本書のまとめ

本書では、近現代日本の都市形成と「デモクラシー」をめぐる歴史過程を、二〇世紀前期・東京府八王子市という時空間に即して考察することを課題とし、一九二〇年代から四〇年代にかけての都市の変化と、同時期に男子普通選挙制度を基礎に展開した社会と政治の領域における変化が、相互に規定しながら展開する過程を、特に「無産」という言葉で認知される政治勢力とその周囲の人々に焦点を合わせ考察を行なってきた。

本章では、以上の考察から得られた知見を改めて整理した上で、序章で見た研究史の文脈に照らしてその意義と課題を確認し、本書のまとめとしたい。

1　本書の考察から得られた知見

男子普通選挙制が導入・実施された一九二〇年代後半の八王子市は、急速な都市化の進展の中で噴出する諸問題への対応として東京府との二重行政を解消するため三多摩を除外する都制案を模索する東京市や、軍事施設の建設に伴い急激な発展を見せる立川町等の近隣他都市との関係の中に位置していた。この時期に導入・実施された「デモクラシー」の制度的な現れとしての男子普選制は、既成の政治社会秩序から疎外されていた人々において、原理的には平等化、同質化の志向を基礎に政治的平等化＝政治参加のみならず社会的平等化、さらには利益要求にも展開し得る「デモクラシー」の社会的な現れと捉えられる諸動向を活性化させた。八王子市においては、かかる志向を基礎に政治領域に現れた「無産」政治勢力が、複数のグループに分立し競合しつつ都市自治体レベルで男子普選による政治参加をはかった（第一章）。

一方、八王子市当局は、先に見た他都市との関係の中で都市計画事業を構想し、折からの昭和恐慌に伴う財政難の中で、この都市計画事業を社会政策としての失業救済事業と結びつけ起動させる。このことは、都市計画事業・失業救済（応急）事業に実際に従事する自由労働者、そして彼らを支持層に取り込もうとする「無産」政治勢力を活性化させ、社会領域における彼らの様々な活動を惹起した。そこでは、都市間関係の中で変化する都市の社会領域において、「デモクラシー」の制度的な現れとしての男子普選制を背景に、人々が自らの生活上あるいは政治上の利益を追求する——人々が社会領域において「デモクラシー」の社会的な現れとしての活動を展開する——中で、従来の政治社会秩序からは疎外された人々もが制度外的に「主体」化する一方、彼らの動向を受けて都市自治体が推進する都市の変化が、逆に社会における人々の関係にも変動をもたらし、その帰結として左右の「無産」政治勢力の都市自治体への制度的参加がなされる、という都市の空間的な変化と関わる、「デモクラシー」の制度的な現れと社会的な現れをめぐる動態的な社会過程及び政治過程が見られた（第二章）。

この「デモクラシー」をめぐる動態的な社会過程及び政治過程を、その渦中で「デモクラシー」の社会的な現れと捉えられる活動をリードした人物である仲木屋鉱一という主体の内的論理に即して捉え返してみると、その論理の中には、当該期の「不熟練労働者」における労働力商品の交換の主体としての状況認識や、この状況に対して国家が実施する失業救済（応急）事業が有した意味、そしてこの交換過程における「公正」をめぐる理解など、仲木屋個人や八王子市という一都市という特殊を越えた問題が含まれていた（第三章）。

また以上のような一九三〇年代前期の「デモクラシー」をめぐる動向を経て、都市自治体レベルで政治参加を果たした「無産」政治勢力は、三〇年代中期には大都市＝東京市に端を発する多面的な変化が近郊都市＝八王子市を一つの結節点に交錯する中で、その一環として浮上する屠場市営化・移転問題とこれに反対する当該期の都市地域社会に向き合うこととなる。ここで「無産」政治勢力とりわけ社会大衆党八王子三多摩支部は、都市地域社会において「下から」押し出されてくる「町」レベルの「公共」的契機を否認し、都市の「地域的公共」を自らの政治参加を可能とする「全市の浮動票」の基礎である市＝都市自治体単位で一元的に編成することをはかる姿を示した（第四章）。

さて以上のごとく一九二〇年代中期から三〇年代中期にかけての八王子市は、大都市＝東京市の近郊都市として、この大都市の膨張に伴う様々な施策――たとえば一九三二年の東京市の市域拡張や東京府の三部経済制廃止――に様々な形で規定されつつ変化し、この変化が都市の政治や社会のあり方にも大きな影響を与えた。この大都市の膨張という現象は、二〇世紀前期の世界的な動向であり、これに対処する学知としての都市計画学の中で生成された「田園都市」・「地方計画」・「衛星都市」等の概念は、日本にも導入されていた。特に大都市の膨張を問題として捉えた上で、そこに集中する人口を、工業を備えた「衛星都市」に分散して対処するという「地方計画」の発想は、一九二〇年代半ばに導入された後、新しい都市計画の学知として一九三〇年代前半には法制度的には実現に向け進んでおり、同時代的には早晩実現するものと認識されていた（第五章）。

一九三〇年代後期の大都市東京市の周辺では、以上に見た新しい都市計画の学知に基づき東京市を中心とした「地方計画」案が検討され、その中で八王子市は東京市に集中する人口を分散する「衛星都市」として位置づけられていた。一九三七年、日中戦争が開始され、八王子市周辺の町村が軍需産業と結びつき急速に都市化の傾向を示す中で、八王子市では「衛星都市」に見合う工業化・都市化という、いわば即物的な「近代化」がいっそう喫緊を要する問題となり、その工場敷地を確保するための隣接町村合併が具体的課題となっていた。その一方で、同時期の都市化と男子普選制の下で市会では多様な主体が政治参加をするいわば「民主化」が進行したが、この多様化は多元化へとつながり政治的不安定を招来した。またこの多様化の中で政治参加した「無産」政治勢力は、人民戦線事件以降、政治活動の停止を余儀なくされた。従来の研究では、日中戦争の開始が当該期日本国内の「民主化を圧殺」したとの見解も見られるが[1]、以上の八王子市会をめぐる政治状況からは、「デモクラシー」の制度的な現れとしての男子普選制下での政治参加の進展は、日中戦争以後も持続していることが看て取れた。しかし、戦争が長期化する様相を呈するに伴い、政府に対し批判的な勢力への圧迫が強化される中で、政治参加の進展に外部から制約が加えられること――具体的にはたとえば三七年一二月の人民戦線事件など――により、「無産」＝「持たざる者」の立場からの格差是正、などの「デモクラシー」の社会的な現れと捉えられる諸動向は掣肘された。

そして以上の三〇年代後期の状況が前提となり、八王子市における一九四〇年の新体制運動をめぐる政治状況が展開する。まず活動を掣肘されていた「無産」政治勢力や、格差是正を求める青年層が、中央の新体制運動に呼応して「革新分子」として活性化し、新体制の主導権掌握をはかった。すなわち「デモクラシー」の制度的な現れの上での活動が制約される中で、「デモクラシー」の社会的な現れとしての格差是正などの志向を追求する人々は、新体制を積極的に担うべき「革新分子」として、自らの意思を反映し得る政治体制の実現をはかった。一方、関谷市長は、この「革新分子」に対抗する形で、多元化の中で対立していた旧既成政党系や中立団体に属す「旧勢力」の結集をはかった。この新体制をめぐる対抗の結果、八王子市の新体制準備委員会そして大政翼賛会支部は、結集した「旧勢力」に掌握され、「革新分子」は排除された。かくて新体制をめぐる対抗の一方の帰結として実現した「旧勢力」の結集は、市会における多元化に基づく不安定化を関谷市長が克服し、衛星都市化＝工業化・都市化のための隣接町村合併に「政治的手腕」を発揮することを可能とした。いわば「平等化」を追求する勢力との対抗が、「民主化」と「近代化」の齟齬をまがりなりにも克服し、「近代化」を推進する意味を持ったのである（第六章）。

なおここで見た「近代化」、「民主化」、「平等化」の三つの要素は、本書の視角に引きつけていえば、「近代化」は、都市間関係の中での大都市近郊都市の自己確立の動向により推進される物理的空間的変化の問題、「民主化」は、「デモクラシー」の制度的な現れとしての男子普選制に基づく政治参加の問題、「平等化」は、「デモクラシー」の社会的な現れとしての平等化・同質化の志向に基づく人々の動向の問題とそれぞれ互換的なものとして捉え得る。かかる把握に基づけば、以上に見た三〇年代後期以降の八王子市の状況は、それに先立つ三〇年代前期においては時に矛盾しつつも並進してきた上記の三要素が、三〇年代後期にかけての展開の中で相克的な関係となってゆく過程を扱ったものといえよう。

さて以上で見た八王子市における新体制をめぐる対抗は、その後の八王子市の政治と社会において二つの帰結をもたらした。一つは、新体制をめぐる対抗の中で実現した「旧勢力」の結集がもたらした帰結である。以上の対抗の帰結として市政を掌握した「旧勢力」は、一九四二年に東条英機内閣の下での翼賛選挙に際して、推薦候補制や町会・隣組の動員などの行政のいわば「上から」の介入に対応するが、そこでは衆院選レベルの政治勢力の構成には大きな変化は見られなかった。その後この結果をふまえて行なわれた同年六月の八王子市の翼賛市会選挙に際しては、東京府が「旧勢力」を忌避する方向での一層強い介入を行ない、市政を担う「旧勢力」との間で緊張関係が顕現した。こうした中で実施された翼賛市会選挙の結果、八王子市では男子普選以降、減少の一途を辿っていた旧来の主要産業である織物関係業者が多数市政に参加する状況が確認された。すなわち新体制運動下で結集し市政を担っていた「旧勢力」が、これを忌避する行政の「上から」の介入、特に町会を動員した翼賛選挙に対応する中で、一九四二年六月の八王子市では属性面では一見「古い」、いわば「男子普選以前」的な地域政治構造への変容が生起した。しかしこの地域政治構造は、一見「古い」属性にもかかわらず、それ故にこそ「新しい」産業の誘致を渇望し、その方向に市政を駆動する存在であった。すなわち新体制をめぐる、「デモクラシー」の社会的な現れとしての「平等化」を追求する勢力との対抗の中で形成された「旧勢力」の結集は、翼賛選挙への対応の中で、一見「古い」、「男子普選以前」的な地域政治構造と、それ故にこその新産業渇望の志向をもたらした（第七章）。

他方で、新体制運動をめぐる対抗のもう一つの帰結である「革新分子」の排除も、四〇年代の八王子市の社会に影響を及ぼした。すなわち新体制運動期において「革新分子」として新体制への参入をはかった「鍼灸医」神谷卓や露店商小島鉄広は、各々それ以前から格差是正＝「デモクラシー」の社会的な現れとしての「平等化」を追求する活動を展開していた。新体制運動に際して、彼らはこうした活動の延長線上に体制への参入をはかるが、対抗的に結集した「旧勢力」により新体制、そして大政翼賛会から排除される。この帰結は、彼らを新体制運動以前から追求していた社会領域での格差是正＝「平等化」をはかる活動にいっそう駆り立てた。神谷は無医村での活動を継続する一方、小島と共に紙芝居や勤労奉仕に従事した。小島は、露店商報国会や画劇報国会などを組織し、新聞報道を利用しつつ露店商業界内の格差是正、また社会における露店商をめぐる格差是正をはかってゆく。だが戦時下の時局に対応する形で展開されたこの活動は、戦争を社会の基底において支え、さらに新聞報道を介して他の人々の時局協力―戦争協力をも促すものとなった。いわば「デモクラシー」の社会的な現れとしての「平等化」への志向が、都市の政治参加の体制から排除され、戦時下の社会領域での追求を余儀なくされる中で、社会の基底において戦争協力を喚起する意味を持った（第八章）。

かくて一九二〇年代後半以降の八王子市における「デモクラシー」の制度的な現れと社会的な現れをめぐる動向は、一九四〇年代のいわゆる総力戦下において、一方では政治的には「男子普選以前」的な、ある意味で「デモクラシー」の制度的な現れの下で進行していた趨勢に逆行するタイプの地域政治構造の出現を惹起し、他方では、社会的にはかかる地域政治構造から疎外された人々が、「デモクラシー」の社会的な現れへの志向に裏打ちされるが故にこそ、戦時下の社会領域において戦争を支える活動を積極的に推進する状況へと帰結した（第八章）。

2　本書の研究史上の意義

それでは以上の本書の考察から得られた知見は、序章で見た研究史の文脈に照らした場合、いかなる意義を持つであろうか。まず都市史研究の文脈に即していえば、本書は、二〇〇〇年段階の日本史研究会の共同研究報告に際して設定された、「地域的公共への無産階級の参加」という点では「都市が農村より進んでいたとはいえない」という林宥一氏によって提起された論点を都市史の側から問い直す、という問題を検討した加藤千香子氏、大岡聡氏の議論を、その後の都市史研究の成果をふまえ、①都市の捉え方―都市の空間的変化の特質の問題、②都市における「デモクラシー」の捉え方の問題において、批判的に乗り越えることを試みるものであった。

まず①に関しては、都市間関係に規定される都市固有の空間的変化（都市計画事業、住宅地化の進行、上記の動向と都市に食肉を供給する屠場の存在の関係等）の諸相に着目しこれを具体的に検討することで、それが政治領域のみならず、失業救済（応急）事業に従事する労働者の動向や、屠場に反対する地域住民の動向など、社会の深みにまで影響を与え、都市の政治と社会の変化を大きく規定する局面を析出した（第二章、第四章）。また、かかる都市間関係に着目することで、一九二〇年代中期に日本に導入された都市計画の学知としての地方計画論や衛星都市論の射程と、一九三〇年代においてこうした議論が現実に対して有する規定性の一端を明らかにした（第五章、第六章）。さらに三〇年代後期、さらに戦時期にかけては、以上の地方計画論や衛星都市論が、東京近郊の「衛星都市」と見なされた八王子市において大工場誘致＝「近代化」の課題として捉えられ、その課題への対応が新体制をめぐる対抗とリンクすること（第六章）、またこれと通底する新産業誘致の志向は、一九四二年以降、地域政治構造が一見

「古い」、「男子普選以前」的なものへと変容する中でも、むしろ強化され持続していく、との展望を示した（第七章）。

②に関しては後にデモクラシー研究の文脈に即して詳述するが、「デモクラシー」を、基本的には「行政・自治組織」への参加、すなわち制度的な参加の問題に焦点を合わせて捉えてきた林氏そして加藤氏、大岡氏と異なる「デモクラシー」理解に立つことで、「無産」政治勢力とその周辺の人々の制度外的な「主体」化の動向（第二章）、また制度的な参加が持った意味（第四章）、彼らの新体制期における「革新分子」としての（再）活性化が「旧勢力」の結集、ひいては翼賛選挙期における一見「古い」、「男子普選以前」的な都市地域政治構造の出現をもたらす逆説（第六章、第七章）など、従来の研究では視野に収まらない都市における「デモクラシー」をめぐる政治現象を対象化した。また同時に、土木労働者（第三章）や「鍼灸医」、露店商、紙芝居業者などの都市社会の基底において生活する人々における「デモクラシー」の社会的な現れと密接に関わる行動とその内的論理、及びその行動が戦時下の社会において有した意味などをも対象化した（第六章、第八章）。

以上のごとく現段階の都市史の到達をふまえ、前述の①と②の問題を足がかりに、従来の都市史研究では描かれなかった都市の空間的、政治的、社会的変化をその相互関係において析出した点で、本書は、日本近現代史研究における都市史研究に新たな知見を提示したと考える。また後に詳しく述べるように、本書が都市における「デモクラシー」をめぐる歴史過程を検討する中で析出した三〇年代後期から四〇年代の八王子市における政治と社会の変化は、当該期の日本における政治と社会の変化に関する研究状況に論点を提起するものであり、この点で都市史から時代の全体像を展望する、という近代都市史研究の初発の問題関心にも即しているといえよう。

次に日本近現代史研究におけるデモクラシー研究の文脈での本書の意義について。本書は、統合の制度を自治の制度として運用することを可能とする政治参加の度合い（「民衆の主体的政治参加の契機」）に焦点を合わせる林、加藤、大岡各氏の、「デモクラシー」理解に対し、「デモクラシー」をめぐる矛盾、すなわち「デモクラシー」の制度的な現れと社会的な現れの矛盾に着目した小路田、重松、源川、住友各氏らの研究をふまえつつ、「デモクラシー」の矛盾に着目した研究も、往々その矛盾克服の動きに関心を集中する点を批判し、この「デモクラシー」の制度的な現れと社会的な現れの関係それ自体を対象化することで、従来の諸研究では捉えきれなかった領域を考察することをめざした。そしてかかる視角から、政治領域については、「デモクラシー」の制度的な現れとしての男子普選制を背景に、「無産」政治勢力とその周辺の人々が「デモクラシー」の社会的な現れと捉え得る活動を展開することが制度外的に都市自治体に影響力を行使する行使局面（第二章）や、また「無産」政治勢力の都市自治体への制度的な参加が重層的な都市の地域的公共関係において有する意味（第四章）、一九三〇年代後期において「デモクラシー」の制度的な現れとしての男子普選制に基づく政治参加が、一九三七年七月の日中戦争開始後も展開する中で、政治的多様化の政治的多元化とでもいうべき状況とそれに伴う政治的不安定化を招来していたこと、またこの三七年七月以降の展開の中でも政治参加していた「無産」政治勢力が三七年一二月の人民戦線事件以降、政治的活動を掣肘されることを契機に、「デモクラシー」の制度的な現れと社会的な現れが分離してゆくことを指摘した。またこの状況を前提とした一九四〇年の新体制運動における「革新分子」としての（再）活性化が、従来相互に対立していた政友会系や民政党系等の「旧勢力」の結集をもたらす逆説的な機能などを明らかにした（第六章）。さらにこの逆説により結集した「旧勢力」が掌握する地域政治構造が、戦時下における翼賛選挙に対応する中で、一見「古い」、「男子普選以前」的な都市地域政治構造へと変容することを指摘した（第七章）。また以上で触れた政治領域での動向と関わって、土木労働者（第三章）や「鍼灸医」、露店商、紙芝居業者（第六章、第八章）などの都市社会の基底において生活する人々が社会領域で展開した平等化、同質化の志向に基づく動向とその意味についても明らかにした。またこの「デモクラシー」の社会的な現れとして捉えられる動向が、戦時下において「デモクラシー」の制度の上で機能することを制約される中で、積極的な戦争協力の方向に機能していく過程を明らかにした（第六章、第七章、第八章）。以上のごとく従来の研究とは異なる「デモクラシー」分析の視角、すなわち「デモクラシー」の制度的な現れと社会的な現れの関係を意識的に対象化する視角を採用することで、両者の関係の領域で生じる政治現象（制度外的な「主体化」や、「デモクラシー」の制度的な現れ＝「民主化」と「近代化」の矛盾が「デモクラシー」の社会的な現れ＝「平等化」との対抗の中で「解決」される現象など）に光をあてた点、また一九三〇年代前半における展開をふまえ、三〇年代後半以降、「デモクラシー」の制度的な現れと社会的な現れが分離してゆく過程を共に視野に収めることで、「デモクラシー」の制度的な現れの帰結としての、一見「古い」、しかし「新しい」産業誘致を渇望する地域政治構造の出現と、後者の帰結としての体制から排除された人々による積極的な戦争協力、という戦時下の都市における「デモクラシー」をめぐる政治と社会のあり方を明らかにした点で、本書は、日本近現代史研究におけるデモクラシー研究にも新たな知見を提示し得たものと考える。

以上では、日本近現代史研究における都市史研究、そしてデモクラシー研究の文脈に即して、本書の研究史上の意味を確認した。それではこの点を敷衍し、序章で見た一九二〇年代後半から四〇年代にかけての日本における社会と政治の変化に関する先行研究と関わらせた場合、本書はいかなる意義を有すると考えられるであろうか。

序章で見た通り、日本近現代史研究において当該期を説明する枠組みとしては、一九七〇年代までは「天皇制ファシズム」論が有力であったが、「革新」派論を提起した伊藤隆氏らとのファシズム論争等を経る中で、①当該期の支配層内部の政治的対立を分析すること、②従来「天皇制ファシズム」概念で捉えられていた当該期の政治と社会の問題を、国家総力戦体制の構築過程で推進される「近代」的要素の規定性を議論に組み込むことが課題とされ、「日本ファシズム」論などの視角から検討がなされた。しかしその後これらの課題は十分に継承されず、以上の二つの課題の接合を試みていた雨宮昭一氏の研究も、「総力戦体制論」に一括して捉えられがちであった。本書では、以上のような雨宮氏の研究の研究史上の含意に注目した上で、源川真希氏や高岡裕之氏らの批判をふまえ、当該期における「社会の平等化・民主化・近代化」の課題の相互の関係、これら課題と政治との関係、その総力戦開始以前と以後の状況と変化、等に留意し考察を行なった。

まず当該期における「社会の平等化・民主化・近代化」の課題の相互の関係については、「無産」すなわち「持たざる者」の立場からの社会的格差の是正や利益の要求、という意味での「平等化」、制度的な政治参加としての「民主化」、さらに一九三〇年代中期以降の大都市近郊都市で「衛星都市」化の課題とも関連して求められていた工業化を即物的な「近代化」と捉え、その相互関係を対象化した（第六章）。なお各章で明示的に整理しているわけではないが、第二章から第五章までの議論は、これらの各要素が一九二〇年代後期から三〇年代中期、すなわち総力戦以前までの段階において展開してきた具体的過程を明らかにしたものといえる。

また第六章以降では、「社会の平等化・民主化・近代化」の課題と政治の関係についても一つの見通しを提起した。まず第六章では以上の議論をふまえ、これら「平等化」・「民主化」・「近代化」の要素が、一九三七年の日中戦争開始後形成した矛盾を把握した上で、この矛盾に規定されつつ一九四〇年の八王子市の新体制をめぐり形成された「旧勢力」と「革新分子」の対抗に着目し、「近代化」が課題となりつつも、「民主化」が政治的不安定を招き両者が齟齬する中で、「民主化」からの排除を前提に新体制運動期に活性化した「平等化」を志向する「革新分子」との対抗が、「旧勢力」の結集を促し、「近代化」と「民主化」の齟齬をまがりなりにも解消して「近代化」を推進する、という展開を析出した。また第七章では、以上の過程で市政を掌握した「旧勢力」が、一九四二年の翼賛選挙に際して、その影響力縮減をはかる東京府により実施された町会—隣組動員等の地域への介入に対応する中で、属性面では一見「古い」、いわば「男子普選以前」的な地域政治構造への変容が生起したこと、ただしこの一見「古い」地域政治構造は、「新しい」産業の誘致すなわち「近代化」を渇望し、その方向に市政を駆動する存在であったこと等を明らかにした。さらに第八章では、先に見た新体制をめぐる対抗を経て体制から排除された「平等化」を志向する勢力が社会の基底において戦争協力に邁進する機制についても明らかにした。

以上のごとく本書は、一九二〇年代後半から四〇年代にかけての日本における社会と政治の変化に関する先行研究をふまえ、「社会の平等化・民主化・近代化」の課題と政治に焦点を合わせる中で、その相克の展開の帰結として、戦時末期におけるいわば保守的な政治構造の形成、その強い「近代化」志向、他方でかかる政治構造の形成のコインの裏側に形成される社会の基底における「平等化」追求の帰結としての戦争協力、というあり方を析出した。この政治と社会のあり方は、総力戦体制論が退潮しつつある、とされる研究状況の中で、往々にしてその一環で把握されがちな雨宮昭一氏の研究にファシズム論争以後の課題が継承されていることに注目し、この雨宮氏の研究に対する源川真希氏や高岡裕之氏らの批判をふまえ検討を行なう中で析出されたものであり、いわばポスト総力戦体制論の政治社会史の試みとして提起された歴史像といえよう。以上で析出された政治と社会のあり方が、八王子市以外の地域においてどの程度適用可能なのか、また当該期に関する全体史に敷衍できるのかどうかは今後の検討課題となるが、先行研究をふまえた一つの試みとして提起しておきたい。また敗戦後の八王子市の政治と社会は、以上のごとき強い近代化志向を有する保守的な政治構造と、「平等化」を追求したが故に戦争と関わりを持った対抗勢力を前提に展開すると考えられるが、この展開の具体的検討についても今後の課題となろう。

さて以上において本書の議論が日本近現代史研究における都市史研究において持つ意義、デモクラシー研究において持つ意義、そして日本近現代史全体に対して持つ意義について述べてきた。次に以上の議論をふまえ、近年の「デモクラシー」に関する方法的な議論との対話の糸口についても考えてみたい。

序章にも述べた通り、「デモクラシー」の合意形成的契機ではなく対立的契機に注目し、制度としての「デモクラシー」というアリーナを前提としつつ、それをめぐって人々の様々な要求が提起され、対立する局面に注目する本書の議論は、「デモクラシー」理解においてアゴニズムの議論と接点を持つのみならず、ポストコロニアルの視角からのインド研究を通じて、「デモクラシー」を、「統治される人々の政治」と捉える、パルタ・チャタジーの議論と対象とする問題領域が大きく重なるものであった。この点を念頭に本書の議論を振り返ってみると、都市計画事業・失業救済事業に従事する労働者の動向が、都市の社会と政治に与える影響を扱った第二章、第三章はいわば日本の一都市における「統治される人々の政治」を論じたものであるといえる。ここでは、彼らの「政治」が単に彼らの要求や主張を満たす意味を持つだけでなく、たとえば事業の増加が新たな労働者を呼び寄せ、また事業の進展の中で労働者間の処遇の「公正さ」をめぐる問題が生じるなど、「政治」が機能すること自体が逆に人々を規定する新たな問題を生み出す側面が見られた。また第六章以降の議論では、「デモクラシー」の制度的な現れの上での活動が掣肘された後の、「デモクラシー」の社会的な現れと捉え得る志向を有する人々の活動が、対抗的に既存有力者の結集の引き金になり、そこからの排除が「デモクラシー」の社会的な現れを追求する人々が体制に過剰同調する状況を生み出すことを論じた。この第六章以降の議論は、敢えていえば「統治される人々の政治」が十全に機能しなくなった状況下で「デモクラシー」の社会的な現れを追求する人々の活動が惹起する政治的社会的関係を論じたものといえよう。以上で本書が扱ったのは、いわば「統治される人々の政治」の展開とそこから生じる新たな社会的政治的な問題であるが、かかる問題がチャタジーの扱うインド、あるいはそれ以外の地域ではいかに展開しているのか、またそこでの共通点と相異点がいかなる意味を持つのかを考えることは、これまで往々にして行なわれてきた、西洋民主主義を普遍的なモデルとしてそれへの到達度で問題を考えるのとは異なる視角から「デモクラシー」を考える糸口になるのではなかろうか。

3　今後の課題

以上の本書の考察から得られた知見とその研究史上の意義をふまえ、最後に今後の課題を確認しよう。

まず都市史研究の文脈に即した課題について。本書は、都市史研究の文脈において、従来の都市史研究では必ずしも意識的に対象化されなかった都市の空間的、政治的、社会的変化をその相互関係において析出した。このうち都市の変化、とりわけその空間的変化は、都市間関係に大きく規定されていること、またこの都市間関係は、大都市の人口を地方都市にいかに分散するかという「地方計画」のような都市計画の学知とも密接に関わることが、本書における八王子市に関する具体的分析の過程で浮かび上がった。この都市間関係を規定する大都市人口の分散という発想、またその一環としての「地方計画」の発想が、様々な地域にいかなる影響を与え、その総体が日本においていかなる意味を有したのかを考えること、これが課題の一つとなろう。また本書の都市の空間的、政治的、社会的変化をその相互関係において捉える議論は、かつて林氏が「地域的公共への無産階級の参加」という点では「都市が農村より進んでいたとはいえない」との提起をした際に「遅れた都市」と表現された都市をめぐる問題を、より踏み込んで検討したものとの性格も有する。その点で本書での議論をふまえ、当該期の都市と農村の相異を改めて再考すること、そして先に述べた都市間関係のみならず農村との関係も視野に入れて大都市―都市―農村の関係とその歴史的変化を展望してゆくことも今後の課題となろう。

次に「デモクラシー」研究に即した課題について。本書では、都市の「デモクラシー」の制度的な現れと社会的な現れの関係に即して分析を行なう中で、土木労働者や「鍼灸医」、露店商、紙芝居業者などの都市社会の基底において生活する人々の動向に注目した。従来の日本近現代史においては必ずしも注目されなかったこのような人々の都市における社会的存在形態をいっそう具体的に追求する一方で、個別細分化に陥らぬよう、そこから都市をめぐる問題、あるいは「デモクラシー」をめぐる問題を展望する視座を工夫することは、課題の一つとなろう。

また本書の「デモクラシー」をめぐる動向の検討では、一九三七年一二月のいわゆる人民戦線事件に象徴される、日中戦争の全面化に伴う政府に対し批判的な勢力への圧迫の強化や、一九四二年の翼賛選挙における候補者推薦制などの政府の政策が、「デモクラシー」の制度的な現れをめぐる動向を掣肘する局面が見て取れた。こうした政策が本来「デモクラシー」の制度的な現れの制約を目的としたものなのか、あるいは異なる目的を持った政策が結果としてそのように機能したのかという、国政レベルでのこうした政策の検討も、今後の課題となる。

さらに本書で検討を行なった「デモクラシー」をめぐる動向は、あくまで二〇世紀前期日本の「帝国臣民タル男子」という「同質性」を前提とした、「デモクラシー」の制度的な現れと社会的な現れの動態的な関係であった。本書で検討してきたこの「デモクラシー」をめぐる動向は、一九四五年一二月一七日に公布された衆議院議員選挙法改正法律により男女を問わず「帝国臣民ニシテ年齢二十歳以上ノ者」に選挙権が認められ、その前提が大きく変化する中で、新たにいかなる展開を見せるのか。戦後における「デモクラシー」の展開の検討も今後の課題である。

なおこの戦後における「デモクラシー」の展開を検討するに際しては、第七章で見たような「古い」政治構造と「近代化」志向がいかなる規定性を有していくのか、そこで形成される「戦後体制」とはいかなるものなのかも課題となろう。また本書第八章でその動向を扱った小島鉄広は、敗戦後、一九四五年の八月の終わりには市内で設置され始めた露店の出店などの管理を行なう露店商の親分としての活動を再開する。そして一九四七年四月の八王子市長選挙に日本社会党系の候補として立候補し候補者四名中三位で落選するも四八六八票を獲得する。(2) こうした動向は具体的にいかなる内容を持ち、当該期の政治と社会においていかなる意味を有するのか。このようないわば戦前の「デモクラシー」の断片を手がかりに、二〇世紀後期の日本における政治と社会の変化を、社会の基底で活動する人々を視野に入れ具体的に考察すること、これが本書で扱った時代以降の「デモクラシー」のあり方を、筆者なりの視角から考察する際の次の出発点になると考えている。

◆註

(1) 坂野潤治『昭和史の決定的瞬間』(ちくま新書、二〇〇四年)二一六頁。

(2)『八王子市議会史』記述編Ⅱ(八王子市議会、一九九〇年)二一七~二三三頁。

あとがき

本書は、二〇一一年三月六日に東京都立大学から博士（史学）の学位を授与された学位論文「近代日本の都市と「デモクラシー」――東京・八王子市　一九二五～一九四五」に、その後作成した論文数本を加え再構成したものである。審査の労をお執りくださった主査の源川真希先生、副査の川口勝康先生、奥村哲先生には改めてあつく御礼申し上げたい。

筆者は、一九九五年四月に東京都立大学（以下、都立大）人文学部に入学した。二年次以降所属した史学科では、研究地域や学年の違いに関わりなく多くの方々と議論し、学問を楽しむことができた。学部時代には特に指導教員の佐々木隆爾先生をはじめ、小谷汪之先生、奥村哲先生、源川真希先生のゼミに参加させて頂き、近現代における「アジア」と日本について、広い視野で考える機会を与えて頂いた。

大学院進学後に新たに指導教員になって頂いた源川真希先生には、日本近現代史研究の視角と方法について、一貫して懇切な御指導を賜った。源川先生には現在に至るまで研究のみならず様々な局面で、重要な御教示を頂いている。修士課程の時期にはまた、畔上直樹氏、平塚健太郎氏、上田誠二氏、コンスタンチン・V・セミョーノフ氏、古賀史朗氏、藤原夏人氏に大変お世話になった。特に畔上氏には現在に至るまで、思想の領域をも視野に入れた地域社会史研究について常に示唆の多いお話を聞かせて頂いている。平塚氏は、研究面はもとより様々な場面で、物事を捉える論理を教えてくださった。また藤原氏には、日頃の交流のみならず、修士論文がなかなかうまく書けない苦しい時期にも御厚誼を頂いた。その他にも学部、大学院修士課程時代には多くの方にお世話になった。

その後二〇〇三年四月、筆者は博士課程に進学した。この年の八月一日、当時の石原慎太郎東京都知事がそれまで東京都と都立大の間で行われていた大学改革に関する協議を一方的に破棄し、以後東京都による「大学改革」が強行された。この過程で都立大史学科では、当時の博士課程在学生を中心に史学科院生会が組織され、入学時に約束された研究環境の維持を目的に活動を行なった。筆者もこの活動に参加し、以後数年間大きな時間を割いた。この十数年で大学や学術研究をめぐる世界に瀰漫《びまん》した業績主義的な観点からすれば、いかに乱暴な形で権利が侵害されたからといって研究時間を割いてその恢復を求める、という行為はほとんど理解されないであろう。実際当時、私たちに対し「そんなことより研究をやりなさい」と「助言」する研究者も居たことを覚えている。しかし広義の「戦後歴史学」を素朴に信じて学問的な自己形成を行ない、現実との緊張関係に突き当たった際には相応の対応をするものだろうと考えていた私たちは、こうした反応に戸惑いを感じたし、そもそも自分に「戦後歴史学」なるものを教えてくれた都立大史学科が、この問題に際し数名の先生を除きほとんど諸々と既成事実に屈服する状況には、率直に言って幻滅した。筆者がそこで「戦後歴史学」、ひいては研究の世界に完全に絶望せずに済んだのは、上記のような「惨状」の中で、多大な労力と時間を費やしても毅然とした対応を続けた源川先生の姿を目の当たりにできたこと、また三品英憲氏・安川篤子氏をはじめとした史学科院生会の人々と苦楽を共にできたことによる。この点で、源川先生と、史学科院生会で共に活動した皆さんには感謝しきれない思いがある。また以上の点とも関わるが、大学院博士課程での源川ゼミの存在もきわめて大きい。二〇〇三年四月に博士課程の同期として出会った大川啓氏、小野美里氏には、上記の厳しい状況に際しても、また毎週のゼミでの学問上の討議においても、さらにその後の飲み会での雑談においても、常に楽しく議論をさせて頂いた。また当時のゼミでは、源川先生をはじめ、上田氏、大川氏、小野氏、さらに小川輝光氏、中塩夕幾氏、太田亮吾氏等の方々と、各自の議論を尊重した上で、より高次の議論にするためにはどうしたら良いか、常にポジティブに討議を行なうことができた。厳しい現実と切り結ぶ史学科院生会の活動と、これとは対極的なゼミでの豊かな議論を往復した日々は、現在の社会からどう見えるかはさておき、筆者にとっては大変貴重な経験となっている。

さて上記の経過といわゆる「氷河期世代」であることに規定され、任期の付かない職につくまでの短くない時間には多くの方々にお世話になった。博士課程在学時に非常勤で勤務した国立公文書館アジア歴史資料センターでは、故牟田昌平氏に多くを教えて頂いた。また同僚の調査員の皆さんにも助けて頂いた。次いで嘱託で勤務した八王子市の市史編さん室では、同僚の専門員及び市職員の方々にお世話になった。特に筆者の後任の宮﨑翔一氏には、大変なご苦労をおかけすると共に、その後の仕事を完璧に切り回して頂いた。また近現代部会では部会長の新井勝紘先生に大変お世話になったほか、学部時代に教えを受けた梅田定宏先生から再度ご教示を得ることができた。また菅井憲一氏には、筆者の視野を広げる様々な機会を頂いた。その後雨宮昭一先生にご高配を頂き、二〇一一年四月からは獨協大学で特任助手として勤務した。所属した地域総合研究所では、所長の福永文夫先生に大変お世話になったほか、研究員の先生方にも何かとお世話になった。なおこの獨協大学時代、職場帰りの武蔵野線などで折に触れ雨宮先生に直接御教示を頂く機会を得られたことは、筆者にとって至福の知的経験であった。

二〇一三年四月に着任した新潟大学人文学部では、日本史の同僚の中林隆之先生、矢田俊文先生、原直史先生から、あらゆる面について懇切な御教示を頂いている。また齋藤瑞穂先生には、研究室が隣の誼もあり、親しくして頂いた。その他、人文学部の同僚の方々には折に触れお世話になっている。また講義や演習で接した学生・院生の方々、特に日本近現代史ゼミで共に議論した皆さんは、様々な場面で筆者の知的関心を喚起してくれた。

以上の方々をはじめ、これまでの研究の歩みの中でお世話になった方々に改めて心より御礼申し上げたい。

ところで筆者が本書の起点となる最初の研究報告を行なったのは、二〇〇三年九月のゼミ合宿のことであった。

筆者はそれまで異なるテーマで研究を行なっていたが、上記の研究報告以後、本書へと収斂する、都市形成と「デモクラシー」に関する研究を進めてきた。この研究テーマ変更とその後の方向性は、それまでの研究の行き詰まり感覚や、当時の都立大問題を通じた同時代の都市政治への関心の高まりや、その頃研究が盛んであった都市史、特に都市における「デモクラシーと地域」の研究からの刺激など複合的な要素に規定されていたが、その中でも都市史の動向は、筆者の中にあったいわば学問外的な関心と強く共振するものであったように思う。

本書の第八章に登場する露店商小島鉄広は、筆者の母方の曽祖父である。筆者は子供の頃、小島夫妻の家の近所に住んでおり、よくその家に出入りしていた（左ページの写真参照）。小島の家は小さな借家で、家の脇に文字通りの小屋があり、そこが小島の居室であった。小屋の規模には不相応な大きな仏壇があり線香臭く薄暗いその空間を、筆者は鮮明に記憶している。本書でも何度か引用した『暴力の抹殺』はそこで書かれたものであり、用いられた史料や写真もその小屋にあったと思われるが、一九八六年の小島の死後それらは保存されることはなかった。ふだんは飼い犬や子供の筆者をよくからかう、剽軽な「ひいじいちゃん」であったが、その人の軌跡とその意味は、当時の筆者にはもちろん分からなかった。しかし大学で日本近現代史を学ぶようになり、『暴力の抹殺』や自治体史などを参照する中で、小島が戦前日本無産党から市会議員に立候補し当選直後に人民戦線事件に関わって検挙されていたことなどを知った。ただこの元露店商と無産政党との接点の意味は、その当時はやはりもう一つ摑めなかった。そうした中で、二〇〇〇年前後の都市史の動向は、この点を解く手がかりを与えてくれそうに映った。本書の起点には、以上のような学問外的な動機が存在することも、この際正直に述べておきたい。

なお以上のような関心に基づき、八王子市における「無産」政治勢力及びその周辺の人々の動向を調べる中では、意外な発見もあった。この研究を始めた後、筆者が父方の祖父（一九二五年生まれ）と話す中で、祖父が八王子市明神町に住んでいた小学校一、二年の頃、その父親（すなわち筆者の曽祖父）が市の日雇い仕事をしていて、仕事に行った帰路に日当で得た五〇銭銀貨二枚を落としてきてしまったので一緒に探しに行ったことがある、という話を聞いた。これを史料的に裏付けることは難しいが、市役所にくじを引きに行き、外れると仕事がなく帰ってきた、との話や、祖父の年齢（小一、小二の頃は一九三一年、三二年）と併せ考えると、本書第二章で扱った時期の八王子市の失業救済（応急）事業の可能性もあろう。なおこの曽祖父は、生前筆者に目をかけてくれ、筆者はこの曽祖父からのお小遣いで、中学、高校時代に好きな本を買うことができていた。いわば筆者の人文・社会的素養の基盤（そういうものがあるとして、だが）を提供してくれたこの曽祖父も、筆者の研究テーマと関連を持っていたかもしれないことは実に意外であった。昔読んだ阿部謹也氏の本の中に、「どんな問題をやるにせよ、それをやらなければ生きていけないというテーマを探すのですね」という上原専禄氏の言葉があった（阿部謹也『自分のなかに歴史をよむ』筑摩書房、一九八八年）。上記のような二人の曽祖父に鑑みるとき、筆者にとって本書の研究は、「それをやらなければ生きていけないというテーマ」の一つであったような気がしている。

小島鉄広・みね夫妻と筆者（1980年頃、小島宅にて）

本書の刊行に際しては、源川先生にお願いし御紹介頂いた吉田書店の吉田真也氏に大変お世話になった。吉田氏には、一九九〇年代後期の都立大で同じ講義に出ていたこともあるらしい、という御縁に甘えて、この厳しい出版事情の中で本書の刊行をお引き受け頂き、校正で大変なお手数をおかけした。改めて深く感謝申し上げたい。

さて本書は、前述のような動機においても、また筆者が研究を続けられたという条件においても、家族に多くをおっている。筆者が何とかこれまで歩んで来ることができたのは、二〇世紀後期日本の社会経済状況、という偶然の外的環境と、一人っ子、一人孫ということでの家族総出の支援によるものである。この点で、先に触れた曽祖父母のほか、父方母方の祖父母、伯母、そして何といっても筆者のこれまでの歩みをすべて肯定し支えてくれた父中村哲夫と母中村多恵に心底ありがとうと伝えたい。そして大学院生時代以来、苦しい時や楽しい時を一緒に過ごし現在共に歩んでくれている家族伊藤瑠美にありがとう、これからもよろしくと伝えて、本書をとじたい。

二〇一八年二月　春を待つ新潟にて

中村　元

初出一覧

序　章　新稿

第一章　第一節：新稿、第二節：「男子普選導入期における清水三郎の動向とその意味――もう一つの「八王子デモクラシー」をめぐって」（『八王子市史研究』三号、二〇一三年）。

第二章　「昭和恐慌期における都市計画事業の展開と「無産」政治勢力――東京府八王子市を事例に」（『日本史研究』五三八号、二〇〇七年）。

第三章　「「土木稼業人」の労働史――二〇世紀前期における仲木屋鉱一の軌跡」（『人文学報』四一五号、二〇〇九年）。

第四章　「一九三〇年代大都市近郊における都市地域社会と「無産」政治勢力――東京府八王子市の屠場市営化・移転問題の展開をてがかりに」（『日本史研究』五七七号、二〇一〇年）。

第五章　「二〇世紀前期日本の都市論における職・住問題と「田園都市」」（『地域総合研究』五号、二〇一二年）および「二〇世紀前期日本の「地方計画」論――戦前日本の職住近接都市構想とその行方」（雨宮昭一／福永文夫／獨協大学地域総合研究所編『ポスト・ベッドタウンシステムの研究』丸善プラネット、二〇一三年）。

第六章　「一九三〇・四〇年代大都市近郊都市の変容と新体制をめぐる対抗――東京府八王子市を事例に」（『ヒストリア』二三二号、二〇一二年）。

第七章　「翼賛選挙期大都市近郊都市における地域政治構造の変容」（『部落問題研究』二一七号、二〇一六年）。

第八章　第一節：「「針灸医」神谷卓ノート――戦時期八王子市のある「革新」青年の軌跡」（『隣人』二六号、二〇一三年）、第二節：新稿

終　章　新稿

＊本書の元になった既発表論文は、以上の通りである。大幅な組み替えや加筆・修正などを施したため、原型をとどめていない部分も多い。また本書は、二〇一六年〜二〇一八年度科学研究費補助金若手研究Ｂ（研究課題番号：一六Ｋ二一〇四三）の助成に基づく研究成果の一部である。

索　引
（事項）

【な行】

【は行】

【ま行】

【や行】

【ら行】

索　引
（政治家など）

索　引
（研究者）

【あ行】

【か行】

【さ行】

【た行】

【な行】

【は行】

【ま行】

【や行】

【わ行】

著者紹介

中村　元（なかむら・もと）

新潟大学人文学部准教授　博士（史学）

1977年　東京都八王子市生まれ。

1999年　東京都立大学人文学部史学科卒業。

2009年　東京都立大学大学院人文科学研究科博士課程単位取得退学。

八王子市総合政策部市史編さん室専門員、獨協大学法学部特任助手を経て現職。

著書・論文

『東京の制度地層』（公人社、2015年、共著）

「1930・40年代日本の露店商業界紙『関西俠商新聞』・『小商人』・『日本商人』について」（『資料学研究』12号、2015年）

「戦災の記憶の継承と歴史資料——長岡空襲の事例に即して」（『災害・復興と資料』8号、2016年）など。

近現代日本の都市形成と「デモクラシー」

20世紀前期／八王子市から考える

2018年3月30日　初版第1刷発行

著　者　中村　元

発行者　吉田真也

発行所　合同会社 吉田書店

102-0072　東京都千代田区飯田橋2-9-6 東西館ビル本館32

TEL：03-6272-9172　FAX：03-6272-9173

http://www.yoshidapublishing.com/

装幀　野田和浩

印刷・製本　シナノ書籍印刷株式会社

DTP　閏月社

定価はカバーに表示してあります。

ISBN978-4-905497-58-5